高等院校会计专业
GAODENG YUANXIAO KUAIJI ZHUAN

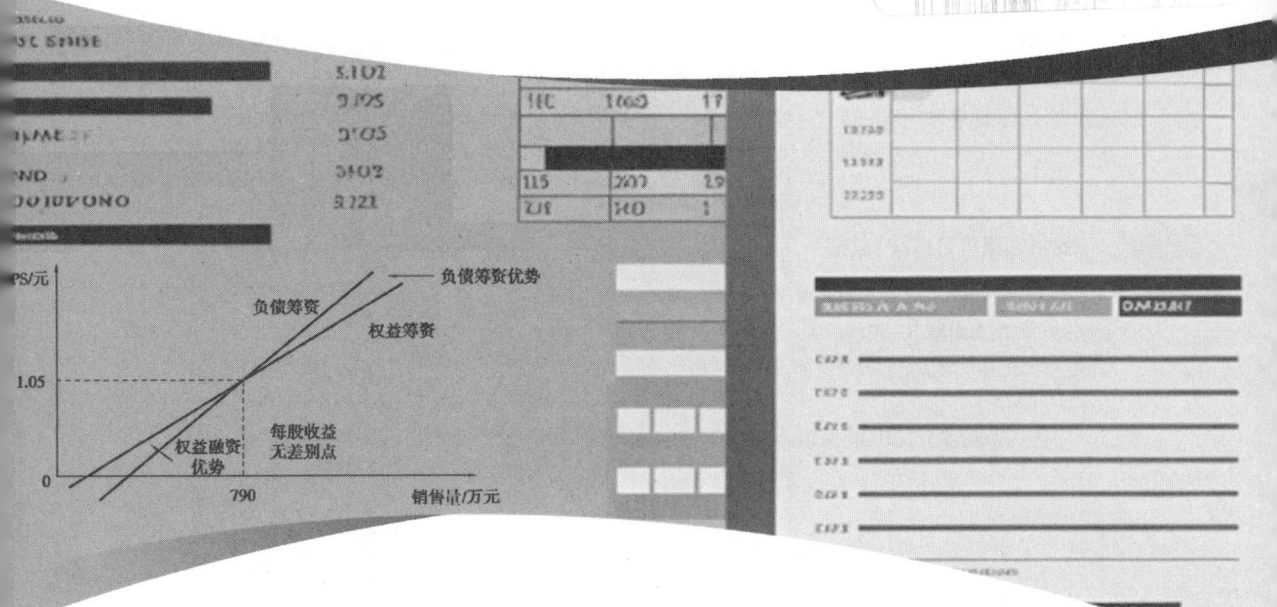

财务管理学

CAIWU GUANLI XUE

主 编／卢占凤　李元霞　徐珍珍

副主编／肖安娜　吕慧珍　刘春玲

重庆大学出版社

内容简介

本书以微观经济学为理论基础，以资本市场为教学背景，以现代公司制企业为对象，着重对资本的取得、资本的运用、资本收益的分配等财务问题进行阐述，使读者能全面、系统地了解财务管理的基本理论和方法，掌握各种财务决策、计划、控制和分析的技术方法及相关知识，为从事经济管理工作奠定业务基础。

图书在版编目（CIP）数据

财务管理学/卢占凤，李元霞，徐珍珍主编.
重庆：重庆大学出版社，2024.10. --（高等院校会计
专业本科系列教材）. --ISBN 978-7-5689-4678-0

Ⅰ. F275
中国国家版本馆 CIP 数据核字第 2024BT0985 号

财务管理学
CAIWU GUANLIXUE

主　编　卢占凤　李元霞　徐珍珍
副主编　肖安娜　吕慧珍　刘春玲
策划编辑：龙沛瑶
责任编辑：黄菊香　　　版式设计：龙沛瑶
责任校对：王　倩　　责任印制：张　策

*

重庆大学出版社出版发行
出版人：陈晓阳
社址：重庆市沙坪坝区大学城西路 21 号
邮编：401331
电话：(023) 88617190　88617185（中小学）
传真：(023) 88617186　88617166
网址：http://www.cqup.com.cn
邮箱：fxk@ cqup.com.cn（营销中心）
全国新华书店经销
重庆新荟雅科技有限公司印刷

*

开本：787mm×1092mm　1/16　印张：17.5　字数：396 千
2024 年 10 月第 1 版　　2024 年 10 月第 1 次印刷
印数：1—3 000
ISBN 978-7-5689-4678-0　定价：45.00 元

前言

　　财务管理学主要研究影响企业资金运动的因素和加强财务活动管理的方式方法,其研究就是为增强财务决策的科学性和提高企业经济效益服务。财务管理作为企业管理的重要组成部分,是经济管理工作人员必须掌握的一门专业知识。财务管理课程不仅是财经类专业的一门核心必修课程,也是其他经济管理类专业的专业基础课,在高校的课程体系中占有非常重要的地位。

　　本书目标明确、技术先进,其编写以培养学生形成一定的财务预测、决策、计划、控制、分析评价能力为出发点,为将来从事经济管理相关工作奠定业务基础。同时,本书充分体现了"数智化"教材特色,充分运用先进的教学手段,在每一章中均包含自主学习微课、案例拓展等视频资源,供学生拓展学习。本书内容基于财务管理中的两大基本观念,即资金时间价值观和风险收益观展开,着重介绍正常经营状态下企业的筹资、投资、营运、分配四大财务活动,全面覆盖了财务管理的主要内容。此外,财务管理领域蕴含的风险防范、投资敏锐、失败承受力、诚信意识、合作共赢理念、社会责任意识等对于学生成长成才具有十分重要的意义,本书在编写中适当融入这些课程思政的内容,潜移默化地帮助学生形成正确的价值观,以实现专业课知识传授和价值引领的统一。

　　与同类书籍相比,本书着重突出以下特色。

　　①学用结合。本书注重引导学生运用所学财务管理相关知识解决企业实际经营中可能出现的问题,并根据分析过程辅助进行决策,每章均有相应的例题解析和同步练习,便于加强理解和及时巩固。

②紧扣时代主题。在"数智化"背景下,本书紧扣时代主题,各章节均放置相应的视频资源,主要包括自主学习微课、案例拓展等,学生通过识别书中的二维码即可获取相关知识,简单、方便、快捷,富有时代气息。

③与时俱进。本书中选用的案例或例题以近几年的热点财经事件为主,案例内容新颖,有利于吸引学生的兴趣,开拓学生的思维,丰富学生的知识面,增强学生运用所学知识综合解决问题的能力。

④思政育人。本书各章均设置了相应的思政思辨案例,让学生在掌握专业知识的同时,更加深入理解和掌握事物发展的规律,筑牢信仰之基、补足精神之钙、把稳思想之舵,全面提升立德树人成效。

本书由湖北经济学院卢占凤,湖北经济学院法商学院李元霞、徐珍珍任主编,肖安娜、吕慧珍、刘春玲任副主编,共同负责全书写作大纲的拟定和编写的组织工作,具体分工如下:卢占凤负责写作大纲的草拟及全书的统稿、定稿工作,并承担第一章的写作任务;第四章、第五章和第七章由李元霞执笔;第三章、第六章和第八章由徐珍珍执笔;第二章由肖安娜执笔;第九章由刘春玲执笔;第十章由吕慧珍执笔。本书在编写过程中得到了许多领导及同行的大力支持和帮助,在此表示衷心的感谢。本书既可作为高校会计专业、经济管理类相关专业的教材,也可作为会计和经济管理方面的在职人员自学和工作的参考书。由于编者水平有限,书中难免存在疏漏之处,恳请读者批评指正。

编　者

2024 年 4 月

目录

第一章 财务管理概述

微课 1-1:本章概要

学习目标

本章是财务管理的理论基础。学生学习完本章后需掌握下列要点:明确财务活动与资金运动的关系;能准确界定企业的财务活动和财务关系;掌握财务管理的含义、内容及特点;明确财务管理目标,掌握财务管理目标各种观点的含义及优缺点;明确财务管理的原则,了解财务管理的环境。

第一节 财务活动和财务关系

一、企业财务活动存在的客观基础

企业财务活动存在的客观基础是市场经济。在市场经济条件下,商品不仅具有满足人们需求的使用价值,还具备价值属性。因此,企业的生产经营活动在实质上,既体现在对使用价值的创造与流通上,也体现在价值的形成与实现过程中。从使用价值的生产和交换来看,企业在生产经营初期,会通过多种渠道和方式筹措一定数量的货币资本,垫支在固定资产和流动资产等资产形态上。在生产经营过程中,劳动者利用劳动工具加工劳动对象,使资产由原材料形态转化为产品形态。企业为了获取商品的剩余价值,将生产过程中创造的使用价值通过销售活动交换出去,从而使产成品重新转换为货币资本形态。由此,实物资产完成了一个循环周转的过程。而从价值的形成和实现过程来看,生产过程中消耗的生产资料价值和劳动者付出的劳动价值,转移到了产品价值中,创造出了新的价值,并通过销售活动,最终实现了产品的价值。

企业的生产经营过程不仅表现为使用价值的运动过程,还表现为价值的运动过程。商品的价值在运动过程中展现其本质,当这种价值以货币的形式表现时,便构成了企业的资金运动。而企业在经营过程中涉及的资金及其流动变化,正是企业的财务活动。因此,企业财务活动是一种客观存在的经济现象,其存在的客观基础是市场经济。

二、企业财务活动与资金运动的关系

企业的财务活动涵盖了企业以现金为主的资金收支活动。在市场经济条件下,资金

是企业进行生产经营活动的必要条件。具体来看,企业的财务活动可以分为由筹资引起的财务活动、由投资引起的财务活动、由经营引起的财务活动和由分配引起的财务活动。

（一）企业筹资引起的财务活动

资金是企业生产经营的必要条件。企业在生产经营过程中,不可避免会出现资金不足、周转不佳的情况。企业为了保证能够正常运营,就要筹集足够的资金。因此,筹资活动是企业资金运动的起点。

筹资活动是企业为满足一定时期内的资金需求而采取的资金筹措行为,包括通过发行债券、股票或吸收外部投资等方式筹集资金(资金流入)的行为,以及支付利息、发放股利、偿还贷款本金及承担筹资过程中的各项费用等行为(资金流出)。这些因筹资活动而产生的资金流入与流出,构成了企业财务活动中至关重要的一部分。

在进行筹资活动时,企业必须充分考虑资本成本和筹资风险,既要根据企业经营需要确定筹资的规模,又要选择合适的筹资渠道和筹资方式,以此来确定最佳的资本结构。企业的筹资方式可以分为两类:一类是通过发行股票、吸收投资者投资、利用留存收益等方式筹集权益资金;另一类是通过发行债券、银行借款、商业信用等方式筹集债务资金。不同的筹资数量,其筹资成本与筹资风险各不相同。企业在进行筹资活动时,既要保证筹集的资金足够满足企业的生产经营,又要把控好筹资的风险。一旦企业所处的经营环境发生变化,确保企业不至于因无法偿还债务而陷入破产的困境。

（二）企业投资引起的财务活动

企业在进行筹资活动后,需要将筹集到的资金投放到生产经营过程中,以此来达到产出最大化,不断增加企业的价值。如果企业在筹资后不进行投资,就难以实现增值,那么,企业的筹资活动就失去了意义。因此,可以说投资活动是企业财务活动的中心环节。

投资活动是指企业将筹集到的资金用于投资的行为。从投资对象来分,投资活动可以分为对内投资和对外投资。其中,对内投资是指企业将资金用于购买企业生产经营所需的原材料、无形资产、固定资产等的行为;而对外投资是指企业将筹集到的资金用于购买其他公司的股份或者参与联营企业投资的行为。无论是对内投资还是对外投资,都会造成企业资金的流出。企业出售对内投资的资产或者收到投资活动分配的收益,就会形成资金的流入。这种资金的流入和流出就是由企业投资引起的财务活动。

在进行投资活动时,企业务必审慎评估投资规模与自身财务能力的匹配程度,在提高投资效率的同时,尽可能减少投资带来的风险,切实选择适合本企业的投资方向和投资方式。因此,财务人员在做投资决策时,一方面要分析投资风险带来的资金流入和资金流出,分析企业为收回投资所需等待的时间有多长;另一方面,财务人员要找到计量投资风险的方法,综合收益和风险,选择适合企业的投资方案。

（三）企业经营引起的财务活动

企业经营活动是企业保持持续经营所需进行的最基本活动,对企业的生存和发展发挥着重要作用。

企业经营活动是指企业投资活动和筹资活动以外的所有交易与事项。具体来说,企业为了从事生产和销售活动,就需要购买经营所需的材料和商品等资产,同时,还需要支付职工的工资和其他生产经营过程中发生的费用,这些活动便表现为资金的流出。企业将生产出的产品或商品销售出去,便可取得收入,收回资金。同时,企业在经营过程中,难免会出现资金周转不佳的情况,为了满足日常经营的需求,企业可能会选择通过借款这一方式来筹集所需资金,这些借款活动会为企业带来资金的流入。因此,企业在生产经营过程中所发生的资金流动与收支,便是由经营引发的财务活动。

在企业经营引起的财务活动中,流动资产和流动负债的管理是其中涉及的最主要问题。其中关键的是如何加速资金的周转效率,减少资金的占用。一般来说,流动资金的周转周期与企业的生产周期保持一致。通常,资金的周转速度越快,企业便能在相同数量的资金基础上,实现更高效率的生产,进而获得更可观的收入。这意味着资金的高效运转能够显著增强企业的生产能力和盈利能力。因此,在企业日常生产经营过程中,财务人员要加强对运营资金的管理,加速资金的周转,提高资金的利用效率。

(四)企业分配引起的财务活动

对于企业而言,确定恰当的分配规模和分配方式,是企业财务管理的核心任务之一。通过科学合理的财务分配策略,企业能够实现资源的优化配置和效益的最大化。

企业通过生产产品并将产品销售出去,一方面会实现产品生产过程创造的产品价值,另一方面会取得一定的销售收入,从而形成资金的增值。企业在取得各种收入后,必然要按照法律法规的要求发生资金的分配活动。具体来说,企业销售收入的一部分用于补偿生产过程中的各项耗费,而剩余的部分则构成了企业的纯收入。企业的纯收入,按照法律法规的要求,缴纳所得税等税金后,便为企业的税后利润。企业在缴纳相关税金后,提留公积金和留存收益,剩余的金额转化为可供投资者分配的利润。这一系列利润分配过程所带来的资金流动,便是企业分配所引起的财务活动。

收益分配活动的进行可能会导致资本留在企业内或流出企业,这不仅会对企业的资本结构产生影响,也会改变企业资本运作的规模。因此,企业应当严格遵守国家的法律法规,制订合理的分配策略和方法,既要考虑企业的短期利益,也要兼顾企业长远发展的需要,以实现稳健且可持续经营的企业目标。

上述关于财务活动的4个方面,并不是相互割裂的,而是相互联系、紧密相连的。其中,筹资活动是企业资金运动的起点,投资活动是财务活动的中心环节,经营活动是对企业资金的管理和控制,而分配活动则反映企业资金运动的成果和分配状况。正是筹资活动、投资活动、经营活动和分配活动构成了企业的财务活动,也是企业进行财务管理的基本内容。

三、企业财务关系

企业财务关系是指企业在组织财务活动的过程中,与各个相关方面建立的经济利益关系的总和。这些关系涵盖了企业与内部和外部多个利益主体之间的复杂交互情况。具体来说,企业财务关系主要包括以下9个方面。

（一）企业与投资者之间的财务关系

企业与投资者之间的财务关系是指投资者对企业进行投资，而企业按照合同约定向投资者支付相应的投资回报，从而建立起的一种经济关系。这种关系基于资金的流动与回报的支付，体现了投资者与企业之间的利益共享和风险共担。按照投资主体不同，企业的投资主体可以分为国家、法人、个人、民间组织及外商。投资者投入一定的资金，成为企业的所有者，可以监督企业的经营，并从受资企业获取对应比例的投资收益，同时也要承担企业的经营风险。企业利用投资者提供的资金开展日常经营活动，在获取利润后，按照投资者的出资比例及合同中相关条款的规定，向投资者合理分配利润。这种企业与投资者之间的财务关系，不仅涉及资金的使用与回报，更带有资产所有权的属性，充分展现了所有权层面的投资与受资的紧密关系。

（二）企业与受资者之间的财务关系

企业与受资者之间的财务关系是指企业利用闲置资金购买其他企业的股票或直接对其进行股权投资的行为。这种投资行为不仅为企业带来潜在的增值空间，也加强了企业与其他经济实体之间的经济联系。随着企业经营规模的扩大及经营发展的需要，企业参股、兼并、收购其他企业的现象变得越来越普遍。在这种情况下，企业的投资者应严格按照投资合同所规定的条款，切实履行其出资义务，确保投资活动的顺利进行。同时，企业有权根据其所持的出资比例，参与受资企业的经营管理决策，并享有相应的利润分配权益。这一系列的活动，不仅体现了企业的投资责任，也确保了其在受资企业中的经济利益。当然，投资企业也需要承担受资企业生产中一定的风险。因此，企业与受资者之间的这种财务关系，不仅体现了投资与受资的经济联系，也体现了一种共同享受剩余收益和共同承担风险的关系。

（三）企业与债权人之间的财务关系

企业与债权人之间的财务关系是指企业从债权人那里借入所需资金，并依据借款合同的约定，按期向债权人支付相应利息，并在借款到期时归还本金，从而建立起的一种基于资金借贷的经济利益关系。企业在生产经营中，除了投资者投入的资金，难免会出现资金周转不佳的情况，此时，就需要向债权人借入一定数量的资金。企业的债权人类别广泛，可以是贷款机构、债券持有人、商业信用提供者，也可以是为企业提供资金的各类单位和个人。一旦企业获得债务资金，就需严格按照与债权人商定的利息率和支付时间，按时履行支付利息的义务，并在债务到期时及时归还本金。另外，需要注意的是，投资者和债权人虽然都是出资给企业进行经营活动，但两者的地位不同：一方面，投资者是按照企业的利润获得相应比例的投资收益，而债权人主要是按照约定的期限收回本金和利息；另一方面，企业在破产清算时，债权人有优先受偿权。这种企业与债权人之间的经济利益关系体现的是一种债权与债务的关系。

（四）企业与债务人之间的财务关系

在生产经营过程中，若企业拥有闲置资金，常常会将闲置资金用于购买债权、提供贷款或商业信用，出借的对象可能是企业，也可能是个人。这种独特的经济利益关系，就是企业与债务人之间的财务关系。在这种关系中,企业扮演着债权人的角色,拥有要求债务人按时偿还本金、支付利息的权利,以确保资金的安全和有效利用,但无权参与受资企业的经营管理决策活动。当债权人破产清算时,企业有权按照相应的地位享有优先受偿权。同时,企业作为债权人,在出借资金时,有必要对债务人的偿债能力和信用进行合理的评估,以期能够按期收回本金和利息。企业与债权人之间的关系实质上表现为一种明确的债权与债务关系。

(五)企业内部各单位之间的财务关系

企业与其内部各单位之间的财务关系涵盖了多个层面。首先,企业内部各单位之间相互提供产品或劳务服务,形成了紧密的经济利益联系。尤其是在实行内部经济核算制的环境下,这种联系变得更为突出和具体。内部经济核算制鼓励并要求企业内部各单位在明确各自职责和权利的基础上,通过相互提供产品或劳务来实现内部资源的优化配置和经济效益的最大化。这种机制不仅有助于促进内部各单位之间的协作与沟通,更凸显了它们之间的责任、权利和利益分配的重要性。其次,这种财务关系还表现在以企业财务部门为核心,企业内部各单位、各部门与财务部门之间的收支结算关系上。财务部门作为企业财务管理的中枢,与其他部门和单位之间有着紧密的财务往来。无论是资金流入还是流出,都需要经过财务部门的审核和结算,从而确保企业内部财务活动的有序进行。例如,其他单位向财务部门领用资金、报销费用及办理收款业务等。这种企业内部各单位之间的财务关系实质上体现了一种内部分工与协作的关系。

(六)企业与其员工之间的财务关系

企业与其员工之间的财务关系是指在支付员工劳动报酬的过程中,企业与员工之间建立了一种基于经济利益的关系。员工作为企业的劳动者,通过提供工作服务来贡献自己的体力劳动和脑力劳动,并以此作为参与企业收益分配的依据,在实现个人价值的同时推动企业的发展。这种分配并非简单的交换关系,而是企业根据员工的工作表现、工作态度、工作效率,向员工支付工资、津贴、奖金。同时,企业也会根据自身的经济效益和市场环境,来调整员工的待遇水平。当企业经济效益良好、市场环境有利时,企业会适当增加员工的工资和福利,以激发员工的工作热情和创造力;而当企业面临困难或市场环境不利时,企业为了保持稳定的运营和持续发展,会根据经营情况和市场需求,对员工待遇进行适度调整。这种企业与员工之间的财务关系,本质上揭示了员工与企业之间在劳动成果上的分配关系,体现了双方共同创造的价值如何在劳动者和雇主之间进行合理的分配。

(七)企业与供应商之间的财务关系

企业与供应商之间的财务关系是企业财务关系的重要组成部分,主要是指企业与供应商在商品或服务的交易过程中形成的经济利益关系。一方面,企业与供应商签订采购合同,按照约定向其支付货款,获取所需的原材料、零部件或服务等,以满足生产经营的需要。另一方面,为了保障供应链的稳定和顺畅,企业通常会与供应商建立长期合作关系,并在一定程度上给予供应商信用支持,如赊销、预付款等。此外,企业与供应商之间的财务关系还受到市场环境、政策法规、行业竞争等多种因素的影响。例如:市场价格的波动可能导致企业与供应商之间的财务成本发生变化;政策法规的调整可能要求企业加强对供应商的管理和审核;行业竞争的加剧可能使企业更加注重与供应商之间的合作与协同,以降低成本、提高效率。因此,企业与供应商之间的财务关系是一种基于合同和信用的经济利益关系,需要双方共同努力来维护和发展。

(八)企业与顾客之间的财务关系

企业与顾客之间的财务关系是指企业与顾客通过产品或服务的交易而形成的权利义务关系。企业致力于满足顾客的多样化需求,通过研发、生产、销售各类优质产品或提供周到、专业的服务,为顾客创造价值。同时,顾客在享受这些产品或服务的过程中,会根据双方协商的价格,向企业支付相应的经济对价。这样的交易过程,既实现了企业的经济效益,也满足了顾客的消费需求,双方各取所需,互利共赢。在交易过程中,企业需要收到顾客的付款才能完成交易并获得收入。而顾客则需要支付费用才能获得所需的产品或服务。因此,企业与顾客之间的财务关系体现了一种平等互利的资金结算关系。

(九)企业与国家税务机关之间的财务关系

企业与国家税务机关之间的财务关系是指企业按照税法的规定依法向税务机关缴纳税款而与国家税务机关形成的一种经济关系。这种关系不仅体现了企业的社会责任和法定义务,也体现了国家税收制度的权威性和公正性。国家作为社会治理的主体,为企业提供了稳定、公平、透明的经营环境和行政服务,为企业的发展创造了良好的外部条件。国家通过制定法律法规,维护市场秩序,保障公平竞争,为企业的正常运营提供了有力保障。同时,国家还为企业提供了一系列行政服务,如政策咨询、项目审批、市场监管等,帮助企业解决在生产经营过程中遇到的问题。企业应该自觉遵守国家行政管理部门的规章制度,尤其是税法的规定。税法是国家税收制度的核心,它规定了企业应缴纳的各种税款的种类、标准和缴纳方式。企业应自觉向国家税务机关及时缴纳足额的各种税款,这是企业对社会应尽的义务,也是企业作为社会公民的基本责任。因此,企业与国家税务机关之间的财务关系实际上体现的是依法纳税和依法征税的关系。

综上所述,企业的这些财务关系,其实质就是资金在企业内部及企业与外部各方之间的流动与分配。这种资金运动体现的不仅是企业生产经营活动的过程,更体现的是企业与各方利益主体之间的经济利益联系和互动。现代企业财务管理者必须深刻理解和把握企业财务的本质,确保企业资金的安全、高效运转。同时,协调好各种财务关系也是财务管理者的重要职责。财务管理者要善于沟通和协调,确保各方利益得到平衡和保障,从而为企业营造一个良好的外部环境和内部氛围。

总之,企业的财务关系是企业生产经营活动的重要组成部分,也是企业财务管理者需要重点关注和管理的领域。只有抓住企业财务的本质,协调好各种财务关系,才能确保企业的稳健发展和持续增值。

第二节　财务管理的内容和特点

微课 1-2：揭秘
财务管理

一、财务管理的内容

财务管理是企业管理的重要组成部分,贯穿于企业的各个方面,涉及资金、投资、日常经营、分配等多个方面。企业的财务活动是一个复杂的系统工程,涵盖了筹资管理、投资管理、日常营运资金管理和收益分配管理 4 个关键领域。这 4 个领域相互依赖、相互影响,共同构成了企业财务管理的完整框架,对企业的发展和长期成功至关重要。

(一)筹资管理

企业财务管理中的筹资管理是指企业为满足资金需求而进行的筹集资金的管理活动。资金是企业的血液,是企业生存发展的基础。企业需要确保资金充足,以便及时支付各项费用,保持正常的生产经营活动。

筹资管理活动通常包括以下 4 种形式。一是发行股票,它是通过公开发行股票来筹集资金。发行股票可以吸引投资者投资。二是发行债券,它是通过发行债券来借款,筹集长期资金。债券是企业向投资者发行的一种债务工具,企业按照约定的利率和期限向投资者支付利息,并在到期时偿还本金。三是银行贷款,企业可以向银行或其他金融机构申请贷款,以获得短期或长期资金支持。贷款通常需要支付利息和偿还本金。四是内部融资,企业可以通过内部融资手段筹集资金,如利用留用利润、资产处置等方式来满足企业的资金需求。

通过筹资活动,企业可以获得所需的资金,支持其日常经营和发展计划。在进行筹资活动时,企业需要考虑资金成本、偿还能力、融资结构等因素,以确保筹集到的资金能够有效利用并为企业带来长期利益。

企业的筹资管理中有几个关键注意事项。这些事项对于确保筹资成功和降低潜在风险至关重要。首先,企业需要明确其筹资目的和目标,以确保所筹集的资金能够满足具体的财务需求和业务战略。其次,选择合适的筹资渠道和工具非常关键,这包括决定是采取债务融资、股权融资还是混合融资的方式,每种方式都有其独特的成本和风险。最后,企业在筹资时还需要注意资本结构和财务杠杆的平衡,避免过度负债导致偿债压力增大。同时,企业应严格评估潜在的筹资风险,包括市场风险、信用风险、流动性风险等,并制订相应的风险管理措施。

(二)投资管理

投资管理是指企业为了获取长期收益而进行的资金投放和运用。这些管理活动主要包括购买、出售、持有长期资产及参与其他企业的股权投资等。企业需要通过有效的投资管理,实现资金的最优配置,获得最大的投资收益。投资管理是企业运营的重要组成部分,直接关系到企业的未来发展能力和盈利水平。

　　企业的投资管理活动可以分为广义投资和狭义投资。

　　在广义上,企业的投资管理活动不仅指企业购买资产或投资项目,还包括企业对各种资产和项目的投资决策与管理。这种投资活动主要包括:资本投资(企业购置固定资产、投资项目或并购其他企业,以获得长期收益)、股权投资(企业购买其他公司的股票或股权,参与其他企业的经营管理)、金融投资(企业购买债券、股票、基金等金融资产,以获取投资回报)、研发投资(企业进行研发活动,投资新产品、新技术或新市场的开发)、品牌建设投资(企业进行品牌宣传、市场推广等投资活动,以提升品牌价值和市场份额)。企业可以通过这些投资活动来帮助实现企业的长期发展和价值增长。

　　在狭义上,企业的投资管理活动通常指企业购置固定资产、投资项目或并购其他企业等行为。这种投资活动主要包括:购置固定资产(企业购买土地、建筑、设备等用于生产经营的固定资产)、投资项目(企业投资新的生产项目、业务领域或市场,以拓展业务范围和增加收入)、并购其他企业(企业通过收购或合并其他公司来扩大规模、增强竞争力)。企业的投资管理在财务管理中具有重要意义,能够影响企业的盈利能力、成长潜力和市场竞争力。

　　此外,企业的投资管理中也有需要注意的地方。首先,企业需要注意资本预算的分配,确保投资项目与企业资源能力和财务状况相匹配。此外,企业应遵循适当的投资评估方法,如净现值(net present value,NPV)、内含报酬率(internal rate of return,IRR)和回收期等,以科学评估投资项目的经济效益。其次,企业要注意保持投资组合的多样性,这有助于分散风险并捕捉不同市场和行业的机遇。同时,企业应定期审查和调整投资组合,以适应市场变化和企业发展需要。最后,企业在投资时还应考虑潜在的法律法规约束、环保要求及社会责任,确保投资活动合法合规,不会对企业声誉和业务运营造成负面影响。

(三)日常营运资金管理

　　在企业财务管理中,日常营运资金管理是维持企业运营和发展的关键环节。

　　首先,企业需要管理日常现金流,确保有足够的资金来支付日常运营成本,如员工工资、供应商付款、租金等。同时,企业也需要合理安排现金流,以应对突发支出或利用闲置资金获取投资收益。其次,企业需要管理应收账款,以确保客户按时支付货款,从而维持企业的现金流稳定。企业可以采取措施如优化信用政策、加强催收管理等来降低应收账款风险。同样地,企业还需要管理应付账款,以确保按时支付供应商款项,从而维持供应链的稳定性。企业可以通过延长付款周期、优化供应商关系等方式来管理应付账款。最后,企业需要制订资金预算,合理规划资金的使用和来源,以确保企业的资金需求得到满足。同时,企业也需要进行资金控制,监控资金的流动和使用情况,防范资金风险。

　　有效管理日常营运资金活动可以确保企业资金的充分利用和流动性,并支持企业的正常运营和发展。良好的资金管理也有助于提升企业的财务健康水平和竞争力。

　　同样地,企业日常营运资金管理中有几个关键的注意事项,这些事项对于确保企业的流动性和维持正常运营至关重要。首先,企业应该密切关注存货管理。存货过多会导致资金被过度占用,增加存储成本,降低资金利用效率;而存货过少则可能导致供应链中断,无法满足客户需求,进而失去销售机会。因此,企业需要在存货管理上找到平衡点,确保既不过度占用资金和增加成本,也不会出现供应短缺和销售机会流失的情况。其次,企业还需要注意账款回收和信用管理。及时回收应收账款可以提高资金周转效率,而有效的信用管理则可以减少坏账损失,保护企业的财务健康。最后,企业应该优化供应链管理,与供应商建立良好的合作关系,以获得更有利的支付条款和折扣,同时也要确保供应链的稳定性和效率。

(四)收益分配管理

企业的收益分配管理是指企业对盈利所作出的决策和行为,包括如何分配利润、如何利用资本、如何回报股东等方面。收益分配管理是企业财务管理中的核心环节,通过合理的分配活动,企业可以实现财务资源的最优配置,提高企业的盈利能力和竞争能力,为企业的长期发展奠定基础。

首先,企业在获取盈利后,需要进行利润分配决策。这包括确定分配给股东的股利金额、留用利润用于再投资或未来发展等。企业需要综合考虑企业的经营状况、未来发展需求及股东利益等因素作出决策。其次,企业在分配活动中还需要考虑如何合理运用资本。这包括资本的投资方向、投资项目的选择、资本结构的调整等。企业需要根据自身的发展战略和市场需求来合理配置资本。最后,企业还需要考虑如何回报股东。这可以通过分红、股票回购等方式来实现。股东回报不仅可以提高股东的投资回报率,也有利于增强股东对企业的信心和支持力度。

企业分配管理中也有几个需要注意的地方。首先,企业必须确保其收益分配方案符合当地法律法规的要求,包括税法、公司法等。违反这些法律可能导致罚款、诉讼或其他法律后果。其次,企业需要平衡现有股东和新股东的利益,同时管理者有责任制订符合公司最佳利益的收益分配策略。这涉及管理者对公司的长远发展和股东回报的期望之间的平衡。此外,企业在分配利润前应评估自身的财务状况,确保有足够的留存收益来满足未来的资本需求和发展计划。这包括评估公司的现金流、债务水平和资本支出计划。最后,企业的收益分配决策可能会对股票价格和市场预期产生影响。因此,企业应考虑其与投资者的关系,包括内部股东和外部投资者,以及这些关系对公司声誉和股价的影响。

二、财务管理的特点

财务管理作为企业中至关重要的组成部分,具有涉及面广、综合性强和灵敏度高等核心特点。首先,企业进行财务管理不仅要关注内部资金管理,还涉及与外部环境的互动,如市场动态、经济环境、政策法规等,以及企业内资金的筹集、使用和分配等多个环节。其次,财务管理不是一个孤立的过程,而是涵盖预测、决策、控制、分析等多个环节的系统活动,需要财务人员具备会计、金融、管理等多方面的知识和技能。最后,财务管理能够及时反映企业的运营状况和风险状况,通过财务数据的变化,企业可以及时发现并应对潜在的风险,保持稳健的运营。总的来说,财务管理在企业的战略规划和日常运营中发挥着至关重要的作用,能确保资金的有效管理和风险的合理控制。

(一)涉及面广

企业财务管理涉及面广的特点体现在它贯穿了企业运营的各个方面和整个过程。首先,就企业内部而言,财务管理涉及多个部门和层次。它需要与生产部门合作,确保生产活动的资金需求得到满足;与研发部门协作,将资金投资于创新和技术改进;与营销部门协调,进行市场扩张和品牌推广。同时,财务管理还需关注人力资源部门,确保员工的薪酬和福利得到妥善管理。此外,它还要与采购部门一起合理安排原材料的采购资金,以及与销售部门配合,收回应收账款,保持良好的现金流动性。财务管理在企业内部涉及面广,需要与各部门紧密配合,共同推动企业目标的实现。

其次,从企业外部来看,财务管理同样涉及很多影响因素。它必须关注宏观经济环境,包括经济增长、通货膨胀、利率水平等,这些都会影响企业的财务状况和经营决策;还需关注政策法规的变化,如税收政策、环保法规等,这些都会对企业的财务状况产生重要影响。此外,财务管理还要关注市场环境,包括竞争对手的动态、消费者的需求变化等,以便及时调整企业的投资和融资策略。财务管理在外部环境中涉及面广,需要密切关注各种影响因素,以保持企业的竞争力和可持续发展。

(二)综合性强

企业综合性强是指企业在经营和发展过程中具备多元化的业务结构、完整的产业链布局、强大的资源整合能力及全面的经营管理水平。这种特点使企业在面对市场竞争和外部环境变化时具有较强的适应性与抗风险能力,能够实现可持续发展。企业不仅在一个或几个产业领域开展业务,而且在多个产业、多个市场领域布局,形成相互支撑、协同发展的格局。与其他管理领域相比,财务管理能够从价值的角度审视企业的长远发展,通过对资金流动、成本控制、利润分配等方面的全面分析,为企业提供战略决策的依据。

财务管理作为一种价值管理,它的综合性很强是指通过财务管理手段,企业能够借助资金的收支及流动性,实时准确地把握企业的经济状况,包括对企业资产负债表、利润表及现金流量表的分析,从而对企业的财务健康状况有一个全面的认识。这有助于企业管理者作出明智的决策,优化资源配置,提高经营效率。此外,财务管理也可以通过价值管理形态进行商品管理。企业通过财务管理的手段,可以对商品的成本、定价、销售额等进行分析和管理,从而提高商品价值,降低成本,增加利润。也就是说,财务管理工作贯穿企业的各项业务流程之中,涵盖了从采购、生产到销售的每一个环节,以及人力资源、资金和物资等关键资源。因此,为了提高企业内部管理的效率和效果,我们可以从财务管理入手,采用价值管理的方式去协调与推动企业的所有生产和经营活动。

(三)灵敏度高

企业财务管理具有高灵敏度的特点在于其能够通过财务数据和指标快速、准确地反映企业的经营状况。通过及时分析财务报表,监控财务数据和指标的变化,财务管理可以帮助企业管理者提前发现潜在的经营风险和问题,以便及时采取措施加以应对,避免损失进一步扩大。这种高灵敏度使企业能够更快速地作出决策、调整战略,提高应对市场变化和风险的能力,实现更加灵活和有效的经营管理。

三、财务管理的意义

(一)财务管理是企业管理的基础

财务管理是企业管理的基础,因为它涉及企业的资金运作和财务状况,这些是企业能够持续运营和实现其战略目标的关键要素。财务管理能确保企业有足够的资金来支持其运营,通过有效的资金筹集和分配,能帮助企业实现增长和发展目标。同时,财务管理也涉及风险控制和合规性,能帮助企业避免财务风险和违法行为,保护企业的声誉和财务状况。此外,在企业的运营过程中,管理层需要作出各种决策,这些决策往往需要基于财务数据来评估可能的后果。财务管理则通过提供这些数据和分析,帮助管理者理解财务状况和潜在的风险与机会。因此,企业财务管理是企业管理的基础,对企业的运营和发展具有重要的影响。

(二)有效的财务管理能促进企业经济效益提升

有效的财务管理能够帮助企业合理利用资源,优化成本结构,降低消耗,从而提升企业的整体效益。企业精细化的资金管理与成本控制有助于企业持续降低成本和提高效率,以实现长期稳定的增长。此外,企业还可以通过对内部的财务活动进行全面的监控和分析来发现潜在的资源浪费环节,并提出针对性的改进措施。不仅如此,企业财务管理在优化资源配置方面也发挥着重要作用。财务管理通过提供全面、准确、及时的财务信息和分析报告,不仅能帮助企业建立健全的财务管理体系,而且能为企业管理者在资源配置、风险控制、投资决策等方面提供重要的决策支持,对于实现企业战略目标和提升企业核心竞争力具有重要意义。

(三)财务管理的最终目标是实现企业价值最大化

企业价值最大化是财务管理的最终目标,它要求企业在确保长期稳定发展的同时,通过选择最佳的财务管理决策,来实现企业总价值的最大化。在这一过程中,理解和把握资金的时间价值与报酬和风险的关系对于作出科学的决策至关重要。资金的时间价值是财务管理中的一个基本概念,它强调的是资金的价值会随着时间的推移而发生变化。因此,财务管理在评估投资项目时,需要将未来的现金流折算为现在的价值,以便进行有效的比较和决策。另外,企业在选择投资项目时,还需要在报酬和风险之间找到平衡点。

为了实现企业价值最大化,财务管理还需要在投资、融资和分配决策中作出明智的选择。投资决策应选择具有高预期收益率和可控风险的项目,以推动企业的长期增值。融资决策则需要制订合理的资本结构,以最低的资本成本筹集所需的资金。分配决策则应在满足企业再投资需求后,合理安排利润分配,以增加股东的财富。

(四)财务管理能提高资金使用效率

在企业财务管理的核心层面,提高资金使用效率扮演着至关重要的角色。资金管理是确保企业持续性和成长性的关键因素,直接影响企业在全球竞争激烈的市场中的存活能力及长期发展的潜力。首先,通过合理分配和利用资金,企业可以更好地投资核心业务和有潜力的项目,提高经营效益。同时,合理的资金使用还可以避免资源浪费,降低企业的运营成本。其次,资金是企业运营的重要支撑,有效的资金管理可以确保企业在市场竞争中具有足够的流动性,从而抓住市场机遇,应对竞争压力。最后,通过有效的资金管理,企业可以实现资金的保值增值,为股东提供更好的回报。同时,充足的资金储备还可以为企业未来的发展和扩张提供支持。

(五)财务管理可防范和规避风险

企业财务管理在防范和规避风险方面的作用至关重要,它对企业的整体管理和运营具有深远的意义。有效的风险管理有助于企业实现稳健运营,提高市场竞争力,实现长期可持续发展。首先,在战略规划方面,企业财务管理通过全面的风险评估,使企业能够更好地了解市场和行业的趋势,以及潜在的威胁和机会,从而调整战略目标和规划。其次,在资源配置方面,有效的风险管理能够帮助企业识别和评估不同部门与项目的风险,从而合理分配资源,确保资源被高效利用。

(六)财务管理能提升财务信息的透明度和准确性

企业财务管理还能够提升财务信息的透明度和准确性。对于企业内部管理者而言,财务信息的透明度和准确性是极为关键的。这类信息不仅能让管理者对公司财务状况有全面深入的了解,还能在决策过程中提供重要的指导。不仅如此,它还可以增强投资者的信心,对于外部投资者而言,透明度和准确性高的财务信息是他们评估企业价值和投资决策的重要依据。提升财务信息的透明度和准确性可以帮助企业增强在资本市场的信誉和吸引力,从而吸引更多的投资者和资本。

第三节　财务管理目标

一、财务管理目标概述

财务管理目标是指企业通过其财务往来所要达到的具体财务状态或成就,这为评估实体的理财行为的有效性提供了根本准则。作为构成财务管理体系理论框架的基石,这些目标连接了理论与实务,指明了财务管理的方向,并指引着企业如何确定财务事宜的优先顺序和关注焦点。在财务管理的日常操作中,所有的财务选择和判断都应该以实现预定的财务管理目标为核心。这些目标不仅是财务决策的起点,也是其最终的目的。在制订决策时,企业应当集中精力确保这些决策能够支持达成财务管理目标,并且需要考虑如何评估决策的成果,以确保它们符合既定的财务目标。不同的财务管理目标设定可能导致企业在制订财务策略时采取各异的方法和手段,从而形成不同的财务管理体系。合理且科学地设定财务管理目标对于改进理财实践、促进财务管理的持续改善和价值增长至关重要。

财务管理目标与企业维持生存、推进发展和实现盈利的目标相吻合,体现了企业的财务策略和未来的长期愿景,并为企业提供财务规划及资源配置的参考。企业借助财务管理策略,旨在提升股东价值、提高盈利效率、维持财务安全、完善资本组成、保证资金的灵活性等。精准地制订财务管理目标对于确保企业能够灵活应对财务管理环境的变迁、达成财务稳健与持久增长至关重要。这不仅要求企业管理者对财务管理理论与实践有透彻的认识,还要求他们能够预见市场动向,确立既符合企业长远目标又能适应外部环境变化的财务管理目标。传统经济学假设企业以利润最大化为目标,可能导致企业忽视长期利益和社会责任。然而,20世纪50年代以后,西方财务理论提出企业应聚焦于增加股东的财富,以弥补原有利润最大化目标的不足,并引发了关于企业财务管理目标的新讨论,包括企业价值最大化和利益相关者财富最大化等。在此,本书选择具有代表性的几种财务管理目标进行简要介绍。

（一）利润最大化

利润最大化理论是财务管理领域内最古老的理论之一,它主张企业的根本宗旨是实现利润的最大化。该理论的宗旨在于,企业应在其日常运营中力求利润的最大化,视利润为评估企业成败的根本标准。这一观点构成了西方微观经济学分析的基础。西方经济学家以往都使用利润最大化的概念来解析和评价企业的行为及其业绩。

从公司财务管理的角度看,企业被认为是在市场上追求利润最大化的实体。这种观点认为通过优化资源配置、提高生产效率和市场竞争力,企业能够实现利润最大化,从而为股东创造价值。在追求利润最大化的过程中,企业会进行边际分析,即考虑增加或减少一单位产品或服务所带来的额外收入和额外成本。只有在边际收入大于边际成本时,企业扩大生产或提供服务才是有利可图的。虽然追求利润最大化是企业的重要目标,但这一目标必须在遵守社会道德和法律法规的前提下实现。企业不仅要遵守税法、劳动法等硬性法律法规,还要遵循商业伦理和社会责任等软性规范,确保其利润追求不损害社会公共利益。在长期的应用过程中,利润最大化理论显现出了众多不足之处。

1. 没有考虑项目回报的时间价值

利润最大化理论忽略了利润产生的时序,导致在不同时间点产生的利润被等同对待。同时,它也没有考虑项目报酬的时间价值,即没有将未来利润折算为现值,从而无法准确评估项目的真实经济效益。例如,两个项目初始投资相同,项目A第1年获得100万元利润,项目B第1年没有实现利润,第2年获得100万元利润。尽管两个项目的利润额相同,但当我们考虑资金的时间价值时,A项目获利的时间较早,也更具有价值。

2. 没有考虑风险问题

获取利润与承担风险之间存在着一定的对等关系,一般来说,预期收益越高,所需要承担的风险也就越大。这是金融和投资领域的基本原则,通常被称为风险—收益平衡关系或风险—回报关系。在商业和财务决策中,如果只关注利润最大化而忽视风险因素,决策者可能会倾向于选择那些高风险、高回报的项目。这种决策看似能够带来短期的高额利润,但同时也埋下了潜在的风险。因为高风险项目意味着可能面临多种不确定性和潜在的损失,一旦出现不利情况,企业可能会遭受重大打击,甚至面临破产的风险。

3. 没有考虑利润额与资本投入额的关系

利润额本身是一个绝对指标,如果不把它和投入的资本量结合起来考虑,就很难作出准确的评估和选择,可能会导致财务决策倾向于选择资本投入多的项目,而忽视那些虽然投入少但效益高的项目。假设有一个公司正在考虑两个不同的投资项目:项目 A 和项目 B。项目 A 需要投资 100 万元,能回报 150 万元的利润。项目 B 只需要投资 50 万元,就能回报 100 万元的利润。如果我们只看利润额,项目 A 似乎是一个更好的选择,因为它带来的利润更多。然而,如果我们考虑资本投入额,项目 B 的资本回报率更高(100万元利润/50 万元投资=200% 的回报率),而项目 A 的资本回报率较低(150 万元利润/100 万元投资=150% 的回报率)。在这个案例中,选择项目 B 可能更合适,因为它提供了更高的资本回报率。因此,正确的财务决策应该将利润额与相应的资本投入额结合起来考虑,以便作出更明智的选择。

4. 使企业决策带有短期行为的倾向,忽视企业的长远发展

利润最大化作为企业目标时,往往会导致决策者过分关注短期业绩,而忽视了长期发展。这是因为利润最大化的压力使企业倾向于选择能够快速增加利润的策略,即使这些策略可能不利于企业的长期稳定和发展。短期行为可能包括削减成本、提高售价、减少研发投入等。这些做法可能会损害企业的长期竞争力和创新能力。因此,企业需要在追求利润的同时,确保长期战略的实施,以维持可持续发展。

5. 没有考虑非量化因素

利润最大化理论主要依赖财务指标来衡量企业绩效,这些指标虽然可以最直观地反映企业的经营绩效,但它可能忽视非量化因素,如企业声誉、客户满意度、员工福利等,尽管这些因素没有直接反映在财务报表上,但它们对企业的长远发展同样至关重要。企业的声誉可以吸引更多的客户和合作伙伴,提高客户满意度可以增加客户的忠诚度和口碑传播,而关心员工福利可以提高员工的积极性和工作效率。这些因素对企业的长期成功至关重要。

尽管利润最大化理论在财务管理中仍然有一定的地位,但现代财务管理理论已经发展得更为复杂和全面。现代财务管理理论考虑了风险、时间价值、资本结构、市场条件及企业的非财务目标,如企业社会责任和长期可持续发展等。因此,现代财务管理更倾向于使用企业价值最大化或股东财富最大化为目标,而不是单一的利润最大化。

(二)企业价值最大化

企业价值最大化理论是结合经济学和管理学的理念,主张企业的根本追求应当是提升其总体价值。这一理论指出,企业价值不仅源自其财务表现,还包含诸多非财务方面的因素,如市场份额、品牌影响力、技术革新、员工满意度等。企业需在市场竞争中不断创新产品、完善服务、增加财富,以实现价值的最大化。简言之,企业应通过各种经营策略和实践活动,提高其市场地位和价值,以达到价值最大化的目标。企业价值最大化理论的提出,是为了弥补传统利润最大化理论的不足。

企业价值最大化是一个包含多维度的理念,其内涵主要涉及以下几个关键点。企业应寻求风险与回报之间的适当平衡,将风险控制在企业可接受的范围之内;同时,企业应

与股东建立稳固的合作关系,吸引那些寻求长期投资的股东。企业还应关心员工的福祉,提供有吸引力的薪酬、福利、培训及发展机会,以吸引和留住人才。为了维持与债权人的友好关系,企业应通过有效的财务管理展现其偿债能力,满足债权人的要求,确保资金来源的稳定性。企业应通过不断创新和提高产品与服务的质量来满足客户需求,实现销售收入的稳定增长。此外,企业应保持诚信,树立良好的社会形象,并密切关注政策变动,以利用有利的法规,同时无论法规是否对自身有利,都应严格遵守。综合这些要素,企业价值最大化旨在满足所有利益相关者的需求,促进企业的长期价值增长和持续发展。

企业价值最大化的优势在于它倡导企业集中精力于长期价值的培育,同时考虑包括股东、员工、客户和债权人等所有利益相关者的利益,这有助于提高企业的市场信誉和吸引投资者。它还着重于风险控制和创新激励,确保企业能够在激烈的市场竞争中保持领先地位。但是,这种理念的局限性在于平衡短期业绩和长期价值创造可能较为棘手,评估企业价值时可能存在一定的主观性,需要企业具备较高的信息透明度,并且在满足不同利益相关者需求时可能会产生矛盾。此外,执行企业价值最大化战略也面临不少挑战和复杂性问题。

(三)股东财富最大化

股东财富最大化是一个核心的财务理念,它强调企业通过实施一系列高效的财务管理策略和精准的运营决策,追求股东投资回报的最大化。在股份有限公司中,股东的资产状况主要由两个变量决定:所持股份的总量和股份在市场上的标价。股东财富可以通过以下公式简单计算:

$$股东财富 = 持有的股票数量 \times 股票市场价格$$

当股东持有的股票数量保持不变时,股票市场价格的上涨会直接增加股东的总财富。因此,在实践中,股东财富最大化通常与追求股票市场价格的最大化密切相关。企业通过提高盈利能力、有效的资本分配、降低成本、创新和增长战略等手段,努力提升市场对其股票的评价,从而推高股票价格,实现股东财富的最大化。

与单纯追求利润最大化的目标相比,致力于增加股东财富的目标具有多项优势:首先,它将风险因素纳入考量,因为股票价格受风险水平的显著影响;其次,它鼓励企业采取长期视角,不应仅仅为了追逐短期收益而忽视了长期的成长潜力,因为股票的价值不仅取决于当前的盈利状况,也受到未来盈利预期的显著影响;最后,股东财富最大化提供了一个清晰和可量化的目标,方便对业绩进行评估和据此采取奖励或惩罚措施。

但股东财富最大化目标也有其局限性,例如:它主要适用于上市公司,而对非上市公司不太适用;它倾向于优先考虑股东利益,可能忽视其他利益相关者的需求;股票价格受诸多公司外因素影响,不完全在公司控制范围内,因此将不可控因素纳入财务管理目标设定可能不够合理。尽管如此,在那些拥有高度发达且运行高效的证券市场的国家里,上市公司依然可以将追求股东财富最大化定位为其财务管理的根本宗旨。

二、财务管理目标与利益冲突

(一)委托代理问题与利益冲突

1. 股东与经营者

在企业运营过程中,股东作为所有者与经营者的管理团队之间存在利益不一致和信息不对称问题,由此引发了股东与经营者的委托代理问题。在这种委托代理关系中,股东为委托人,经营者为代理人。委托人通常希望代理人能够按照自己的利益和意愿来执行任务,但代理人可能会有自己的目标和利益,这可能导致代理人的行为不符合委托人的期望。具体来说,具体到目标上,股东的最终目标是希望通过最小化成本和风险,实现股东财富最大化。股东们期望企业能够持续稳健地增长,以带来股价的提升和股息的增加。相反,经营者的目标可能更多元,包括个人财富的增加、职业晋升的机会或者其他非财务的个人目标。他们在追求企业财富增长的同时,也期望能够获得更高的经济报酬和享受更多的工作满足感。因此,经营者在决策时可能会考虑个人利益的最大化,而不一定完全符合股东财富最大化的长期战略。

这种利益的不一致和目标的不同,如果不加以妥善地管理和调节,可能会导致经营者采取不符合股东最佳利益的决策,从而损害股东的财富和企业的长期发展。这种损害主要通过道德风险和逆向选择两个概念来描述。道德风险是指经营者利用股东授予的决策权力,采取对自己有利但可能损害股东利益的风险行为,但这种行为并不构成法律和行政责任问题。逆向选择是指经营者通过操纵股票价格和滥用企业资源来增加个人报酬并损害股东利益的行为。这两个概念都反映了股东与经营者之间财务管理目标不同导致的利益冲突,这就需要在企业治理中建立有效的监督和激励机制,以确保经营者的决策行为能够真正符合股东的最佳利益,从而促进企业的长期健康发展。为了解决这一问题,实践中通常可采取以下方式。

(1)监督

监督是指加强股东对经营者的监督,建立有效的问责机制,确保经营者的行为符合股东的利益。这种监督机制包括股东大会和董事会提供的行政监督、独立内审部门的审计监督,以及股东聘请的外部审计师提供的第三方监督。但是,全面监督在实践过程中难以实现。经营者通常拥有更多关于企业运营的详细信息,包括财务数据、市场动态、竞争状况等。股东尤其是小股东可能无法获取这些信息,因为他们不直接参与企业的日常管理。即使股东能够获取信息,也可能缺乏足够的资源和专业知识来解读和评估,不能有效地监督经营者。股东之间也可能有不同的利益诉求,可能导致他们无法形成共同的监督立场,从而影响监督效果。因此,监督的效果是有限的,不能仅靠监督解决全部问题。

(2)激励

激励是指使经营者分享企业增加的财富,从而更加自觉地采取追求股东财富最大化的措施。股票期权和绩效股票是股东用来激励企业经营者的两种重要工具。股票期权赋予企业经营者以预先约定的价格购买一定数量的企业股票的权利。如果股票的市场价格高于预先约定的价格,那么超出部分的价值就构成了经营者的收入。因此,为了获取更多的股票价格收益,经营者倾向于主动实施能够推动股价上升的措施,这样做最终会提升所有者的财富。绩效股票是一种基于经营者业绩的股票奖励形式,若经营者在规定期限内未能达到预定的业绩指标,他们可能会面临部分或全部绩效股票的撤销。这种制度激励经营者为了获取更多绩效股票而积极提升经营绩效,还会采取措施提高股票价值,稳定股价上升,从而增加所有者的财富。这两种激励措施都旨在促使经营者提升企业的业绩和股价,从而增加股东财富。

2.股东与债权人

股东与债权人之间也存在类似股东与经营者的委托代理关系。不同的是,债权人将自己的资金委托给企业经营者进行经营,视为委托人。股东与经营者在面对债权人时,两者的利益是一致的,因此股东被视为代理人。股东与债权人之间的利益冲突通常源于他们在企业运营中的不同目标和风险承受能力。股东和债权人都是企业资本结构的重要组成部分,但他们的角色和期望存在本质区别。股东是企业的所有者,他们投资企业以期望获得资本增值和股息收入。股东的目标是股东财富最大化,也就是说,他们希望企业能够实现尽可能高的股价和利润。债权人则是向企业提供贷款或购买债券的外部投资者。他们的目标是在企业按照合同约定偿还本金的同时,获得约定的利息收入。债权人的目标更多地关注本金的安全性和利息的稳定性,而不是企业的长期增长或股价的表现。股东与债权人的目标并不一致。

股东对企业承担的责任限定在他们的投资额度内,也就是说,股东的责任仅限于其出资的股份金额,这一制度保护了股东的个人资产不受企业债务的波及。此外,股东在企业解散或清算时,对企业的剩余资产拥有追索权,也就是说,在偿还了所有债权人后,剩余的资产将根据股东的股份比例进行分配。这种权利使股东能够分享企业可能实现的盈利。由于股东的责任是有限的,且他们能从企业的成功中获益,因此股东可能会更倾向于投资风险较高的项目,而这些项目的风险程度可能会超出债权人的预期。当企业从债权人那里筹集资金之后,债权人通常不再直接参与对这些资金的具体使用。股东们有可能会将这些资金投入风险更高的项目中,或者将其用于与原借款目的不符的其他方面。如果这些高风险投资获得了成功,所带来的超额利润将完全归股东所有。但是,如果投资失败,造成的损失可能会削弱企业的偿债能力,这可能会导致债权人承担部分或全部损失。在这种情形下,债权人在承担风险时并未获得与股东相匹配的收益潜力,从而导致股东与债权人之间在风险承担和收益分配上的不平等。

债权人为了保护自身利益,通常会采取以下措施来防止利益被企业股东侵害:

①在债券合同中加入限制性条款,如对资本支出、股息支付、回购股票等方面的限制,以防止股东滥用资金。

②如果发现股东有侵害债权人利益的行为,债权人可以采取法律行动,如提起诉讼、要求履行合同条款,或寻求赔偿。

(二)社会责任与利益冲突

企业在实现股东财富最大化目标的过程中,也为社会创造了更多的就业机会,提供了更多符合社会需要的产品,从而实现了社会责任目标。但企业在追求股东财富最大化的同时,也可能会给社会带来不同程度的负面效应。很多情况下,企业的目标与社会目标是一致的,但也有一些例外。企业积极履行社会责任的正面例子数不胜数,如红蜻蜓集团赞助希望小学、"王老吉·学子情"爱心助学行动、中国邮政的"邮爱公益"活动、鸿星尔克多次驰援灾区等。这些企业积极履行社会责任,社会也会反过来正面回馈企业。然而,过度追求自身利益,忽视了社会责任的现象也时有发生,如假疫苗事件、食品安全问题、生产假冒伪劣产品等,这些不当行为被核实后,企业也受到了应有的处罚,可以说是害人害己。

总的来看,企业要生存,要能够以收抵支,必然会致力于生产出更多符合社会需求的产品;企业要发展壮大,要扩大规模,必然要招聘更多的员工,能够创造出更多的就业机会;企业要获利,则应致力于提高产品或服务的质量,这样就会有更多消费者来购买其产品或服务。所以,企业在实现自身目标的过程中,也在履行社会责任。但在这个过程中,某些企业可能会因过度追求自身利益而忽视了环境保护、不重视产品质量或者开展不正当竞争等,这就与社会责任相背离了。

在协调社会责任与利益冲突方面,国家层面可以制定一些法律来对企业进行约束,这是要求企业达到的最低标准,如《中华人民共和国消费者权益保护法》《中华人民共和国产品质量法》《中华人民共和国环境保护法》等,通过法律来强制企业承担社会责任,调节股东与社会公众的利益。但是,相关法律法规也不能解决所有问题,在法律约束的基础上,还需要道德约束、行政监督和社会舆论监督,需要有良心的企业家做良心企业。

第四节　财务管理原则

财务管理原则是企业财务活动的重要指导,它们是企业在长期理财实践中总结出来的一系列行为准则。这些原则不仅反映了财务活动的规律性,也体现了市场经济对企业财务管理的内在要求。它们是企业财务管理工作的基本要求,是确保企业实现财务管理目标的关键。

遵循这些财务管理原则对于企业科学组织财务活动、妥善处理经济关系和有效实现财务管理目标至关重要。企业应当认真研究和贯彻这些财务管理原则,以提升其财务管理的效率和效果。这不仅可以帮助企业提高资金的使用效率、降低成本,也可以帮助企业更好地处理经济关系,提高企业的竞争力。接下来,我们就依次介绍财务管理原则的4个重要原则,分别是成本效益原则、收益与风险均衡原则、资金合理配置原则、资金管理与物资管理相结合原则。

一、成本效益原则

在现代市场经济体系中,企业作为构建市场经济的基石,其根本目标是通过有效的经营管理和决策,追求经济利益的最大化。企业的所有财务行为和管理策略都应当以实现这一核心目标为宗旨:确保资金的最大化利用,促进资源的优化配置,最终实现企业价值与社会财富的增长。经济效益是评价企业经营成效的关键指标,它涵盖了企业的投入产出比、成本和收益等多个方面。在财务管理领域,经济效益主要通过资金使用效率、成本和盈利等财务指标来衡量,反映了企业在一定时期内通过利用生产要素所取得的经济成果。因此,企业需要进行精确的成本效益分析,权衡各种财务决策的潜在成本与预期收益,以作出最佳的财务选择。

成本效益原则指导企业在进行财务决策时,必须在筹资、投资、运营资本管理和利润分配等各个方面进行全面的成本与收益分析。在筹资方面,企业应当评估和比较不同筹资途径的成本,如借款和发行股票的成本,并选取成本效益比最高的筹资途径。在投资方面,企业需要分析不同投资项目的成本和预期收益,优先考虑那些预期收益超过成本的项目,以保证资本的增长。在运营资本管理方面,尽管收益的量化可能比较困难,但企业仍需要尽力减少成本,提高资本的使用效率。例如,企业可通过改进存货管理、加速回收应收账款、延长应付账款支付周期等方式,降低资本的占用成本和运营成本。在利润分配方面,企业应当在最小化资本成本的前提下,合理处理与投资者、员工和国家的财务关系,确保分配的公正和合理。

成本效益原则强调了成本与效益之间的相互依存和权衡。成本是实现效益的前提,而效益则是成本投入的最终目的。在执行成本效益分析时,企业需要综合考虑以下几个关键点:

①企业应当拒绝那些预期收益低于成本的投资决策,避免资源的无效配置。

②在某些决策方案中,为了扩大效益,可能需要持续的资金支持。在这种情况下,企业应进行全面的生命周期成本效益分析,确保预期的长期收益能够补偿所有的支出。

③对于那些收益不易直接评估的投资项目,企业应在达成预定的投资目标的同时,寻求最有效的成本控制策略。

在实际操作中,由于成本效益分析往往涉及难以精确和评估的因素,企业应更加重视成本的控制,尤其是在内部财务管理方面,必须严格管理资本的使用成本。通过这样的做法,企业能够在有限的资本投入下寻求最大的效益,为社会提供更多高质量的产品和服务,从而促进企业可持续发展。

成本效益原则是现代企业财务管理的一个核心概念,它强调在追求经济利益的过程中,企业应合理协调成本与效益的关系,不断寻求成本的降低和收益的增加,以确保财务管理目标的达成。在市场经济环境中,遵循成本效益原则对于企业保持竞争力、实现长期发展具有极其重要的指导意义。

二、收益与风险均衡原则

收益与风险均衡原则体现了企业财务决策中的一种平衡,强调在追求经济回报的同时,对潜在风险保持警惕,并采取相应的措施来管理这些风险。企业在追求价值最大化的过程中,应遵循的一条基本原则便是在追求较高收益的同时,必须合理控制风险,确保企业稳健发展。企业不能仅仅追求高收益而忽视风险,也不能过于在乎风险而不重视收益。企业进行财务管理时,必须对每一项具体的财务活动进行全面的风险与收益分析,按照收益与风险适当均衡的要求来进行财务决策。

在实际操作中,收益与风险均衡原则贯穿企业财务管理的众多领域。

在筹资活动中,企业必须在获取成本效益与承担财务风险之间寻求平衡。制订一个既能优化企业资本结构又能确保财务安全的债务水平是关键。在筹集资金时,企业必须评估债务融资的利与弊。例如,企业若选择发行债券来融资,虽然可以减少资金成本并提高自有资金的回报率,但同时也承担了按时偿还本金和利息的风险。因此,企业应根据自身的风险偏好和收益目标,决定最合适的融资策略,这可能包括发行债券、银行贷款或其他融资途径。此外,企业还需关注资金的使用效率和成本,以确保资金的有效利用,并增强企业的盈利能力。

在投资管理方面,企业应当进行全面的可行性研究,对项目可能遭遇的各种变量进行细致的分析,并制订多个投资计划,以便在比较不同方案的收益和风险后作出决策。在作出投资选择时,企业不仅需要评估潜在的投资回报,还要对相关的风险因素进行考量。假设某个投资项目预计会带来很高的收益,但同时伴随着巨大的风险,企业需要在这两者之间进行取舍,决定是否进行投资。此外,企业还可以采用多元化的投资策略来减少风险。例如,企业可以将资金分配到不同行业或不同类型的多个项目中,以此来分散投资风险并提升整体的投资回报。这样即使某些项目出现了问题,其他项目的成功表现也有助于企业弥补损失,保障企业的财务安全。

在收益分配管理方面,企业应当基于自身的盈利状况和未来发展计划,合理规划利润的分配。过度分红可能会削弱企业的再投资能力,影响其长期增长,而忽视股东的分红需求又会影响股东的积极性。因此,在处理收益分配时,企业需要综合考虑各种利益关系,以达到收益与风险的合理平衡。这可能涉及制定适宜的分红政策,确保股东能够获得合理的回报,同时保留必要的利润用于企业的再投资和业务扩张。

在市场经济体制中,企业面临着复杂多变的各种风险,这些风险往往难以完全避免。因此,企业需要实施有效的风险管理策略,如风险分散、套期保值、购买保险等,以减小风险带来的负面影响。同时,企业还应该建立一个全面的风险评估和监控系统,以便能够及时发现和应对新出现的风险。收益与风险均衡原则要求企业在追求财务管理目标的过程中保持谨慎,意识到高收益往往与高风险并存,而适当的风险控制则是企业长期稳定发展的关键。企业应根据自己的长远战略和风险承受度,制订恰当的财务计划,以实现收益与风险的最佳平衡。只有当企业在追求收益的同时,能够有效管理风险,它才能在竞争激烈的市场中保持竞争优势,实现持续的发展和增长。

三、资金合理配置原则

资金合理配置原则涉及确保资金的有效利用和资源的最大化效益。企业通过筹集和使用资金,将货币资产转换为实物资源和生产能力。然而,资金的量并不是决定性因素,关键在于如何通过精细的资金分配,实现资源的最优配置,以最大限度地发挥其潜力。企业的发展战略和经营目标是资金配置的出发点与落脚点,资金配置应服务于企业的发展战略和经营目标。此外,资金配置还应遵循风险可控、效益最大化的原则,确保资金投入能够在风险可控的范围内,实现最大的经济效益。

从财务管理的角度看,企业在再生产过程中对资源的分配和使用,以及它们之间的数量关系,主要体现在资金的结构比例上。这涉及固定资产与流动资产之间的比例,不同类型固定资产之间的比例,流动资产如原材料、在产品、产成品和货币资金之间的比例、短期资金与长期资金的比例、负债资金与自有资金的比例、流动负债与长期负债的比例,以及权益资金各部分之间的比例。资源的有效配置和利用是财务管理的核心内容。企业应当关注资源的优化配置,防止资源不足或过剩导致的浪费。合理的资源配置意味着每增加一单位的资源投入,就能够带来额外的收益和边际效益,进而提高整体收益水平。

为了达到资源优化配置的目标,企业财务管理需要科学制订资金预算。资金预算是企业对一定时期内资金收入和支出进行预测与计划的重要工具。首先,企业应根据市场需求、生产计划、成本预算等因素,科学预测资金收入,合理安排资金支出,确保资金的合理运用。其次,企业还应建立预算调整机制,根据实际情况及时调整预算计划,以确保资金配置的灵活性和适应性。再次,企业应加强资金使用过程中的管理,加强对资金流向的监控,确保资金投向符合企业发展战略和经营目标。最后,企业还应加强对资金使用效果的评估,通过财务指标分析,如投资回报率、净利润率等,评估资金使用效果,为后续资金配置提供参考。

合理运用资金,优化企业资源配置,是企业财务管理的基本要求。企业应根据自身的发展战略和经营目标,在资源有限的情况下,寻求最佳的资源配置和资本供求关系,以实现最大的经济效益。同时,企业应通过财务的持续评估、分析和调整,不断优化资源配置,从而保障企业的长期稳定发展。

四、资金管理与物资管理相结合原则

资金管理与物资管理相结合原则是指在企业的财务管理中,将资金管理与其他实物资产管理(如物资、设备、房产等)相结合,以实现企业资产的全面、高效运作。这一原则强调资金与实物资产之间的紧密联系,认为企业的财务状况不仅取决于资金的合理运用,也取决于其他实物资产的合理配置与管理。资金是企业的血液,实物资产则是企业的骨肉。资金管理主要关注资金的筹集、投资和分配,以保证企业运营的资金需求得到满足。而物资管理则关注实物资产的采购、储存、使用和处置,以保证企业生产过程中的物资需求得到满足。两者在企业运营过程中相辅相成,共同影响企业的经济效益。

(一)实施资金管理与物资管理相结合原则的好处

资金管理与物资管理相结合原则的实施,可以带来以下4个方面的好处。

1. 提高资产利用率

通过资金管理与物资管理的结合,企业可以更加精确地计算和控制各项资产的使用效率,避免资源浪费,提高整体资产的利用效率。

2. 降低成本

资金管理与物资管理的结合有助于企业更好地进行成本控制,通过优化资金使用和实物资产配置,降低生产成本,提高企业竞争力。

3. 提高企业抗风险能力

通过资金管理和物资管理的结合,企业可以更加准确地评估和预测各种风险,提前做好风险防范和应对措施,提高企业的抗风险能力。

4. 支持企业战略发展

资金管理与物资管理相结合,有助于企业更好地实施发展战略。例如,企业可以通过有效的资金管理和物资管理,实现规模扩张、产品结构调整、市场拓展等战略目标。

(二)实施资金管理和物资管理相结合原则的要求

在实际操作中,资金管理与物资管理相结合原则的实施需要遵循以下 4 个方面的要求。

1. 强化内部沟通与协作

企业各部门之间需要加强沟通与协作,确保资金管理和物资管理的有效衔接。例如,财务部门应与采购部门、生产部门和销售部门等紧密合作,共同制订和实施资产配置策略。

2. 完善管理制度

企业应当制订和完善资金管理与物资管理规范,确立不同部门的职能和授权范围,确保各项管理措施得到落实。

3. 优化资金和物资的使用效率

企业应通过科学的方法,如库存管理、供应商管理、生产计划等,优化资金和物资的使用效率,减少闲置和浪费。

4. 实施预算管理

企业应制订详细的预算计划,对资金和物资的使用进行合理安排,确保企业运营的需要得到满足。

以下是一个实例,展示了资金管理与物资管理相结合原则在企业实际运营中的应用:

为了提高生产效率,某制造企业引进了一套先进设备,总投资约为 1 000 万元。在设备引进过程中,企业采用了资金管理与物资管理相结合的原则。首先,企业在采购设备前,进行了充分的市场调研和论证,确保设备的选型和投资预算符合企业发展战略。企业财务部门与采购部门紧密合作,对设备的资金投入和预期收益进行了详细的分析,确保资金的合理使用。其次,企业建立健全了设备管理制度,对设备的储存、使用和维护进行了明确的规定,以确保设备的高效运行。同时,企业通过优化库存管理,降低原材料和产品的库存成本,提高资金的使用效率。企业在实施预算管理过程中,对设备运营过程中的各项费用进行了严格的控制。例如,企业对设备的维修、保养和更新改造等费用进行了预算安排,确保资金的合理分配。最后,企业定期对设备的运行状况进行评估,根据评估结果调整资金和物资的配置策略。例如,如果设备运行良好,企业可能会增加相关物资的投入,以进一步提高生产效率;如果设备存在性能瓶颈,企业会考虑投入资金进行改造或更新。通过资金管理与物资管理相结合的原则,该企业成功提高了设备的使用效率,降低了生产成本,实现了良好的经济效益。同时,企业抗风险能力得到了提高,为企业的持续发展奠定了基础。

总之,资金管理与物资管理相结合原则在企业的财务管理中具有重要意义。通过实施这一原则,企业可以实现资产的全面、高效运作,提高经济效益,支持企业的持续发展。在实际运营中,企业应遵循相关要求,不断优化资金和物资的管理,以实现财务管理目标。

第五节　财务管理环境

企业财务管理环境,亦称为理财环境,是指所有影响企业财务活动和管理的内部条件与外部条件的总称。这些条件主要包括法律、经济和金融等方面,它们构成了企业财务活动的客观基础。这些条件相互关联、相互作用,构成一个复杂的系统,对企业财务管理产生重大影响。

财务管理环境可以从宏观和微观两个层面来分析。宏观层面主要涉及经济、法律、社会和文化等方面的因素,如经济政策、法律法规、市场需求等。而微观层面则是指直接影响企业财务活动的各种因素和条件,如企业的组织形式、生产状况、产品销售市场状况等。了解并适应财务管理环境对企业的发展至关重要。企业需要密切关注财务管理环境的变化,以便及时调整财务策略,确保企业的稳健发展。

一、法律环境

财务管理的法律环境是指影响企业财务管理决策和行为的法律、法规和规章制度的总和。这些法律法规为企业提供了财务活动的法律框架,确保企业的财务行为合法、合规,并保护利益相关者的权益。企业在进行财务管理时,需要充分了解和遵守这些法律法规,以降低法律风险,从而实现企业的财务管理目标。

(一)企业组织法规

企业组织必须依法成立。不同的企业都要遵守相关的法律规范。法律环境是一个至关重要的方面,它涉及企业与外部进行财务活动时需遵守的各种法律法规。企业组织法规是这一法律环境中不可或缺的一部分。

企业组织法规主要关注企业的组织形式和运作规则。这些法规旨在规范企业的结构、运营和管理,确保企业的活动合法、合规,并维护市场经济秩序。具体而言,企业组织法规涉及企业的设立、变更、运营和终止等各个环节。例如,对于公司制企业,如有限责任公司和股份有限公司,应遵守《中华人民共和国公司法》(以下简称《公司法》)的相关规定。《公司法》为公司的成立、运营、变更和解散提供了法律框架,并规定了公司内部各方的权利和义务,包括股东、董事、监事和其他高级管理人员。

遵守企业组织法规对企业的财务管理至关重要。它有助于确保企业的财务活动合法合规,降低法律风险,维护企业的声誉和信誉。同时,它也为企业提供了一个明确的运营框架,有助于企业的持续稳定发展。

(二)财务会计法规

《企业财务通则》于 1993 年 7 月 1 日由财政部制定,并于 2006 年 12 月进行了修订,规定了以会计核算为前提,会计原则、会计要素和报表的编制的要求。该准则是企业进行会计处理和财务报告的规范,包括基本准则、具体准则和应用指南等方面的内容,旨在规范企业的财务行为,保证财务信息的真实性、准确性和完整性,以及促进企业的健康可持续发展。

此外,财务会计法规还对企业的内部控制和审计活动提出了要求。企业需要建立完善的内部控制体系,确保财务报告的准确性,并接受外部审计机构的审计。这些规定有助于增强企业财务信息的可信度,降低财务信息舞弊的风险。

除了上述主要法规,财务会计法规还包括其他相关的法规、规章和制度,如《企业会计准则第 30 号——财务报表列报》、财政部门的会计政策、标准和规定等。这些法规共同构成了一个完整的财务会计法规体系,为企业的财务管理提供了全面的指导和规范。

(三)税收法规

税法是一国法律体系中规范税收的种类、税率、税费征收管理等方面的法律。它为国家提供了财政收入,用以满足公共支出的需要,同时也是国家调节经济、实现社会政策目标的重要工具。

我国现行的税种共 18 种,其中企业运用可分为 5 类。第一类:所得税类,包括企业所得税、个人所得税;第二类:流转税类,包括增值税、消费税、关税;第三类:财产税类,包括房产税、契税、车船税;第四类:行为目的税,包括船舶吨税、印花税、城市维护建设税、车辆购置税、耕地占用税、土地增值税;第五类:资源税类,包括资源税、城镇土地使用税、烟叶税和环境保护税。

在财务管理实践中,企业必须严格遵守税收法规,确保税收活动的合规性。这包括按时足额缴纳税款、正确申报纳税信息、配合税务部门的检查等。同时,企业还应积极关注税收法规的变化和更新,以便及时调整财务管理策略,降低税务风险。

二、经济环境

财务管理的经济环境是指影响企业财务活动和决策的宏观经济条件。这些条件包括经济体制、经济周期、经济发展水平、经济政策、通货膨胀等。企业需要对这些经济因素进行分析,以便及时调整财务策略,优化资源配置,管理风险,并抓住市场机遇。

(一)经济体制

经济体制决定了企业所处的市场环境、资源配置方式及政府在经济中的角色,从而对企业财务活动产生深远影响。例如,在市场经济体制下,企业需更加关注市场需求和竞争状况,灵活调整财务策略。

不同的经济体制会对财务管理产生不同的影响。在市场经济体制下,资源分配主要由市场供求关系决定,企业在财务管理上有较高的自主权和灵活性。企业需要关注市场变化,以便及时调整财务策略,如定价、投资和融资决策。在计划经济体制下,国家对资源的分配和价格有较大的控制权。企业的财务管理可能受到较多的政府指导和干预,如价格控制、生产配额等。混合经济体制是市场经济和计划经济的结合体,在这种体制下,企业既要遵循市场规律,又要考虑政府政策的影响。

(二)经济周期

经济周期,也称为商业周期,是指经济活动在一定时期内经历的增长、衰退、萎缩和复苏的波动过程。这些波动通常与生产力、就业、投资、消费和价格水平等宏观经济指标的变化相关联。经济周期通常分为 4 个阶段:繁荣阶段、衰退阶段、萧条阶段和复苏阶段。

在繁荣阶段,社会经济活动活跃,市场需求旺盛,企业产品销量增加,利润水平提升。此时,企业可能会增加投资,扩大生产规模,以满足市场需求。然而,随着繁荣阶段的持续,市场可能会出现供过于求的情况,导致经济进入衰退阶段。在衰退阶段,市场需求开始萎缩,企业销售收入下降,利润水平降低。企业可能会面临资金周转困难,需要更加注重现金流管理和成本控制。进入萧条阶段,经济活动达到谷底,市场需求严重不足,企业普遍面临亏损甚至破产的风险。此时,企业需要积极寻求生存之道,如调整经营策略、缩减规模等。最后,随着政策的调整和市场需求的逐渐恢复,经济进入复苏阶段。在这个阶段,企业需要抓住机遇,调整财务策略,为新一轮的经济扩张做好准备。

经济周期的变化对企业财务管理具有重要影响。企业需要根据经济周期的不同阶段,灵活调整财务策略。

(三)经济发展水平

经济发展水平是指一个国家或地区在一定时期内经济活动的总体规模、速度和所达到的水准。这一概念反映了社会经济现象在不同时期的规模和水平,是计算各种动态分析指标的基础。

经济发展水平不仅关系到企业的市场环境、需求状况和发展机遇,还直接影响企业的投资策略、融资成本和风险管理等方面。因此,在财务管理过程中,企业需要对经济发展水平进行深入的分析和研究,以便制订出更加合理和有效的财务策略。

一般来说,经济发展水平高的地区,市场需求旺盛,企业发展机会多,但同时也可能面临更高的竞争压力和成本挑战。相反,经济发展水平较低的地区,虽然市场需求可能相对较小,但企业也可能面临更低的成本和更大的市场发展空间。

为了应对不同经济发展水平下的挑战和机遇,企业需要灵活调整财务策略,如优化资金结构、控制成本、提高资金利用效率等。同时,企业还应积极关注政策动向和市场变化,以便及时把握发展机遇并应对潜在风险。

(四)经济政策

经济政策主要是指国家为实现一定宏观经济目标而制定的用以调节和指导国民经

济发展和经济行为的规范和准则。这些政策旨在影响市场主体的行为,调节经济运行,促进经济社会的稳定和发展。

企业需要密切关注经济政策的变动,因为这些政策直接关系到企业的投资、融资、生产、销售等各个方面。例如,财政政策中的税收政策会影响企业的税负和税后利润;货币政策中的利率政策会影响企业的融资成本;产业政策则会指导企业的投资方向和业务发展。

同时,企业还需要根据经济政策的导向,调整自身的财务管理策略。例如:在国家鼓励创新的政策环境下,企业可以加大研发投入,提升产品竞争力;在国家实施紧缩政策时,企业则需要更加注重成本控制和风险管理。

（五）通货膨胀

通货膨胀是一个重要的经济环境因素,它是指货币供应大于货币实际需求,导致货币贬值、物价上涨的经济现象。这种现象是需求大于供给,会造成货币购买力下降,进而影响企业的财务活动和决策。

通货膨胀会削弱个人的购买力,导致消费能力下降,这可能影响企业的销售和市场需求。对于企业而言,生产成本可能会上升,如原材料价格上涨、劳动力成本增加等,这些都会增加企业的运营成本,压缩利润空间。如果企业无法有效应对这些成本上升的压力,可能会导致利润减少,甚至引发财务危机。

企业需要密切关注通货膨胀的变化趋势,合理预测其对企业财务活动的影响。企业可以通过调整价格、优化成本控制、加强现金流管理等方式来应对通货膨胀带来的挑战。同时,企业还需要制订灵活的财务策略,以适应不同通货膨胀水平下的市场环境。

三、金融环境

金融环境是指影响企业获取资金、投资机会和风险管理的外部金融因素。一个经济体中之所以存在金融市场是为了将资金储蓄有效率地配置给最终的使用者。金融环境对企业的影响是多方面的,它决定了企业融资的成本、投资的机会及整体财务策略的制订。

金融环境涵盖了多个方面,包括金融市场、金融工具、金融机构及利率等。

（一）金融市场的含义

金融市场是资金供需双方通过特定方式实现资金往来和证券买卖的场所。它是企业筹资和投资的主要平台,对企业的财务管理活动具有直接和深远的影响。金融市场由主体、客体、组织形式和交易价格组成。主体是指金融市场的参与者,既可以是居民、企事业单位,还可以是银行或非银行金融机构;客体是指金融市场的交易对象,也就是通常所说的金融工具。包括同业拆借、票据、债券、股票、外汇和金融衍生品等;金融市场交易主要有两种组织方式:场内交易方式和场外交易方式;交易价格是金融市场的基本构成要素之一,它通常表现为各种金融工具的价格。

金融市场的构成如图 1-1 所示。

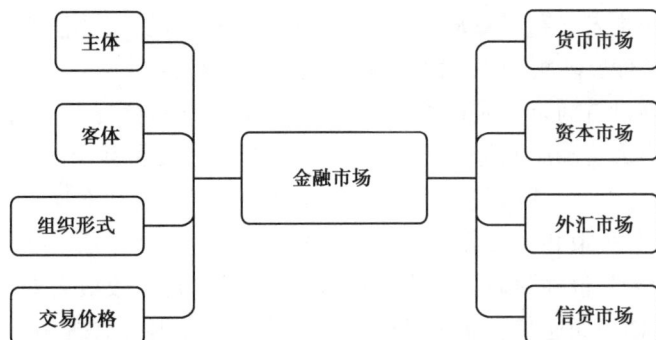

图 1-1　金融市场的构成

(二)金融工具

金融工具,亦称为信用工具或交易工具,是金融市场上用于资金融通与投资的各种合约和凭证。它们允许资金从拥有剩余资金的单位(即贷款人、投资者或储蓄者)转移到需要资金的单位(即借款人、企业或政府)。

金融工具主要分为两大类:货币市场工具和衍生工具。货币市场工具是短期金融工具,通常具有高流动性,向其他方交付现金或其他金融资产的合同义务等,如货币、票据、债券和股票等。而衍生工具则是在基本金融工具的基础上,通过特定的技术设计形成的新的金融工具,如远期合同、期货合同、互换合同和期权合同等。

企业可以根据自身的资金需求和风险承受能力,选择合适的金融工具进行融资或投资,以实现资本的增值和风险的规避。同时,企业也需要密切关注金融市场的变化,了解各种金融工具的价格和风险状况,以便作出明智的财务决策。

(三)金融机构

金融机构是指专门从事金融服务的组织,它们在金融市场上扮演着中介角色,促进资金的流动和分配。这些机构为资金供应者和需求者提供融资、投资、风险管理等金融服务。

金融机构是企业筹集资金的重要渠道。企业可以通过向银行申请贷款、发行债券或股票等方式,从金融机构获取所需的资金,用于扩大生产、投资新项目等。金融机构也为企业提供投资平台,帮助企业实现资金的增值。企业可以将闲置资金投资于金融机构提供的各种金融产品,如股票、债券、基金等,以获取投资收益。

因此,企业需要与金融机构建立密切的关系,合理利用金融机构提供的各种服务,以实现财务管理的最优化和企业的持续健康发展。

(四)利率

利率,是"利息率"的简称,是借款人支付给贷款人的费用,用以补偿贷款人在借款期间放弃的资金使用权。利率是金融市场的核心价格之一,它影响着个人、企业、金融机构和政府的借贷行为,对经济活动有着深远的影响。利率的高低决定了借贷双方的经济利益分配,同时,它也受到宏观经济状况、货币政策、市场资金供求等多种因素的影响。

一般而言,利率由风险报酬率、纯利率、通货膨胀率组成,其公式如下:

$$K = K_0 + IP + DP + LP + MP$$

式中:K 表示利率(指名义利率);K_0 表示纯利率;IP 为通货膨胀补偿率;DP 为违约风险报酬率;LP 为流动性风险报酬率;MP 为期限风险报酬率。

纯利率是指在没有通货膨胀影响的情况下的利率,通货膨胀为零时,无风险证券的平均利率。在没有通货膨胀和无风险的情况下,纯利率代表了资金市场的平均利率。例如,当没有通货膨胀时,短期国债利率可以被视为纯利率。纯利率反映了资金的时间价值,是企业进行财务决策和投资分析时的重要参考指标。

通货膨胀补偿率,也称为通货膨胀溢价或通胀预期,是指投资者要求对其投资回报的额外补偿,以抵消预期通货膨胀对其购买力的影响。在财务管理中,当物价水平上涨导致货币贬值时,投资者或存款人期望通过提高利率来获得因通货膨胀造成的购买力损失的补偿。

风险报酬率,也称为风险调整后的报酬或风险收益,是指投资者为了补偿投资中的风险而要求的额外报酬率。它表示投资者在每次交易中,为获取利润愿意承受多少风险的比例。例如,一个风险报酬率为 2∶5 的投资表明投资者愿意承担 2 单位的风险以换取获得 5 单位利润的机会。

复习思考题

一、单选题

1. 财务活动与资金运动之间的关系是( )。

A. 财务活动即为资金运动　　　　　　B. 财务活动支配着资金运动

C. 二者毫不相关　　　　　　　　　　D. 资金运动支配着财务活动

2. 资金活动的起点和投资的前提是( )。

A. 投资活动　　　　　　　　　　　　B. 资金耗费

C. 资金分配　　　　　　　　　　　　D. 筹资活动

3. 企业与所有者之间的财务关系,体现为( )。

A. 互尽责任义务的关系　　　　　　　B. 债权债务关系

C. 按劳分配关系　　　　　　　　　　D. 所有权性质的净资产和盈利归属关系

4. 企业价值最大化,包括债权人财富最大化和( )。

A. 股东财富最大化　　　　　　　　　B. 收入最大化

C. 利润最大化　　　　　　　　　　　D. 成本最大化

5. 每股收益最大化相对于利润最大化作为财务管理目标,其优点是( )。

A. 考虑了资金的时间价值　　　　　　B. 考虑了投资的风险价值

C. 有利于避免短期化行为　　　　　　D. 反映了投入资本与所创造利润的关系

6. 甲、乙两企业均投入 1 000 万元的资本,本年获利均为 60 万元,但甲企业的获利已经全部转化为现金,而乙企业则全部是应收账款。如果在分析时得出两个企业收益水平相同的结论,得出该结论的原因是( )。

A. 没有考虑利润的取得时间

B. 没有考虑利润获得所承担风险的大小

C. 没有考虑所获利润和投入资本的关系

D. 没有考虑剩余产品的创造能力

二、多选题

1. 下列各项中,属于企业筹资引起的财务活动的有(　　)。

A. 偿还借款　　　　　　　　　　B. 购买国库券

C. 支付股票股利　　　　　　　　D. 利用商业信用

2. 下列属于营运资金活动的有(　　)。

A. 采购材料支付货款　　　　　　B. 销售产品收取货款

C. 短期借款　　　　　　　　　　D. 长期借款

3. 为确保企业财务管理目标的实现,下列各项中,可用于协调所有者与经营者矛盾的措施有(　　)。

A. 所有者解聘经营者　　　　　　B. 所有者向企业派遣财务总监

C. 公司被其他公司接收或吞并　　D. 授予经营者股票期权

4. 股东可以通过经营者为了自身利益而损害债权人的利益,债权人为防止其利益被伤害,可以(　　)。

A. 寻求立法保护　　　　　　　　B. 规定资金的用途

C. 不再提供新的借款　　　　　　D. 限制发行新债的数额

三、判断题

1. 盈利企业不可能因为不能偿还到期债务而无法持续经营下去。　　　　(　　)

2. 企业价值即为企业现有资产的账面价值。　　　　　　　　　　　　　(　　)

3. 民营企业与政府之间的财务关系体现为一种投资与受资关系。　　　　(　　)

4. 财务管理是企业管理的重要组成部分,所以财务管理目标应该从属于企业管理目标。　　　　　　　　　　　　　　　　　　　　　　　　　　　　　　　　(　　)

5. 股东财富由股东所拥有的股票数量和股票市场价格两方面来决定。如果股票数量一定,当股票价格达到最高时,股东财富也达到最大。　　　　　　　　　(　　)

思政思辨案例:从鸿星尔克事件看新时代企业社会责任

2021年7月,河南省出现特大暴雨,全省32个县(市、区)降雨量突破有气象记录以来的历史极值。这样突如其来的暴雨给河南人民的日常生活造成了极大的影响。全省铁路、道路、航空等运输方面也受到巨大影响。多班高铁停运、多次航班暂停,给城市内居民的日常出行带来极大的不便,甚至连网络通信也受灾严重。对此,很多企业伸出援手,捐款捐物驰援河南,为受灾地区和群众提供资金、货物、信息、技术、人员等方面的紧急援助。

在这样的情况下,鸿星尔克宣布捐赠 5 000 万元物资用于支持河南灾区,这一捐款数额相当庞大。一些热心的网友发现,鸿星尔克近些年的经营并不理想,甚至存在连年亏损的情况,官方微博也舍不得花钱认证,却豪掷千金地救援灾民。鸿星尔克的这一善举迅速引发了社会的广泛关注。许多网友纷纷表示支持和赞赏,蜂拥至鸿星尔克的电商店铺和直播间,疯狂刷单支持这家富有社会良心的民族企业。在捐款后的直播中,鸿星尔克销量猛增,打破了多项销售纪录。这种消费者热情支持的现象甚至被一些媒体形容为"野性消费"。

在捐款事件后,鸿星尔克持续受到关注。在随后的时间里,鸿星尔克又进行了多次捐赠,每次捐赠都引发了社会的关注和讨论。同时,鸿星尔克也积极回应公众的关切,包括对捐款使用情况的说明和对消费者理性消费的呼吁。总的来说,鸿星尔克捐款是展现企业社会责任和公众爱心的善举,不仅为受灾地区提供了实质性的帮助,也引发了社会对慈善和公益事业的更多关注与思考。

(案例来源:根据网易号资料整理所得)

案例思考:

1.鸿星尔克在经营困难的情况下依然选择大额捐款,这种社会责任的履行对公司的财务绩效产生了哪些影响?

2.在捐款事件后,鸿星尔克品牌形象大幅提升,这对公司的财务收益有何影响?

3.鸿星尔克在捐款事件后可能面临哪些财务风险?公司应如何评估并应对这些风险?

4.结合鸿星尔克捐款事件,我们应该如何看待新时代企业的社会责任?

第二章 财务管理的价值观念

学习目标

学生通过本章的学习,需要了解货币时间价值、风险及风险价值的概念,理解风险报酬率与风险大小的关系,掌握各种年金终值、现值的含义与计算方法,以及贴现率、期间和利率的推算方法,掌握风险的类别和风险衡量的方法,从而树立货币时间价值观念、风险价值观念,并能在实际中加以运用。

　　财务管理的基础知识是进行财务决策的前提条件和基本工具,其内容包括货币时间价值计算、风险与报酬计量等。其中,货币时间价值可揭示不同时点上资金的换算关系,既是企业筹资决策和投资决策必须考虑的一个重要因素,也是企业估价的基础。离开这一因素,就无法计算不同时期的财务收支,也无法正确评价企业的盈亏。风险与报酬是财务管理中一对不可避免的矛盾,要想获得满意的经济效益,企业必须研究风险与报酬的均衡问题,在防范风险的同时尽可能获得最大的报酬。

第一节　货币时间价值

一、货币时间价值的含义

(一)货币时间价值的概念

微课 2-1:货币
时间价值

　　货币时间价值,是指货币经历一定时间的投资和再投资所增加的价值,也称为资金的时间价值。具体表现为同一数量的货币在不同的时点上有不同的价值。众所周知,在商品经济条件下,即使不存在通货膨胀,等量资金在不同时点上的价值也不相等。现在的1元钱和1年后的1元钱不等值,前者要比后者的经济价值大。资金在使用过程中随时间推移而发生的增值,即为资金的时间价值。例如,在物价稳定及银行稳健经营的环境下,将100元钱存入银行,假设存款利率是5%,则1年后的本利和为105元。随着时间的推移,产生了5元钱的增值,这5元钱就是100元在1年时间里产生的时间价值。可见,货币时间价值所代表的是没有投资风险和没有通货膨胀情况下的货币随时间推移产生的基本增值。

(二)货币时间价值的实质

在商品经济中,货币的所有权和经营权分离是一种普遍存在的经济现象。当货币的所有者将货币的使用价值让渡给货币的经营者时,货币的经营者将使用货币所获得的利润拿出一部分,作为报酬分配给货币的所有者,这种报酬就是货币时间价值。也就是说,货币时间价值产生的前提是货币的所有权与经营权的分离。

需要注意的是,货币虽然具有带来价值增值的作用,但它不能自行增值。事实上,货币本身不能创造价值,时间也不能创造价值,只有劳动才能创造价值。马克思主义劳动价值论认为,一切价值都是劳动创造的,货币之所以具有时间价值,是因为其在再生产过程中的运动和转化,它是生产的产物,是劳动的产物。企业资金循环和周转的起点是投入的货币资金,企业用它来购买所需的资源,然后生产出新的产品,产品出售时得到的货币量大于最初投入的货币量。资金循环和周转及因此实现的货币增值,需要或多或少的时间。每完成一次循环,货币就增加一定的数额,周转的次数越多,增值额越大。因此,随着时间的延续,货币总量在循环和周转中按几何级数增长,使货币具有时间价值。同时,静止状态下的货币不会产生时间价值,这些货币不但不会增值,还很有可能因通货膨胀等而发生贬值。因此,只有将货币作为资本投入生产经营活动中,才能产生时间价值,即货币时间价值产生于货币的周转过程中。

货币时间价值的表示形式有两种:一种是绝对数形式,即货币时间价值额,是指货币投入社会生产经营活动中随着时间推移而产生的基本增值;另一种是相对数形式,即货币时间价值率。为便于不同数量货币之间时间价值的比较,在实务中多用相对数形式表示货币时间价值。

货币时间价值在通常情况下被认为是没有风险和没有通货膨胀条件下的社会平均资金利润率,这是利润平均化规律作用的结果。货币时间价值的相对数形式和利息的计算方法相似,但不能将货币时间价值与利率等同。在现实生活中,银行利率都包含一定的风险价值和通货膨胀因素。政府债券由于安全性很高,基本不存在到期无法偿还的风险。在没有或通货膨胀率很低的情况下,可以把政府债券的利率视同货币时间价值。为了方便初学者理解货币时间价值的计算公式,本书后续货币时间价值计算中的利率、利润率、贴现率等均不包含风险和通货膨胀的影响。

二、现金流量时间线

为了方便计算货币时间价值,可以应用现金流量时间线这一工具来确认资金运动发生的时间和方向,即现金流的发生时点及流向。现金流量时间线可以直观、便捷地反映资金运动发生的时间和方向,常见的现金流量时间线如图 2-1 所示。

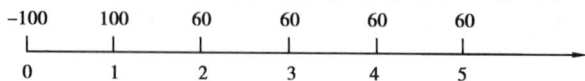

```
  -100    100     60      60      60      60
 ──┼───────┼───────┼───────┼───────┼───────┼────────▶
   0       1       2       3       4       5
```

图 2-1 现金流量时间线

图中横轴为时间轴,箭头所指的方向表示时间的增加。横轴上的坐标代表各个时点,$t=0$ 表示现在,$t=1,2,\cdots$,分别表示从现在开始的第 1 期期末、从现在开始的第 2 期期末,以此类推。如果每期的时间间隔为 1 年,则 $t=1$ 表示从现在起第 1 年年末,$t=2$ 表示从现在起第 2 年年末。换句话说,$t=1$ 也表示第 2 年年初。时间间隔可以以年度、季度、月度等为单位。图 2-1 中现金流量时间线表示在 $t=0$ 时刻有 100 单位的现金流出,在 $t=1$ 和 $t=2$ 时刻分别有 100 和 60 单位的现金流入。

现金流量时间线能够帮助我们更好地理解和计算货币时间价值,本书将在后续内容中运用这一工具解决货币时间价值的计算问题。

三、货币时间价值的计算

货币时间价值的计算涉及两个重要的概念,即现值和终值。现值,又称本金,是指未来某一时点上的一定量现金折算到现在的价值。终值,又称将来值或本利和,是指现在一定量的现金在将来某一时点上的价值。由于终值和现值的计算同利息的计算方法有关,而利息的计算方法又有复利和单利两种,因此,终值与现值的计算也有复利和单利之分。在财务管理中,一般按复利来计算。

为方便起见,本章在介绍货币时间价值的计算时设定相关符号的含义如下:

F——终值(本利和);

P——现值(本金);

A——年金;

i——利率(贴现率、贴现率);

n——利息期数。

(一)一次性收付款项的终值和现值

一次性收付款项是指在某一特定时点上的一次性支出或收入,经过一段时间后再一次性收回或支出的款项。例如,现在将一笔 10 000 元的现金存入银行,几年后一次性取出本利和。

1. 单利的终值和现值

单利是指计算利息时只按本金计算利息,利息部分不再计息,即前期的利息不计入下一期的本金。

(1)单利终值的计算

单利终值是指一定数量的货币在若干计息期后按单利计算利息的本利和。其计算公式为:

$$F = P \times (1 + i \times n)$$

【例 2-1】　某人将一笔 10 000 元的现金存入银行,银行一年期定期存款利率为 1.5%。若按单利计息,则 5 年后取出的本利和是多少?

$$F = 10\ 000 \times (1 + 1.5\% \times 5) = 10\ 750(元)$$

(2)单利现值的计算

单利现值是指未来时间收到或付出的货币按单利法求出此项货币的现在价值(本金)。由终值求现值称为折现,折现利率称为贴现率。单利现值的计算公式为:

$$P = F \times \frac{1}{(1 + i \times n)}$$

可见,单利现值的计算同单利终值的计算是互逆的。

【例2-2】 某人希望5年后获得10 000元本利和,银行利率为2%。若按单利计息,此人现在需存入银行多少钱?

$$P = 10\ 000 \div (1 + 2\% \times 5) = 9\ 090.90(元)^*$$

2. 复利的终值与现值

复利是指按本金计算利息,每期产生的利息并入本金一起参与计算下一期的利息,即每期计算利息时都以前一期的本利和作为计息的基础,是前一期的利息计入下期本金的一种方法。按照这种方法,要将所生利息并入本金再计算利息,逐期滚利,俗称"利滚利"。货币时间价值一般用复利方式计算终值和现值。

(1)复利终值的计算

复利终值是指现在一定数量的本金(现值)按复利计算将来若干期后的本利和(终值)。复利终值的计算公式是:

$$F = P \times (1 + i)^n$$

式中,$(1+i)^n$ 称为复利终值系数或1元复利终值系数,用符号 $(F/P, i, n)$ 表示,其数值可查阅复利终值系数表(附表四)。

【例2-3】 某企业取得一项银行贷款50万元,贷款年利息率为6%,按复利计息,贷款满3年后一次性还本付息。该企业3年后应偿还的本利和是多少?

查找附表四,利息率为6%、期数为3的复利终值系数为1.191。

$$F = P \times (1 + i)^n = P \times (F/P, i, n) = 50 \times 1.191 = 59.55(万元)$$

计算可知,该企业3年后应偿还的本利和为59.55万元。

(2)复利现值的计算

复利现值是复利终值的逆运算,它是指以后某一特定的时间收到或付出的一笔款项按复利贴现率计算的现在价值(即本金),或者说是将来某一特定时间的本利和所对应的现在价值(本金)。复利现值的计算公式是:

$$P = F \times \frac{1}{(1 + i)^n} = F \times (1 + i)^{-n}$$

式中,$(1+i)^{-n}$ 称为复利现值系数或1元复利现值系数,用符号 $(P/F, i, n)$ 表示,其数值可查阅复利现值系数表(附表三)。

【例2-4】 企业想在5年后用13 000元购买一台专用设备,在利息率为10%的情况下,按复利计算,现在应一次性存入多少钱?

$$P = F \times (1 + i)^{-n} = 13\ 000 \times (P/F, i, n) = 13\ 000 \times 0.621 = 807(元)$$

(二)年金的终值和现值

在现实经济生活中,除一次性收付款项,还存在一定时期内多次收付的款项,即系列

---

* 备注:除各种系数外,全书计算结果均保留两位小数。

收付的款项,如果每次收付的间隔时间和金额相等,则这样的系列收付款项称为年金。简言之,年金是指定期等额的系列收支,是每隔一定相同时期(1 年、半年、1 个季度等)收入或支出相等金额的款项,通常记作 A。

年金的年是指收到或付出款项的期次,并非一定是 1 年,也可以是 1 个月或 1 个季度。年金在企业财务管理和个人的日常生活中都很常见,如企业分期付款赊购、分期偿还贷款、发放养老金、零存整取或整存零取等,都属于年金收付形式。

年金按其每次收付发生的时点不同,可分为普通年金、预付年金、永续年金和递延年金。普通年金和预付年金是年金的基本形式。

1. 普通年金

普通年金是指在每期的期末,间隔相等的时间,收入或支出相等金额的系列款项。每一间隔期有期初和期末两个时点。由于普通年金是在期末这个时点上发生收付现金流,因此又称为后付年金。

(1)普通年金的终值

普通年金的终值是指每期期末收入或支出的相等款项,按复利计算,在最后一期所得的本利和。每期期末收入或支出的款项用 A 表示,利率用 i 表示,期数用 n 表示,那么每期期末收入或支出的款项,折算到第 n 年的终值如图 2-2 所示。

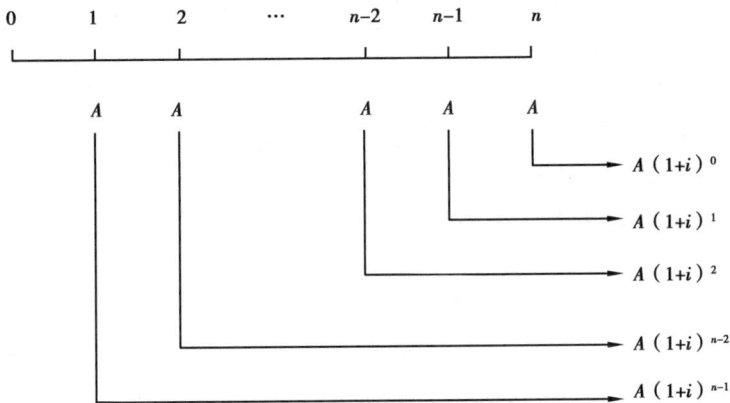

图 2-2　普通年金终值计算过程

由图 2-2 可知,普通年金终值的计算公式推导如下:

$$F = A(1 + i)^0 + A(1 + i)^1 + A(1 + i)^2 + \cdots + A(1 + i)^{n-2} + A(1 + i)^{n-1} \quad (2\text{-}1)$$

将(2-1)两边同时乘以(1+i),则:

$$F(1 + i) = A(1 + i)^1 + A(1 + i)^2 + A(1 + i)^3 + \cdots + A(1 + i)^{n-1} + A(1 + i)^n$$
$$(2\text{-}2)$$

式(2-2)减式(2-1),整理后得到:

$$F = A \times \left[\frac{(1 + i)^n - 1}{i} \right] = A \times (F/A, i, n)$$

上式中,$\frac{(1+i)^n - 1}{i}$ 称为普通年金终值系数,是普通年金为 1 元,利率为 i,经过 n 期的年金终值,简记为 $(F/A, i, n)$,可直接查阅年金终值系数表(附表一)。

【例2-5】 某人连续5年每年年末存入银行10 000元,利率为5%。按复利计息,要求计算第5年年末的本利和。

$$F = A \times (F/A,5\%,5) = 10\,000 \times 5.526 = 55\,260(元)$$

(2)偿债基金

偿债基金是指为了在约定的未来某一时点清偿某笔债务或积聚一定数额的资金而必须分次等额存入的存款准备金。由于每次存入的等额准备金类似年金存款,同样可以获得按复利计算的利息,所以,债务实际上等于年金终值,每年存入的偿债基金等于年金A。偿债基金的计算是已知年金终值求年金,它是年金终值的逆运算。

根据年金终值的计算公式,可推导出偿债基金的计算公式为:

$$A = F \times \left[\frac{i}{(1+i)^n - 1} \right] = F \times \frac{1}{(F/A,i,n)}$$

上式中,$\frac{i}{(1+i)^n-1}$称作偿债基金系数,可根据年金终值系数的倒数计算得到。

【例2-6】 某企业拟在5年后偿还一笔600 000元的债务,故建立偿债基金。银行存款利率为10%,则企业从第1年起,每年年末应存入银行多少钱?

$$A = 600\,000 \times \frac{1}{(F/A,10\%,5)} = 600\,000 \times \frac{1}{6.105} = 98\,280(元)$$

即每年年末应存入银行98 280元,在利率为10%的情况下,可以如期足额偿还债务。

(3)普通年金现值

普通年金现值是指一定时期内每期期末等额收支款项的复利现值之和,实际上是指为了在每期期末取得或支出相等金额的款项,现在需要一次性投入或借入多少金额。年金现值用P表示,其计算过程如图2-3所示。

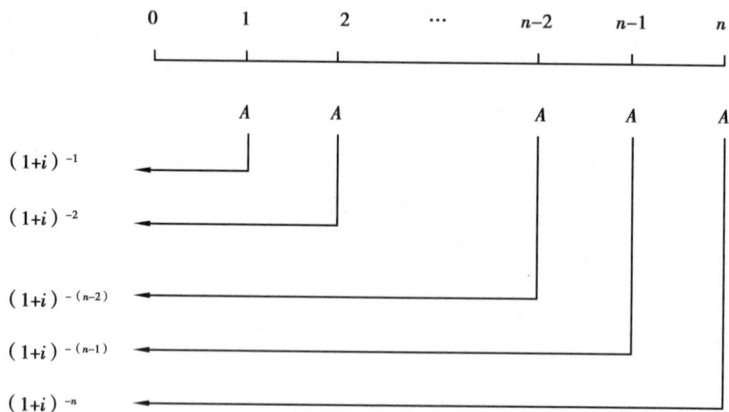

图2-3 普通年金现值计算过程

由图2-3可知,普通年金现值的计算公式推导如下:

$$P = A(1+i)^{-1} + A(1+i)^{-2} + \cdots + A(1+i)^{-(n-2)} + A(1+i)^{-(n-1)} + A(1+i)^{-n}$$

$$(2\text{-}3)$$

将式(2-3)两边同时乘以$(1+i)$,得:

$$P(1+i) = A(1+i)^0 + A(1+i)^{-1} + \cdots + A(1+i)^{-(n-3)} + A(1+i)^{-(n-2)} + A(1+i)^{-(n-1)}$$

$$(2-4)$$

式(2-4)减式(2-3),整理后得到:

$$P = A \times \left[\frac{1-(1+i)^{-n}}{i} \right] = A \times (P/A, i, n)$$

上式中, $\frac{1-(1+i)^{-n}}{i}$ 称为普通年金现值系数,是普通年金为 1 元,利率为 i,经过 n 期的年金现值,简记为 $(P/A, i, n)$,可直接查阅年金现值系数表(附表二)。

【例 2-7】 某公司计划现在投资 300 万元兴建一项工程,建成后使用 5 年报废,预计每年年末可获收益(现金净流量)70 万元,在其他方面投资报酬率为 8% 并按复利计息的情况下,这项投资是否合算?

根据题意,应先将每年年末的收益折算到投资时的价值,再与投资额相比较。这是已知普通年金、利率、期数,求年金现值的计算问题。

$$P = 70 \times (P/A, 8\%, 5) = 70 \times 3.993 = 279.51(万元)$$

由计算结果可知,收益的现值小于投资额,也就是该投资报酬率低于 8%,投资不合算。

(4)年资本回收额

年资本回收额是指在约定年限内等额回收初始投入资本或清偿所欠债务的金额。年资本回收额是已知普通年金现值 P,求年金 A。

根据年金现值的计算公式,可推导出年资本回收额的计算公式为:

$$A = P \times \left[\frac{i}{1-(1+i)^n} \right] = P \times \frac{1}{(P/A, i, n)}$$

式中, $\frac{i}{1-(1+i)^n}$ 称为年资本回收系数,可根据年金现值系数的倒数计算得到。

【例 2-8】 某企业借得 1 000 万元的贷款,在 10 年内以年利率 12% 等额偿还,则每年年末应付的金额是多少?

$$A = 1\,000 \times \frac{1}{(P/A, 12\%, 10)} = 1\,000 \times \frac{1}{5.650} = 177(万元)$$

即在利率为 10% 的情况下,每年年末应偿还 177 万元。

2. 预付年金

预付年金又称先付年金或即付年金,是指每期期初收入或支出相等金额的款项。预付年金与普通年金的区别仅在于收付时间的不同:前者是期初的收付款项;而后者则是期末的收付款项,两者收付时间如图 2-4 所示。从图 2-4 可知, n 期的预付年金与 n 期的普通年金,其收付款次数是一样的,只是收付款时点不一样。

(1)预付年金终值

预付年金终值是指一定期间内每期期初等额的系列收付款项的复利终值之和。 n 期预付年金终值和 n 期普通年金终值之间的关系如图 2-5 所示。从图 2-5 可以看出, n 期预付年金终值与 n 期普通年金终值的收付款项的期数相同,但收付款项的时点不同。

普通年金

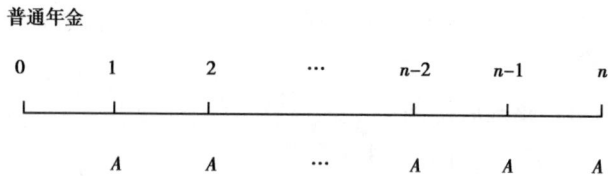

预付年金

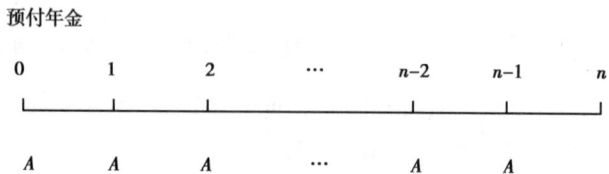

图 2-4　预付年金与普通年金的区别

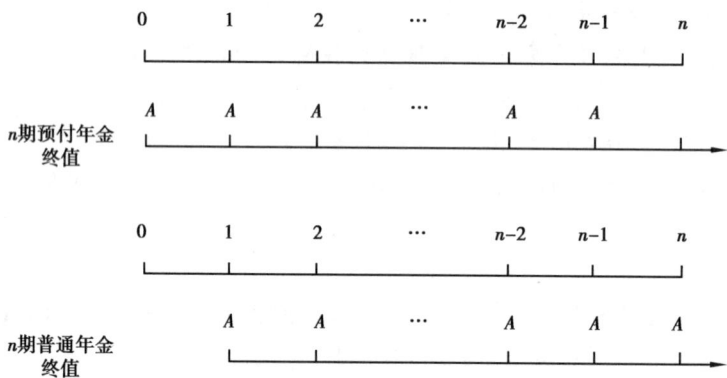

图 2-5　n 期预付年金终值与 n 期普通年金终值对比

由于预付年金较普通年金提前 1 期,因此将普通年金终值系数乘以 $(1+i)$,即可得到预付年金终值系数。

$$\frac{i}{1-(1+i)^n} \times (1+i) = \frac{(1+i)^{n+1}-1-i}{i} = \frac{(1+i)^{n+1}-1}{i} - 1$$

可以看出,将普通年金终值系数的期数加 1,而系数减 1,则得到预付年金终值系数,并可以利用普通年金终值系数表查 $n+1$ 期的值,减去 1 后得到预付年金终值系数。

综上,预付年金终值的计算公式如下:

$$F = A(F/A,i,n)(1+i)$$

上式中, $\frac{(1+i)^{n+1}-1}{i}-1$ 为预付年金终值系数,记作 $[(F/A,i,n)-1]$ 。因此,预付年金终值的计算公式又可以表示为:

$$F = A[(F/A,i,n+1) - 1]$$

【例 2-9】　某人每年年初存款 10 万元,连续 5 年,若年利率是 4%,则第 5 年年末取得的终值(本利和)是多少?

首先查 $i=4\%$ 、$n=6$ 的普通年金终值系数为 6.633,在此基础上减 1,得到 $i=4\%$ 、$n=5$ 的预付年金终值系数为 5.633。

$$F = A[(F/A,i,n+1) - 1] = 10 \times [(F/A,4\%,6) - 1] = 10 \times 5.633 = 56.33(万元)$$

或　　$F = A(F/A, i, n)(1+i) = 10 \times (F/A, 4\%, 5)(1+4\%) = 10 \times 5.416 \times (1+4\%)$
$\qquad = 56.33(万元)$

（2）预付年金现值

预付年金现值是指一定期间内每期期初等额的系列收付款项的复利现值之和。

n 期预付年金现值与 n 期普通年金现值的关系如图 2-6 所示。从图 2-6 中可以看出，预付年金和普通年金收付次数相同，但由于收付款项的时点不同，1 期普通年金比 1 期预付年金现值要多折现 1 期。所以，可先求出 n 期普通年金现值，然后乘以 $(1+i)$，就可以求出 n 期预付年金现值。

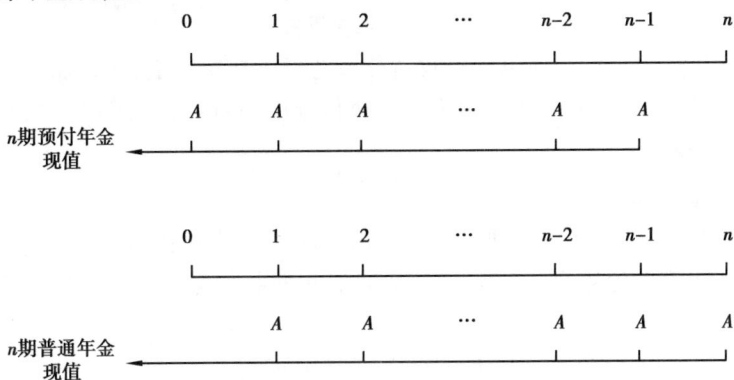

图 2-6　n 期预付年金现值与 n 期普通年金现值对比

$$\frac{1-(1+i)^{-n}}{i} \times (1+i) = \frac{(1+i)-(1+i)^{-(n-1)}}{i} = \frac{1-(1+i)^{-(n-1)}}{i} + 1$$

可以看出，将普通年金现值系数的期数减 1，而系数加 1，则得到预付年金现值系数，并可以利用普通年金现值系数表查 $n-1$ 期的值，加上 1 后得到预付年金现值系数。

综上，预付年金现值的计算公式如下：

$$P = A(F/A, i, n)(1+i)$$

上式中，$\dfrac{(1+i)^{n+1}-1}{i} - 1$ 为预付年金终值系数，记作 $[(F/A, i, n) - 1]$。因此，预付年金终值的计算公式又可以表示为：

$$P = A[(P/A, i, n-1) + 1]$$

【例 2-10】　某企业从现在开始每年年初投资 50 万元，连续投资 4 年，假定贴现率为 10%，要求计算总投资额现值。

查年金现值系数表，$i = 10\%$、$n = 3$ 的年金现值系数为 2.478，在此基础上加 1，得到 $i = 10\%$、$n = 4$ 的预付年金现值系数为 3.478。

$P = A[(P/A, i, n-1) + 1] = 50 \times [(P/A, 10\%, 3) + 1] = 50 \times 3.478 = 174.35(万元)$

或　　$P = A(P/A, i, n)(1+i) = 50 \times (P/A, 10\%, 4)(1+10\%) = 50 \times 3.170 \times (1+10\%)$
$\qquad = 174.35(万元)$

3.递延年金

递延年金，又称延期年金，是指第一次收付款发生时间不在第一期，而是递延若干期后才开始发生的系列等额收付款项。它是普通年金的特殊形式,凡不是从第一期开始的普通年金都是递延年金。递延年金如图2-7所示。

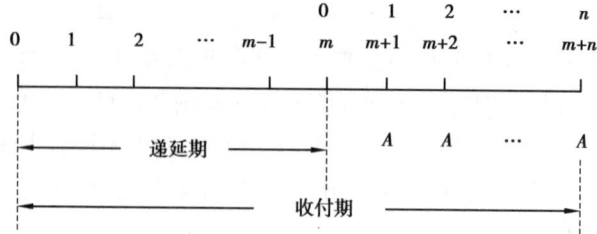

图2-7 递延年金

由图2-7可知,递延年金的第一次收付款没有发生在第一期,而是隔了 m 期,这 m 期就是递延期,在第 $m+1$ 期期末才发生第一次收付款项,并在以后的 n 期内,每期期末均发生等额的现金收付。

(1)递延年金终值

递延年金终值的大小与递延期无关,因此其计算方法和普通年金终值相同。图2-7总期数为 $m+n$ 期的递延年金,递延 m 期发生了 n 期收付款,则递延年金终值的计算公式为:

$$F = A \times (F/A, i, n)$$

(2)递延年金现值

递延年金现值的计算如图2-8所示。

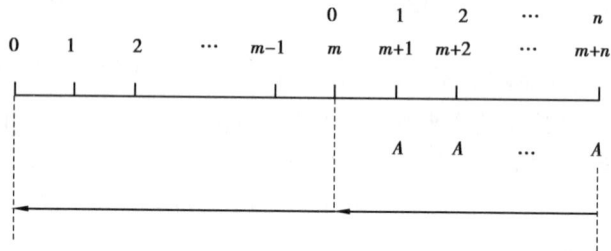

图2-8 递延年金现值的计算示意图

方法一:把递延年金视为 n 期的普通年金,求出年金在递延期期末 m 点的现值,再将 m 点的现值折现到第一期期初,即:

$$P = A \times (P/A, i, n) \times (P/F, i, m)$$

方法二:假设递延期中也发生相同金额的款项,求出 $m+n$ 期的年金现值,然后扣除实际并未发生的递延期现值,就可得到递延年金现值,即:

$$P = A \times [(P/A, i, m+n) - (P/A, i, m)]$$

【例2-11】 某企业投资一项目,希望从第5年开始每年年末取得10万元收益,投资期限为10年,假定年利率5%。要求计算该企业年初最多投资多少钱才划算。

方法一:$P = 10 \times (P/A, 5\%, 6) \times (P/F, 5\%, 4) = 10 \times 5.076 \times 0.823 = 41.77$(万元)

方法一:$P = 10 \times [(P/A, 5\%, 10) - (P/A, 5\%, 4)] = 10 \times (7.722 - 3.546) = 41.76$(万元)

通过计算得知,该企业年初的投资额不超过41.76万元才划算。

4.永续年金

永续年金是指无限期地收入或支出相等金额的年金。它也是普通年金的一种特殊形式。由于永续年金的期限趋于无限,没有终止时间,因此也没有终值,只有现值。绝大多数优先股因为有固定的股利但无到期日,所以其股利也可以视为永续年金。永续年金现值计算公式如下:

$$P = A \times \frac{1 - (1 + i)^{-n}}{i}$$

当 $n \to \infty$ 时,$\lim\limits_{n \to \infty}(1+i)^{-n} \to 0$,所以,上式可写为:

$$P = A \times \frac{1}{i}$$

【例2-12】 某企业要建立一项永久性扶贫基金,计划每年拿出5万元帮助失学儿童,年利率为5%。要求计算现应筹集多少资金。

$$P = 5 \times \frac{1}{5\%} = 100(万元)$$

5.年金的特殊计算问题

(1)贴现率的推算

在复利计息方式下,贴现率与现值(或者终值)系数之间存在一定的数量关系。已知现值(或者终值)系数,可以通过直接查现值(或者终值)系数表得到贴现率或运用内插值法计算得到对应的贴现率。

$$复利终值系数 = \frac{复利终值}{现值} \qquad (F/P, i, n) = F/P$$

$$复利现值系数 = \frac{复利现值}{终值} \qquad (P/F, i, n) = P/F$$

$$普通年金终值系数 = \frac{年金终值}{年金} \qquad (F/A, i, n) = F/A$$

$$普通年金现值系数 = \frac{年金现值}{年金} \qquad (P/A, i, n) = P/A$$

插值法的推算公式为:

$$i = i_1 + \frac{B - B_1}{B_2 - B_1} \times (i_2 - i_1)$$

式中:所求贴现率为 i,i 对应的现值(或者终值)系数为 B,B_1、B_2 为现值(或者终值)系数表中 B 相邻的系数,i_1、i_2 为 B_1、B_2 对应的贴现率。

【例2-13】 向银行借款50万元(一次借入),银行要求在4年内每年年末还本付息15.23万元,求银行借款年利率为多少?

这是已知现值、普通年金、期(年)数,求年利率的计算问题。根据题意:

$$P = A \times (P/A, i, n)$$
$$50 = 15.23 \times (P/A, i, 4)$$

即普通年金现值系数为：$(P/A,i,4)=50/15.23=3.283$

可在普通年金现值系数表中查找期数为 4，与系数为 3.283 相邻的上下两个系数对应的贴现率（利率）。

当 $i=8\%$ 时：$(P/A,8\%,4)=3.312$

当 $i=9\%$ 时：$(P/A,8\%,4)=3.240$

查找结果显示：期数为 4、贴现率为 8% 的普通年金现值系数为 3.312，高于 3.283，贴现率越小，现值系数越大，说明银行借款年利率要高于 8%；期数为 4、利率为 9% 的普通年金现值系数为 3.240，低于 3.283，贴现率越大，现值系数越小，说明银行借款年利率要低于 9%。由此看出，银行借款年利率为 8% ~9%。

根据插值法，利率与年金现值系数之间呈比例关系，利率计算为：

$$利率\ i = 8\% + \frac{3.312 - 3.283}{3.312 - 3.240} \times (9\% - 8\%) = 8.40\%$$

先查找与标明价值系数最接近的上下两个系数相对应的利率，再按利率与系数之间的等比例关系求出贴现率。

【例 2-14】 某公司拟购买一台柴油机更新目前的汽油机，柴油机价格较汽油机高出 24 000 元，但每年可节约燃料费用 6 000 元。若利率为 10%，求柴油机应至少使用多少年对企业才有利？

根据题意，已知 $P=24\ 000$，$A=6\ 000$，$i=10\%$，求 n。

$$(P/A,10\%,n) = P/A = 24\ 000/6\ 000 = 4$$

查普通年金现值系数表，在 $i=10\%$ 一列纵向查找，无法找到系数恰好为 4 的值，于是查找大于和小于 4 的临界系数值。

当 $n=5$ 时：$(P/A,10\%,5)=3.791$

当 $n=6$ 时：$(P/A,10\%,6)=4.355$

由此看出，期数在 5 期到 6 期之间。

根据插值法，利率与年金现值系数之间呈比例关系，期数计算为：

$$期数\ n = 5 + \frac{3.791 - 4}{3.791 - 4.355} \times (6 - 5) = 5.40(年)$$

（2）名义利率与实际利率的换算

如果以年作为基本计息期，给定的年利率就是名义利率。如果计息期短于 1 年，按半年、季度或月度计算复利，而利率又是年利率时，计息期数和计息利率均应按照下列公式进行换算：

$$i = \left(1 + \frac{r}{m}\right)^{m} - 1$$

式中：i 为实际利率；r 为名义利率；m 为每年复利计息次数。

【例 2-15】 年利率为 12%，按季度复利计息，求实际利率。

$$i = \left(1 + \frac{r}{m}\right)^{m} - 1 = \left(1 + \frac{12\%}{4}\right)^{4} - 1 = 1.125\ 5 - 1 = 12.55\%$$

【例 2-16】 某企业于年初存入 10 万元，在年利率为 10%、每半年复利计息一次的情况下,到第 10 年,该企业能得到的本利和是多少?

$$方法一:i=\left(1+\frac{r}{m}\right)^{m}-1=\left(1+\frac{10\%}{2}\right)^{2}-1=10.25\%$$

$$F=10\times(1+10.25\%)^{10}=26.53(万元)$$

$$方法二:F=10\times\left(1+\frac{r}{m}\right)^{m\times n}=10\times\left(1+\frac{10\%}{2}\right)^{20}=26.53(万元)$$

第二节　风险与报酬

　　货币时间价值是在没有风险和没有通货膨胀的情况下的投资收益率,没有涉及风险问题。而现实中企业所处的环境是非常复杂且极易变化的,各种不确定因素总是客观存在的。一方面,企业系统内存在大量的不确定性变量;另一方面,企业外部所处的环境也有许多未知变量,如国家宏观政策、经济形势等。这些都使企业生产经营的未来结果具有不确定性,因此产生了风险。投资者的投资报酬率受到风险因素的影响,如何评价和衡量风险就显得非常重要。

一、风险的概念与分类

(一)风险的概念

　　风险是指在一定条件下和一定时期内可能发生的各种结果的变动程度。由于存在各种难以预料或无法控制的因素作用,企业存在无法达到预期报酬的可能性,或遭受损失的可能性。对于某项活动,人们一般可以事先估计采取某种行动可能导致的各种结果,以及每种结果出现的可能性大小,但无法确定最终的结果是什么。从财务管理的角度来说,风险就是预期结果的不确定性,既有可能带来超出预期的收益,也有可能带来超出预期的损失。

　　1.风险具有客观性

　　风险是客观存在的,广泛存在于企业的财务活动中,无法完全回避和忽视,但企业可以自主选择是否冒险及冒险的程度。

　　2.风险具有时间性

　　风险的大小随着时间延续而变化,是"一定时期内"的风险。例如,人们对某一项目的成本,事先的预计可能不是很准确。但随着时间的延续,项目越接近完工,人们的预计就会越准确,成本的不确定性在变小,到项目完成后其结果就能完全肯定了。

　　3.风险不完全等于不确定性

　　风险与不确定性是有区别的。风险是指决策者对未来情况不能完全确定,但各种后果和可能性事先是可以估计的。有些活动的后果和可能性事先无法估计,事先不知道所有可能的结果及可能性,这种不确定性不能作为风险问题。在实际工作中,风险与不确定性往往难以区分,所以通常也不会做严格区分,都作为风险问题对待,将不确定性主观给予概率,以便进行定量分析。

（二）风险的分类

根据风险产生的原因、影响程度和投资者的能动性来划分,风险可以分为系统风险和非系统风险。

1. 系统风险

系统风险是指那些影响所有企业的因素所引发的风险,如战争、经济衰退、通货膨胀、国家财税政策等。虽然对不同的企业影响程度不同,但影响的结果具有趋同性。由于系统风险是对市场所有投资对象产生影响,因此又称为市场风险;且这类风险无法通过多样化投资来进行分散,因此也称为不可分散风险。

2. 非系统风险

非系统风险是指发生于个别企业内部,由某些随机事件造成的风险。它是随机发生的,只与个别企业和个别投资项目有关,不涉及所有企业和所有项目,是可以分散的,又称为企业的特有风险或可分散风险,如产品开发失败、市场份额减少、工人罢工等。非系统风险根据风险形成的原因不同,又可分为经营风险和财务风险。

（1）经营风险

经营风险是指企业生产经营条件变化给企业收益带来的不确定性,又称商业风险。这些生产经营条件的变化可能是企业内外部的客观因素所导致的,如顾客购买力发生变化、市场需求改变、政策变化、产品生产方向不对路、生产组织不合理等。这些内外部客观因素使企业的生产经营产生不确定性,最终引起收益变化。

（2）财务风险

财务风险是指由于企业举债而给财务成果带来的不确定性,又称筹资风险。企业借款虽可以解决企业资金短缺的困难、提高自有资金的盈利能力,但也改变了企业的资金结构和自有资金利润率,还需还本付息,并且借入资金所获得的利润是否大于支付的利息额具有不确定性,因此借款就有风险。在全部资金来源中:借入资金所占的比例大,企业的财务负担就重,风险程度也就增加;借入资金所占的比例小,企业的财务负担就轻,风险程度也就减轻。因此,企业必须确定合理的资金结构,既要提高资金盈利能力,又要防止财务风险加大。

二、单项资产的风险与报酬

项目的风险是客观存在的。企业在开展财务活动的过程中客观地衡量风险程度的大小是非常重要的。风险可以通过概率和统计的方法来进行衡量。

1. 确定概率分布

在完全相同的条件下,某一事件可能发生也可能不发生,可能出现这种结果也可能出现另一种结果,这类事件就是随机事件。概率就是用来衡量随机事件发生的可能性大小的数值,如用 X 表示随机事件,则 X_i 表示随机事件的第 i 种结果,P_i 表示第 i 种结果出现的概率。一般随机事件的概率在 0 与 1 之间,即 $0 \leq P_i \leq 1$,P_i 越大,表示该事件发生的可能性越大;反之,P_i 越小,表示该事件发生的可能性越小。所有可能的结果出现的概率之和为 1,即 $\sum\limits_{i=1}^{n} P_i = 1$。肯定发生的事件概率为 1,肯定不发生的事件概率则为 0。

【例 2-17】 假定某项目投产,根据市场预测,估计可能出现畅销、一般和滞销 3 种状况,它们可能获得的年净收益及其概率如表 2-1 所示。

表 2-1 产品收益及概率预测

单位:万元

市场状况	年净收益(X_i)	概率(P_i)
畅销	400	0.3
一般	300	0.5
滞销	200	0.2

从表 2-1 中可见,所有 P_i 均在 0 和 1 之间,且 $P_1 + P_2 + P_3 = 1$。

如果把某一事件所有可能的结果全部列示出来,对每一结果给予一定的概率,就称为概率分布。概率分布一般用坐标图来反映。概率分布有两种类型:一种是离散型概率分布,表示在坐标图上是有限个值代表各种可能的结果,如图 2-9 所示;另一种是连续型概率分布,表示在坐标图上是一段连续的曲线,随意两点之间有无数个值,如图 2-10 所示。

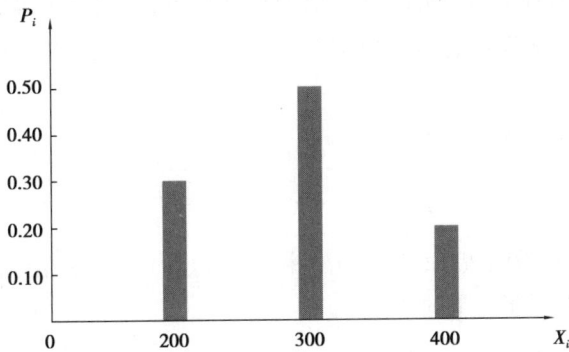

图 2-9 离散型概率分布

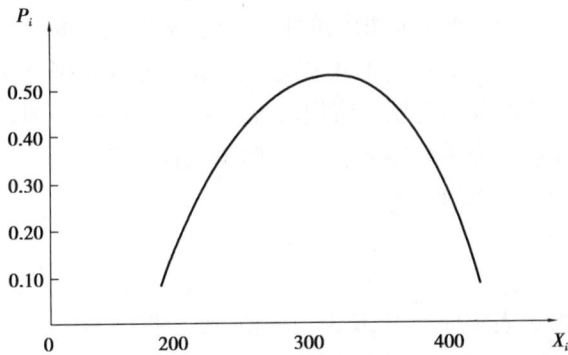

图 2-10 连续型概率分布

2.计算期望值

期望值是指可能发生的结果与各自概率之积的加权平均值,反映了投资者的合理预期,用 E 表示。期望报酬率(也称"期望收益率")则是指各种情形下的预期报酬率(也称"预期收益率"),是按发生的概率计算出来的加权平均报酬率,计算公式为:

$$E = \sum_{i=1}^{n} X_i \cdot P_i$$

式中:E 为期望值(期望报酬率);X_i 为第 i 种可能结果的收益;P_i 为第 i 种可能结果的概率;n 为可能结果的个数。

【例 2-18】 沿用例 2-17 表格数据,计算该项目的期望收益值。

$$E = 400 \times 0.30 + 300 \times 0.50 + 200 \times 0.20 = 310(万元)$$

3.计算离散程度

离散程度是指资产收益率的各种可能结果与预期收益率的偏差。衡量离散程度的指标主要有标准差和标准离差率,可用于比较不同方案风险程度的大小。

(1)标准差

标准差是指各种随机变量对期望值的综合偏离程度,即是对离散程度的一种度量。标准差用来反映决策方案的风险,是一个绝对数。在 n 个方案的情况下,若期望值相同,则标准差越大,表明各种可能值偏离期望值的程度越大,结果的不确定性越高,风险也越大;反之,标准差越小,表明各种可能值偏离期望值的程度越小,结果的不确定性越低,则风险越小。

标准差用 σ 表示,计算公式如下:

$$\sigma = \sqrt{\sum_{i=1}^{n} (X_i - E)^2 \times P_i}$$

式中:σ 表示标准差;E 为期望值(期望报酬率);X_i 为第 i 种可能结果的收益;P_i 为第 i 种可能结果的概率;n 为可能结果的个数。

(2)标准离差率

标准离差率也称为离散系数或者变异系数。它是指标准差与期望值的比值。标准差作为绝对数指标,只适用于期望值相同的投资方案风险程度的比较,而标准离差率是一个相对数指标,可用于期望值不同的投资方案风险程度的对比。在期望值不同时,标准离差率越大,表明可能的收益与期望值偏离程度越大,结果的不确定性越高,风险也越大;反之,标准离差率越小,表明可能的收益与期望值偏离程度越小,结果的不确定性越低,风险也越小。标准离差率用 q 表示,计算公式如下:

$$q = \frac{\sigma}{E} \times 100\%$$

式中:q 为标准离差率;σ 表示标准差;E 为期望值(期望报酬率)。

【例 2-19】 根据表 2-1 中的数据,计算项目的标准差和标准离差率。

项目的年净收益的标准差为:

$$\sigma = \sqrt{(400 - 310)^2 \times 0.3 + (300 - 310)^2 \times 0.5 + (200 - 310)^2 \times 0.2} = 70(万元)$$

项目的标准离差率为：

$$q = \frac{\sigma}{E} \times 100\% = \frac{70}{310} = 22.58\%$$

4. 风险价值的计算

为了正确判断一个投资方案在某种风险程度下取得的投资报酬率是否值得，就需要计算投资的风险价值。投资风险价值是指投资者因冒着风险进行投资而获得的超过货币时间价值的额外收益，又称为投资风险收益或投资风险报酬。投资风险价值可以有两种表示方式：一种用绝对数表示，即风险报酬额，是投资者冒着风险投资而获得的超过货币时间价值的那部分收益额；另一种用相对数表示，即风险报酬率（风险收益率），是指风险报酬额占原投资额的比率。在实务中，通常用相对数，即风险报酬率表示。

在不考虑通货膨胀的情况下，投资报酬率由两部分组成：一部分是货币时间价值，由于它是不经过风险而得到的价值，故又称为无风险价值，即无风险投资报酬率；另一部分是风险价值，即风险报酬率。其计算公式可以表示如下：

$$投资报酬率 = 无风险报酬率 + 风险报酬率$$

$$风险报酬率 = 风险报酬系数 \times 风险程度$$

上式中，无风险报酬率就是货币时间价值，是在没有风险状态下的投资报酬率，是投资者投资某一项目，能够肯定得到的报酬，具有预期报酬的确定性，并且与投资时间的长短有关，可用政府债券利率或存款利率表示。

而风险报酬率是风险价值，是超过货币时间价值的额外报酬，具有预期报酬的不确定性，与风险程度（标准离差率）和风险报酬系数的大小有关，并成正比关系。此外，收益的标准离差率要转化为投资的风险报酬率还要借助一个参数——风险报酬系数。用公式表示如下：

$$K = R_f + K_R = R_f + b \times q$$

式中：K 为投资报酬率；R_f 为无风险报酬率；K_R 为风险报酬率；b 为风险报酬系数；q 为标准离差率。风险与报酬的关系可以用图 2-11 来表示。

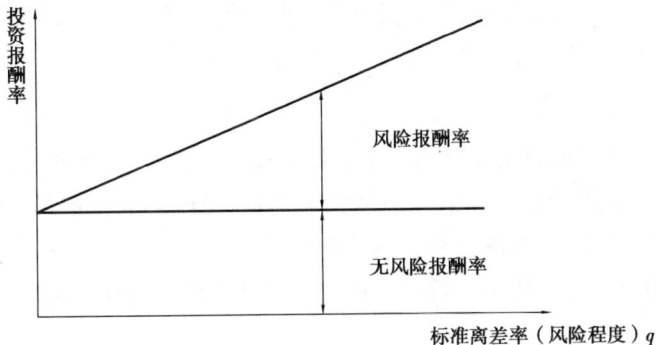

图 2-11　风险与报酬的关系

风险报酬系数是将标准离差率转化为风险收益的一种系数。风险报酬系数越大，表示风险越大，投资者要求获得的风险报酬也就越高。风险报酬系数一般可以根据本企业或同行业同类项目的历史资料运用线性回归法计算，也可由国家有关部门如财政部、中央银行等为了宏观调控及良好的经济运行环境,根据各行业的条件和有关因素确定,由国家定期公布,供投资者参考。

【例2-20】 某公司投资一个10万元的项目,项目的风险报酬系数为5%,标准离差率为64%,当时市场的无风险报酬率为4%。试计算该项目的风险报酬率和投资报酬率。

$$K_R = b \times q = 5\% \times 64\% = 3.20\%$$

$$K = R_f + K_R = 4\% + 3.20\% = 7.20\%$$

三、证券组合的风险与报酬

投资者通常不会把自己的全部资金投放在单一资产上,而是同时向多种资产投资。这种同时以两种或两种以上资产作为投资对象而发生的投资,就是资产组合。如果资产组合中的资产均为有价证券,则称为证券组合。

(一)证券组合的预期收益

证券组合的预期收益是指证券组合的单项证券预期收益的加权平均值,权重为各项证券投资额占总投资额的比重。

$$\overline{R}_p = \sum_{i=1}^{m} W_i \overline{R}_i$$

式中:$\overline{R}_p$ 为证券组合的预期收益;$\overline{R}_i$ 为第 i 项证券的预期收益;W_i 为第 i 项证券在全部投资额中的比重;m 为组合中证券种类总数。

【例2-21】 某公司对外进行证券投资,准备投资3只股票构成的一个证券组合,这些股票的预期收益率分别为10%、20%、18%。假设3只股票投资额分别是200、400、400万元,则该证券组合的预期收益为多少?

根据题意,3只股票投资额占总投资额的比重分别为:20%、40%和40%。

$$\overline{R}_p = \sum_{i=1}^{m} W_i \overline{R}_i = 10\% \times 20\% + 20\% \times 40\% + 18\% \times 40\% = 17.20\%$$

1年以后,各只证券的实际报酬率很可能与期望报酬率不相等,即投资组合的实际报酬率很可能不等于17.2%,证券组合同样存在风险。

(二)证券组合的风险

证券组合投资的预期收益率是由各个证券的预期收益率进行加权平均而得的,但证券组合的风险并不是各个证券标准差的加权平均数。证券组合的风险不仅取决于组合内部单项资产的标准差,还取决于组合内部单项资产之间的相关关系。在资产组合风险分析中,通常利用协方差和相关系数两个指标来测算资产组合中任意两项资产收益率之间的变动关系。

如投资者投资两种证券,其投资额占总投资额的比重分别为 W_1 和 W_2,那么由这两种证券构成的投资组合的方差为:

$$\sigma_p^2 = W_1^2 \sigma_1^2 + W_2^2 \sigma_2^2 + 2W_1 W_2 \mathrm{COV}(R_1, R_2)$$

这两种证券组成的投资组合的标准差为:

$$\sigma_p = \sqrt{W_1^2 \sigma_1^2 + W_2^2 \sigma_2^2 + 2W_1 W_2 \text{COV}(R_1, R_2)}$$

上式表明,证券组合的方差取决于组合中每种证券的方差和两种证券之间的协方差。

（1）协方差

协方差是常用的可以衡量两种证券之间收益变动的相互关系的指标,计算公式为:

$$\text{COV}(R_1, R_2) = \sum_{i=1}^{n} (R_{1i} - \overline{R_1})(R_{2i} - \overline{R_2}) P_i$$

式中: $\text{COV}(R_1, R_2)$ 为投资于两种资产收益率的协方差; R_{1i}、R_{2i} 分别为在第 i 种投资结构下投资第一种、第二种资产的投资收益率; $\overline{R_1}$、$\overline{R_2}$ 分别为投资第一种、第二种资产的预期收益率; n 为不同资产组合的种类数; P_i 表示 i 种可能结果的概率。

协方差的计算结果可能为正值也可能为负值,它们分别显示了两种资产间收益率变动的方向。协方差为正值时,表示两种资产的收益率呈同方向变化;协方差为负值时,表示两种资产的收益率呈反方向变化。因此,在证券的方差一定的情况下,协方差为正,则组合的方差变大;协方差为负,则组合的方差变小。

（2）相关系数

两种证券收益之间的关系也可以用二者收益的相关系数 ρ_{12} 来表示,相关系数与协方差之间的关系是:

$$\rho_{12} = \frac{\text{COV}(R_1, R_2)}{\sigma_1 \cdot \sigma_2}$$

式中: ρ_{12} 为第一种资产和第二种资产投资收益率之间的相关系数; σ_1 和 σ_2 分别为投资第一种资产和投资第二种资产的收益率的标准差。由上式可得:

$$\text{COV}(R_1, R_2) = \rho_{12} \cdot \sigma_1 \cdot \sigma_2$$

将协方差的公式带入两项资产组合的方差和标准差公式中,可得:

$$\sigma_p^2 = W_1^2 \sigma_1^2 + W_2^2 \sigma_2^2 + 2W_1 W_2 \rho_{12} \cdot \sigma_1 \cdot \sigma_2$$

$$\sigma_p = \sqrt{W_1^2 \sigma_1^2 + W_2^2 \sigma_2^2 + 2W_1 W_2 \rho_{12} \cdot \sigma_1 \cdot \sigma_2}$$

由上式可知,如果 $\rho_{12} = 1$,投资组合收益的标准差正好等于组合中各证券收益标准差的加权平均数。此外,当相关系数小于 1 时,组合的标准差和方差都会随之下降。因此,可以得出如下结论:当由两种证券构成投资组合时,只要 $\rho_{12} < 1$,组合的标准差就小于这两种证券各标准差的加权平均数。换言之,只要两种证券之间收益的相关系数小于 1,即只要 $\rho_{12} < 1$,组合的多元化投资风险分散的效应就会发生。此时,证券组合的整体风险就会下降。

（三）多项证券资产组合的风险与报酬

一般来说,随着资产组合中资产数量的增加,组合的风险会逐渐降低,当资产数量增加到一定程度时,组合的风险程度将趋于平稳,这时组合风险的降低将非常缓慢,直到不再降低。

随着资产组合中资产数量的增加,以方差表示的各项资产本身的风险状况对组合风险的影响逐渐减少,乃至最终消失。但以协方差表示的各项资产收益率之间相互作用、共同运动所产生的风险并不能随着组合中资产数量的增加而消失,它是始终存在的。

那些只反映资产本身特性,可通过增加组合中资产的数量而最终消除的风险被称为非系统风险。那些反映资产之间相互关系、共同运动,无法最终消除的风险被称为系统风险。资产组合的总风险由系统风险和非系统风险两部分构成。

(1)资产组合的总风险

资产组合的风险分散情况如图 2-12 所示。

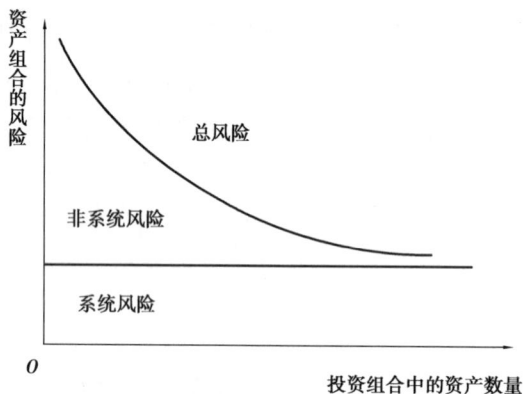

图 2-12 资产组合的风险分散示意图

如图 2-12 所示,在投资实践中经常出现以下情况:在资产组合中投资项目增加的初期,风险分散的效应比较明显,但增加到一定程度,风险分散的效应就会逐渐减弱。因此,不应当过分夸大投资多样性和增加投资项目的作用。经验数据显示,当资产组合中的资产数量达到 20 个左右时,绝大多数非系统风险可被消除,此时,如果继续增加投资项目,对分散风险已没有多大实际意义,更不能指望通过风险分散化来达到完全消除风险的目的。这是因为被分散的风险只是非系统风险,而系统风险是不能通过风险分散来消除的。

β 系数可以用来衡量风险,由于非系统风险可以通过投资多样化效果分散,因而 β 系数实质上只用于计量系统风险,它是系统风险的指数。

①单项资产的 β 系数。单项资产的 β 系数是指可以反映单项资产报酬率与市场上全部资产的平均报酬率之间变动关系的一个量化指标,即单项资产所含的系统风险对市场组合平均风险的影响程度。其计算公式为:

$$\beta = \frac{某种资产的风险报酬率}{市场组合的全部资产风险报酬率}$$

β 系数还可以按以下公式计算:

$$\beta = \frac{\mathrm{COV}(R_i, R_m)}{\sigma_m^2}$$

式中:$\mathrm{COV}(R_i, R_m)$ 为单项资产式中 i 资产与市场组合的协方差(表示该资产对系统风险的影响);σ_m^2 为当全部资产作为一个市场组合时的方差(即该市场的系统风险)。

β 系数的经济意义在于,它告诉我们相对于市场组合而言特定证券的市场风险是多少。当 $\beta=1$ 时,表示该单项资产的报酬率与市场平均报酬率呈相同比例的变化,其风险情况与市场组合的风险情况一致,即市场报酬率上升 10%,则该单项资产的报酬率也上升 10%;市场报酬率下降 10%,这种资产的报酬率也下降 10%。如果 $\beta=0.50$,说明该单项资产的报酬变动幅度只有市场报酬变动幅度的一半。如果 $\beta=2$,说明这种资产报酬变动幅度为市场报酬变动幅度的两倍。总之,某一单项资产 β 值的大小反映了这一资产的变动与整个市场报酬变动之间的倍数关系。

②资产组合的 β 系数。对于资产组合来说,其系统风险程度也可以用 β 系数来衡量。资产组合的 β 系数是所有单项资产 β 系数的加权平均数,权数为各种资产在组合中所占的比重。计算公式为:

$$\beta_p = \sum_{i=1}^{n} W_i \beta_i$$

式中: β_p 为资产组合的 β 系数; W_i 为第 i 种资产在资产组合中所占的比重; β_i 为第 i 种投资的 β 系数。

从上式中可以看出,资产组合的 β 系数受到单项资产的 β 系数和各种资产在组合中所占比重两个因素的影响。

【例2-22】　某公司持有共 100 万元的 3 只股票,该组合中 A 股票 20 万元,B 股票 40 万元, β 系数均为 1.50;C 股票 40 万元, β 系数为 0.80。请求出该资产组合的 β 系数。

$$\beta_p = \frac{20}{100} \times 1.50 + \frac{40}{100} \times 1.50 + \frac{40}{100} \times 0.80 = 1.22$$

(2)证券组合的风险报酬

投资者进行证券投资,就要求对承担的风险进行补偿,股票的风险越大,要求的报酬率就越高。由于证券投资的非系统性风险可通过证券组合来抵消,投资者要求补偿的风险主要是系统性风险。因此,与单项投资不同,证券组合要求补偿的风险只是市场风险,而不要求对可分散风险进行补偿,证券组合的风险报酬是投资者因承担系统性风险而要求的、超过货币时间价值的那部分额外报酬。其计算公式为:

$$R_p = \beta_p \cdot (R_m - R_f)$$

式中: R_p 为证券组合的风险报酬率; β_p 为证券组合的 β 系数; R_m 为市场报酬率,指证券市场上所有股票的平均报酬率; R_f 是无风险报酬率,一般用政府公债的利率来衡量。

【例2-23】　根据例2-22的资料,如股票的市场报酬率为 10%,无风险报酬率为 6%。要求:确定该证券投资组合的风险报酬率。

$$R_p = 1.22 \times (10\% - 6\%) = 4.88\%$$

在其他因素不变的情况下,风险报酬取决于证券投资组合的 β 系数, β 系数越大,风险报酬越大; β 系数越小,风险报酬越小。

(四)资本资产定价模型

资本资产定价模型(capital asset pricing model,CAPM)是由经济学家哈里·马科维茨(Harry Markowitz)和威廉·夏普(William Sharpe)等人于 1964 年提出的,由于在此方面作出的贡献,他们获得 1990 年的诺贝尔经济学奖。

根据风险与报酬的一般关系,某资产的必要报酬率是由无风险报酬率和该资产的风险报酬率决定的,即:

必要报酬率 = 无风险报酬率 + 风险报酬率

资本资产定价模型的一个主要贡献就是解释了风险报酬率的决定因素和度量方法,公式如下:

$$R_i = R_f + \beta_i(R_m - R_f)$$

式中:R_i 为第 i 种资产或第 i 资产组合的必要报酬率;R_f 为无风险报酬率,通常以短期国债的利率近似替代;β_i 为第 i 种资产或第 i 种资产组合的 β 系数;R_m 为资产组合的平均报酬率。($R_m - R_f$)称为市场风险溢酬,它是附加在无风险报酬率之上的。由于承担了市场平均风险所要求获得的补偿,它反映的是市场作为整体对风险的平均"容忍"程度,也就是市场整体对风险的厌恶程度,对风险越是厌恶和回避,要求的补偿就越高,市场风险溢酬的数值就越大。反之,如果市场的抗风险能力强,则对风险的厌恶和回避就不是很强烈,要求的补偿就越低,所以市场风险溢酬的数值就越小。不难看出,某项资产的风险报酬率是市场风险溢酬与该资产系统风险系数的乘积,即 $\beta_i(R_m - R_f)$ 为风险报酬率。在其他因素不变的情况下,风险报酬率与 β 系数成正比,β 系数越大,风险报酬率就越大;反之,则越小。

【例 2-24】 某股票的 β 系数为 0.50,无风险报酬率为 6%,假定同期市场上所有股票的平均报酬率为 12%。要求:计算该股票的必要报酬率,并判断当这只股票的报酬率为多少时,投资者才愿意投资购买。

该股票的必要报酬率 $R = 6\% + 0.50 \times (12\% - 6\%) = 9\%$

只有该股票的报酬率达到或超过 9.50% 时,投资者才会愿意投资购买。

在资本资产定价模型的理论框架下,如果市场是均衡的,则股票的预期报酬率等于必要报酬率。

如果把资本资产定价模型公式中的 β 系数作为自变量(横坐标),必要报酬率 R_i 作为因变量(纵坐标),无风险报酬率 R_f 和市场风险溢酬($R_m - R_f$)作为已知系数,那么这个关系式在数学上就是一个直线方程,叫作证券市场线(Security Market Line,SML)。

证券市场线对任何公司、任何资产都是适用的。只要将该公司或资产的 β 系数代入上述直线方程中,就能得到该公司或资产的必要报酬率。

证券市场线上每个点的横、纵坐标值分别代表每一项资产(或资产组合)的系统风险系数和必要报酬率。因此,证券市场上任意一项资产或资产组合的系统风险系数和必要报酬率都可以在证券市场线上找到对应的一点。

在证券市场线中,β 系数是对该资产或资产组合所含系统风险的度量,因此,证券市场线的一个重要说明就是"只有系统风险才有资格要求补偿"。该式没有引入非系统风险即企业特有风险,也就是说,投资者要求的补偿只能是系统风险部分,而不包括企业特有风险,因为企业特有风险可以通过资产组合被消除。

根据例 2-24 的计算结果绘制的证券市场线如图 2-13 所示。

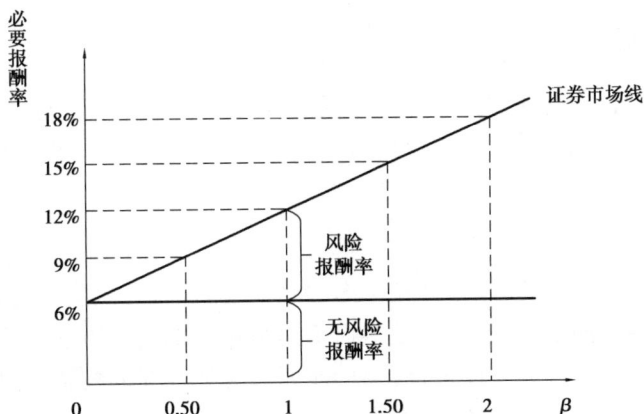

图 2-13 证券市场线

从图 2-13 可以看出风险高低与报酬水平高低之间的关系,从中可以得出以下几点结论:

① β 系数为 0,表明此时的个别资产(或资产组合)的必要报酬率为无风险报酬率。

② β 系数小于 1,表明此时的个别资产(或资产组合)的必要报酬率小于市场组合的平均报酬率。

③ β 系数为 1,表明此时的个别资产(或资产组合)的必要报酬率同市场组合的平均报酬率相同。

④ β 系数大于 1,表明此时的个别资产(或资产组合)的必要报酬率大于市场组合的平均报酬率。

同时,证券市场线也可以反映投资者规避风险的程度:直线越陡峭,投资者越规避风险。即在同样的风险水平上,要求更高的报酬率;或者在同样的收益水平下,要求风险更小。如图 2-14 所示,风险规避增加时,风险报酬率也随之增加,证券市场线的斜率也变大。市场风险报酬率由 6% 上升到 9%,且风险规避程度对风险较大的证券影响更为明显。

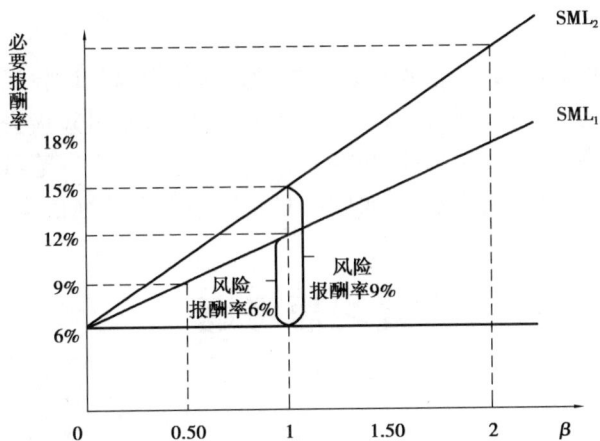

图 2-14 风险规避对证券报酬的影响

53

四、风险对策

应当明确的是,风险报酬的计算并不完全准确,需要掌握风险与报酬的衡量,基于二者的关系,采取一定的措施进行风险控制,在企业可承受的风险程度内尽可能实现高收益。

(一)规避风险

任何经济单位对风险的对策,首先考虑的是规避风险,凡风险所造成的损失不能由该项目可能获得的利润予以抵消时,规避风险是最可行的简单方法。规避风险包括:拒绝与不守信用的厂商保持业务往来;放弃可能明显导致亏损的投资项目;新产品在试制阶段发现诸多问题而果断停止试制;等等。

(二)减少风险

企业应当从制度、文化、决策、组织和控制上和培育核心能力上提高防御风险的能力。减少风险主要有两个方面的意义:一是控制风险因素,减少风险的发生;二是控制风险发生的频率和降低风险损害程度。减少风险的常用方法有:进行准确的预测,如对汇率预测、利率预测、债务人信用评估等;对决策进行多方案比较与优选;及时与政府部门沟通,获取政策信息;在开发新产品前,充分进行市场调研;实行设备预防检修制度以减少设备事故;选择有弹性的、抗风险能力强的技术方案,进行预先的技术模拟试验,采用可靠的保护和安全措施;采用多领域、多地域、多项目、多品种的投资以分散风险。

(三)转移风险

企业付出一定代价(如保险费、盈利机会、担保费和利息等),采取某种方式(如参加保险、信用担保、租赁经营、套期交易、票据贴现等),将风险损失转嫁给他人,以避免可能给企业带来灾难性损失。转移风险的常用方法有:向专业性保险公司投保;采取合资、联营、增发新股、发行债券、联合开发等措施实现风险共担;通过技术转让、特许经营、战略联盟、租赁经营和业务外包等实现风险转移。

(四)接受风险

对于损失较小的风险,如果企业有足够的财力和能力承受风险损失,可以采取风险自担和风险自保的方式自行消化风险损失。风险自担,就是风险损失发生时,企业直接将损失摊入成本或费用,或冲减利润;风险自保,就是企业预留一笔风险金,或随着生产经营的进行,有计划地计提风险基金,如坏账准备金、存货跌价准备等。

复习思考题

一、单选题

1. 如果 A、B 两只股票的收益率变化方向和变化幅度完全相同,则由其组成的投资组合(　　)。

A.不能降低任何风险　　　　　　　　　B.可以分散部分风险

C.可以分散全部风险　　　　　　　　　D.风险等于两只股票风险之和

2.如果某单项资产的系统风险大于整个市场投资组合的风险,则可以判定该项资产的 β 值(　　)。

A.等于1　　　　　　　　　　　　　　B.小于1

C.大于1　　　　　　　　　　　　　　D.等于0

3.在下列各项中,无法计算出确切结果的是(　　)。

A.后付年金终值　　　　　　　　　　　B.预付年金终值

C.递延年金终值　　　　　　　　　　　D.永续年金终值

4.某公司每股普通股的年股利额为4.20元,企业要求的收益率为8%,在股利保持不变且长期持有的情况下,该普通股的内在价值为(　　)。

A.52.50元/股　　　　　　　　　　　　B.33.60元/股

C.5.25元/股　　　　　　　　　　　　　D.48.60元/股

5.已知甲方案投资收益率的期望值为15%,乙方案投资收益率的期望值为12%,两个方案都存在投资风险,比较甲、乙两方案风险大小应采用的指标是(　　)。

A.方差　　　　　　　　　　　　　　　B.净现值

C.标准差　　　　　　　　　　　　　　D.标准离差率

6.某企业拟分别投资甲资产和乙资产,其中投资甲资产的期望收益率为10%,计划投资600万元,投资乙资产的期望收益率为12%,计划投资400万元,则该投资组合的预期收益率为(　　)。

A.11%　　　　　　　　　　　　　　　B.11.40%

C.22%　　　　　　　　　　　　　　　D.10.80%

7.企业年初借得50 000元贷款,10年期,年利率12%,每年年末等额偿还。已知年金现值系数 $(P/A,12\%,10)=5.6502$,则每年年末应付金额为(　　)元。

A.8 849.24　　　　　　　　　　　　　B.5 000

C.6 000　　　　　　　　　　　　　　D.28 251

8.某公司股票的 β 系数为1.5,无风险报酬率为4%,市场上所有股票的平均报酬率为8%,则该公司股票的必要报酬率为(　　)。

A.4%　　　　　　　　　　　　　　　B.12%

C.8%　　　　　　　　　　　　　　　D.10%

9.某公司预存一笔资金,年利率为 i ,从第6年开始连续10年可在每年年初支取现金200万元,则预存金额的计算正确的是(　　)。

A.$200\times(P/A,i,10)\times(P/F,i,5)$　　　　B.$200\times(P/A,i,10)\times[(P/F,i,4)+1]$

C.$200\times(P/A,i,10)\times(P/F,i,4)$　　　　D.$200\times(P/A,i,10)\times[(P/F,i,5)-1]$

10.在证券投资中,通过随机选择足够数量的证券进行组合可以分散掉的风险是(　　)。

A.所有风险　　　　　　　　　　　　　B.市场风险

C. 系统性风险   D. 非系统风险

二、多选题

1. 下列因素引起的风险中,投资者不能通过证券投资组合予以消减的有( )。

A. 宏观经济状况变化   B. 世界能源状况变化

C. 经济危机   D. 受资企业出现经营失误

2. 按照资本资产定价模型,影响特定资产必要报酬率的因素有( )。

A. 无风险报酬率   B. 风险报酬率

C. 特定股票的 β 系数   D. 财务杠杆系数

3. 下列各种情况会给企业带来经营风险的有( )。

A. 企业过度举债   B. 原材料价格发生变动

C. 企业产品更新换代周期过长 D. 企业产品的生产质量不稳定

4. 投资报酬率的构成要素有( )。

A. 无风险报酬率   B. 风险报酬率

C. 通货膨胀率   D. 风险程度

5. β 系数是衡量风险大小的重要指标,下列表述正确的有( )。

A. β 系数越大,说明风险越大

B. 某股票 β 系数等于1,说明其风险等于市场的平均风险

C. 某股票 β 系数大于1,说明其风险大于市场的平均风险

D. 某股票 β 系数等于0,说明该股票无风险

三、判断题

1. 国库券是一种几乎没有风险的有价证券,其利率可以代表货币时间价值。( )

2. 一般来讲,随着资产组合中资产数量的增加,资产组合的风险会逐渐降低,当资产的数量增加到一定程度时,组合风险降低到零。( )

3. 其他条件一定时,市场利率的上升会导致债券价值的下降。( )

4. 递延年金终值与普通年金终值计算方法相同。( )

5. 当股票种类足够多时,几乎可以把所有的系统风险分散掉。( )

四、计算题

1. 张先生准备购买一套新房,开发商提供了两种付款方案让张先生选择:

(1)甲方案,从第4年末开始支付,每年年末支付20万元,一共支付8年。

(2)乙方案,按揭买房,每年年初支付15万元,一共支付10年。

假设银行利率为5%,请问张先生应该选择哪种方案?

2. 某投资项目的年利率为8%,每季度复利一次。要求:

(1)计算该项目的实际年利率为多少?

（2）预测该项目投产后每年净收益 100 万元,项目周期为 5 年,当前投资成本需要 800 万元,该项目是否可行?

3. A、B、C 3 种股票的 β 系数分别为 1.50、1 和 0.50,投资组合甲由 A、B、C 3 种股票组成,3 种股票的投资比重分别为 50%、30% 和 20%,市场上所有股票的平均报酬率为 12%,无风险报酬率为 8%。要求:

（1）按照资本资产定价模型计算 A 股票的必要报酬率。

（2）计算投资组合甲的 β 系数和风险报酬率。

（3）假定有另一个投资组合乙的风险报酬率为 5%,计算乙投资组合的 β 系数,并比较甲、乙投资组合的风险高低。

4. 某企业现有 3 个投资项目可供选择,预计 A、B、C 3 个项目年收益及概率如下:

市场状况	预计年收益			概率
	A 项目	B 项目	C 项目	
繁荣	100	110	90	0.3
正常	50	60	50	0.4
较差	30	20	20	0.3

要求:比较 3 个投资项目的风险大小。

思政思辨案例:雷曼兄弟公司破产案例

一、案例基本情况

2008 年 9 月 15 日,美国第四大投资银行雷曼兄弟公司按照美国公司破产法案的相关规定提交了破产申请,成了美国有史以来倒闭的最大的金融公司。

拥有 158 年历史的雷曼兄弟公司是华尔街第四大投资银行。2007 年,雷曼兄弟公司在世界 500 强中排第 132 位,2007 年年报显示其净利润高达 42 亿美元,总资产近 7 000 亿美元。从 2008 年 9 月 9 日起,雷曼兄弟公司的股票一周内股价暴跌 77%,公司市值从 112 亿美元大幅缩水至 25 亿美元。在 2008 年第一季度,雷曼兄弟公司卖掉了 1/5 的杠杆贷款,同时又用公司的资产作抵押,大量借贷现金为客户交易其他固定收益产品;第二季度变卖了 1 470 亿美元的资产,并连续多次进行大规模裁员以压缩开支。然而,雷曼兄弟公司的自救并没有把自己带出困境。华尔街的"信心危机",金融投机者操纵市场,一些有收购意向的公司则因为政府拒绝担保没有出手。雷曼兄弟公司最终还是没能逃离破产的厄运。

二、原因

(一)受次贷危机的影响

次贷问题及所引发的支付危机,最根本原因是美国房价下跌引起的次级贷款对象的偿付能力下降。因此,其背后深层次的问题在于美国房市的调整。美联储在 IT 泡沫破灭之后大幅度降息,实行宽松的货币政策。全球经济的强劲增长和追逐高回报的心态,促使了金融创新,出现了很多金融工具,增加了全球投资者对风险的偏好程度。2000 年以后,实际利率降低,全球流动性过剩,借贷很容易获得。这些都促使美国甚至全球出现了房市的繁荣。而房地产市场的上涨,导致美国消费者财富增加,增加了消费力,使得美国经济持续快速增长,又进一步促进了美国房价的上涨。2000—2006 年美国房价指数上涨了 130%,是历次上升周期中涨幅最大的。在房价大涨和低利率环境下,借贷双方风险意识日趋薄弱,次级贷款在美国快速增长。同时,浮动利率房贷比例和各种优惠贷款比例不断提高,各种高风险放贷工具大量涌现。

但从 2004 年中开始,美国连续加息 17 次,2006 年起房地产价格止升回落,一年内全国平均房价下跌 3.5%,为自 20 世纪 30 年代大萧条以来首次,尤其是部分地区的房价下降超过了 20%。全球失衡到达了无法维系的程度是本轮房价下跌及经济步入下行周期的深层次原因。全球经常账户余额的绝对值占 GDP 的百分比自 2001 年持续增长,而美国居民储蓄率却持续下降。当美国居民债台高筑难以支撑房市泡沫的时候,房市调整就在所难免。这导致次级和优先级浮动利率按揭贷款的拖欠率明显上升,无力还贷的人越来越多。一旦这些按揭贷款被清收,就会造成信贷损失。

和过去所有房地产市场波动的主要不同是,此次次贷危机造成整个证券市场,尤其是衍生产品的重新定价。而衍生产品估值往往是由一些非常复杂的数学或数据性公式和模型做出来的,对风险偏好十分敏感,需要不断地调整,这样就给整个次级债市场带来很大的不确定性。投资者难以对产品价值和风险直接评估,从而十分依赖评级机构对其进行风险评估。然而评级机构面对越来越复杂的金融产品并未采取足够的审慎态度。而定价的不确定性造成风险溢价的急剧上升,并蔓延到商业票据市场,使整个商业票据市场流动性迅速降低。由于金融市场中充斥着资产抵押证券,美联储的大幅注资依然难以彻底消除流动性收紧的状况。到商业票据购买方不能继续提供资金的时候,流动性危机就形成了。更糟糕的是,由于这些次级债经常会被通过债务抵押债券方式用于产生新的债券,尤其是与优先级债券相混合产生担保债务凭证。当以次级房贷为基础的次级债证券的市场价值急剧下降时,市场对整个以抵押物为支持的证券市场价值产生怀疑,优先级债券的市场价值也会大幅下跌。次级债证券市场的全球化导致整个次级债危机变成一个全球性的问题。

在这一轮由次级贷款问题演变成的信贷危机中,众多金融机构因资本金被侵蚀和面临清盘的窘境,其中包括金融市场中雄极一时的巨无霸们。贝尔斯登、"两房"、雷曼兄弟公司、美林、AIG 皆面临财务危机,或被政府接管或被收购或破产收场,而他们曾是美国前五大投行中的三家、全球最大的保险公司和大型政府资助机构。在支付危机爆发后，除了美林的股价还占 52 周最高股价的 1/5，其余各家机构股价均较 52 周最高值下降 98% 或以上。贝尔斯登、雷曼兄弟公司和美林在次贷危机中分别减值 32 亿美元、138 亿美元及 522 亿美元，总计近 700 亿美元，而全球金融市场减值更高达 5 573 亿美元。因为减值造成资本金不足，所以全球各主要银行和券商纷纷寻求新的投资者来注入新的资本，试图渡过难关。

(二)雷曼兄弟公司自身的原因

1. 进入不熟悉的业务，且发展太快，业务过于集中

作为一家顶级的投资银行，雷曼兄弟公司在很长一段时间内注重传统的投资银行业务（证券发行承销、兼并收购顾问等）。进入 20 世纪 90 年代后，随着固定收益产品、金融衍生品的流行和交易的飞速发展，雷曼兄弟公司也大力拓展了这些领域的业务，并取得了巨大的成功，被称为华尔街上的"债券之王"。

在 2000 年房地产和信贷等非传统业务蓬勃发展之后，雷曼兄弟公司和其他华尔街上的银行一样，开始涉足此类业务。这本无可厚非，但雷曼兄弟公司的扩张速度太快（美林、贝尔斯登、摩根士丹利等也存在相同的问题）。雷曼兄弟公司一直是住宅抵押债券和商业地产债券的顶级承销商和账簿管理人。即使是在房地产市场下滑的 2007 年，雷曼兄弟公司的商业地产债券业务仍然增长了约 13%。这样一来，雷曼兄弟公司面临的系统风险就非常大。在市场情况好的年份，整个市场都在向上，市场流动性泛滥，投资者被乐观情绪所蒙蔽，巨大的系统风险给雷曼兄弟公司带来了巨大的收益；可是当市场崩溃的时候，如此大的系统风险必然带来巨大的负面影响。

另外，雷曼兄弟公司"债券之王"的称号固然是对它的褒奖，但同时也暗示了它的业务过于集中在固定收益部分。虽然雷曼兄弟公司也在其他业务领域（兼并收购、股票交易）方面有了进步，但缺乏其他竞争对手所具有的业务多元化。对比一下，同样处于困境的美林可以在短期内迅速将它所投资的彭博和黑岩公司的股权脱手而换得急需的现金，但雷曼兄弟公司就没有这样的应急手段。这一点上，雷曼兄弟公司和此前被收购的贝尔斯登颇为类似。

2. 自身资本太少，杠杆率太高

以雷曼兄弟公司为代表的投资银行与综合性银行（如花旗、摩根大通、美洲银行等）不同，它们的自有资本太少，资本充足率太低。为了筹集资金来扩大业务，它们只好依赖债券市场和银行间拆借市场，在债券市场发债来满足中长期资金的需求，在银行间拆借市场通过抵押回购等方法来满足短期资金的需求（隔夜、7 天、1 个月等），然后将这些资金用于业务和投资，赚取收益，扣除要偿付的融资代价后，就是公司运营的回报。就是说，公司用很少的自有资本和大量借贷的方法来维持运营的资金需求，这就是杠杆效应的基本原理。借贷越多，自有资本越少，杠杆率（总资产除以自有资本）就越高。杠杆效应的特点就是，在赚钱的时候，收益是随杠杆率放大的；但当亏损的时候，损失也是随杠杆率放大的。杠杆效应是一柄双刃剑。近年来由于业务的扩大发展，华尔街上的各家投行已将杠杆率提高到了危险的程度。

三、总结

雷曼兄弟公司作为一个有 158 年历史的企业,其破产对其他企业也有很多启示:

①危机意识。正如比尔·盖茨所说的"微软离破产永远只有 18 个月",海尔董事长张瑞敏提出"永远战战兢兢,永远如履薄冰",说明企业越大,企业家越要有危机意识,生存了 158 年的企业也会轰然破产,那么有什么理由掉以轻心呢?

②提升企业的内部管理和抗风险能力。雷曼兄弟公司作为一个生存了 158 年的企业,其内部管理已经达到了相当规范的程度,但仍在困境中破产,说明企业的抗风险能力是一个综合因素,所以不仅要加强企业的内部管理,也要提高企业在困境中生存的能力。企业家要随时准备好面对引起企业倒闭的困境。

③正确的战略规划。雷曼兄弟公司的破产主要是因为其持有大量次贷债券,之所以持有大量的次贷债券,说明持有次贷债券是雷曼兄弟公司的战略决策,如果单就破产而言,是雷曼兄弟公司的战略规划出现了问题。所以,企业战略规划是非常重要的,战略规划的任何疏漏都会将企业带入无法预料的困难境地。

(案例来源:吴清. 美国投资银行经营失败案例研究[M]. 北京:中国财政经济出版社,2010:78-85. 有修改)

案例思考:

1. 结合课程内容理解风险的类型和特点?
2. 企业可采取哪些风险对策?

第三章　财务分析

学习目标

本章主要阐述针对报表项目进行分析的原理、方法及其运用。学生学习完本章后需掌握下列要点:能够了解财务分析的含义、作用、目的、内容、方法和基础;能够正确运用比率分析法对企业的偿债能力、营运能力、盈利能力和发展能力进行分析;理解企业财务综合分析方法。

企业的财务活动包括筹资、投资、经营和分配,这4类财务活动的过程和经济后果都会反映在财务报表中。由于财务报表专业性较强,需要运用相应的财务分析方法进行系统的判断,因此,财务报表分析是一座重要的桥梁,能帮助企业内部的管理者和企业外部的利益相关者传递相关信号,进行信息的整理和传递,使企业财务活动的全貌得以展现。财务报表分析涉及多个相关学科,需要运用经济学、金融学、统计学和会计学等多门课程的相关知识,涉及的应用领域较广。对于不同的外部利益相关者,有不同的信息需求,因此需要通过财务报表分析评价企业的偿债能力、营运能力、盈利能力和发展能力,帮助企业对公司战略的实施情况进行考核和管理,进行财务相关决策。

第一节　财务分析概述

一、财务分析的内容

财务分析开始于19世纪末20世纪初的美国,起源于银行家对债务人的信用分析,主要注重资产对负债的补偿程度。之后,随着资本市场的建立和完善,这种分析方法逐渐被运用到投资领域,证券市场中的投资者更热衷于利润的回报等相关数据的分析,这促进了财务分析的蓬勃发展。同时,在内部监管要求的不断完善中,财务分析也被应用于企业内部分析,由此带来了财务分析新的发展阶段。目前,由于大数据智能化财务会计的发展,财务分析的数据获取更加全面和多样化,这也为财务分析提供了更大的发展空间。

狭义的财务分析是指以企业的财务报表为主要资料,对企业的财务活动进行分析和评价,为利益相关者的决策提供相应信息的活动。其中的分析依据具有一定的财务数据局限性。广义的财务分析是指以财务信息和非财务信息为基础,运用一定的分析技术和方法,对企业的财务活动和财务决策提供依据的分析活动。

二、财务分析的目的

财务分析的主体是企业的利益相关者,财务分析的目的是为信息的使用者和企业之间构建一座桥梁,其分析的目的应与不同信息使用者的目标相一致,呈现出多样性和多重性的特点。根据和企业密切相关的利益相关者不同的信息需求,财务分析目的可以划分为以下6种。

(一)企业股权投资者

股权投资者是企业的所有者,也是企业风险的承担者和利润的获得者,享有剩余索取权。在破产清算时,股东的求偿权在债权人、员工等所有利益相关者之后;在分享利润前,企业必须先满足其他利益相关者的权益。所以,企业股权投资者财务分析的目的更加全面,不仅看重企业的盈利能力和偿债能力,也看重企业的营运能力和未来发展能力。股权投资者根据其持股比例的不同,可以划分为大股东和中小股东。由于他们承担风险的责任和分享利润的比例存在差异,所以二者会有不同的分析侧重点。大股东一般通过"用手投票"来决定企业的财务活动,他们更看重企业未来的长远发展战略,投资的是企业未来的盈利和回报;中小股东一般通过"用脚投票"来选择投资的企业,他们尤其关注企业短期的现金红利和股价表现,侧重分析企业短期的现金流量表现和分配政策信息。

(二)企业债权人

企业债权人包括银行等金融机构,以及购买企业债券的持有人等,享有还本付息的权利。他们进行财务分析的目的在于了解资产对债务的保障程度,其中企业的安全性和偿债能力是债权人最关心的。同时,企业的盈利能力和现金流量的充足程度也会影响偿债能力。根据偿还时间的长短,债权人可以分为长期债权人和短期债权人,二者对财务分析的侧重点不同。长期债权人的本金和利息与未来的收益大小直接相关,财务分析的目的更注重资产的未来风险和收益情况;短期债权人通常在1年内需要得到相应的本利和,分析的重点在于企业资产的流动性和安全性,特别是短期内现金流量对债务的保障程度,以及企业是否有较大的破产风险。

(三)企业管理者

企业管理者需要履行受托责任,对企业的所有财务活动进行更加全面的分析。管理者直接参与生产经营活动,更了解企业的真实经营情况,不仅分析利润等经营成果,还分析经营过程中存在的营运问题,还要兼顾企业形成破产风险的杠杆选用情况。为了实现股东利益最大化,管理者需要进行盈利能力分析,同时需要找出经营中的问题并采取解决方案,科学规划投资、融资决策,协调资本引入战略和资源优化配置战略,保障企业安全可持续发展。因此,管理者的财务分析目的具有全面性和多样化的特点。

（四）政府职能部门

作为财务分析主体的政府职能部门主要有财政局、税务局、统计局、中国证券监督管理委员会（以下简称"证监会"）及国有资产监督管理委员会等部门，主要针对企业的合法合规性进行分析，从而更好地进行宏观经济决策。政府职能部门不仅要考虑企业在社会主义市场经济体制下的经济贡献，还要兼顾企业在资源配置中的社会贡献，通过综合全面的分析为国家的财政政策和经济政策提供依据。

（五）社会中介机构

会计师事务所、资产评估事务所、律师事务所等作为独立的第三方社会中介机构，为企业提供审计、评估和法律等相关咨询和鉴证服务，需要通过财务分析了解企业的相应财务活动，作出客观评价。例如，会计师事务所提供的审计服务，是基于对财务报表的全面分析给出的专业审计意见，需要分析企业的风险和真实价值。

（六）其他利益相关者

其他利益相关者是指与企业相关的其他单位和个体，主要指上游产业链供应商、下游产业链购买者、同行业竞争者、企业员工和其他社会公众等。他们根据各自的信息需求不同，有不同的财务分析目的。供应商分析企业的信用情况。购买者分析企业提供的商业信用条件。竞争者分析企业的竞争优势和劣势，对财务各方面数据均最为敏感。员工主要分析企业的福利待遇的稳定性和未来发展前景，对企业的盈利能力和未来发展战略特别关心。社会公众的分析重点在于企业社会责任的履行情况、对环境保护的贡献措施等。

财务分析是各利益相关者了解企业的一种方法，可以全面评价企业的财务效率，包括偿债能力、营运能力、盈利能力和发展能力，对外可以为信息使用者的财务决策提供依据，对内可以为企业员工绩效评价提供依据，提高信息的有用性和决策的质量。

三、财务分析的基础

财务分析的资料来自财务报告，财务报告是企业定期向利益相关者提供的书面文件，包括财务报表、报表附注及其他非财务信息的补充资料。财务报表数据集中反映了一定时期企业的财务状况、经营成果和现金流量，主要包括资产负债表、所有者权益变动表、利润表和现金流量表。非财务信息包括企业股权结构、内部控制、发展战略和未来规划等信息，可以用来辅助财务信息的分析，为利益相关者的决策提供依据。以下财务数据以 ABC 公司（本书虚构的企业）为例，ABC 公司是我国沪深主板上市的一家白酒领军企业，作为中国传统文化的重要组成部分，白酒不仅是一种饮品，更是一种文化和历史的体现。

（一）资产负债表

资产负债表是反映企业一定日期的财务状况的静态报表，包括资产、负债和所有者权益三要素。按照我国会计准则和会计恒等式来披露企业的投资决策和筹资决策。

资产是企业过去的交易和事项形成的，由企业拥有或者控制，能为企业带来未来经济利益流入的总资源。资产按照变现能力分为流动资产和非流动资产,在企业中发挥着不同的保障作用和盈利能力。流动资产的安全性较强,为债权人提供偿债的保障,非流动资产的盈利性较强,为股东提供资产优化配置的盈利,二者的结构比重是否合理,反映了企业的资产管理水平和企业的价值。

负债是企业过去的交易或者事项形成的,预期会导致企业经济利益流出的债务,是企业权益的一部分。负债按照偿还期限分为流动负债和非流动负债,显示企业财务杠杆的运用程度。负债是债权人最关心的信息,关系到还本付息压力和破产风险的大小。而流动负债和非流动负债的结构是否合理,则显示了企业长短期债务成本和风险的博弈。

所有者权益是企业的剩余权益,属于资产减负债形成的净资产,既反映了企业资金来源的重要部分,也反映了企业利润分配的结果。

表 3-1　资产负债表

ABC 公司合并资产负债表				（单位:百万元）	
资产	2022 年 12 月 31 日	2021 年 12 月 31 日	负债和所有者权益	2022 年 12 月 31 日	2021 年 12 月 31 日
流动资产:			流动负债:		
货币资金	24 375.45	20 955.83	应付票据		30.00
交易性金融资产	7 998.15	10 953.89	应付账款	1 376.21	1 444.18
应收票据	526.00	663.85	合同负债	13 741.55	15 804.52
应收账款	45.14	1.25	应付职工薪酬	482.99	536.72
应收款项融资	623.10	222.79	应交税费	1 136.70	3 061.39
预付款项	11.02	9.41	其他应付款	1 854.92	1 808.84
其他应收款	74.36	11.52	一年内到期的非流动负债	23.68	8.41
存货	17 729.26	16 803.09	其他流动负债	1 312.25	2 039.26
其他流动资产	129.69	143.01	流动负债合计	19 928.30	24 733.31
流动资产合计	51 512.17	49 764.64	非流动负债:	0.00	0.00
非流动资产:	0.00	0.00	长期借款	0.00	0.04
长期股权投资	32.98	32.74	租赁负债	3.72	10.73
其他非流动金融资产	6 148.63	7 635.94	长期应付款	196.46	196.69
固定资产	5 764.77	6 276.47	递延收益	92.28	77.24
在建工程	757.15	525.50	递延所得税负债	219.05	299.38
使用权资产	34.12	19.61	非流动负债合计	511.50	584.09
无形资产	1 714.38	1 679.60	负债合计	20 439.80	25 317.39

ABC 公司合并资产负债表		（单位：百万元）		
资产	2022 年 12 月 31 日	2021 年 12 月 31 日	负债和所有者权益	2022 年 12 月 31 日	2021 年 12 月 31 日
商誉	276.00	276.00	所有者权益：	0.00	0.00
长期待摊费用	12.08	16.10	股本	1 506.99	1 506.99
递延所得税资产	1 498.12	1 385.96	资本公积	904.65	782.24
其他非流动资产	183.85	186.14	减：库存股	782.24	56.28
非流动资产合计	16 452.07	18 034.06	其他综合收益	1.98	−5.84
资产总计	67 964.25	67 798.70	盈余公积	753.49	753.49
			未分配利润	44 364.11	39 505.61
			所有者权益合计	47 524.45	42 481.31
			负债所有者权益总计	67 964.25	67 798.70

由表 3-1 可知，该白酒企业资产规模较大，拥有充足的货币资金和存货。货币资金的金额较大是前期经营所得累积形成的，应收账款较少是企业信用政策较为严苛的体现。紧缩的信用政策虽对企业的收款有利，但是会削弱企业的销售收入。企业的存货金额历年来都较大，存货包含原材料、在产品和产成品，产成品的金额较大是产品滞销的体现，但是白酒类企业的存货都具有过大的特点，因为白酒类企业的特殊性在于每年的第一季度是销售旺季，故而存货金额较大是行业的普遍现象。ABC 公司的白酒主业较为突出，呈现较大的固定资产投资和较小的长期股权投资，产品专一化战略明显。由于经营情况良好，企业的负债金额较小，财务风险较小。其中，合同负债金额较大，但并不会形成现金支付的偿债压力，因为合同负债主要是提前收取的客户预收款项，后期交付白酒类产品即可，这是企业具有竞争优势的体现。长期负债的成本高于短期负债，该企业的非流动负债呈现下降的趋势，是企业筹资成本降低的表现。企业的主要权益来自利润的累积，白酒历年的销量和利润较高，未分配利润是最主要的权益来源。

（二）所有者权益变动表

所有者权益变动表揭示企业所有者权益的动态变化的原因，包括净利润、利润分配、其他综合收益等，提供全面收益观下的企业信息，并辅助其他报表的分析。ABC 公司的所有者权益显示企业没有股本的变化，最大的积累方式是未分配利润的增加，由于高额利润 ABC 公司也分配了约 45 亿元的现金股利，向全体股东每 10 股派发现金红利 37.4 元（含税）。现金股利的稳定会向市场传递优势信号，同时相对固定的股利政策有利于企业的股价稳定。

（三）利润表

利润表反映的是一定时期内的经营成果，包括收入、费用和利润要素。盈利能力相关的数据都在这张重要的报表中。此外，利润表也是股东财富最大化目标的体现形式。企业当期收入和成本费用之间的关系，提供了企业经营中盈利和营运效率的信息，为外部信息使用者提供投资决策的依据，为内部信息使用者提供评价和考核管理成果的依据。

表 3-2　利润表

ABC 公司合并利润表（单位：百万元）		
项目	2022 年度	2021 年度
一、营业总收入	30 104.90	25 350.18
其中：营业收入	30 104.90	25 350.18
二、营业总成本	17 765.76	15 637.14
其中：营业成本	7 645.53	6 255.40
税金及附加	4 388.31	4 147.98
销售费用	4 179.14	3 544.36
管理费用	1 935.67	1 830.08
研发费用	253.57	258.46
财务费用	−636.47	−399.15
其中：利息费用	0.69	0.60
利息收入	645.81	433.92
加：其他收益	63.77	90.85
投资收益	425.87	900.61
公允价值变动收益	−318.33	−721.21
信用减值损失	−0.75	12.63
资产减值损失	−2.33	−7.18
资产处置收益	1.85	0.18
三、营业利润	12 509.21	9 988.93
加：营业外收入	25.59	20.72
减：营业外支出	31.51	63.22
四、利润总额	12 503.28	9 946.43
减：所得税费用	3 113.89	2 433.61
五、净利润	9 389.40	7 512.82

ABC 公司的利润表（3-2）显示 2022 年度收入增幅明显，白酒竞争优势凸显，相应的营业成本依然是最大的耗费，这是传统食品饮料行业的普遍特征。销售费用是为了营销

而付出的耗费,和收入的增加息息相关,主要取决于企业的销售模式和市场营销政策。管理费用是较大的一项期间费用,主要取决于企业的员工薪酬和固定资产的折旧政策等。研发费用是白酒类企业下个阶段竞争力的体现。要在高端白酒产业链中获得优势地位,除了营销政策,还需要产品的差异化,白酒的差异化和不可替代性将取决于企业研发费用的投入和研发能力的高低。财务费用两年都呈现为负数,这是由于该企业的利息收入大于利息费用,企业筹资的代价较低,财务风险较低。其他收益和营业外收入的金额体现了当地政府对该白酒企业的政策扶持。

(四)现金流量表

现金流量表中包含现金和现金等价物流入和流出的动态情况,分为经营活动、投资活动和筹资活动3个部分。经营活动现金流量显示了企业营业利润的含金量,投资活动的现金流量显示了企业对内、对外投资的收付实现情况,筹资活动的现金流量显示了企业资金的来源和利润的分享情况。现金流量表为货币资金资产类科目的分析提供更详细的信息,为利润表中权责发生制下的相关科目提供重要的含金量信息。

表3-3　现金流量表

ABC 公司合并现金流量表	（单位:百万元）	
项目	2022 年度	2021 年度
一、经营活动产生的现金流量:		
销售商品、提供劳务收到的现金	30 888.04	36 809.67
收到的税费返还	3.06	0.00
收到其他与经营活动有关的现金	550.76	728.43
经营活动现金流入小计	31 441.86	37 538.10
购买商品、接受劳务支付的现金	7 975.64	7 772.36
支付给职工以及为职工支付的现金	3 444.36	2 639.14
支付的各项税费	12 905.50	8 805.48
支付其他与经营活动有关的现金	3 468.73	3 002.96
经营活动现金流出小计	27 794.23	22 219.93
经营活动产生的现金流量净额	3 647.62	15 318.17
二、投资活动产生的现金流量:	0.00	0.00
收回投资收到的现金	17 261.15	27 266.56
取得投资收益收到的现金	420.66	897.66
处置固定资产、无形资产和其他长期资产收回的现金净额	5.63	6.07
投资活动现金流入小计	17 687.44	28 170.30

续表

ABC 公司合并现金流量表	（单位:百万元）	
项目	2022 年度	2021 年度
购建固定资产、无形资产和其他长期资产支付的现金	539.15	423.52
投资支付的现金	13 131.79	25 910.11
投资活动现金流出小计	13 670.94	26 333.63
投资活动产生的现金流量净额	4 016.50	1 836.66
三、筹资活动产生的现金流量:	0.00	0.00
吸收投资收到的现金	42.80	4.90
收到其他与筹资活动有关的现金	0.00	945.85
筹资活动现金流入小计	42.80	950.75
偿还债务支付的现金	0.04	0.00
分配股利、利润或偿付利息支付现金	4 519.34	4 491.98
支付其他与筹资活动有关的现金	15.20	6.59
筹资活动现金流出小计	4 534.58	4 498.57
筹资活动产生的现金流量净额	−4 491.78	−3 547.82
四、汇率变动对现金及现金等价物影响	−0.34	−3.19
五、现金及现金等价物净增加额	3 172.01	13 603.82
加:期初现金及现金等价物余额	20 847.00	7 243.19
六、期末现金及现金等价物余额	24 019.02	20 847.00

ABC 公司的现金流量表(表 3-3)显示 2022 年度现金流主要来源于经营活动和投资活动,筹资活动的现金流量为负数。经营活动主要是企业白酒销售的回款情况和成本费用的付款情况形成的正向现金流量净额,说明企业的收入实现情况良好,成本费用管理效率较高。投资活动的现金流量主要是收回投资收到的现金和投资支付的现金两项形成的净额,说明企业的投资收益获现情况良好,投资的战略正稳步推进。筹资活动的现金流出金额较大,是由于分配现金股利金额较大,利润的累积和稳定的股利政策是该项流出金额的前提,以现金股利的方式给投资者分配利润,有利于市场稳定,传递优势信号。整体来看,企业的现金流量充足,抗风险能力较强。

四、财务分析的方法

财务分析有专门的方法,根据不同的分析目的可以划分为以下 4 种分析方法。

（一）结构分析

结构分析可以考查单项科目占总体的比重,也叫垂直分析法。通过计算资产负债表中不同科目的比重,财务管理者可以判断企业的资产占比是否合理、企业资金的来源方式是否合适、企业的利润分配金额占净利润的比重情况。通过利润表的垂直占比,财务管理者可以分析企业利润的主要来源、成本费用的控制效率。

表 3-4　资产负债表结构分析

ABC 公司合并资产负债表					
项目	2022 年比重	2021 年比重	项目	2022 年比重	2021 年比重
流动资产:			流动负债:		
货币资金	35.87%	30.91%	应付票据	0.00%	0.04%
交易性金融资产	11.77%	16.16%	应付账款	2.02%	2.13%
应收票据	0.77%	0.98%	合同负债	20.22%	23.31%
应收账款	0.07%	0.00%	应付职工薪酬	0.71%	0.79%
应收款项融资	0.92%	0.33%	应交税费	1.67%	4.52%
预付款项	0.02%	0.01%	其他应付款	2.73%	2.67%
其他应收款	0.11%	0.02%	一年内到期的非流动负债	0.03%	0.01%
存货	26.09%	24.78%	其他流动负债	1.93%	3.01%
其他流动资产	0.19%	0.21%	流动负债合计	29.32%	36.48%
流动资产合计	75.79%	73.40%	非流动负债:		
非流动资产:			长期借款	0.00%	0.00%
长期股权投资	0.05%	0.05%	租赁负债	0.01%	0.02%
其他非流动金融资产	9.05%	11.26%	长期应付款	0.29%	0.29%
固定资产	8.53%	9.26%	递延收益	0.14%	0.11%
在建工程	1.11%	0.78%	递延所得税负债	0.32%	0.44%
使用权资产	0.05%	0.03%	非流动负债合计	0.75%	0.86%
无形资产	2.52%	2.48%	负债合计	30.07%	37.34%
商誉	0.41%	0.41%	所有者权益:		
长期待摊费用	0.02%	0.02%	股本	2.22%	2.22%
递延所得税资产	2.20%	2.04%	资本公积	1.33%	1.15%
其他非流动资产	0.27%	0.27%	减:库存股	0.08%	0.08%
非流动资产合计	24.21%	26.60%	其他综合收益	0.00%	-0.01%

续表

ABC 公司合并资产负债表					
项目	2022 年比重	2021 年比重	项目	2022 年比重	2021 年比重
			盈余公积	1.11%	1.11%
			未分配利润	65.28%	58.27%
资产总计	100.00%	100.00%	归属于母公司所有者权益合计	69.85%	62.67%
			少数股东权益	0.07%	−0.01%
			所有者权益合计	69.93%	62.66%
			负债和所有者权益总计	100.00%	100.00%

由表 3-4 可知,ABC 公司的资产以流动资产为主,其中最大占比是货币资金和存货,说明企业的流动性和安全性较强,偿债风险较低。权益占比中的负债占比较少,其中主要负债是来自合同负债等经营性良性负债,从筹资结构来看以较安全的所有者权益筹资方式为主,尤其是企业自身利润的累积是最主要的筹资来源,属于内涵型的筹资方式。从表 3-5 中的利润结构数据来看,2022 年净利润的占比相比 2021 年有所提高,主要原因有营业总成本占比的下降,尤其是利息收入占比的增加等成本费用控制效率的提高,促进了营业利润占比的增加,从而有利于净利润的增加。

表 3-5　利润表结构分析

ABC 公司合并利润表		
项目	2022 年比重	2021 年比重
一、营业总收入	100.00%	100.00%
其中:营业收入	100.00%	100.00%
二、营业总成本	59.01%	61.68%
其中:营业成本	25.40%	24.68%
税金及附加	14.58%	16.36%
销售费用	13.88%	13.98%
管理费用	6.43%	7.22%
研发费用	0.84%	1.02%
财务费用	−2.11%	−1.57%
其中:利息费用	0.00%	0.00%
利息收入	2.15%	1.71%
加:其他收益	0.21%	0.36%

续表

ABC 公司合并利润表		
项目	2022 年比重	2021 年比重
投资收益	1.41%	3.55%
公允价值变动收益	−1.06%	−2.85%
信用减值损失	0.00%	0.05%
资产减值损失	−0.01%	−0.03%
资产处理收益	0.01%	0.00%
三、营业利润	41.55%	39.40%
加：营业外收入	0.08%	0.08%
减：营业外支出	0.10%	0.25%
四、利润总额	41.53%	39.24%
减：所得税费用	10.34%	9.60%
五、净利润	31.19%	29.64%

(二)趋势分析

趋势分析是一种长期分析方式,根据连续多年的报表数据变化评价过去的变化轨迹,预测出未来的变化趋势。常用的趋势分析计算方法有环比计算和定基计算,都可以用于对某一单项科目长期变化的追踪。环比计算就是每个科目计算相邻两期的变动额或变化率,定基计算就是每个科目的变动额或变化率都只以一个固定的基期来计算。图3-1 采用趋势分析法分析 ABC 公司的净资产收益率变化,选取 2018 年至 2022 年的财务数据进行分析,显示净资产收益率的变化和总资产报酬率基本保持一致,具有很强的可持续性,表明依靠企业自身的资产获利能力推动所有者权益获利能力的提升,是极为良性的循环方式。

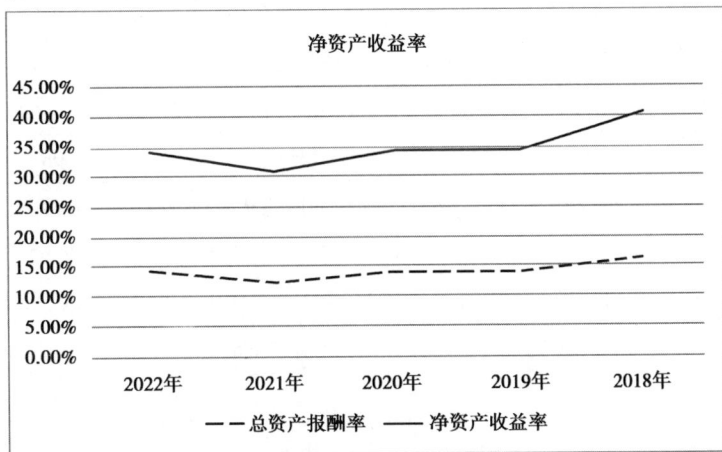

图 3-1　净资产收益率趋势分析

（三）比率分析

财务分析中最重要的分析方法就是比率分析法,比率分析是把有相关性的两个因素相除,计算出相应的相对数,反映二者的财务关系。财务比率可以划分为偿债能力比率、盈利能力比率、营运能力比率和发展能力比率。它们的分析重点不同,偿债能力比率反映企业资产对负债的保障程度,盈利能力比率反映企业生产经营产生利润的效率,营运能力比率反映企业资产管理的水平,发展能力比率反映企业相对于上期的成长性。

（四）比较分析

比较分析法是对相同科目的数据比较不同期间、不同企业间或实际值和预算值之间的差距,也叫水平分析法。不同期间的比较一般采用本期和上期数据的差异额和差异率进行分析,从而明确本期的优势和劣势。不同企业间的比较可以选取本企业和标杆企业的数据,制订相应的竞争策略,为未来指明道路。实际值和预算值之间的比较一般基于内部考核和管理的需要,衡量企业预算目标的实现情况。比较分析需要注意选择相同口径的数据进行对比,否则将失去可比性。表3-6从ABC公司2021年和2022年两年的数据相比较的角度,形成本期和上期数据差异额和差异率的比较报表。在资产变动中,总资产增加主要依赖流动资产的增加,增幅有3.51%,其中的货币资金、应收款项融资和存货是主要助推科目,说明企业的经营性资产增幅较大,有助于下阶段的生产和盈利。从筹资方式的角度来看,负债的运用占比下降了19.27%,而所有者权益增幅为11.87%,说明企业杠杆的风险较小,财务风险控制较为合理。

表3-6　资产负债表比较分析

ABC 公司合并资产负债表					
项目	变动额	变动率	项目	变动额	变动率
流动资产:			流动负债:		
货币资金	3 419.62	16.32%	应付票据	-30.00	-100.00%
交易性金融资产	-2 955.74	-26.98%	应付账款	-67.97	-4.71%
应收票据	-137.84	-20.76%	合同负债	-2 062.97	-13.05%
应收账款	43.89	3 517.36%	应付职工薪酬	-53.73	-10.01%
应收款项融资	400.31	179.68%	应交税费	-1 924.69	-62.87%
预付款项	1.61	17.12%	其他应付款	46.08	2.55%
其他应收款	62.84	545.51%	一年内到期的非流动负债	15.28	181.76%
存货	926.17	5.51%	其他流动负债	-727.02	-35.65%
其他流动资产	-13.32	-9.31%	流动负债合计	-4 805.01	-19.43%
流动资产合计	1 747.53	3.51%	非流动负债:		
非流动资产:			长期借款	-0.04	-100.00%
长期股权投资	0.24	0.72%	租赁负债	-7.01	-65.37%

ABC 公司合并资产负债表					
项目	变动额	变动率	项目	变动额	变动率
其他非流动金融资产	−1 487.31	−19.48%	长期应付款	−0.23	−0.12%
固定资产	−481.69	−7.67%	递延收益	15.03	19.46%
在建工程	231.65	44.08%	递延所得税负债	−80.34	−26.83%
使用权资产	14.51	73.97%	非流动负债合计	−72.59	−12.43%
无形资产	34.78	2.07%	负债合计	−4 877.60	−19.27%
商誉	0.00	0.00%	所有者权益:		
长期待摊费用	−4.03	−25.00%	股本	0.00	0.00%
递延所得税资产	112.16	8.09%	资本公积	122.41	15.65%
其他非流动资产	−2.29	−1.23%	减:库存股	0.00	0.00%
非流动资产合计	−1 581.99	−8.77%	其他综合收益	7.83	−133.91%
资产总计	165.54	0.24%	盈余公积	0.00	0.00%
			未分配利润	4 858.50	12.30%
			归属于母公司所有者权益	4 988.74	11.74%
			少数股东权益	54.40	−1 110.33%
			所有者权益合计	5 043.14	11.87%
			负债和所有者权益总计	165.54	0.24%

第二节 偿债能力分析

偿债能力是指企业偿还各项债务的能力,是企业生存和发展的基础,是评价企业持续经营能力的重要依据。企业破产的原因之一可能是偿债能力较差,无法支付到期债务,或者所有资产不足以清偿全部债务,所以进行财务分析时,首先要分析的就是企业的偿债能力,这也是企业经营者、投资者、债权人等都十分关心的重要问题。偿债能力分析通常包括短期偿债能力分析和长期偿债能力分析。

一、短期偿债能力分析

短期偿债能力是指企业偿付流动负债的能力。流动负债是指将在一年内或超过一年的一个营业周期内需要偿还的债务,若不能及时偿还,则可能使企业陷入财务困境,面临破产倒闭的风险。在企业的资产中,流动资产能够在一年或超过一年的一个营业周期内变现,因此,流动资产是流动负债偿还的安全保障。所以,可以通过分析流动资产与流动负债的关系来评价企业的短期偿债能力。通常用来衡量企业短期偿债能力的指标有流动比率、速动比率、现金比率和现金流量比率等。

（一）流动比率

流动比率是流动资产与流动负债的比率。它表明每 1 元的流动负债有多少流动资产作为偿还保证。其计算公式为：

$$流动比率 = \frac{流动资产}{流动负债}$$

一般来讲，对债权人来说，流动比率越高，则企业的债务偿还越有保障。但从经营者和所有者的角度来看，流动比率却并非越高越好。因为当企业的流动比率较高时，说明企业流动资产相对于流动负债而言较大，企业投放在流动资产上的资金数额较大，这可能会影响企业资产的盈利能力。因此，在偿债能力允许的范围内，根据经营需要，进行负债经营也是现代企业的经营策略之一。

那么，流动比率达到多少算合适？根据一般经验，制造业企业合适的流动比率为 2。这是因为流动资产中变现能力最差的存货金额约占流动资产总额的一半，剩下的流动性较大的资产至少要等于流动负债，这样才能保证企业具有较强的短期偿债能力。或者在一种极端情况下，即使流动资产的清算价值缩水一半，仍可偿还流动负债。但这个标准并不具有普遍意义，实际上，不同国家或地区的金融环境和资本市场不同，使企业的资产结构和资本结构不同，企业的流动比率也有所不同；即使同一个国家或地区不同行业的流动比率也有明显区别。因此，运用流动比率来评价企业的短期偿债能力，通常只能在行业内进行对比，同时必须与企业的资产结构、资产变现速度及行业特点结合起来进行综合考虑，这样才能客观地进行分析。对于两家企业来说，即使其流动比率相同，但其短期偿债能力也可能是不一样的，因为不同的流动资产的变现能力不一样，如货币资金的变现能力就明显高于存货。此外，流动比率容易被操纵，如在年末故意偿还一部分短期借款，下年初再借入，以提高期末的流动比率，掩饰其短期偿债能力的不足。因此，利用流动比率来衡量企业的短期偿债能力存在一定的局限性。

根据 ABC 公司 2022 年合并资产负债表中的相关数据，对其流动比率计算如下：

期初流动比率 = 49 764.64 ÷ 24 733.31 = 2.01

期末流动比率 = 51 512.17 ÷ 19 928.30 = 2.58

从计算结果可以看出，ABC 公司期初流动比率为 2.01，期末流动比率为 2.58，说明其短期偿债能力有所提高，且期初和期末每 1 元的流动负债都有 2 元以上的流动资产作为偿还保证，其短期偿债能力较好。

（二）速动比率

速动比率是指企业的速动资产与流动负债的比率，用来衡量企业流动资产中可以立即变现偿付流动负债的能力。其计算公式是：

$$速动比率 = \frac{速动资产}{流动负债} = \frac{流动资产 - 存货}{流动负债}$$

速动资产是指几乎可以立即用来偿付流动负债的那些资产，一般包括货币资金、交易性金融资产、应收票据、应收账款、应收利息、应收股利和其他应收款。在近似计算的时候,速动资产通常用流动资产扣除存货后来替代。计算速动资产之所以要排除存货和预付账款等,是因为存货必须通过销售才能变现,而且存货在销售时会受到市场价格的影响,使其变现价值带有很大的不确定性,在产品不能适销对路时,又可能面临滞销而无法转换为现金。至于预付账款,它是企业采购业务发生之前预先支付的,将来要先变成存货,再变成现金,所以其流动性比存货更低。但由于资金具有时间价值,任何一家企业都希望能够早收晚付,所以相对于存货来说,预付账款金额较小,而一年内到期的非流动负债和其他流动负债具有偶然性,不能代表企业正常的变现能力,所以在近似计算时,速动资产一般用流动资产减存货来估计。

用速动比率来评价企业的短期偿债能力,消除了存货等变现能力较差的流动资产项目的影响。当企业流动比率较高时,如果流动资产中可以立即变现用来偿还债务的资产较少,其偿债能力也较差;反之,即使流动比率较低,但流动资产中的大部分都可以在较短的时间内转化为现金,其偿债能力也很强。所以,用速动比率来评价企业的短期偿债能力相对更准确一些。

根据一般经验,在企业的全部流动资产中,存货大约占50%。所以,速动比率的一般标准为1,就是说每1元的流动负债,都有1元几乎可以立即变现的资产来偿付。如果速动比率低于1,一般认为偿债能力较差,但分析时还要结合其他因素进行评价。这只是一般经验值,不适用于所有的行业和企业。

根据ABC公司2022年合并资产负债表中的相关数据,对其速动比率计算如下:

期初速动比率 = (49 764.64 - 16 803.09) ÷ 24 733.31 = 1.33

期末速动比率 = (51 512.17 - 17 729.26) ÷ 19 928.30 = 1.70

从计算结果可以看出,期初速动比率为1.33,期末速动比率为1.70,说明公司短期偿债能力有所提高,且期初和期末每1元的流动负债都有1元以上的流动资产作为偿还保证,其短期偿债能力较强。

总体而言,速动比率是流动比率的补充,而且比流动比率更直观可信。不过,对速动比率进行分析,还应结合应收款项的回收情况来进行,甚至可以说速动比率的可信度主要依赖应收账款的变现能力。因为在速动资产中,一般应收账款占比较大,如果所有的应收款项都能如数收回,即使有坏账损失,其数额也非常小,可以忽略不计,则企业的偿债压力较小。但如果应收账款收回困难,存在很大坏账风险,则可能使企业无法偿还到期的流动负债,偿债能力自然就比较差了。

(三)现金比率

现金比率是指现金类资产与流动负债的比率。现金类资产包括现金和现金等价物,其中,现金等价物即企业持有的期限短、流动性强、易于转换为已知金额的现金及价值变动风险很小的投资。其计算公式为:

$$现金比率 = \frac{现金 + 现金等价物}{流动负债}$$

在企业所有的资产中,现金和现金等价物是最直接的支付型资产,所以现金比率可以准确地反映企业的直接偿付能力。现金比率越高,表示企业可立即用于偿还债务的现金类资产越多。由于企业现金类资产的盈利水平较低,企业不可能也没有必要保留过多的现金类资产。如果这一比率过高,表明企业通过负债方式所筹集的流动资金没有得到充分的利用,所以并不鼓励企业保留过多的现金类资产。

根据 ABC 公司 2022 年合并资产负债表资料(假定公司的交易性金融资产均为现金等价物),对其现金比率计算如下:

期初现金比率 = (20 955.83 + 10 953.89) ÷ 24 733.31 = 1.29

期末现金比率 = (24 375.45 + 7 998.15) ÷ 19 928.30 = 1.62

从计算结果可以看出,ABC 公司的现金比率由期初的 1.29 提高到了期末的 1.62,期末的货币资金占比已超过全部流动负债,这意味着企业的直接支付能力大大提高了。因此,如果按现金比率来评价 ABC 公司的短期偿债能力,说明该公司期末的短期偿债能力较强。

(四)现金流量比率

现金流量比率是企业经营活动产生的现金流量净额与流动负债的比率。其计算公式为:

$$现金流量比率 = \frac{经营活动产生的现金流量净额}{流动负债}$$

前面分析的流动比率、速动比率和现金比率计算公式中,分子和分母都来自资产负债表这张静态的报表,属于反映企业短期偿债能力的静态指标,解释了企业的现存资源对偿还到期债务的保障程度,而现金流量比率则从动态的角度反映了本期经营活动产生的现金流量净额对流动负债偿还的保障程度。

需要说明的是,现金流量比率计算公式中存在分子和分母的期间不匹配的问题,分子"经营活动产生的现金流量净额"是过去一个年度经营的结果,而分母"流动负债"是未来一个年度之内需要偿还的债务,二者的会计期间不同。因此,这个比率是建立在用过去一个年度的现金流量来对下一年度进行估计的假设基础之上的。使用这个指标来进行分析时,要考虑未来一个会计年度影响经营活动的现金流量变动的因素。

根据 ABC 公司 2022 年合并资产负债表和合并现金流量表的相关数据,对其现金流量比率计算如下:

期初现金流量比率 = 15 318.17 ÷ 24 733.31 = 0.62

期末现金流量比率 = 3 647.62 ÷ 19 928.30 = 0.18

从计算结果可以看出,在 ABC 公司的流动负债减少的同时,现金流量比率由期初的 0.62 下降到了期末的 0.18。该指标反映出 ABC 公司的短期偿债能力有所下降,主要是经营活动产生的现金流量净额大大降低所致。

二、长期偿债能力分析

长期偿债能力是指企业对债务的承担能力和对偿还债务的保障能力。负债是企业承担的现时义务,资产则是偿还债务的物质保证,单凭负债或资产不能说明一个企业的偿债能力。负债减少并不意味着企业的偿债能力增强,同样,资产规模大也不表明企业的偿债能力强,企业的偿债能力主要体现在资产与负债的对比关系上。反映企业长期偿债能力的指标主要有资产负债率、产权比率、权益乘数、利息保障倍数等。

微课 3:知识点精讲:
长期偿债能力分析

(一)资产负债率

资产负债率是指企业负债总额与资产总额之间的比例关系,其计算公式为:

$$资产负债率 = \frac{负债总额}{资产总额} \times 100\%$$

这一比率可以揭示企业的全部资金中有多少来自债权人。资产负债率越高,说明债权人提供的资金越多,企业的债务负担越重,不能偿还的可能性也就越大,债权人的风险越高,但较高的资产负债率也可能为投资者创造更多的收益。因此,站在不同主体的角度,对资产负债率有不同的评价。

通过对不同时期资产负债率的计算和对比分析,可以了解企业债务负担的变化情况。任何企业都必须根据自身的实际情况,确定一个适度的负债比重。当企业债务负担持续增长并超过这个适度负债率时,企业应注意加以调整,不能只顾获取杠杆利益而不考虑可能面临的财务风险。

资产负债率到底在怎样的水平才算企业拥有较好的偿债能力,目前不同的银行、不同的专家对此持不同的看法。一般认为,债权人投入企业的资金不应高于企业所有者投入企业的资金,也就是资产负债率在 50% 内比较安全、合理。如果债权人为企业提供的资金超过了所有者提供的资金,则意味着获得固定利息收益的债权人承担了比所有者更大的风险,而有可能获得较大收益的所有者却承担了较低的经营风险。银行一般规定,企业资产负债率超过 80% 或 75% ,就应当拒绝提供贷款,言下之意是资产负债率超过 80% 或 75% 的企业缺乏还债能力,至少还债风险太大以至于银行不能接受。

根据 ABC 公司 2022 年合并资产负债表的相关数据,对其资产负债率计算如下:

期初资产负债率 = 25 317.39 ÷ 67 798.70 × 100% = 37.34%

期末资产负债率 = 20 439.80 ÷ 67 964.25 × 100% = 30.07%

由以上计算可知,ABC 公司期末资产负债率比期初下降了 7.27% ,表明该企业债务负担有所减轻。按照经验值,ABC 公司资产负债率较低,无论是企业本身,还是投资者或债权人,均可以接受,且债务偿还的风险不大。

(二)产权比率

产权比率是负债总额与所有者权益总额的比率。该指标表明债权人提供的资金和所有者提供的资金之间的对比关系,反映企业基本财务结构是否稳定。其计算公式为:

$$产权比率 = \frac{负债总额}{所有者权益总额} \times 100\%$$

从所有者的角度来看,产权比率是所有者利用债权人资金程度的一种反映,揭示了所有者用自己投入的资金吸引债权人资金投入的倍数。从债权人的角度来看,企业最终用来保证清偿债务的就是所有者权益,即企业的净资产。企业净资产的多少是从债权人角度看企业愿意承担债务偿还、亏损风险的一个基本态度。因此,从债权人角度来看,该指标越低,说明企业财务状况越好,债权人贷款的安全性越有保障,企业面临的财务风险越小。但从所有者或经营者的角度看,该指标越高,说明企业的吸引力越强,债权人愿意为企业提供的资金越多。

根据 ABC 公司 2022 年合并资产负债表的相关数据,对其产权比率计算如下:

$$期初产权比率 = 25\ 317.39 \div 42\ 481.31 \times 100\% = 59.60\%$$
$$期末产权比率 = 20\ 439.80 \div 47\ 524.45 \times 100\% = 43.01\%$$

由以上计算可知,ABC 公司期末在负债减少的同时,所有者权益有所增加,两方面共同作用导致产权比率由期初的 59.60% 下降到了期末的 43.01%,表明该企业的债务负担有所减轻,债务偿还的风险不大。

(三)权益乘数

权益乘数是指资产总额与所有者权益总额的比率,表示企业的负债程度,可以衡量企业的财务风险。其计算公式为:

$$权益乘数 = \frac{资产总额}{所有者权益总额} = 1 \div (1 - 资产负债率)$$

权益乘数表示股东每投入 1 元的资金可以控制的资产数量。该指标越大,说明所有者投入的资金在企业全部资产中所占的比重越小,企业对负债经营利用得越充分,企业负债程度越高,偿债能力越差。

根据 ABC 公司 2022 年合并资产负债表的相关数据,对其权益乘数计算如下:

$$期初权益乘数 = 1 \div (1 - 37.34\%) = 1.60$$
$$期末权益乘数 = 1 \div (1 - 30.07\%) = 1.43$$

通过比较可知,ABC 公司期初股东每投入 1 元的资金可以控制的资产数量为 1.60 元,期末为 1.43 元,比期初减少了 0.17 元,表明该企业相同数量的所有者权益资金所对应的负债数量减少,企业的债务负担有所减轻,债务偿还的风险不大,财务风险在可接受的范围内。

(四)利息保障倍数

长期偿债能力分析涉及企业的全部负债,里面包含大量的长期债务,数量多且偿还期限长,利率相对于流动负债来说较高,所以除了考察企业偿还本金的能力,还要考察企业偿付利息的能力,为此而设计的指标称为利息保障倍数,也称为已获利息倍数。利息保障倍数是指企业生产经营所获得的息税前利润(利润总额+利息费用)与利息费用的比率。其计算公式为:

$$利息保障倍数 = \frac{利润总额 + 利息费用}{利息费用}$$

这里的利息费用包括本期财务费用中的利息费用和资本化利息。其理由是,不论利息费用是否列入利润表,企业终究是要偿还的,都是企业实际负担的费用。由于我国的利润表不单独列示利息费用,而是将其并在“财务费用”项目中,外部分析人员可将财务费用视同利息费用,用利润总额加财务费用估算息税前利润。该指标反映企业偿付债务利息的保证程度,指标越高,说明企业支付利息的能力越强,债权人按期取得利息越有保障。

根据 ABC 公司 2022 年合并利润表的相关数据,对其利息保障倍数计算如下:

2021 年利息保障倍数 = (9 946.43 + 0.60) ÷ 0.60 = 16 475.26

2022 年利息保障倍数 = (12 503.28 + 0.69) ÷ 0.69 = 18 008.81

由以上计算可知,ABC 公司 2021 年和 2022 年生产经营所得支付利息有很高的保障。结合资产负债表的数据可知,主要原因是 ABC 公司有息负债很少,所以利息支出较少。该指标究竟达到什么水平,才能说明支付利息的保证程度强,并没有具体的标准,应根据历史的经验结合行业特点来判定,也可以结合同行业标准来评价。

第三节　营运能力分析

营运能力是指企业利用自身拥有或控制的资产进行经营的一种能力。企业的资金周转状况与供产销各个经营环节密切相关,无论哪个环节出现问题,都会影响企业资金的正常周转。资金只有顺利通过各个经营环节,才能完成一次循环,不断地循环,就是周转。在供产销各环节中,销售有特殊的意义,因为产品只有卖出去,才能收回最初的投资,实现资金的回笼,顺利完成周转。因此,可以通过产品销售情况与企业资金占用量之间的对比关系来分析企业的资金周转状况,评价企业的营运能力,一般从资产周转率(次数)和资产周转期(天数)这两个角度出发。其中,资产周转率是一定时期资产周转额与平均资产占用额的比率;资产周转期是用计算期天数除以资产周转次数,表示资产周转使用一次所花的时间。评价企业营运能力的指标通常有流动资产周转率、固定资产周转率、总资产周转率等。

一、流动资产周转情况分析

(一)流动资产周转率

企业的营运过程,实质上是资产的转换过程。由于流动资产与固定资产的性质和特点不同,决定了它们在这一过程中的作用也不同。企业经营成果的取得,主要依靠流动资产的形态转换。尽管固定资产的整体实物形态都处在企业营运过程之中,但从价值形态上讲,相当于折旧的那部分资金需参与企业当期的营运,它的价值实现(或者说是价值回收)要依赖流动资产的价值实现。一旦流动资产的价值实现(或者说是形态转换)出现问题,不仅固定资产价值不能实现,而且会使企业所有的经营活动都受到影响,因此,可以说流动资产营运能力分析是企业营运能力分析最重要的组成部分。

流动资产周转率表明企业在一定时期内(通常是一年)流动资产的周转次数,用来衡量流动资产的周转速度,评价企业经营管理水平。流动资产周转率是营业收入与平均流动资产的比率。其计算公式为:

$$流动资产周转率 = \frac{营业收入}{平均流动资产}$$

$$平均流动资产 = \frac{期初流动资产 + 期末流动资产}{2}$$

$$流动资产周转天数 = \frac{360}{流动资产周转率} = \frac{360 \times 平均流动资产}{营业收入}$$

一般认为,流动资产周转率越大,说明企业的流动资产周转越快,管理水平越高,会相对节约流动资产,提高流动资产的利用效率,以较少的流动资产实现较高的营业收入。反之,若流动资产周转越慢,则需要补充流动资产参加周转,形成资金浪费。然而,流动资产周转率为多少才比较好,并没有一个绝对的标准,通常应结合企业历年的数据和行业特点来进行分析。

根据 ABC 公司 2022 年合并资产负债表及合并利润表的相关数据,对其流动资产周转率计算如下:

$$平均流动资产 = (49\ 764.64 + 51\ 512.17) \div 2 = 50\ 638.41(百万元)$$
$$流动资产周转率 = 30\ 104.90 \div 50\ 638.41 = 0.59(次)$$
$$流动资产周转天数 = 360 \times 50\ 638.41 \div 30\ 104.90 = 605.54(天)$$

(二)应收账款周转率

应收账款周转率是指企业在一定时期内(通常是一年)赊销收入净额与平均应收账款的比率。该指标反映企业利用应收账款进行经营的效率和效益,是对流动资产周转率的补充说明。其计算公式为:

$$应收账款周转率 = \frac{赊销收入净额}{平均应收账款}$$

$$平均应收账款 = \frac{期初应收账款 + 期末应收账款}{2}$$

$$应收账款周转天数(平均收账期) = \frac{360}{应收账款周转率} = \frac{360 \times 平均应收账款}{赊销收入净额}$$

应收账款是指因商品购销关系所产生的债权,而不是单指会计核算上的应收账款科目,一般包括应收账款和应收票据。应收账款周转率说明年度内应收账款转化为现金的平均次数,体现了应收账款的变现速度和企业的收账效率。应收账款是赊销的结果,所以其周转额比赊销收入净额更准确,但是外部分析时,通常无法获得准确的赊销额数据,因此通常用营业收入来替代。

一般认为,应收账款周转率越高,对应的周转天数越短,企业应收账款的变现速度和管理效率越高。但若指标过高,可能是因为企业信用政策过严,使分母上应收账款数额较小,在抑制销售的同时,也会影响企业利润的实现。若指标过低,一方面可能是因为销售情况不好,导致分子数据较小从而使指标较低;另一方面可能是因为分母数据较大,企业的信用政策太过宽松,导致产生了大量的应收账款,未来应加强货款的催收。在分析时,应与企业历史数据或者计划预算数、行业先进水平等进行比较,以了解应收账款周转率的变动情况、计划完成情况、与行业先进水平的差距等。

根据 ABC 公司 2022 年合并资产负债表及合并利润表相关数据,对其应收账款周转率计算如下:

$$平均应收账款 = (665.10 + 571.15) \div 2 = 618.12(百万元)$$

应收账款周转率 = 30 104.90 ÷ 618.12 = 48.70(次)

应收账款周转天数 = 360 × 618.12 ÷ 30 104.90 = 7.39(天)

(三)存货周转率

存货周转率是指企业在一定时期内(通常是一年)营业成本与平均存货的比率,可以反映企业存货的变现速度,衡量企业的销售能力及存货是否过量。其计算公式为:

$$存货周转率 = \frac{营业成本}{平均存货}$$

$$平均存货 = \frac{期初存货 + 期末存货}{2}$$

$$存货周转天数 = \frac{360}{存货周转率} = \frac{360 × 平均存货}{营业成本}$$

企业存货的周转从用货币资金购入生产经营所需的材料物资开始,形成材料存货,然后投入生产经营过程中进行加工,形成在产品存货,当加工结束之后则形成产成品存货,把产成品存货销售出去,收回货币资金,则意味着存货的一个循环完成。对于存货而言,其周转额用营业成本更符合客观实际,因为相较于营业收入,与存货更为相关的是营业成本,营业收入里还包含企业要实现的利润。因此,用营业成本作为周转额能够更好地反映企业存货的周转状况和评价企业存货管理的业绩。

一般认为,存货周转率越高,说明企业的销售实现越快,存货上占用的资金越少。若指标过高,可能是因为企业存货水平过低,甚至出现缺货,或者批量小。若指标过低,则可能是因为销售情况不好,或者库存过大、存货积压。一个适度的存货周转率,除了参考企业的历史水平,还应参考同行业的平均水平。

根据 ABC 公司 2022 年合并资产负债表及合并利润表的相关数据,对其存货周转率计算如下:

平均存货 = (16 803.09 + 17 729.26) ÷ 2 = 17 266.18(百万元)

存货周转率 = 7 645.53 ÷ 17 266.18 = 0.44(次)

存货周转天数 = 360 × 17 266.18 ÷ 7 645.53 = 813.00(天)

二、固定资产周转情况分析

固定资产是企业的主要生产手段,固定资产的利用效率可以用固定资产周转率来衡量。固定资产周转率是指企业在一定时期内(通常是一年)实现的营业收入与平均固定资产的比率。其计算公式为:

$$固定资产周转率 = \frac{营业收入}{平均固定资产}$$

$$平均固定资产 = \frac{期初固定资产 + 期末固定资产}{2}$$

$$固定资产周转天数 = \frac{360}{固定资产周转率} = \frac{360 × 平均固定资产}{营业收入}$$

一般认为,固定资产周转率越高,说明企业的固定资产投资得当,固定资产结构分布合理,能够较充分地使用固定资产,反映出企业的经营活动越有效,闲置的固定资产较少。若固定资产周转率低于行业平均水平,则说明企业生产效率较低,也可能进一步影响企业的盈利能力。固定资产周转率并没有一个绝对的标准,在分析时,应与企业历史数据或者计划预算数、行业先进水平等进行比较。

根据 ABC 公司 2022 年合并资产负债表及合并利润表的相关数据,对其固定资产周转率计算如下:

$$平均固定资产 = (6\ 276.47 + 5\ 794.77) \div 2 = 6\ 035.62(百万元)$$
$$固定资产周转率 = 30\ 104.90 \div 6\ 035.62 = 4.99(次)$$
$$固定资产周转天数 = 360 \times 6\ 035.62 \div 30\ 104.90 = 72.18(天)$$

三、总资产周转情况分析

总资产周转率表示企业在一定时期内完成从资产投入到资产收回这一循环的次数,即企业总资产在一定时期内(通常是一年)周转的次数。总资产周转率是营业收入与平均总资产的比率,其计算公式为:

$$总资产周转率 = \frac{营业收入}{平均总资产}$$

$$平均总资产 = \frac{期初总资产 + 期末总资产}{2}$$

$$总资产周转天数 = \frac{360}{总资产周转率} = \frac{360 \times 平均总资产}{营业收入}$$

总资产周转率是用来分析企业全部资产使用效率的,反映的是企业每 1 元的资产创造的销售收入有多少,体现的是企业整体的营运效率。该指标越大,资产周转越快,说明企业利用全部资产进行经营的效率越高,周转一次所需要的天数越短,营运能力越强。反之,该指标越小,则资产周转越慢,周转一次所需要花的时间越长,说明企业利用资产进行经营的效率较差,会影响企业的盈利能力,企业应该采取措施提高销售收入或者处置资产,以提高总资产的利用率。总资产周转率并没有一个绝对的标准,在分析时,同样应与企业历史数据或者计划预算数、行业先进水平等进行比较。

根据 ABC 公司 2022 年合并资产负债表及合并利润表的相关数据,对其总资产周转率计算如下:

$$平均总资产 = (67\ 798.70 + 67\ 964.25) \div 2 = 67\ 881.48(百万元)$$
$$总资产周转率 = 30\ 104.90 \div 67\ 881.48 = 0.44(次)$$
$$总资产周转天数 = 360 \times 67\ 881.48 \div 30\ 104.90 = 811.74(天)$$

第四节　盈利能力分析

盈利能力是指企业通过生产经营活动获取利润的能力。我们判断一家企业是否赚钱,主要就是看它的盈利能力。通常来说,企业的盈利能力表现为一定时期内企业收益数额的多少及其水平的高低。盈利能力是投资者取得投资收益、债权人收取本息的基础,是经营者经营业绩的体现。因此,不论是投资者、债权人,还是企业经营者等其他分析主体,都非常重视和关心企业的盈利能力。盈利能力是企业最重要的能力之一,也是企业财务分析的重点。进行偿债能力分析、营运能力分析等的根本目的在于通过分析及时发现问题,提高企业的偿债能力、经营能力,最终提高企业的盈利能力,促进企业持续稳定发展。盈利能力分析通常从资本及资产盈利能力、销售盈利能力及上市公司盈利能力分析等方面来进行。

一、资本及资产盈利能力分析

(一)净资产收益率

资本盈利能力,是指企业所有者投入的资本通过经营取得利润的能力。反映资本盈利能力的基本指标是净资产收益率,也称为股东权益报酬率或所有者权益报酬率,它是评价企业自有资本及其积累获取报酬水平的最具综合性与代表性的指标之一,反映出投资者投入企业的自有资本获取净收益的能力,因而反映了股东投资的收益水平,是企业盈利能力指标体系的核心。通过对该指标的综合对比分析,可以看出企业盈利能力在同行业中所处的地位,以及与同类企业的差异水平。其计算公式为:

$$净资产收益率 = \frac{净利润}{平均净资产} \times 100\%$$

其中,净利润是指企业当期的税后净利润,是未作任何分配的数额。企业如果存在优先股,还应减去优先股股利。净资产是指资产减去负债后的余额,分母中的平均净资产通常取期初和期末净资产的平均值。一般认为,净资产收益率越高,表明企业为投资者创造的利润越多,企业经营效益越好、盈利能力越强。

根据 ABC 公司 2022 年合并资产负债表及合并利润表的相关数据,对其净资产收益率计算如下:

$$平均净资产 = (42\ 481.31 + 47\ 524.45) \div 2 = 45\ 002.88(百万元)$$
$$净资产收益率^* = 9\ 389.40 \div 45\ 002.88 \times 100\% = 20.86\%$$

由以上计算可知,ABC 公司 2022 年股东每投入 100 元的资金可以创造的净利润为 20.88 元。

(二)总资产报酬率

企业掌握的所有资产,都是为实现企业的盈利目标而服务的。因此,分析资产的盈利能力,可以了解企业资产的盈利效果,反映资产盈利能力的常用指标是总资产报酬率。按照所采用利润额的不同,总资产报酬率可分为总资产息税前利润率、总资产利润率和总资产净利率。其计算公式分别为:

$$总资产息税前利润率 = \frac{息税前利润}{平均总资产} \times 100\%$$

---

* 此处的净资产收益率与后文杜邦分析法中的净资产收益率计算方法不同,故而存在尾差区别。

$$总资产利润率 = \frac{利润总额}{平均总资产} \times 100\%$$

$$总资产净利率 = \frac{净利润}{平均总资产} \times 100\%$$

以上比率可以表明平均每 1 元资产可以为企业带来多少息税前利润、利润总额和净利润。因为息税前利润是既没有支付利息，也没有支付所得税的利润，所以可以将其看作企业为债权人、政府和股东所创造的报酬。因此，资产息税前利润率通常用来评价企业利用全部经济资源获取报酬的能力，债权人在分析企业的总资产报酬率时通常采用这一指标。利润总额是企业在扣除所得税之前的全部收益，总资产利润率一方面可以综合评价企业的资产盈利能力，另一方面也可以反映企业管理者的资产配置能力。净利润是企业所有者获得的剩余收益，因此，总资产净利率可以用于评价企业运用全部资产为股东获取利润的能力，股东分析企业的总资产报酬率时通常采用这一指标。

根据 ABC 公司 2022 年合并资产负债表及合并利润表的相关数据，对其总资产报酬率计算如下：

$$平均总资产 = (67\ 798.70 + 67\ 964.25) \div 2 = 67\ 881.48(百万元)$$

$$总资产息税前利润率 = (12\ 503.28 + 0.69) \div 67\ 881.48 \times 100\% = 18.42\%$$

$$总资产利润率 = 12\ 503.28 \div 67\ 881.48 \times 100\% = 18.42\%$$

$$总资产净利率 = 9\ 389.40 \div 67\ 881.48 \times 100\% = 13.83\%$$

由以上计算可知，ABC 公司 2022 年每 100 元的资产可以创造的息税前利润和利润总额均为 18.42 元，因为利息支出相对较小，所以这两个指标的计算结果未呈现出差异；每 100 元的资产所能创造的净利润为 13.83 元。总资产报酬率越高，说明企业运用全部资产获取报酬的能力越强，全部资产的回报情况越好；反之，总资产报酬率越低，说明企业运用全部资产获取报酬的能力越低，企业的资产盈利能力越差。所以，这个比率越高越好。但是在对总资产报酬率进行分析和评价时，还需要与本企业历史数据、竞争对手数据或行业平均数据等进行比较，进一步找出影响该指标的不利因素，以调整企业的经营方针，改善企业的经营管理，提高资产的运用效率。

二、销售盈利能力分析

在企业的生产经营活动中，销售意义重大，它是企业利润实现的必经之路，企业所生产的产品只有完成销售，才能收回最初的投资和弥补各项耗费。因此，可以通过分析所实现的利润和收入之间的对比关系来分析与评价企业的盈利能力，常用的指标有销售毛利率和销售净利率。

(一)销售毛利率

销售毛利率也称为营业收入毛利率或毛利率，是企业的销售毛利与营业收入净额的比率。其计算公式为：

$$销售毛利率 = \frac{销售毛利}{营业收入净额} \times 100\%$$

$$= \frac{营业收入净额 - 营业成本}{营业收入净额} \times 100\%$$

　　毛利是企业创造利润的起点,是企业实现净利润的基础和前提。销售毛利率可以反映企业每100元的销售收入中有多少毛利,从而根据该比率判断企业的成本控制是否得当。企业的销售毛利率越高,表示取得同样销售收入的销售成本越低,预示着企业获取利润的把握越大。如果一家企业的销售毛利率高于行业平均水平,就意味着该企业在经营中成本控制得当;而如果低于行业平均水平,则说明该企业在经营中成本控制不够好,盈利能力有待进一步提高。

　　根据 ABC 公司合并利润表的相关数据,对其销售毛利率计算如下:

2021 年销售毛利率 = (25 350.18 − 6 255.40) ÷ 25 350.18 × 100% = 75.32%

2022 年销售毛利率 = (30 104.90 − 7 645.53) ÷ 30 104.90 × 100% = 74.60%

　　由以上计算可知,ABC 公司 2021 年每 100 元的销售收入可以创造的毛利是 75.32元,2022 年稍有下降,每 100 元的销售收入可以创造毛利 74.60 元,仍较高。

（二）销售净利率

　　销售净利率是企业的净利润与营业收入净额的比率。其计算公式为:

$$销售净利率 = \frac{净利润}{营业收入净额} × 100\%$$

　　其中,净利润是指扣除了利息和所得税之后,由所有者享有的剩余收益。销售净利润率指标反映企业每实现 100 元的销售收入能净赚多少钱,可以判断企业在盈利方面的竞争力。值得注意的是,用这个指标来评价企业的盈利能力时要注意看实现的净利润主要来自企业日常经营活动的成果还是非日常经营活动的成果,如果企业的净利润主要依赖非日常经营活动的成果,则不具有可持续性,可能会影响该指标的准确性。

　　根据 ABC 公司合并利润表的相关数据,对其销售净利率计算如下:

2021 年销售净利率 = 7 512.82 ÷ 25 350.18 × 100% = 29.64%

2022 年销售净利率 = 9 389.40 ÷ 30 104.90 × 100% = 31.19%

　　由以上计算可知,ABC 公司 2021 年每 100 元的销售收入可以创造的净利润是 29.64元,2022 年有所提高,每 100 元的销售收入可以创造净利润达到了 31.19 元,这表明企业的盈利能力稍有增强。

三、上市公司盈利能力分析

　　对于上市公司而言,其盈利能力分析除了以上指标,还有一些与企业股票价格或市场价值相关的指标,常用的有每股收益、每股股利与股利支付率、每股净资产、市盈率与市净率等。

（一）每股收益

　　每股收益也称为每股利润、每股盈余等,它是归属于普通股股东的当期净利润与当期发行在外的普通股加权平均股数的比率。其计算公式为:

$$每股收益 = \frac{净利润 − 优先股股利}{发行在外的普通股加权平均股数}$$

　　每股收益反映了普通股股东所持有的每一股公司股票所享有的利润或承担的亏损,

是衡量上市公司盈利能力时最常用的分析指标。每股收益越高，说明公司每一股获得的利润越多，盈利能力越强。每股收益计算时，分子之所以要扣除优先股股利，是因为企业的税后净利润在支付了优先股股利后的部分才是归属于普通股股东的。上市公司在经营过程中，股份的增减变动是一种比较常见的情况，因此在计算每股收益时，分母的股数应该采用加权平均股数，以正确反映本期内发行在外的股份数量。计算公式如下：

$$\frac{\text{发行在外的普通}}{\text{股加权平均股数}} = \frac{\text{期初流通在外}}{\text{的普通股股数}} + \frac{\text{当期新发行}}{\text{普通股股数}} \times \frac{\text{已发行时间}}{\text{报告期时间}} - \frac{\text{当期回购}}{\text{普通股股数}} \times \frac{\text{已回购时间}}{\text{报告期时间}}$$

已发行时间、报告期时间和已回购时间一般按照天数来计算，在不影响计算结果的前提下，也可以使用月份数来计算。

【例 3-1】 某上市公司 2022 年度归属于普通股股东的净利润为 25 000 万元。上年末的注册股本为 8 000 万股，公司决定以上年末公司总股本为基础，向全体股东每 10 股送股票股利 10 股，工商注册变更后公司总股本变为 16 000 万股，本年 11 月 29 日又发行新股 6 000 万股，每股收益计算如下：

$$\frac{\text{发行在外的普通}}{\text{股加权平均股数}} = \frac{\text{期初流通在外}}{\text{的普通股股数}} + \frac{\text{当期新发行}}{\text{普通股股数}} \times \frac{\text{已发行时间}}{\text{报告期时间}} - \frac{\text{当期回购}}{\text{普通股股数}} \times \frac{\text{已回购时间}}{\text{报告期时间}}$$

$$= 8\,000 + 8\,000 \times 12/12 + 6\,000 \times 1/12 = 16\,500\,(\text{万股})$$

$$\text{每股收益} = 25\,000/16\,500 = 1.52\,(\text{元}/\text{股})$$

值得注意的是，在分析每股收益时，一方面应结合企业流通在外的股数，如果公司采用股本扩张的政策，大量增发新股或者配股和发放股票股利，则会摊薄每股收益；另一方面还应结合公司的股价情况，如果两家公司的每股收益都是 1 元，但是股价分别为 10 元和 20 元，则投资这两家公司的风险和报酬显然是不同的。因此，投资者不能只看每股收益这一绝对数指标，最好结合相对数表示的净资产收益率一起来对企业的盈利能力进行分析。

（二）每股股利与股利支付率

每股股利是普通股分配的现金股利总额（有优先股时应扣除优先股股利）与发行在外的普通股总股份数的比率，反映了普通股每股所分得的现金股利的数量。其计算公式为：

$$\text{每股股利} = \frac{\text{现金股利总额}}{\text{普通股总股份数}}$$

股利支付率是普通股每股股利与每股收益之间的比率，也是当期支付股利总额占全部净利润的百分比。其计算公式为：

$$\text{股利支付率} = \frac{\text{每股股利}}{\text{每股收益}} \times 100\%$$

与股利支付率相关的一个概念就是收益留存率，它指企业当期实现的利润支付股利之后，还有多少利润留存于公司，即：

$$\text{收益留存率} = 1 - \text{股利支付率（无优先股时）}$$

该指标的意义在于考察企业对税后利润的留存状况，多留与少留取决于企业的投资机会、融资的便利性、税收等多方因素。

结合 ABC 公司合并资产负债表、合并利润表的有关数据，计算其每股股利、股利支付率和收益留存率，如表3-7所示。

表3-7　ABC公司每股股利、股利支付率和收益留存率

项目	2021 年	2022 年
普通股股利（百万元）	4 491.98	4 519.34
普通股总股份数（百万股）	1 506.99	1 506.99
每股股利（元/股）	2.98	3.00
每股收益（元/股）	5.01	6.23
股利支付率	59.48%	48.15%
收益留存率	40.52%	51.85%

由表3-7可知，ABC 公司2021年每股股利为2.98元，2022年变化不大，每股发放了3.00元的股利。每股股利的高低不仅和公司的盈利能力相关，还要看企业的股利发放政策及现金是否充裕，倾向于获得现金股利的投资者应比较企业历年的股利发放情况以了解其股利政策。ABC 公司2021年股利支付率为59.48%，2022年为48.15%，有所下降。然而，股利的支付主要取决于其采取的股利政策，并没有一个具体的标准来判断股利支付率到底是高好还是低好，股利支付率降低也并不意味着企业的盈利能力变差了。一般而言，如果企业现金比较充裕，且没有更好的投资项目，则可能会发放现金股利；而如果企业现金不充裕，或者有较好的投资机会，也可能少发或者不发现金股利，将资金用于投资。企业的股利政策相关问题将在本书第十章中重点进行介绍。

（三）每股净资产

每股净资产也称为每股账面价值，是企业的净资产与发行在外的普通股总股份数的比率。其计算公式为：

$$每股净资产 = \frac{净资产}{普通股总股份数}$$

严格来说，每股净资产并不是衡量企业盈利能力的指标，但它受企业盈利能力的影响较大。一般来说，如果企业盈利能力较强，实现的利润较多，每股净资产就会增长得越快。从这一角度来看，每股净资产与企业的盈利能力有着密切联系，因此，投资者可以通过分析企业历年每股净资产来了解企业的发展趋势和盈利状况。

结合 ABC 公司的合并资产负债表有关数据，对其每股净资产计算如下：

2021年每股净资产 = 42 481.31 ÷ 1 506.99 = 28.19（元/股）

2022年每股净资产 = 47 524.45 ÷ 1 506.99 = 31.54（元/股）

由以上计算可知，ABC 公司2021年每股净资产为28.19元，2022年每股净资产为31.54元，在股份数量未变的情况下实现了增长，这表明企业每股股票代表的财富越雄厚，创造利润和抵御外来因素影响的能力就越强。

（四）市盈率与市净率

市盈率和市净率并不是直接用来分析企业的盈利能力的,而是以企业的盈利能力为基础的市场估值指标,是投资者以企业的盈利能力分析为基础,对企业的股票进行价值评估的工具。

市盈率也称为价格盈余比率或者价格与收益比率,是普通股每股市价与每股收益的比率。其计算公式为:

$$市盈率 = \frac{每股市价}{每股收益}$$

市盈率是反映企业的市场价值与盈利能力之间关系的一个重要比率,可以用来判断企业股票与其他企业股票相比潜在的价值。对投资者来讲,市盈率一直是他们进行中长期投资的重要决策指标。一方面,市盈率越高,意味着企业未来成长的潜力越大,即投资者对该股票的评价越高;反之,评价越低。另一方面,市盈率越高,说明投资该股票的风险越大;市盈率越低,说明风险越小。一般来说,成长性好的企业往往市盈率较高,而缺乏成长性的企业一般市盈率偏低。但是,需要注意的是,如果某家企业市盈率过高,也为异常,说明该企业股票有较高的投资风险。

假定 ABC 公司 2021 年年末的股票价格为每股 157.99 元,2022 年年末为每股156.76 元,则其市盈率计算如下:

$$2021 \text{ 年年末市盈率} = 157.99 \div 5.01 = 31.53$$
$$2022 \text{ 年年末市盈率} = 156.76 \div 6.23 = 25.16$$

由以上计算可知,ABC 公司 2021 年年末的市盈率为 31.53 倍,2022 年年末为 25.16倍,说明投资者愿意为每 1 元的收益所支付的价格有所降低,在每股收益增长的同时,每股市价没有实现同步增长,说明市场对企业未来的预期有所下降。

市净率是普通股每股市价与每股净资产的比率。其计算公式为:

$$市净率 = \frac{每股市价}{每股净资产}$$

市净率反映了企业股票的市场价值与账面价值之间的对比关系,比率越高,说明股票的市场价值越高。一般来说,资产质量好、盈利能力强的企业,其市净率也会比较高;而风险较大、发展前景比较差的企业,其市净率则通常较低。在有效的资本市场中,如果某家企业的市净率小于 1,即每股市价小于每股净资产,则说明投资者对其未来发展前景不看好。

假定 ABC 公司 2021 年年末的股票价格为每股 157.99 元,2022 年年末为每股156.76 元,则其市净率计算如下:

$$2021 \text{ 年年末市净率} = 157.99 \div 28.19 = 5.60$$
$$2022 \text{ 年年末市净率} = 156.76 \div 31.54 = 4.97$$

由以上计算可知,ABC 公司 2021 年年末的市净率为 5.60 倍,2022 年年末为 4.97倍,说明投资者愿意为每 1 元的净资产所支付的价格有所降低,每股净资产实现了增长,但每股市价反倒略有下降,说明市场对企业未来的预期变得更为保守。

第五节 发展能力分析

发展能力也称为成长能力,是指企业在过去生产经营活动过程中所表现出来的未来的增长能力,具体表现为规模的扩大、盈利的持续增长、市场竞争力的增强等,对这种能力进行分析便能对企业的未来成长性进行预测,从而评估企业的价值。反映企业发展能力的指标主要有净资产增长率、总资产增长率、销售增长率、净利润增长率等。

一、资本及资产增长情况分析

(一)净资产增长率

净资产增长率也称为股东权益增长率或者资本积累率,是企业本年净资产增长额与年初净资产的比率,所反映的是企业本年度净资产规模的增长情况。其计算公式为:

$$净资产增长率 = \frac{本年净资产增长额}{年初净资产} \times 100\%$$

$$= \frac{年末净资产 - 年初净资产}{年初净资产} \times 100\%$$

净资产的增加反映了股东财富的增加,净资产增长率反映了企业当年净资产的变化水平,体现了企业的资本积累能力。该指标越高,表明企业本期净资产增加得越多,资本积累能力越强,应对风险能力越强,企业的发展能力也越强;反之,则说明企业本期净资产增加得较少,甚至出现负增长。

结合 ABC 公司 2022 年合并资产负债表的相关数据,对其净资产增长率计算如下:

净资产增长率 = (47 524.45 - 42 481.31) ÷ 42 481.31 × 100% = 11.87%

由以上计算可知,ABC 公司 2022 年年末和年初相比,净资产增长率为 11.87%。在分析时要注意其构成,如果净资产的增长全部来源于留存收益的增长,而没有新增股权投资资本,则该比率也称为可持续增长率。

(二)总资产增长率

总资产增长率是企业本年总资产增长额与年初总资产的比率,所反映的是企业本年度资产规模的增长情况。其计算公式为:

$$总资产增长率 = \frac{本年总资产增长额}{年初总资产} \times 100\%$$

$$= \frac{年末总资产 - 年初总资产}{年初总资产} \times 100\%$$

企业的资产是其未来发展的基础,总资产增长率正是从企业资产规模扩张的角度来衡量企业的发展能力。一般来说,总资产增长率越高,说明企业资产规模增长的速度越快,企业未来的竞争力也越强。总资产增长率体现了企业资本扩张的程度,在分析企业资产数量增长的同时,也要注意分析企业资产的质量。

结合 ABC 公司合并资产负债表的相关数据,计算其总资产增长率如表 3-8 所示。

表 3-8　ABC 公司资产构成及总资产增长率

单位:百万元

项目	2021 年	2022 年
负债	25 317.39	20 439.80
所有者权益	42 481.31	47 524.45
资产	67 798.70	67 964.25
总资产增长率	(67 964.25－67 798.70)÷67 798.70×100%＝0.24%	

由以上计算可知,ABC 公司 2022 年年末和年初相比,总资产实现了小幅度增长,增长率为 0.24%,且 2022 年负债数量减少,资产规模的增长主要依赖所有者权益的增加。

二、销售及利润增长情况分析

(一)销售增长率

销售增长率是企业本年营业收入增长额与上年营业收入之比。其计算公式为:

$$销售增长率 = \frac{本年营业收入增长额}{上年营业收入} \times 100\%$$

$$= \frac{本年营业收入 - 上年营业收入}{上年营业收入} \times 100\%$$

销售是企业实现利润的源泉,企业的销售情况越好,说明其所生产的产品能够被市场和消费者所认可,企业实现的营业收入也就越多,其生存和发展的市场空间也就越大,因此可以用销售增长率来反映企业在销售方面的发展能力。

结合 ABC 公司 2022 年合并利润表的相关数据,对其销售增长率计算如下:

销售增长率 = (30 104.90 － 25 350.18) ÷ 25 350.18 × 100% = 18.76%

由以上计算可知,ABC 公司 2022 年的销售额相比于 2021 年实现了增长,销售增长率为 18.76%。销售增长率越高,表明企业营业收入的增长速度越快,企业的市场前景也就越好。

(二)净利润增长率

企业是以盈利为目的而成立的经济组织,其出发点和归宿都是为了实现盈利。由于净利润是企业经营业绩的综合呈现,净利润的增长是企业成长性的基本表现,因此在分析中,通常采用净利润增长率进行利润增长能力分析。净利润增长率是本年净利润增长额与上年净利润之比,其计算公式为:

$$净利润增长率 = \frac{本年净利润增长额}{上年净利润} \times 100\%$$

需要说明的是,如果上年净利润为负值,则上述公式的分母应取其绝对值。该公式反映的是企业净利润的增长情况,若净利润增长率为正,则说明企业本期净利润增长了,且净利润增长率越高,意味着企业收益增加得越多;反之,若净利润增长率下降或者为负,则说明企业本期净利润减少,收益降低。

结合 ABC 公司 2022 年合并利润表的相关数据,对其净利润增长率计算如下:

净利润增长率 = (9 389.40 − 7 512.82) ÷ 7 512.82 × 100% = 24.98%

由以上计算可知,ABC 公司 2022 年的净利润相比于 2021 年实现了增长,净利润增长率为 24.98%,且高于销售增长率,还可进一步分析利润增长的来源,若净利润的增长并非主要来自企业自身的经营活动,则不具有可持续性。净利润增长率分析的意义在于揭示了企业未来获利能力的发展趋势,同时也为预测分析及价值评估提供了有益的参考数据。

上述 4 项增长率分别从不同角度反映了企业的发展能力。需要说明的是,在分析企业的发展能力时,更需要长远地看,应将企业连续若干期的增长率指标进行对比分析,这样才能排除个别时期偶然性或特殊性因素的影响,从而更加全面、真实地评价和分析企业发展能力的持续性。

第六节 财务综合分析

财务综合分析方法一般采用财务比率的指标分析体系进行,有经典的杜邦分析法和可持续增长率分析法。

一、杜邦分析法

财务综合分析的起点是财务管理的目标——股东财富最大化,为了衡量股东财富最大化目标的实现情况,杜邦分析法选取净资产收益率指标作为综合分析的起点,该分析方法因首先应用于美国的杜邦公司而得名。企业的财务效率中的偿债能力、盈利能力和营运能力都在杜邦分析法中统一于净资产收益率指标中,通过树状图的分解将财务比率因果关系联系起来,能够了解企业的财务全貌。

$$净资产收益率 = \frac{净利润}{所有者权益平均值}$$

分子、分母同时乘以资产:

$$= \frac{净利润}{资产} \times \frac{资产}{所有者权益}$$

$$= 总资产收益率 \times 权益乘数$$

分子、分母同时乘以收入:

$$= \frac{净利润}{收入} \times \frac{收入}{资产} \times \frac{资产}{所有者权益}$$

$$= 销售净利率 \times 总资产周转率 \times 权益乘数$$

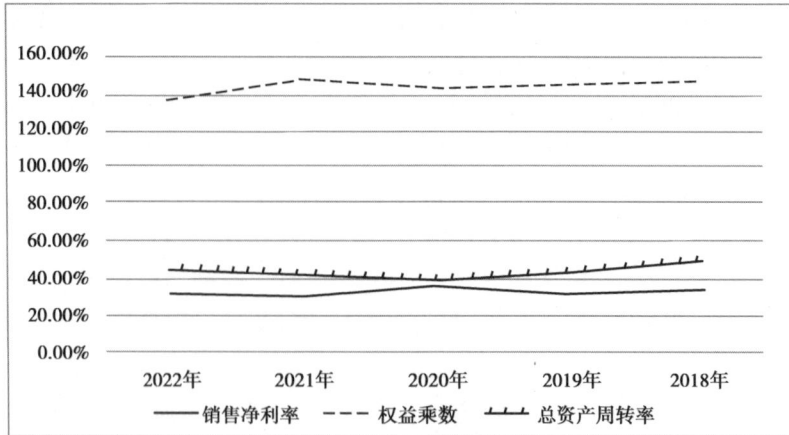

图 3-2　杜邦分析趋势图

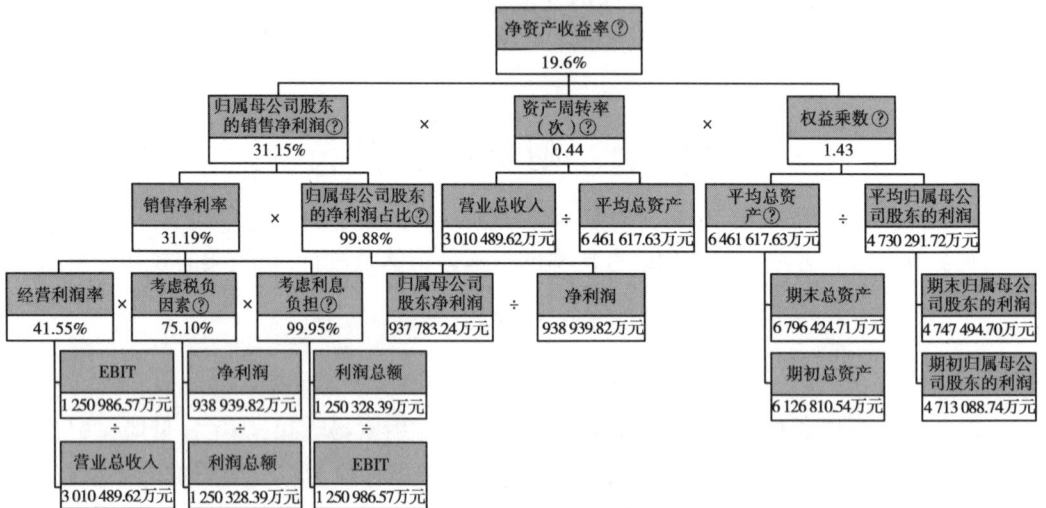

图 3-3　杜邦分析 2022 年树状图

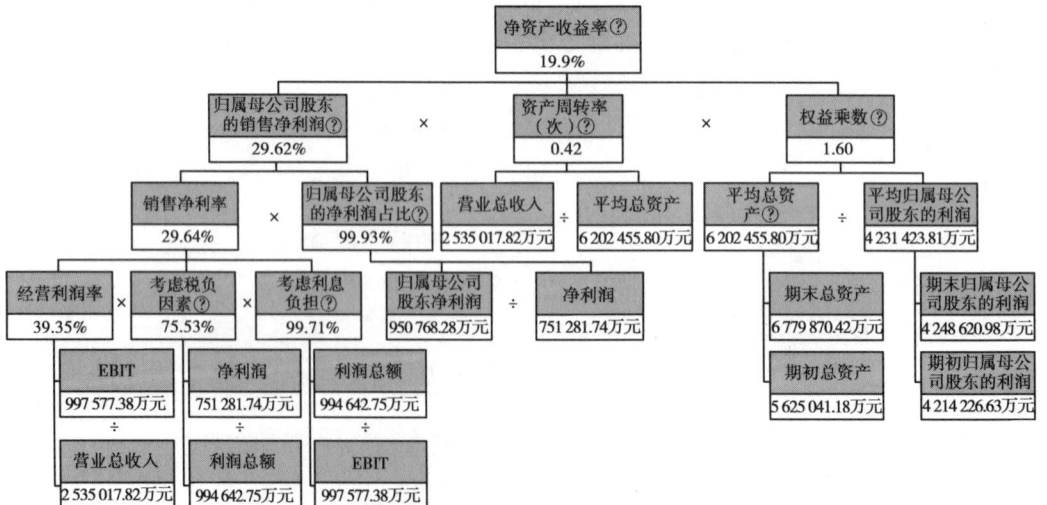

图 3-4　杜邦分析 2021 年树状图

从图 3-2 的杜邦分析方法来看,2018 年至 2022 年,净资产收益率的变化主要依赖提高销售的净利率和资产的周转率,这是白酒行业领军企业所具有的竞争优势,其产品拥有较强的谈判议价能力,成本管控能力较好,市场竞争优势显著,企业总体发展较为平稳,未来的盈利预测具有可持续的保障。

基于 2022 年和 2021 年净资产收益率的 3 个主要影响因素——销售净利率、资产周转率和权益乘数,我们可以采用因素分析法对 3 个因素进行定量分析(图 3-3、图 3-4)。

因素分析法是对影响因子的定量分析方法,包括连环替代法和差额计算法。

(一)连环替代法

这是对总体指标按照一定的顺序进行因素分解之后的计算方法,其具体步骤如下。

①对总体指标进行因素分解。根据总体指标的形成原因,按照一定的因果关系进行分解。企业净资产收益率根据杜邦分解式可以分解为 3 个因素:

净资产收益率 = 销售净利率 × 总资产周转率 × 权益乘数

分解的因素既有因果关系,也有先后顺序,在以上的分解式中,销售净利率被认为是影响净资产收益率的首要因素,其次是总资产周转率,最后是权益乘数。

②确定分析的基期和实际期的比较数值。在杜邦分解式中,选取 2022 年为实际报告期,2021 年为基期比较期。

基期净资产收益率 = 基期销售净利率 × 基期总资产周转率 × 基期权益乘数

实际期净资产收益率 = 实际期销售净利率 × 实际期总资产周转率 × 实际期权益乘数

差额数值 = 实际期净资产收益率 − 基期净资产收益率

2021 年 ABC 公司净资产收益率 = 29.64% × 0.42 × 1.60

2022 年 ABC 公司净资产收益率 = 31.19% × 0.44 × 1.43

分析两年净资产收益率差额数值 = 19.624 7% − 19.918 1% = −0.29%

③连环替代计算结果。在基期值的基础上,按照顺序依次替代实际值,每次替代只变化 1 个因素,且被替代后始终保留为实际值。

基期:29.64% × 0.42 × 1.60 = 19.92%

第一次替代:31.19% × 0.42 × 1.60 = 20.96%

第二次替代:31.19% × 0.44 × 1.60 = 21.96%

第三次替代:31.19% × 0.44 × 1.43 = 19.62%

④分析各因素敏感性。按照顺序计算,替代后的总额和替代前的总额之差即为该因素的影响程度,数值越大,敏感性越强。

销售净利率的影响:20.96% − 19.92% = 1.04%

资产周转率的影响:21.96% − 20.96% = 1%

权益乘数的影响:19.62% − 21.96% = −2.33%

ABC 公司 2022 年净资产收益率受到销售净利率的提振作用较明显,白酒产品的利润空间较大,市场竞争优势明显。此外,白酒企业的资产周转率也正向提升了净资产收益率,使资产的效率有所提高。2022 年年末的财务杠杆运用有所下降,造成了对净资产收益率的负面影响,但是去杠杆化能很好地降低财务风险,是企业筹资战略的体现。

⑤验证计算结果。各个因素的影响数值相加,应该等于分析对象两年净资产收益率的差额。如果不相等,则说明计算出现错误。以下为 ABC 公司 3 个因素的影响结果,验证无误。

验证计算结果:1.04% +1% -2.33% =-0.29%

(二)差额计算法

该方法是连环替代法的简化形式。在连环乘积的因素分解中,可以得到和连环替代法一样的因素分解结果。该方法的基本假设也与连环替代法一样,因素分解具有主观性,并且因素的顺序具有主观性,改变因素或者变化顺序,因素分解的结果都会发生变化。下面根据 ABC 公式的杜邦分解式进行差额计算如下:

分析两年净资产收益率差额数值 = 19.624 7% -19.918 1% =-0.293 4% =-0.29% *

因素分析:

销售净利率的影响:(31.19% -29.64%)×0.42×1.60 =1.04%

资产周转率的影响:31.19% ×(0.44-0.42)×1.60 =1%

权益乘数的影响:31.19% ×0.44×(1.43-1.60)=-2.33%

验证计算结果:1.04% +1% -2.33% =-0.29%

根据因素分析法能更好地分析净资产收益率指标变化的原因,杜邦分析法能结合比率和报表数值,找出企业净资产收益率变化的具体科目和影响金额。

二、可持续增长率分析法

企业在追求利润增长的时候,如何可持续发展成为重要的课题。可持续增长率是在杜邦分析体系的基础上发展而来的,包含利润销售净利率、总资产周转率、权益乘数和股利支付率 4 个因素,综合反映了企业盈利能力、营运能力、偿债能力和股利分配政策,据此可以全面评价企业的经营战略和财务战略。从图 3-5 中的 ABC 公司净资产收益率与可持续增长率的变化趋势来看,ABC 公司的增长并未盲目寻求急速扩张的方式,可持续增长率的变化基本符合净资产收益率的变化趋势,企业的财务风险和经营风险控制得较为合理,稳健的发展战略较为可持续,为未来发展奠定了良好的基础。

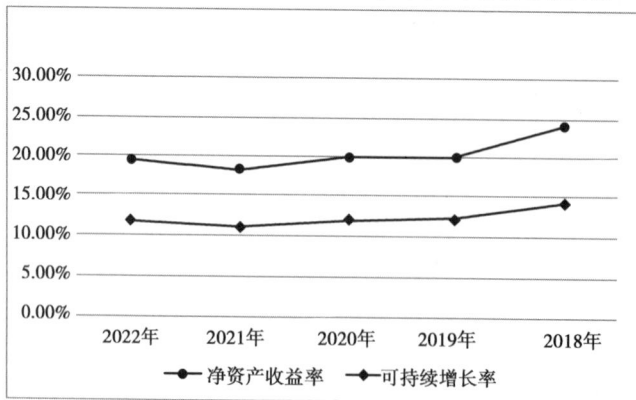

图 3-5 ABC 公司净资产收益率与可持续增长率的变化趋势

---

* 此处计算用保留 4 位小数的净资产收益率更加准确,结果仍保留两位小数以便比较。

数智化实验项目——企业财务比率可视化分析

基于××股份2023年的案例资料,使用相应的分析工具,完成该企业的4类财务比率分析,并且对该企业2023年的表现进行评价。本实验也可以选择我国沪深两市其他上市公司作为分析对象,相关数据可以从巨潮资讯网获得。

(一)偿债能力

偿债能力分为短期偿债能力和长期偿债能力,分别用来评价流动负债和非流动负债的偿还能力。

1. 短期偿债能力分析

项目	20231231	20221231	20211231	20201231
流动比率				
速动比率				
现金比率				

短期偿债能力指标分析评价:

_____

_____

_____

公司名称	流动比率	速动比率	现金比率	与均值差异
企业1				
企业2				
企业3				
企业4				
企业5				

同行业短期偿债能力分析评价:

_____

_____

_____

_____

2.长期偿债能力分析

项目	20231231	20221231	20211231	20201231
资产负债率				
股东权益比率				
产权比率				
偿债保障比率				
利息保障倍数				

长期偿债能力指标分析评价：

_____

_____

_____

公司名称	资产负债率	产权比率	权益乘数	与均值的差异
企业1				
企业2				
企业3				
企业4				
企业5				

同行业长期偿债能力分析评价：

_____

_____

_____

_____

（二）营运能力

营运能力是评价企业资产的周转效率的重要指标,分为长期资产周转率和短期资产周转率。

项目	20231231	20221231	差异
总资产周转率			
固定资产周转率(次)			
流动资产周转率(次)			
存货周转率(次)			
应收账款周转率(次)			

营运能力的分析评价：

_____

_____

_____

公司名称	固定资产周转率	流动资产周转率	总资产周转率	与均值的差异
企业 1				
企业 2				
企业 3				
企业 4				
企业 5				

同行业营运能力分析评价：

_____

_____

_____

（三）盈利能力

盈利能力是企业股东最关心的指标,是企业股东财富最大化目标的体现。

项目	20231231	20221231	差异额	差异率
资产报酬率				
股东权益报酬率				
销售毛利率				
销售净利率				
成本费用利润率				

盈利能力指标分析评价：

_____

_____

_____

公司名称	资产报酬率	销售净利率	股东权益报酬率	与均值的差异
企业 1				
企业 2				

续表

公司名称	资产报酬率	销售净利率	股东权益报酬率	与均值的差异
企业 3				
企业 4				
企业 5				

同行业盈利能力分析评价：

_____

_____

_____

_____

（四）发展能力

发展能力是企业相对于上期的变化程度，企业不能只追求发展，也不能不发展，企业需要整体协调发展。

项目	20231231	20221231	20211231	20201231
股东权益增长率				
净利润增长率				
收入增长率				
资产增长率				

发展能力指标分析评价：

_____

_____

_____

_____

公司名称	股东权益增长率	净利润增长率	收入增长率	资产增长率
企业 1				
企业 2				
企业 3				
企业 4				
企业 5				

同行业发展能力分析评价：

_____

复习思考题

一、单选题

1. 企业所有者作为投资者,关心其资本的保值和增值状况,因此较为重视企业的 ( )。
   - A. 偿债能力
   - B. 营运能力
   - C. 盈利能力
   - D. 发展能力

2. 债权人在进行企业财务分析时,最关心的是( )。
   - A. 偿债能力
   - B. 营运能力
   - C. 盈利能力
   - D. 发展能力

3. 如果企业速动比率很小,下列结论成立的是( )。
   - A. 企业流动资产过多
   - B. 企业短期偿债能力很强
   - C. 企业短期偿债风险很大
   - D. 企业资产流动性很强

4. 下列财务指标中,最能反映企业直接偿付短期债务能力的是( )。
   - A. 流动比率
   - B. 速动比率
   - C. 现金比率
   - D. 资产利润率

5. 影响速动比率可信度最主要的因素是( )。
   - A. 短期证券的变现能力
   - B. 存货的变现能力
   - C. 固定资产的变现能力
   - D. 应收账款的变现能力

6. 下列指标中,其数值大小与偿债能力大小同方向变动的是( )。
   - A. 资产负债率
   - B. 产权比率
   - C. 权益乘数
   - D. 利息保障倍数

7. 下列各项财务指标中,能够反映企业每股股利与每股收益之间关系的是( )。
   - A. 市净率
   - B. 股利支付率
   - C. 每股市价
   - D. 每股净资产

8. 在上市公司杜邦财务分析体系中,最具有综合性的财务指标是( )。
   - A. 总资产净利率
   - B. 销售净利率
   - C. 净资产收益率
   - D. 总资产周转率

二、多选题

1. 流动比率过高,意味着企业存在以下几种可能:( )。
   - A. 有现金闲置
   - B. 有存货积压
   - C. 应收账款较多
   - D. 偿债能力较差

2. 如果速动比率为 1.50,则支付前欠的购货款 50 万元,将会导致(　　)。

A. 流动比率提高　　　　　　　　　　B. 流动比率降低

C. 营运资金不变　　　　　　　　　　D. 速动比率降低

3. 在其他条件不变的情况下,会引起总资产周转率上升的业务有(　　)。

A. 用现金偿还负债　　　　　　　　　B. 借入一笔短期借款

C. 用银行存款购入一台设备　　　　　D. 用银行存款支付一年的电话费

4. 影响净资产收益率的因素有(　　)。

A. 流动负债与长期负债的比率　　　　B. 资产负债率

C. 销售净利率　　　　　　　　　　　D. 总资产周转率

三、判断题

1. 资产负债率、产权比率和权益乘数这 3 个指标中,只要知道其中任意一个,就可以求出另外两个。　　　　　　　　　　　　　　　　　　　　　　　　　　(　　)

2. 权益乘数的高低取决于企业的资本结构,负债比重越高,权益乘数越低,财务风险越大。　　　　　　　　　　　　　　　　　　　　　　　　　　　　　　　(　　)

3. 每股股利与企业获利能力是同方向变动的。　　　　　　　　　　　　(　　)

4. 一般来说,市盈率高,说明投资者对该公司的发展前景看好,愿意出较高的价格购买该公司股票,但是市盈率并不是越高越好。　　　　　　　　　　　　　　　(　　)

四、计算题

1. 某企业 20×2 年的有关资料如下(单位:万元):

资产	年初	年末	负债及所有者权益	年初	年末
流动资产:			流动负债:		
货币资金	130	130	短期借款	80	90
应收账款净额	135	150	应付账款	100	105
存货	160	170	应付职工薪酬	40	23
流动资产合计	425	450	流动负债合计	220	218
长期投资	100	100	长期负债合计	290	372
固定资产原价	1 100	1 200	负债合计	510	590
减:累计折旧	400	440	所有者权益合计	715	720
固定资产净值	700	760			
资产总计	1 225	1 310	负债及所有者权益总计	1 225	1 310

20×2 年营业收入净额为 1 500 万元,假定该企业流动资产仅包括速动资产与存货,适用的所得税税率为 25%。

要求:

(1)计算该企业 20×2 年年末的流动比率、速动比率、现金比率。

（2）计算该企业 20×2 年年末的资产负债率、产权比率、权益乘数。

（3）计算该企业 20×2 年应收账款周转率、流动资产周转率、总资产周转率。

2. 甲公司为一家上市公司，已公布的公司 20×2 年财务报告显示，该公司 20×2 年净资产收益率为 4.80%，较 20×1 年大幅降低，引起了市场各方的广泛关注。为此，某财务分析师详细搜集了甲公司 20×1 年和 20×2 年的有关财务指标，如下表所示：

项目	20×1 年	20×2 年
销售净利率	12%	8%
总资产周转率（次数）	0.60	0.30
权益乘数	1.80	2

要求：

（1）计算甲公司 20×1 年的净资产收益率。

（2）计算甲公司 20×2 年与 20×1 年净资产收益率的差异。

（3）利用因素分析法依次测算销售净利率、总资产周转率和权益乘数的变动对甲公司 20×2 年净资产收益率下降的影响。

思政思辨案例：跌落神坛的瑞幸咖啡

有"小蓝杯"称号的中国连锁品牌瑞幸咖啡，一度挤下星巴克，问鼎中国咖啡市场，却因做假账风暴，从纳斯达克狼狈下市，更引发美国制裁的连锁效应。

瑞幸咖啡曾是中国最大的连锁咖啡品牌。瑞幸咖啡以"从咖啡开始，让瑞幸成为人们日常生活的一部分"为愿景，通过充分利用移动互联网和大数据技术的新零售模式，与各领域顶级供应商深度合作，致力为客户提供高品质、高性价比、高便利性的产品。

瑞幸咖啡 2017 年 10 月才开设第一间门店，短短 14 个月，也就是截至 2018 年底，其便疯狂扩张了 2 000 家门店。与此同时，瑞幸咖啡还靠着前所未有的饮品补贴活动，迅速吸引大批用户，成了市场主流咖啡品牌。

2019 年 5 月 17 日，瑞幸咖啡在纳斯达克股票交易所成功上市，一举刷新全球最快 IPO 纪录，共募集资金 6.95 亿美元（折合人民币约 47 亿元），市值达到 42.5 亿美元（折合人民币约 289 亿元），成了 2019 年在纳斯达克实现 IPO 上市的亚洲公司中融资规模最大的一家。

众所周知，瑞幸咖啡之所以能够在极短的时间内发展如此之快，主要靠的就是烧钱补贴战略。从新用户注册赠送饮品，到 1.8 折、2.8 折、3.8 折等大额优惠券，再到买一赠

一、充五赠三等活动,瑞幸咖啡长时间的低价战略吸引了很多忠实用户。由此,知名度和品牌号召力都打了出去。

无论是源源不断的优惠活动,还是疯狂扩张的门店数量,瑞幸咖啡一直走在亏钱的路上。2017年的1个多月里,瑞幸咖啡净亏损就达到5 637万元;2018年全年,净亏损达16.19亿元;2019年第一季度,收入为4.8亿元,净亏损5.5亿元。很明显,瑞幸咖啡长时间处于烧钱不回本的状态。

然而就在上市之后,瑞幸咖啡突然就逆转了。上市后的首份财报,即2019年第二季度财报显示:瑞幸咖啡门店数量达2 963家,同比增长374.8%;门店月平均销售商品数2 760万件,同比增长589.7%;收入9.1亿元(其中咖啡产品净收入8.7亿元,同比增长689.4%);门店运营虽仍亏损5 580万元,但和2018年同期相比下降了31.7%,成绩相当亮眼。

2019年第三季度,收入15.4亿元,并且竟然获得了1.86亿元的盈余,这也是该业务首次转亏为盈。第三季度财报公开后,瑞幸咖啡的股价更是在数日内便上涨近60%,市值一度超出67亿元。

2020年1月31日,做空机构浑水公司发布了一份89页的匿名做空报告。报告指控瑞幸咖啡涉嫌财务造假,门店销量、广告费用、其他产品的数据都存在造假情况。据悉,做空机构在全国45个城市的2 000多家瑞幸咖啡门店,录下了大量的监控视频,从万余名顾客手中拿到了数据,直指其商业模式的漏洞,这直接导致瑞幸咖啡当天的股票价格下挫10.7%。

尽管这份89页的做空报告有周密的调查、翔实的数据、精确的测算,但瑞幸咖啡依旧否认浑水公司的所有指控。

直到瑞幸咖啡的审计方安永会计师事务所出来公开回应,说审计工作尚在进行中,但安永会计师事务所不会在年报上签字了,因为窟窿太大。在对公司2019年年度财务报告进行审计工作的过程中,安永会计师事务所发现公司部分管理人员在2019年第二季度至第四季度通过虚假交易虚增了公司相关期间的收入、成本及费用。安永会计师事务所深知有太多的人在等着这份审计报告,只要不签字,就不用承担责任。

一份证据确凿的匿名做空报告,一份久久得不到签字的审计报告,将造假22亿元的瑞幸咖啡推上了绝路。

2020年4月2日,瑞幸咖啡向美国证券交易委员会提交文件,承认公司财务造假22亿元。瑞幸咖啡"自首"之后,引发了一系列连锁反应。先是瑞幸咖啡股价暴跌80%以上,再是被勒令退市。7月末,瑞幸咖啡造假案被国家市场监督管理总局立案调查。调查结果就是,2019年8月至2020年4月,北京车行天下、神州优通及征者国际贸易等43家公司为瑞幸咖啡提供实质性帮助,构成帮助虚假宣传行为。于是,国家市场监督管理总局决定对瑞幸咖啡(中国)有限公司和瑞幸咖啡(北京)有限公司两家运营主体,以及43家"帮凶"公司,共处以6 100万元罚款。

至此,瑞幸咖啡财务造假案算是被彻底揭开,牵涉其中的企业也都受到了处罚。这个丑闻终于画上了一个句号。从创立到IPO上市,瑞幸咖啡仅花了17个月;从上市到跌落神坛,却不到1年。一个仅靠打折咖啡、卖优惠券吸引价格敏感客户的咖啡企业,如何能够在不断开新店、雇用新人的高成本模式中获得持久利润? 随着投入不断增加,融资也不能够弥补亏损,财务造假也难以维持光鲜亮丽的外表。

（案例来源:苏轼,钟莉. 瑞幸财务舞弊事件给审计带来的启示[J]. 会计之友,2021(4):135-140. 有修改）

案例思考:

1. 瑞幸咖啡的财务造假存在哪些重大疑点?

2. 瑞幸咖啡财务造假违反了《中华人民共和国会计法》与《会计人员职业道德规范》的哪些条文规范?

3. 瑞幸咖啡财务造假案可以给我们什么启示?

第四章 长期筹资管理

学习目标

本章讲述企业的"聚财之道"。学生学习完本章后需要掌握下列要点:明确各种筹资方式的适用条件、有关规定及优缺点;了解发行有价证券的有关规定;了解股票的发行和销售方式、股票发行价格的规定;掌握负债的还本付息方式方法;明确取得银行借款的条件和有关保护性条款;掌握租金的构成及计算方法等。

第一节 长期筹资概述

一、长期筹资的概念

任何一家企业要开展生产经营活动,首先必须解决的是通过什么渠道、在什么时间、以什么方式、筹集多少资金的问题,因此,筹资是企业其他财务活动的基础和前提。筹资管理是指企业根据其生产经营、对外投资和调整资本结构的需要,通过各种筹资渠道和方式,经济有效地筹集所需资金的财务行为。企业的筹资可以根据资金使用期限的长短不同分为短期筹资和长期筹资,其中长期筹资是指企业作为筹资主体,根据其经营活动、投资活动和调整资本结构等长期需要,通过长期筹资渠道和资本市场,运用长期筹资方式,经济有效地筹措和集中长期资本的活动。长期筹资是企业筹资的主要内容,而短期筹资则属于营运资本管理的内容,将在后续的第九章中专门介绍。

二、长期筹资的动机

从企业资金运动的过程及财务活动的内容来看,筹资是企业财务管理工作的起点。企业筹资的根本目的是实现自身的生存和发展,在某一时期具体的筹资活动又要受到特定动机的驱使。企业长期筹资的动机主要有以下4个方面。

(一)满足企业创建的需要

在现实经济生活中,资金是企业从事生产经营活动的前提条件。任何一家企业,如果没有足够的资金,缺少应有的物质条件和技术资料,在竞争激烈的环境下要想实现生存、发展和获利的目标是十分困难的。所以,要创建一家企业,首先必须准备充足的开业资金,以便购置相关必要的资产等,使企业能够有正常开展生产经营活动的基础。

（二）满足生产经营的需要

企业成立之后,要在发展中求生存,在其生产经营过程中为了不断发展壮大,自然离不开资金的支持,因此也需要进行筹资。企业筹资一是为满足维持简单再生产的资金需要,二是为满足扩大再生产的资金需要,如开发新产品、提高产品质量与改进生产工艺技术等。满足生产经营的需要既是企业筹资的基本动机,也是企业最为经常性的财务活动之一。

（三）满足企业扩张的资金需要

企业在高速成长期,往往因为扩大生产经营规模或者对外投资而需要大量资金。企业生产经营规模的扩大有两种形式:一种是外延式的扩大再生产,主要依靠新建厂房、增加设备、成立子公司、分公司或者兼并行业内的其他公司等;另一种是内涵式的扩大再生产,主要依靠引进技术、培养自主创新能力、提高生产要素的质量、培训工人以提高劳动生产率等。不管是外延式的扩大再生产还是内涵式的扩大再生产,都会产生大额的资金需求,因此就产生了扩张性的筹资动机。

（四）满足资本结构调整的需要

资本结构是指企业各种资金的构成及其比例关系,反映企业资本结构的相关指标有资产负债率、产权比率和权益乘数等。随着经营活动的不断变化,原有的资本结构可能不再合理,则需要进行相应调整。资本结构的调整是企业基于控制筹资风险或者降低资本成本等方面的考虑,对权益资金与债务资金之间的比例关系进行的调整。资本结构的调整是企业重大的财务决策事项,也是企业筹资管理的核心内容之一。所以,企业有时会出于调整和优化资本结构的动机来进行筹资。

在实务中,企业筹资动机有时不一定是唯一的,可能会同时出于几种动机而进行筹资活动。

三、长期筹资的原则

长期筹资是企业的基本财务活动,也是企业扩大生产经营规模和调整资本结构的经常性财务活动。为了经济有效地筹集长期资金,企业长期筹资必须遵循以下基本原则。

（一）合法性原则

企业的长期筹资活动会影响社会资本及资源的流向,涉及相关主体的经济权益,因此,企业的筹资活动必须遵守国家相关法律法规等的规定,依法履行约定的责任和义务,维护有关各方的合法权益,避免给企业和其他相关主体造成损失。

（二）合理性原则

筹资应遵循的合理性原则主要是指数量的合理和结构的合理两个方面。

企业筹资往往需要付出一定的代价,即筹资成本,所以,企业在筹资前必须确定合理的筹资数量。如果筹资太多,可能会存在闲置资金,而闲置资金也有代价,会徒增企业的成本;如果筹资太少,则可能无法满足企业的资金需求。因此,应使所需筹资的数量与投资所需资金达到平衡,减少资金不足或者闲置。

另外,企业的长期筹资还必须确定合理的资本结构,既包括合理的属性结构,也包括合理的期限结构。所以,企业在筹资时要合理确定股权资本和债务资本的比例,既要避免股权资本过多,筹资过于保守,也要避免债务资本过多,致使企业承受过重的偿债压力,面临较大的财务风险。同时,企业也应考虑投资的需要,合理确定长期资本与短期资本的比例,避免出现期限错配,致使企业面临较大的支付压力。

(三)及时性原则

筹资主要是为了满足企业生产经营和对外投资的需要,所以,企业的长期筹资必须根据企业资本的投放时间安排来进行规划,及时取得所需要的资金,使投资与筹资在时间上协调,避免出现筹资过早而造成投资前的闲置,或者因无法及时筹集资金造成错失良好的投资机会。

(四)效益性原则

企业投资是为了获益,在为好的投资机会筹措资金时,应通过投资收益与筹资成本的比较,使企业筹资与投资在效益上权衡。因此,企业在筹资时,一方面要认真分析投资机会,选择能够增加投资报酬的项目,避免不顾投资效益的盲目筹资;另一方面,由于不同筹资方式的资本成本不同,所以,应综合研究各种长期筹资方式,寻求最优的筹资组合,经济有效地筹措资金。

四、长期筹资的渠道

筹资渠道是一种客观存在,是指企业筹措资金来源的方向与通道,通俗来说就是"资金在哪里"。现阶段,我国企业的长期筹资渠道主要有以下 7 种。

(一)国家财政资金

国家财政资金是指国家以财政拨款、财政贷款、国有资产入股等形式向企业投入的资金,历来是国有企业筹资的主要来源,通常只有国有独资企业或国有资产控股的企业才能使用。

(二)银行信贷资金

银行信贷资金是指商业性银行和政策性银行为企业提供的各种贷款资金,是各类企业筹资的重要来源。在我国,商业银行主要有中国工商银行、中国建设银行、中国农业银行、中国银行等,可以为各类企业提供各种商业性贷款;国家政策性银行主要有 3 家,分别是中国开发银行、中国进出口银行和中国农业发展银行,主要为特定企业提供一定的政策性贷款。银行信贷资金拥有居民储蓄、单位存款等经常性的资本来源,贷款方式灵活多样,可以为各类企业提供长期债务资本。

(三)非银行金融机构资金

非银行金融机构是指除银行以外的各种金融机构及金融中介机构,主要有信托投资公司、保险公司、租赁公司、证券公司、企业集团所属的财务公司等。这些机构有的聚集社会资金向企业融资,有的承销证券为企业筹集资金,有的向企业提供委托代理、固定资产租赁、担保和中介等服务。这种筹资渠道的资金实力虽然比银行小，但资金供应比较灵活，而且可以为企业提供多种特定服务，已成为企业重要的资金来源，能给企业筹资提供便利。

（四）其他企业资金

企业在生产经营过程中，有时可能会形成部分暂时闲置或长期闲置的资金。市场经济的开放性和竞争性，必然促使企业相互之间进行资金融通活动，或者基于多元化经营战略或者其他目的而进行相互投资。这样一方面可以让企业闲置的资金发挥一定的效益，另一方面也为筹资企业提供了一定的长期资金来源。

（五）民间资金

民间资金也称居民个人资金，是指居民个人手中拥有的现金，包括城乡居民的经济收入和生活结余。随着我国经济的发展，人民生活水平的提高，企事业单位的职工和广大城乡居民的结余资金可用于对企业进行投资，为企业筹资提供资金来源。

（六）企业自留资金

企业自留资金也称企业内部留存资金，是指企业按照有关规定，通过提取盈余公积和保留未分配利润形成的资本。企业自留资金可以长期使用，无须偿还，无须支付筹资费用，也无须承担财务风险。这是企业自身的积累，不需要通过一定的方式去筹集，可直接由企业内部自动生成或转移形成，是企业扩大生产经营规模所需资金最方便的来源。

（七）境外资金

在市场经济条件下，随着国际经济业务的拓展，利用境外资金也成了企业的一种新的、重要的资金来源，包括外国投资者及我国港澳台地区的投资者投入企业的资金。

对我国企业而言，在上述各种长期筹资渠道中，国家财政资金、其他企业资金、民间资金、企业自留资金和境外资金，可以成为特定企业股权资本的筹措渠道；银行信贷资金、非银行金融机构资金、其他企业资金、民间资金和境外资金，可以成为特定企业长期债务资本的筹措渠道。

五、长期筹资的分类

长期筹资可以按照多种标准进行不同的分类，认识和了解长期筹资的分类，有利于帮助我们了解不同种类的筹资对资本成本与财务风险的影响，从而便于作出决策。

（一）内部筹资和外部筹资

按资金来源范围不同，长期筹资可以分为内部筹资和外部筹资两种类型。

1.内部筹资

内部筹资是指企业实现盈利之后，通过提取盈余公积和保留未分配利润形成的内部积累，不需要从外部取得，一般无须花费筹资费用，是在企业内部自然形成的，因此被称为自动化的资本来源。内部筹资数额的大小主要取决于企业可供分配利润的多少和所采用的股利分配政策。不难理解，股利分配得多了，收益留存就少了，内部筹资数额就减少了;反之,股利分配减少,那么收益留存相对就多了,内部筹资数额就会增加。

2. 外部筹资

外部筹资是指企业的内部筹资不能满足所需资金数量时,向企业外部筹集的资金,包括投入资本筹资、发行股票筹资、发行债券筹资、长期借款筹资等。处于初创期的企业,内部筹资的数量可能十分有限;处于成长期的企业,资金需求量较大,内部筹资也可能不够充足,所以企业就要广泛进行外部筹资。外部筹资具有渠道多、方式灵活、资金供应量大等特点,但绝大多数情况下要花费筹资代价,有时手续较麻烦。

(二)直接筹资和间接筹资

按是否借助银行等金融机构,长期筹资可以分为直接筹资和间接筹资两种类型。

1. 直接筹资

直接筹资是指企业不借助银行等金融机构,直接与资本所有者协商进行筹资,包括直接向资金提供者借入,或者通过发行股票、发行债券的方式来筹集长期资金等。企业通过直接筹资既可以筹集到股权资金,也可以筹集到债务资金。

2. 间接筹资

间接筹资是指企业借助银行等金融机构进行的筹资活动,其主要形式为银行借款、融资租赁等,是我国各类企业重要的筹资方式。在间接筹资活动过程中,银行等金融机构发挥着中介作用,它们先从资金所有者那里聚集资金,然后提供给筹资企业,形成的主要是债务资金。

(三)股权筹资、债务筹资和混合筹资

按照资本属性的不同,长期筹资可以分为股权筹资、债务筹资和混合筹资 3 种类型。

1. 股权筹资

股权筹资也称为权益筹资,是指企业所有者投入的资金,形成的是企业的自有资本。股权筹资是企业通过发行股票、吸收直接投资、内部积累等方式,依法筹集并长期拥有、可自主支配的资金,其数额就是企业资产负债表中的所有者权益总额,也称为企业的净资产。对于这种来源的资金,企业可以长期使用,无须偿还,财务风险小,但付出的资本成本相对较高。

2. 债务筹资

债务筹资也称为负债筹资,是指企业从债权人处依法筹集并依约使用、按期偿还的资金,是企业通过举借长期借款、发行债券等方式筹集的资金,其数额就是企业资产负债表中的非流动负债。站在债权人的角度看,企业的债务筹资就是债权人对企业进行的投资。债权人依法享有企业使用债务所取得的经济利益,因此,债务资金也可以称为债权人权益。企业不能永久性使用筹集到的债务资金,并具有按期还本付息的责任,如果债务资金所占比重过大,会增加企业的财务风险。债权人有按期收取本息的权力,但无权参与企业的经营管理,也不承担企业的经营风险。债务资金的利息费用根据所得税法的规定可以在税前扣除,具有抵税作用,资本成本低于权益资金。

3.混合筹资

混合筹资是指兼具股权筹资和债务筹资双重属性的长期筹资类型,主要包括发行优先股筹资和发行可转换债券筹资等。站在筹资企业的角度看,发行优先股筹集到的也是企业的股权资本,但是优先股的股息通常是固定的,跟债券的固定利率类似。可转换债券在持有人转换为股票前,属于债务筹资,但持有人将其转换为公司股票后,则属于股权筹资。因此,发行优先股筹资和发行可转换债券筹资都具有股权筹资和债券筹资的双重属性,所以属于混合筹资。

第二节　股权筹资

一、吸收直接投资

吸收直接投资是企业以协议等形式吸收国家、其他企业、个人和外商等直接投入的资金的一种筹资方式。吸收直接投资可以直接形成企业的生产能力,是非股份制企业筹集自有资金的一种基本方式。

(一)吸收直接投资的种类

1.按照资金来源不同划分

吸收直接投资可以按照资金来源不同划分为以下4类:

①筹集国家直接投资,主要是国家的财政拨款,形成企业的国有资本。

②筹集其他企业、单位等法人的直接投资,形成企业的法人资本。

③筹集本企业内部员工和城乡居民的直接投资,形成企业的个人资本。

④筹集外国投资者和我国港澳台地区投资者的直接投资,形成企业的外商资本。

2.按照筹资形式不同划分

吸收直接投资可以按照筹资形式不同划分为以下两类:

①筹集现金投资,是指筹集现金资产作为企业的自有资本。现金是企业流动性最强的资产,使用上比较灵活方便,可以用于构建资产、支付费用等。现金出资的比例可由筹资各方协商确定。

②筹集非现金资产投资,是指筹集现金以外的其他资产作为企业的自有资本。常见的包括筹集实物资产投资,如房屋、建筑物、设备等,以及筹资无形资产投资,如商标权、专利权、非专利技术等。

(二)吸收直接投资的程序

企业吸收直接投资一般应按以下程序进行。

1.确定吸收直接投资的数量

企业因成立或扩大规模而吸收直接投资时,应当合理确定所需吸收直接投资的数量。其数量的确定,首先应考虑企业在一定规模情况下正常经营活动的基本需要,其次应考虑借入资金的可能性,并注意自有资金与债务资金的比例。

2.确定投资者

企业准备吸收直接投资时,应在一定范围内选择合适的投资者。企业在选择投资者时应做好宣传和信息交流工作,使投资者了解企业目前和预期的经营情况及盈利能力,也要广泛了解相关投资者的财力、物力和意向,争取得到财力充足、条件相宜、愿意长期合作的投资者的投资。

3.协商投资事项、签署投资协议

确定投资者之后,企业应针对投资事项与投资各方进行协商,包括具体的出资方式、投资者享有的权利和义务、如何管理企业、如何分享利润与分担亏损等。双方之间应签署投资协议,以便明确与约束各方的权利和义务,使筹资活动具有规范性。

4.收取出资额

签署投资协议之后,企业应按规定或计划收取出资额,并给予投资者合法的凭证。若以非现金资产出资的,应采用适当方法进行合理估值,然后办理财产权的转移手续,取得资产。投资者未按协议约定的出资时间、出资方式、出资数额出资的,应承担违约责任,如支付延迟出资的利息、赔偿经济损失等。

(三)吸收直接投资的优缺点

1.吸收直接投资的优点

①吸收直接投资所筹集到的资金属于企业的自有资金,可以增强企业自身的实力,能够提高企业的资信和举债能力。

②吸收直接投资不仅可以筹集到现金,还能直接获得所需要的先进设备和技术,有利于尽快形成生产能力。

③企业可以长期使用所筹集的自有资金,也没有固定的还本付息负担,有利于降低财务风险。

2.吸收直接投资的缺点

①吸收直接投资所筹集到的是所有者的资金。所有者对企业进行投资承担的风险较高,自然也会要求较高的报酬,且所有者的收益是从税后净利润中去支付的,站在企业的角度看,筹资的成本比较高。

②吸收直接投资没有以证券为媒介,产权关系有时不够清晰,也不便于产权交易。

③吸收直接投资通常只会面向少数人,难以广泛筹集闲置资金,融资规模受限。

二、发行普通股筹资

(一)股票的概念

股票是股份有限公司发行的、用以证明投资者股东身份和权益并据以获得股利的一种可转让的书面证明,代表持股人在公司中拥有的所有权。股票的持有人即为公司的股东,股东因为对公司进行投资享有了双重权力,可以参与公司的经营管理、参与公司的利润分配,并以所持股份为限对公司承担责任。

微课4-1:知识点
精讲1:发行股票

（二）股票的分类

1. 按股东享有的权利不同,分为普通股和优先股

普通股是相对于优先股而言的,是最基本的股票形式之一。普通股股东享有公司的经营管理权,在股东大会上有表决权;其股利分配在优先股之后,且股利数额不固定;公司解散清算时,普通股股东对公司剩余财产的请求权位于优先股股东之后;公司增发新股时,普通股股东具有优先认购权。

优先股是指比普通股优先分取股利和公司剩余财产权利的股票。优先股股东可按股票发行时规定的股息率在普通股分配股利之前优先取得股息;当公司解散时,可在该公司债权人之后、普通股股东之前分配剩余财产。但优先股股东一般不参与公司的日常经营决策,其表决权受到限制,只在对一些与优先股股东利益密切相关的重大事项进行表决时,优先股股东才享有表决权。

2. 按发行时票面是否记名,分为记名股票和无记名股票

记名股票是指在股票票面上会记载股东姓名或名称的股票,并且股东的姓名或名称也会登记在公司的股东名册上。《公司法》规定:公司向发起人、国家授权投资的机构和法人发行的股票,必须为记名股票;向社会公众发行的股票,可以为记名股票,也可以为无记名股票。记名股票上的股东姓名或者名称一律为其本名,转让、继承等需要办理过户手续。

无记名股票是指不在股票票面上记载股东姓名或名称,也不需登记在股东名册上的股票。股票发行公司只记载股份数额、股票编号、发行日期等内容。公司向社会公众发行的股票,可以为无记名股票。这种股票转让、继承时比较方便,无须办理过户手续。

3. 按票面是否标明金额,分为有面值股票和无面值股票

有面值股票是指票面上标明股数和每股金额的股票。面值表示投资者(股东)投入的股本金额和股东承担公司责任的限额。《公司法》规定,股票应当标明票面金额。在我国 A 股流通的股票,其面值通常都是 1 元每股。

无面值股票是指并没有标明具体的票面金额,但是标明了占公司股本总额的比例或股份数的股票。不管股票价值如何变动,它在任何时候都表示股东拥有公司净资产的比例或份额。

4. 按发行对象和上市地区不同,分为 A 股、B 股、H 股、N 股、S 股

我国目前发行的股票按照发行对象和上市地区不同,可以分为 A 股、B 股、H 股、N 股、S 股。其中,A 股和 B 股在我国上海和深圳证券交易所上市。A 股是供我国个人或法人及合格的境外机构投资者购买,以人民币标明面值,在大陆地区以人民币购买的股票;B 股是以人民币标明面值,以外币认购和买卖的外资股。H 股、N 股和 S 股是指公司注册地在我国内地,但是以外币认购和进行交易的股票,上市地分别是我国香港联合交易所、美国纽约证券交易所和新加坡交易所。

（三）股票发行的基本条件

上市公司公开发行新股,一般应当符合的条件包括:上市公司组织机构健全、运行良

好;上市公司的盈利能力具有可持续性;上市公司的财务状况良好;上市公司至今连续36个月内财务会计文件无虚假记载、不存在重大违法行为;上市公司募集资金的数额和使用符合规定;上市公司不存在严重损害投资者的合法权益和社会公共利益的违规行为;经国务院批准的国务院证券监督管理机构规定的其他条件。

(四)股票的发行程序

股份有限公司在设立时发行股票与增资发行新股的程序有所不同。

1. 设立时发行股票的程序

①向有关部门提出募集股份申请;②募集股份申请获得核准后,发起人应在规定期限内向社会公告招股说明书;③签订承销协议和代收股协议;④招认股份,缴纳股款;⑤召开创立大会,选举董事会、监事会;⑥办理设立登记,交割股款。

2. 增资发行新股的程序

①股东大会作出发行新股的决议;②董事会向国务院授权的部门或者省级人民政府申请批准;③公司经批准向社会公开发行新股时,须公告新股招股说明书和财务会计报表及附属明细表,并制作认股书;④公司根据其连续盈利情况和财产增值情况,确定其作价方案;⑤公司发行新股募足股款后,向公司登记机关办理变更登记,并发布公告。

(五)股票的发行方式

公司股票发行方式有公开间接发行和不公开直接发行两种。

1. 公开间接发行

公开间接发行是指通过中介机构,公开向社会公众发行股票。股份有限公司采取募集设立方式向社会公开发行新股时,应当由依法设立的证券经营机构承销。这种做法的优点是发行范围广、对象多、易足额筹集资本、股票变现性强、流通性好,可提高发行公司的知名度和扩大影响力。其缺点主要包括手续烦琐,发行成本高。

2. 不公开直接发行

不公开直接发行也称为定向发行,是指不对外公开,只向少数特定的对象直接发行股票,因而不需要中介机构承销。股份有限公司采取发起设立方式或不向社会公开募集股份属于不公开直接发行。这种做法的优点是股票发行数量、价格和时间弹性较大,发行成本低。其缺点是发行范围小,股票变现性差。

(六)股票的销售方式

公司通过发行股票来筹资,非常关键的是要成功地把拟发行的股票销售出去,这样才能够筹集到所需要的资金。股票的销售方式有自销和承销两类。

1. 自销

自销是指发行公司直接向投资者(股票购买者)出售拟发行股票的方式。这种销售方式可由发行公司直接控制发行过程,实现发行意图,并可节省部分发行费用,但一般难以在短期内售完,筹资时间长,发行公司要承担全部发行风险。一般只有发行股票数量较少、公司知名度很高的情况下才采用这种方式。

2. 承销

承销是指发行公司将股票的销售业务委托给证券公司代理发售,发行人向社会公开发行的证券一般采用这种方式。证券承销业务分为包销和代销两种。

①包销又可分为全额包销和余额包销。所谓全额包销,是指由证券公司按照商定的价格先购进发行人拟公开发行的全部股份,然后再按高一些的价格出售给社会上的认购者。所谓余额包销,是指由证券公司按照与发行人约定的条件,在发行期内向社会公众发售股票,到期若有未售出的股票则由证券公司负责购进。在这种销售方式下,发行人不承担发行风险,全额包销可使发行人及时获得所筹全部资本,余额包销的资金也可以在一定的期限内收到。但这种销售方式手续费较高,或以较低的价格出售给承销商,会损失部分溢价。

②代销是指证券公司只负责按发行人规定的条件代理发售股票,承销期结束时若有未售出的股票则全部退还给发行人的承销方式。这种销售方式的股票发行风险全部由发行人承担,因此手续费较包销低。

(七)股票的发行价格

股票的发行价格,是发行公司发行股票时,将股票出售给购买者(投资者)的价格,是投资者向发行公司购买每股股票时所付的金额。根据《公司法》的规定,同次发行的同种类股票,每股的发行条件和价格应当相同;股票发行价格可以等于票面金额,也可以超过票面金额,但不得低于票面金额。因此,股票的发行价格一般有以下3种。

1. 等价发行

等价发行也称为平价发行或者面值发行,即以股票的面值为发行价格,股票的面值是1元则发行价格也为1元。采用股东分摊的发行方式时一般按等价发行,股票价格不受股票市场行情的左右。由于股票的市价往往高于其面值,因此等价发行能够使认购者得到因价格差异而带来的收益,既使股东乐于认购,又保证了股票顺利发行。

2. 时价发行

时价发行是指股票发行时,不是按照面值,而是以流通市场上的股票价格(即时价)为基础来确定发行价格。股票的时价往往高于面值,二者的差价称溢价。溢价带来的收益归该发行公司所有。时价发行能使发行公司以相对少的股份筹集到相对多的资本,同时还可以稳定流通市场的股票时价,促进资金的合理配置。

3. 中间价发行

中间价发行即参照本公司股票的市场价格,以低于市场价格,但高于股票面值的金额为发行价格。如果公司原发股票已公开上市,本次为了增加资本而非公开发行股票,其发行价格通常按照不低于定价基准日前20个交易日公司股票均价的90%定价。定价基准日可以是董事会决议公告日、股东大会决议公告日或发行期的首日。

(八)普通股筹资的优缺点

1. 普通股筹资的优点

①发行普通股筹资没有固定的股利负担。因此,公司可以根据具体情况自行安排,当盈利较多,或虽有盈余但资金短缺或有更有利的投资机会时,则可以少支付或停付普通股股利。

②公司发行股票所筹集的资本是公司的自有资本，可永久使用，无须偿还，有利于稳定公司的经营活动。

③没有固定的到期还本付息压力，财务风险较小。是否向股东分配股利，以及分配多少股利，取决于公司的盈利情况和所采用的股利政策，公司没有必须支付股利的义务，可以降低公司财务风险。

④发行股票筹资使公司股东大众化，由此可以给公司带来广泛的社会影响，所有者权益增加可以降低资产负债率，可以增强公司的资信和举债能力，也是公司筹措债务资金的基础。

2. 普通股筹资的缺点

①发行股票筹资的资本成本较高。因为普通股投资的风险较大，收益具有不确定性，对应要求的报酬相应较高，并且股利是从税后净利润中支付的，所以，站在公司的角度看就是资本成本较高。

②公开发行新股可能会有新股东加入，这样会分散公司的控制权；股票上市还会增加公司被收购的风险。

③可能引起股票价格的波动。如果是增发股票就会使公司流通在外的股票数量增加，可能会降低每股净资产和每股收益，从而引起股价下跌。

三、利用留存收益

留存收益是指公司历年实现的利润中提取或留存于公司内部的积累，包括盈余公积和未分配利润，是公司所有者权益的一部分。

留存收益筹资是指企业从其本身的留存收益中筹集资金，利用储备在日常经营中未及时花费的现金，来满足企业长期投资和短期经营所需的资金。此种筹资方式与企业的盈利水平密切相关，是企业获取现金的有效手段之一，也是资本运营的重要组成部分。

（一）利用留存收益筹资的优点

1. 使用便利，获取简单、直接

留存收益属于公司的权益性资本，不需要向外部取得，也没有复杂的筹资手续和程序。

2. 能够保持普通股股东的控制权

利用留存收益筹资，由此增加的权益性资本既不会改变公司的股权结构，也不会稀释原有股东的控制权。

3. 可以部分解决企业规模扩张的现实性资金需求

留存收益筹资作为一种便利的筹资方式，可以为企业提供稳定的资金来源，部分解决企业规模扩张的现实性资金需求。

（二）留存收益筹资的缺点

1. 有时间限制

由于公司必须经过一定时间的积累才可能拥有一定数量的留存收益，所以公司难以在短期内以这种方式获得扩大再生产所需资金。

2. 筹资数量有限

留存收益筹资最大可能的数额是公司当期的税后利润和上年未分配利润之和。

3. 资本成本相对于债务筹资而言较高

留存收益是归属于全体所有者共同享有的,相当于原股东对企业的追加投资,使用这部分资金仍要付出代价,因为没有筹资费用,所以资本成本比普通股略低,但是比债务筹资成本要高。

第三节 长期债务筹资

一、长期借款筹资

长期借款是企业向银行或其他非银行的金融机构及其他单位借入的,偿还期限在一年以上(不含一年)的款项。长期借款是企业筹集资金的重要途径和方式,主要用于长期资产投资和满足永久性流动资产的资金需要。

(一)长期借款的种类

根据不同的标准,长期借款可分为以下 4 种类型。

1. 按借款的用途不同划分

长期借款按用途不同可分为固定资产投资借款、更新改造借款、技术改造借款、科技开发和新产品试制借款等。

2. 按提供借款的机构不同划分

长期借款按提供借款的机构不同可分为政策性银行贷款、商业银行贷款和其他金融机构贷款。

3. 按借款的保证条件不同划分

长期借款按保证条件不同可分为信用借款、担保借款和抵押借款。其中,信用借款是指无须财产抵押和他人担保,凭借款人自身的信用而取得的借款;担保借款是以第三方的信用或财产作为还款保证而取得的借款;抵押借款是以借款人自己拥有的财产,主要是企业自有的不动产等作为抵押而取得的借款。

4. 按借款的币种不同划分

长期借款按所借款项的币种不同可分为人民币借款和外币借款。其中,人民币借款所获得的资金币种是人民币,将来还款也是人民币;外币借款所获得的资金币种是外币,将来也是用外币偿还。

(二)银行借款的信用条件

1. 授信额度

授信额度是指借款企业与银行间正式或非正式协议规定的企业借款的最高限额。如果借款人超过规定限额向银行借款,银行对超出部分将不予提供。

【例 4-1】 在正式协议下,A 公司与甲银行约定的信贷限额为 100 万元,A 公司已借用 80 万元尚未偿还,则 A 公司仍可申请借 20 万元,甲银行将予以保证。

2. 周转授信协议

周转授信协议是一种经常被大公司使用的正式授信额度,是银行具有法律义务承诺提供不超过某一最高限额的贷款协议。在协议的有效期内,只要公司的借款总额未超过最高限额,银行必须满足公司任何时候提出的借款要求。公司享用周转授信协议,通常要对贷款限额的未使用部分付给银行一笔承诺费(通常在 0.20% 左右)。

$$承诺费 = \left(\begin{matrix} 周转信 \\ 贷限额 \end{matrix} - \begin{matrix} 已使用的 \\ 借款数额 \end{matrix} \right) \times \begin{matrix} 承诺 \\ 费率 \end{matrix}$$

【例 4-2】 B 企业 20×3 年从银行取得周转信贷额为 1 000 万元,承诺费率为 0.20%。1 月 1 日从银行借入 500 万元,8 月 1 日又借入 300 万元,如果年利率为 8%,则 B 企业 20×3 年度应向银行支付的利息和承诺费共为(　　)万元。

A. 49. 75　　　　B. 50. 75　　　　C. 64. 25　　　　D. 66. 75

【解析】 利息 = 500×8% +300×8% ×5÷12 = 50(万元)

承诺费 = (1000−500−300×5÷12)×0. 20% = 0. 75(万元)

利息+承诺费 = 50+0. 75 = 50. 75(万元)

3. 补偿性余额

补偿性余额是银行要求借款企业在银行中保持按贷款限额的一定百分比(10% ~ 20%)计算的最低存款余额。站在银行的角度看,补偿性余额可以降低贷款风险,提高贷款的实际利率。站在借款企业的角度看,补偿性余额的存在使企业可以动用的资金数额减少了,承担的却是全额利息,所以提高了借款的实际利率。

【例 4-3】 C 公司按 8% 向银行借款 100 000 元,银行要求维持贷款限额 15% 的补偿性余额。要求:计算该项借款的实际利率。

【解析】 年利息 = 100 000×8% = 8 000(元)

实际可以动用的资金数额 = 100 000×(1−15%) = 85 000(元)

$$借款的实际利率 = \frac{8\ 000}{85\ 000} \times 100\% = 9. 40\%$$

可见,上例中由于补偿性余额的存在,使得借款的实际利率比名义利率高出了 1.40%。

(三)长期借款筹资的程序

企业通过长期借款筹资,需要按照一定的程序办理,大致包括以下几项。

1. 企业提出申请

企业向银行借入长期借款时,先由企业提出借款申请,并陈述借款用途、期限、数额、还款方式等。

2. 银行进行审批

银行在接到企业的借款申请后,一般会按照有关政策和贷款条件对借款企业进行审查,以决定是否对借款企业发放贷款。银行审查时主要会关注企业的财务状况、信用情况、盈利的稳定性、未来的发展前景、借款投资项目的可行性等。

3.双方签订借款合同

银行经审查批准企业的借款申请后，可与借款企业进一步协商借款的具体条件，签订正式的借款合同，明确规定借款的数额、利率、期限、还本付息的方式和一些限制性条款。

4.企业取得借款

借款合同生效后，银行可在核定的贷款指标范围内发放贷款，根据企业的资金使用计划和实际需要，一次或分次将贷款转入企业的存款结算账户，以便企业使用所需资金。

5.企业归还借款

借款使用期满，企业应按借款合同规定还本付息。如果借款到期，经银行催收，借款企业仍不予偿还，银行可按合同规定，从借款企业的存款结算账户中扣除贷款本息及加收的利息。借款企业如因暂时财务困难，需延期偿还借款，应向银行提交延期还款计划，经银行审查确认后，双方再续签合同，但逾期的借款通常要加收利息。

（四）长期借款还本付息的方式

长期借款还本付息的方式主要有以下4种。

1.定期支付利息、到期偿还本金

这种方式是在借款期内分次定期向银行支付利息，到期时一次偿还全部本金。由于每次付息间隔期、利率和占用本金相同，所以每次支付的利息相同。如果是在一个年度内分次付息，这种方法的实际利率要高于名义利率。这是最普通、最具代表性的偿还方式。在这种方式下，分期支付利息的压力较小，但借款到期时偿还本金的压力较大。

2.等额本息还款

等额本息还款即在债务期限内分期等额均匀地偿还本利和。这种方式各期偿还的本金数是逐期增加的，而各期支付的利息数是逐期减少的。如果是在每期末等额还本付息，可按本金乘以普通年金现值系数的倒数计算每次还本付息数额。这种方式减轻了一次性偿还本金的压力，但是可供借款企业使用的借款额会逐期减少，因此会提高企业使用借款的实际利率。

3.等额本金还款

等额本金还款是指每次偿还相同的本金数，并按实际使用借款额计算支付当期利息，每次利息则随着剩余本金的减少而逐期降低，所以还款额也逐月递减，因此又称递减法。这种方式的总体利息支出较低，但前期还款负担较重，特别是第一期还款压力会较大。

4.到期一次还本付息

到期一次还本付息即利随本清，是在借款到期时向银行既偿还本金又支付利息的方式。这种方式的优点是企业平时没有支付利息和本金的压力，有利于企业合理安排资金的使用；其缺点是到期还本付息的压力较大。

以上就是长期借款还本付息的主要方式，具体选择哪种方式取决于借款企业的实际情况和需求。

（五）长期借款筹资的优缺点

1. 长期借款筹资的优点

（1）筹资速度快

企业利用长期借款筹资虽然也有相应的程序，但是相对于发行股票、发行债券而言，所需时间较短，程序也相对简单，企业能够快速获得所需要的资金。

（2）筹资成本低

企业利用长期借款筹资的利息可以在所得税之前列支，可以减少企业实际负担的成本，所以，一般长期借款的成本要比发行普通股筹资的成本低得多。与发行债券筹资相比，长期借款的利率通常要低一些，且无须支付大量的发行费用，所以成本也比长期债券的成本要低。

（3）借款弹性大

在借款前，关于借款的时间、数额和利率等，企业都可以直接和银行进行协商；在借款使用期间，如果企业的财务状况发生变化，也可与银行进行协商，修改借款的数量和条件等。因此，站在企业的角度看，长期借款筹资具有较大的灵活性，借款弹性大。

（4）可以发挥财务杠杆的作用

由于长期借款筹资存在固定的利息费用，可以发挥财务杠杆的作用，在投资收益率大于借款利率的情况下，能使所有者获得更多的收益。

2. 长期借款筹资的缺点

（1）财务风险较大

企业利用长期借款筹资，必须按照借款合同的规定还本付息，在经营不利的情况下，可能会产生不能偿付的风险，甚至可能会导致企业破产，财务风险较大。

（2）限制性条款较多

长期借筹资的限制性条款较多，如定期报送有关报表及对企业的资本支出额度、再筹资、股利支付等都有严格的约束，可能会影响企业以后的筹资活动和投资活动。

（3）筹资数量有限

银行一般不愿意借出巨额的长期借款，所以，长期借款筹资一般不像发行股票那样能够一次筹集到大额资金，无法满足企业大规模筹资的需要。

二、发行债券筹资

（一）债券的定义

债券是经济主体为筹集资金而发行的，用以记载和反映债权与债务关系的有价证券。公司债券是指公司依照《公司法》规定的程序发行的，约定在一定期限还本付息的有价证券。

微课 4-2:知识点
精讲 2:发行债券

（二）债券的类型

债券按照不同的标准可以分为不同类型。

1. 按发行的保证条件不同,分为信用债券和抵押债券

信用债券,即无任何抵押或担保,凭公司的信用和经济实力而发行的债券,一般由信用良好的公司发行。抵押债券,即以公司一定的自有资产为抵押而发行的债券。当债券发行者无力偿还债务时,债券持有者有权要求变卖抵押资产清偿债务。对债券持有者来说,信用债券的风险比抵押债券要高一些,相应地会要求更高的收益,所以信用债券的利率一般比抵押债券要高。

2. 按发行时是否记名,分为记名债券和无记名债券

记名债券,即在债券票面上和公司的债券存根簿上记载债券持有者姓名或名称及有关事项的债券。无记名债券,即在债券票面上和公司的债券存根簿上不记载债券持有者姓名或名称的债券。发行时,公司应当在债券存根簿上载明债券总额、利率、偿还期限和方式、发行日期及债券的编号。记名债券转让时要办理过户手续,债券持有者应在债券上背书,债券发行公司应在债券存根簿上记载受让人姓名或者名称及住所,而无记名债券的转让则不需要以上手续,由债券持有者将该债券交付给受让人后即产生转让的效力。

3. 按是否上市,分为上市债券和非上市债券

上市债券是指经有关部门批准,可以在证券交易所挂牌交易的债券。非上市债券是指不能在证券交易所挂牌交易的债券。上市债券信用高、变现速度快,因而十分吸引投资者,但是,上市债券的上市条件比较严格,而且资金成本比非上市债券相对要高一些。

4. 按是否可以转换为公司股票,分为可转换债券和不可转换债券

可转换债券是指债券发行公司允许债券持有者在一定的条件下将持有的债券转换为公司股票的债券。但是否转换,何时转换,要由债券持有者根据发行公司的经营状况和股市行情来决定。这种债券只有股票上市的公司才能发行。不可转换债券是指不允许转换为发行公司股票的债券。公司发行可转换债券,为投资者增加了灵活投资的机会,对发行公司而言,则可以调整资本结构和缓解支付压力。

(三)发行债券的资格和条件

1. 发行债券的资格

根据《公司法》的规定,股份有限公司、国有独资公司和两个以上的国有企业或者其他两个以上的国有投资主体设立的有限责任公司,具有发行公司债券的资格。

2. 发行债券的条件

根据《中华人民共和国证券法》《公司法》和《公司债券发行试点办法》的有关规定,发行公司债券应符合的条件如下:

①资产条件:股份有限公司的净资产不低于人民币 3 000 万元,有限责任公司的净资产不低于人民币 6 000 万元。

②对累计发行债券的限制规定:累计债券余额不超过公司净资产的 40%。

③盈利要求:最近 3 年平均可分配利润足以支付公司债券 1 年的利息。

④用途要求:筹集的资金投向符合国家产业政策。

⑤利率要求:债券的利率不超过国务院限定的利率水平。

⑥内部控制要求:公司内部控制制度健全,内部控制制度的完整性、合理性、有效性不存在重大缺陷。

⑦信用级别要求:经资信评级机构评级,债券信用级别良好。

⑧国务院规定的其他条件。

(四)发行债券的程序

发行债券一般需要经过以下程序。

1. 作出发行债券决议

股份有限公司、有限责任公司发行债券时,由董事会制订发行方案,提交股东大会审议并作出决议;国有独资公司发行公司债券时,应由国家授权投资的机构或者国家授权的部门作出决议。在决议中需要明确公司债券发行总额、票面金额、发行价格、募集办法、债券利率、偿还日期及方式等内容。

2. 提出发行债券申请

公司发行债券需向国务院证券管理部门申请批准,并提交以下文件:公司登记证明、公司章程、公司债券募集办法、资产评估报告和验资报告。

3. 公告债券募集办法

公司发行债券的申请经批准后,应当公告债券募集办法,并应载明以下事项:公司名称、债券总额和债券票面金额、债券利率、还本付息的期限和方式、债券发行的起止日期、公司净资产、已发行而尚未到期的公司债券总额、公司债券的承销机构等。

4. 委托承销机构发售

公司发行债券的方式一般有私募发行和公募发行,类似于股票发行的自销和承销。相对而言,私募发行的限制较多,极少采用。在公募发行时,发行公司与承销机构签订承销协议,委托承销机构向社会发售债券。

5. 交付债券、收缴债券款,登记债券存根簿

当公募发行债券时,投资者直接向承销机构购买,承销机构则代理收取债券款和交付债券。然后,发行公司向承销机构收取债券款并结算代理费及预付款项、登记债券存根簿。

(五)债券的发行价格

债券的发行价格是指发行公司或其承销机构将债券出售给债券投资者的价格,也是投资者向债券发行公司购买每一份债券时所支付的金额。公司在发行债券时,应依据相关因素,运用一定的方法,合理确定债券的发行价格,促进债券顺利发行。

1. 债券发行价格的影响因素

公司债券发行价格的高低主要取决于以下4个因素:

(1)债券面值

债券面值就是债券票面标明的价格,它是债券到期时发行方应偿还的本金,也是债券利息支付的计算基础。债券发行价格的高低从根本上取决于债券面值的大小。

（2）票面利率

债券的票面利率就是债券的名义利率，通常在发行债券之前就已确定，并在债券票面上标明。一般而言，债券的票面利率越高，债券发行价格就会越高；反之，则发行价格越低。

（3）市场利率

市场利率是由资本市场的资金供求关系所决定的，它是影响债券发行价格的重要因素，也是衡量债券票面利率高低的参照系，两者往往不一致，共同影响着债券发行价格。一般而言，债券发行时的市场利率越高，债券发行价格就越低；反之，则发行价格越高。

（4）债券期限

债券期限越长，债权人的风险就越大，所要求的报酬率相应就越高，债券发行价格就越低；反之亦然。

2. 债券发行价格的确定

债券发行价格由其未来现金流入量的现值决定，也就是未来各期利息以市场利率作为贴现率的现值与债券到期时的债券面值以市场利率作为贴现率的现值之和。受债券面值和票面利率与市场实际利率差异的影响，债券发行价格不一定是债券面值，通常有按照面值等价发行、高于面值溢价发行和低于面值折价发行3种。

债券发行价格确定时，一般采用复利计息法，其计算公式为：

$$债券发行价格 = \frac{M}{(1+r)^n} + \sum_{t=1}^{n} \frac{I}{(1+r)^t}$$

式中：M 表示债券的面值；I 表示债券每年的利息，即债券面值与票面利率的乘积；r 表示市场利率；n 表示债券的期限；t 表示债券付息期数。

【例4-4】　D公司发行5年期债券，债券面值为100元，票面利率为8%，每年付息一次。试确定3种情况下债券发行价格：

（1）债券发行时市场利率为10%；

（2）债券发行时市场利率为8%；

（3）债券发行时市场利率为5%。

【解析】　债券每年支付的利息 = 100×8% = 8（元）

（1）当债券发行时市场利率为10%时

$$债券发行价格 = \frac{100}{(1+10\%)^5} + \sum_{t=1}^{5} \frac{8}{(1+10\%)^t} = 100 \times 0.621 + 8 \times 3.791 = 92.43（元）$$

发行价格92.43元<债券面值100元，即为折价发行。当债券的券面利率低于市场实际利率时，除有特殊措施可按债券面值发行外，应按照低于债券面值的金额发行，否则将无人购买（比如，本例中票面利率8%<市场利率10%，债券折价发行）。因为债券利息只能按照债券面值和票面利率计算支付，若此时仍按债券面值发行，则债券购买者获得的利息收入将低于在其他方面投资的报酬。债券发行价格低于债券面值的差额称为债券的折价，它是债券发行者以后比市场利率少付利息的事先支付，是债券购买者以后比市场利率少得利息的事先补偿。

（2）当债券发行时市场利率为8%时

$$债券发行价格 = \frac{100}{(1+8\%)^5} + \sum_{t=1}^{5} \frac{8}{(1+8\%)^t} = 100 \times 0.681 + 8 \times 3.993 = 100.04(元)$$

发行价格100.04元≈债券面值100元，即为等价发行。一般情况下，债券发行后，债券发行者只能按照债券面值、票面利率和计息期数计算支付利息，并于到期日按债券面值还本。市场实际利率是指在资金市场上其他方面投资可获得的报酬率，它是债券购买者要求得到的最低报酬水平。如果票面利率与市场实际利率恰好相等（如本例中两者均为8%），债券便可按照面值等价发行。

（3）当债券发行时市场利率为5%时

$$债券发行价格 = \frac{100}{(1+5\%)^5} + \sum_{t=1}^{5} \frac{8}{(1+5\%)^t} = 100 \times 0.784 + 8 \times 4.329 = 113.03(元)$$

发行价格113.03元>债券面值100元，即为溢价发行。当债券的票面利率高于市场实际利率时，债券仍按债券面值和票面利率计算支付利息，并于到期日按债券面值还本，此时如果仍按债券面值发行，债券发行者就要比市场利率多支付一些利息。为了避免高于市场实际利率的利息支出，付出不必要的高筹资成本，债券发行者可采取提高债券发行价格的办法来解决，按以后多付的利息预先收取补偿。债券的发行价格高于面值的部分称为债券的溢价，它是债券发行者以后比市场利率多付利息的事先扣除，是债券购买者为以后比市场利率多得利息而预付的代价。

（六）发行债券筹资的优缺点

1. 发行债券筹资的优点

（1）债券筹资成本较低

发行债券筹资的成本要比发行股票筹资的成本低。债券的利息一般计入财务费用，在所得税前支付，公司可享受税收上的利益，故公司实际负担的债券成本一般低于股票成本。

（2）能发挥财务杠杆作用

与借款筹资一样，公司发行债券筹资需要承担固定的利息成本，能发挥财务杠杆的作用。若公司使用资金进行投资收益丰厚，增加的收益大于支付的利息额，就能够提高股东投资的收益水平。

（3）能保障股东的控制权

发行债券筹集到的是债权人的资金，债券持有者一般无权参与发行公司的管理决策，因此发行债券能保障股东的控制权不会被分散。

（4）便于调整公司资本结构

在公司发行可转换债券和可提前赎回债券的情况下，公司能够掌握一定的主动权，便于合理地调整资本结构。

2. 发行债券筹资的缺点

（1）财务风险高

发行债券筹资与借款筹资类似，不管公司经营情况如何，都需要按时还本付息，有一定的财务负担。尤其是在公司经营状况不好时,仍要还本付息,犹如"雪上加霜"一般,只会给公司带来更大的困难,甚至会使公司陷入财务困境,增加公司破产的风险。

（2）限制条件较多

发行债券筹资的限制条件一般比长期借款、融资租赁的限制条件要多且更为严格,并非任何一家公司都可以发行债券,它对公司的资金使用和未来的再筹资等都有一些限制。

（3）筹资数量有限

发行债券筹资的数量有一定的限制,当企业的负债比率超过一定程度后,发行债券筹资的成本可能会大幅上升,甚至无法再发行成功。我国《公司法》也明确规定,发行公司流通在外的债券累计总额不得超过净资产的40%。

（4）对财务管理的要求高

发行债券筹集到的资金有到期日,不像权益资金那样可以永久使用,且必须按时还本付息,这就要求企业财务人员定期在资金的调度上准备充足的现金流,对企业资金平衡要求较高,因此对财务管理提出了更高的要求。

三、融资租赁

（一）融资租赁的概念

微课 4-3:知识点
精讲 3:融资租赁

融资租赁又称为金融租赁或现代租赁,是国际上最普遍、最基本的非银行金融形式之一。它是指出租人根据承租人的申请,与第三方（供货商）签订供货合同,并出资购买承租人选定的设备或资产。随后,出租人与承租人签订租赁合同,将设备或资产出租给承租人使用,并收取一定的租金作为回报。在租赁期间,设备的所有权归出租人所有,而承租人则享有使用权。租赁期满后,双方可以根据合同约定处理设备的归属问题,如续租、留购或退还等。

融资租赁在实际中具有广泛的应用领域,包括航空公司运营的飞机、航运公司的轮船、石油公司的钻井平台、医院的大型医疗设备等。此外,融资租赁机构还可以根据企业的需求购买其所需的设备、器材、知识产权等,并提供给企业使用,企业则支付相应的租金。这种方式可以帮助企业解决资金短缺的问题,同时降低设备购置的成本和风险。总的来说,融资租赁是一种结合了融资与融物特点的租赁方式,它既有金融方面的属性,又有租赁方面的特点。通过这种方式,出租人和承租人可以实现资源共享和优势互补,达到双赢的效果。

（二）融资租赁的主要特点

融资租赁通常为长期租赁,可以满足承租企业对设备等的长期需要,融资租赁的主要特点如下:

①出租人仍然保留租赁资产的所有权,但与租赁资产有关的全部风险和报酬实际上已经转移。

②租约通常是不能取消的,或者只有在某些特殊情况下才能取消。

③租赁期限较长,通常在租赁资产使用寿命的75%或以上。

④一般情况下,融资租赁只需通过一次租赁就可收回租赁资产的全部投资,并取得合理的利润。

⑤租赁期满时,按事先约定的办法处置设备,一般有续租、留购或退还3种选择,通常由承租企业留购。

(三)经营租赁与融资租赁的区别

企业资产的租赁有经营租赁和融资租赁两种:经营租赁是一种临时租赁,以融物为目的;融资租赁是一种财务租赁,以融资为目的。二者的主要区别如表4-1所示。

表4-1　经营租赁与融资租赁的主要区别

项目	经营租赁	融资租赁
租期	较短	较长
承租者目的	使用设备	融通资金
设备选定	出租人	承租人
设备修理	出租人进行	承租人负责
设备风险	出租人承担	承租人承担
租赁期满	退回出租单位	有优先选择权
设备成本	1个承租人不能补偿	1个承租人补偿

(四)融资租赁的形式

融资租赁的形式按租赁业务的不同特点可分为以下3种。

1. 直接租赁

直接租赁是指承租人直接向出租人租入所需要的资产,并支付租金的一种租赁方式。直接租赁涉及三方两个合同:三方是指承租人、出租人和制造商;两个合同是指承租人和出租人之间签订的融资租赁合同及出租人和制造商之间签订的购销合同。直接租赁三方之间的关系如图4-1所示。

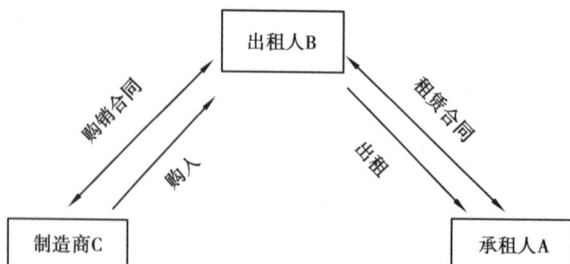

图4-1　直接租赁三方之间的关系

2. 售后回租

售后回租是指资产的所有者在出售某项资产后,立即按照特定条款从购买者手中租回该项资产。对企业而言,除了可以继续使用设备,还能获得出售资产的现金收入。售后回租的特点是售后回租的使用者、承租人和设备的供应商都是需要筹资的企业,所以不涉及另外的设备制造商,只涉及承租人和出租人两方,双方之间先签订一个购销合同,再签订一个融资租赁合同。售后回租双方之间的关系如图 4-2 所示。

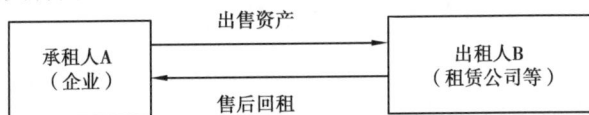

图 4-2　售后回租双方之间的关系

3. 杠杆租赁

杠杆租赁是指在租赁交易中,资产购置成本所需资本的一部分(10% ~ 20%)由出租人承担,其余大部分资本由金融机构向出租人提供(以租赁资产作抵押)的租赁方式,这正是其与直接租赁所不同的地方。在杠杆租赁中涉及四方三个合同:四方是指承租人、出租人、制造商和金融机构;三个合同是指承租人和出租人之间签订的融资租赁合同、出租人和制造商之间签订的购销合同,以及出租人与金融机构之间签订的借款合同。杠杆租赁四方之间的关系如图 4-3 所示。

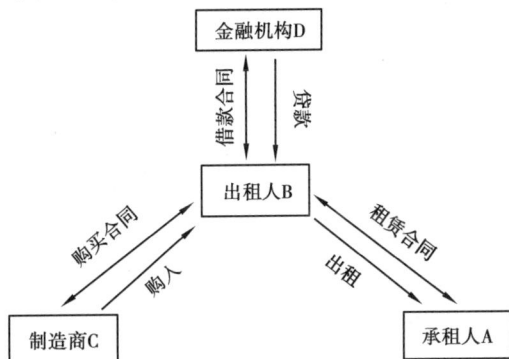

图 4-3　杠杆租赁四方之间的关系

(五)融资租赁租金的测算方法

采用融资租赁方式筹资时,承租人应按照租赁合同的规定支付租金。租金的支付直接影响承租人未来的财务状况,因此,租金的测算是融资租赁筹资决策的重要依据。

1. 租金的构成

一般而言,融资租赁的租金总额由以下 3 个部分构成。

①租赁设备的购置成本,包括买价、运杂费、运输途中的保险费等。当租期届满时设备退还给出租人,应在设备的购置成本中扣除租赁设备的预计净残值。

②出租人提供融资应获得的利息,利率一般参照银行固定资金贷款利率水平,由双方商定。

③租赁手续费,即出租人提供劳务应获得的报酬,通常由承租企业和租赁公司协商确定,一般按租赁设备成本的一定比例计算。

2. 租金的测算方法

(1)平均分摊法

平均分摊法是指先以商定的利率和手续费率计算出租赁期间的利息和手续费,然后连同设备成本按支付次数平均。这种方法没有充分考虑时间价值因素。每次应付租金的计算公式可表示为：

$$A = \frac{(P - S) + I + F}{N}$$

式中：A 表示每次支付的租金；C 表示租赁设备购置成本；S 表示租赁设备预计净残值；I 表示租赁期间利息；F 表示租赁期间手续费；N 表示租期。

【例4-5】 某企业于20×4年1月1日从租赁公司租入一套设备，价值100万元，租期为8年，预计租赁期满时的净残值为5万元，设备归租赁公司，年利率8%，租赁手续费率为设备价值的3%。租金每年末支付一次。该套设备租赁每次支付租金可计算如下：

$$\frac{(100 - 5) + [100 \times (1 + 8\%)^5 - 100] + 100 \times 3\%}{8} = 18.11(万元)$$

（2）年金法

年金法是指运用年金现值的计算原理测算每期应付租金的方法。在这种方法下，通常以资本成本率作为贴现率。在后付等额租金方式下，每年末支付租金的公式为：

$$A = \frac{P}{(P/A, i, n)}$$

式中：A 表示每次应付的租金；P 表示等额租金现值，即年金现值；$(P/A, i, n)$ 表示等额租金现值系数，即年金现值系数；i 表示资本成本率；n 表示支付租金期数。

【例4-6】 某企业于20×4年1月1日从租赁公司租入一套设备，价值100万元，租期为8年，预计租赁期满时的净残值为3万元，设备归承租企业，资本成本率为10%。租金每年末支付一次。承租企业每年末支付的租金为：

$$\frac{100}{(P/A, 10\%, 8)} = \frac{100}{5.335} = 18.74(万元)$$

此例如果为先付等额租金方式，则每年初支付租金为：

$$\frac{100}{(P/A, 10\%, 8) \times (1 + 10\%)} = \frac{100}{5.335 \times 1.1} = 17.04(万元)$$

（六）融资租赁筹资的优缺点

1. 融资租赁筹资的优点

①能够迅速获得所需资产。融资租赁一般比借款购置设备更迅速、更灵活，因为融资租赁是融资与设备购置同时进行的，可以缩短设备的购进、安装时间，使企业尽快形成生产能力，有利于企业尽快占领市场。

②限制条件较少。企业通过发行股票、发行债券和长期借款的方式进行筹资都会受到很多条件的限制，相比之下，通过融资租赁方式来筹资限制条件较少。

③可以避免设备陈旧过时的风险。随着科学技术的不断进步，设备陈旧过时的风险会不断增加，而多数融资租赁合同规定这种风险由出租人承担，所以相较于自行购置设备而言，承租企业可以避免设备陈旧过时的风险。

④租金分期支付，降低不能偿付的风险。租金在整个融资租赁期内分摊支付，可以适当降低企业不能偿付的风险。

⑤能够享受税收利益。《关于促进企业技术进步有关财务税收问题的通知》中第四条第3款规定:"企业技术改造采取融资租赁方式租入的机器设备,折旧年限可按租赁期限和国家规定的折旧年限孰短的原则确定,但最短折旧年限不短于3年。"这使企业可以按照最有利的原则加速折旧,把折旧费用计入成本,享受国家的税收优惠政策,合理节税。

2.融资租赁筹资的缺点

融资租赁最主要的缺点是筹资成本较高。一般来说,其租金要比长期借款和发行债券的利息高得多,承租企业遇到财务困难时,仍要固定地支付租金也将是一个沉重的负担。

复习思考题

一、单选题

1. 相对于债务筹资方式而言,吸收直接投资方式筹资的优点是(　　　)。

A. 有利于降低资本成本　　　　　　　B. 有利于集中企业控制权

C. 有利于尽快形成生产能力　　　　　D. 能够利用财务杠杆

2. 股票发行公司可节省部分发行费用,但要承担全部发行风险的股票销售方式是(　　　)。

A. 自销方式　　　　　　　　　　　　B. 承销包销

C. 全额包销　　　　　　　　　　　　D. 余额方式

3. 企业利用普通股筹资的优点是(　　　)。

A. 比债务筹资的资本成本低　　　　　B. 需要偿还本金

C. 资金使用有期限限制　　　　　　　D. 没有固定的利息负担,财务风险低

4. 企业可以长期使用,无须偿还,不需支付筹资费用,也无须承担财务风险的筹资方式是(　　　)。

A. 发行公司股票　　　　　　　　　　B. 发行公司债券

C. 利用商业信用　　　　　　　　　　D. 利用留存收益

5. 某企业按年利率5%从银行借入款项200万元,银行要求按贷款的10%保留补偿性余额,则该借款的实际年利率为(　　　)。

A.4.95%　　　　　　　　　　　　　B.5%

C.5.56%　　　　　　　　　　　　　D.5.78%

6. 企业向银行借入长期借款,若预测市场利率将下降,企业应与银行签订(　　　)。

A. 浮动利率合同　　　　　　　　　　B. 固定利率合同

C. 有补偿性余额合同　　　　　　　　D. 周转信贷协定

7. 长期债务筹资的3种基本形式是(　　　)。

A. 发行债券、长期借款、经营租赁　　B. 发行债券、融资租赁、经营租赁

C. 发行债券、融资租赁、优先股　　　　　D. 发行债券、长期借款、融资租赁

8. 与普通股筹资相比,下列选项中不属于长期债务筹资特点的是(　　)。

A. 筹资风险较高　　　　　　　　　　　　B. 筹资成本较高

C. 不会分散公司的控制权　　　　　　　　D. 资金可以永久使用

9. 当债券的票面利率大于市场利率时,债券应(　　)发行。

A. 等价　　　　　　　　　　　　　　　　B. 溢价

C. 折价　　　　　　　　　　　　　　　　D. 向内部

10. 相对于发行股票筹资而言,发行债券筹资的优点是(　　)。

A. 筹资风险小　　　　　　　　　　　　　B. 限制条款少

C. 筹资数量多　　　　　　　　　　　　　D. 资本成本低

二、多选题

1. 企业筹集资金的动机有(　　)。

A. 创建企业　　　　　　　　　　　　　　B. 投资的需要

C. 企业扩张　　　　　　　　　　　　　　D. 调整资本结构

2. 下列能引起自有资金增加的筹资方式是(　　)。

A. 留存收益转增资本　　　　　　　　　　B. 发行普通股

C. 发行债券　　　　　　　　　　　　　　D. 吸收直接投资

3. 下列属于公开间接发行股票筹资的优点是(　　)。

A. 发行范围广、易足额筹集资本

B. 股票变现性强、流通性好

C. 发行费用相对较少、成本低

D. 可提高发行公司的知名度和扩大影响力

4. 影响债券发行价格的因素有(　　)。

A. 债券面值　　　　　　　　　　　　　　B. 票面利率

C. 债券期限　　　　　　　　　　　　　　D. 市场利率

5. 下列能降低产权比率的筹资方式有(　　)。

A. 吸收直接投资　　　　　　　　　　　　B. 发行公司股票

C. 发行公司债券　　　　　　　　　　　　D. 利用留存收益

三、判断题

1. 根据资金筹集的及时性原则,企业应尽早地筹集足够的资金,以免影响生产经营的进行。　　　　　　　　　　　　　　　　　　　　　　　　　　　　　　(　　)

2. 吸收直接投资的缺点之一是不便于进行产权交易。　　　　　　　　　　　(　　)

3. 当公司解散时,优先股股东可在债权人之前优先分配剩余财产。　　　　　(　　)

4. 对于股票发行公司来讲,采用全额包销方式发行,可以及时筹足资金,不承担发行风险。　　　　　　　　　　　　　　　　　　　　　　　　　　　　　　　(　　)

5. 当其他因素一定时,市场利率越高,债券发行价格越高。　　　　　　　　(　　)

6. 对承租人来说,杠杆租赁与直接租赁没有区别。　　　　　　　　　　　　(　　)

四、计算题

1. 某公司按年利率6%向银行借款100万元,期限为5年,双方之间约定每半年付息一次,补偿性余额比例为贷款总额的10%。

要求:试计算该公司实际可用的借款额和实际年利率。

2. 某公司拟发行面值1 000元、期限5年、票面利率8%、按年付息的债券1万张。

(1)若发行时市场利率为6%,债券发行价格应定为多少?

(2)若发行时市场利率为8%,债券发行价格应定为多少?

(3)若发行时市场利率为10%,债券发行价格应定为多少?

(4)若企业以1 032元的价格发行,发行时的市场利率是多少?

思政思辨案例:华为为什么不上市?

一、著名的"员工持股"计划

在华为2020年公开的工商登记信息中:任正非拥有股权0.94%,剩余99.06%全部为华为投资控股有限公司(以下简称"华为公司")工会委员会(以下简称"华为工会")持有。但这显然不能解释这家公司的真正所有人。

华为公司深圳总部的一间密室里有一个玻璃橱柜,里面放了10本蓝色的册子。这些册子有助于回答一个困扰美国政府的问题:谁是这家中国大型电信设备企业的真正所有者。这些厚达数厘米的册子里记录着约80 000名员工的姓名、身份证号码及其他个人信息。

华为公司表示,根据一项"员工股票期权"计划,册子中的员工持有公司约99%的股份。华为公司一直都强调自己是100%由员工持有的民营企业。但准确地表达,应该是华为公司的股份100%为员工持有,但不是100%的员工持有华为公司的股份。

华为公司目前的员工总数是17万人,大概有8万余人持股,持有人数虽然只占员工的40%左右,但其总人数,已相当于一家大型上市公司的持股人数。华为公司不断通过调整股票的分配方式来实现员工激励。

2008年,华为公司微调了虚拟股制度,实行饱和配股制,即规定员工的配股上限,每个级别达到上限后,就不再参与新的配股。这一规定使手中持股数量巨大的华为公司的老员工们配股受到了限制,但是有利于激励华为公司的新员工们。

二、虚拟股权的另一个作用——获得融资

虚拟股制度实行之后,华为公司的这套分红激励体系一路发展顺利——通过虚拟股增发的形式,华为公司获得了大量的资金。自2004年开始至2011年,华为工会和任正非

两家股东新增持股 63.74 亿股,总计增资 275.447 亿元。华为公司每年度发行的股票数额,均由两个实体股东按当年每股净资产购买,然后,华为工会再发行等比例虚拟股出售给"奋斗者"们。2004 年至 2018 年 10 月,华为员工以购买虚拟股的形式通过华为工会增资超过 260 亿元。

反观华为公司的直接竞争对手中兴通讯,其在 A 股上市以来累计募集资金不过 24 亿元。2004 年在香港上市,融资不过 21 亿港元。有专家认为,华为公司虚拟股融资的制度要比上市公司期权股权激励更有效果。上市公司股权激励,只能发行新股,或者既有股东出让老股,资源有限,而且要经过股东大会批准,操作起来成本很高。虚拟股则可以无限增加,股票来源不是问题。另外,内部发行几乎没有监管成本。

三、股权资金来源与银行

自 2001 年始实施虚拟股制度起,华为公司的员工在签订股权协议的同时,这些"幸运儿"还会签署另外一份合同:四大银行的深圳分行每年为他们提供数量不等的个人助业贷款,数额从几万元到几十万元甚至更高,这些贷款一直被华为公司员工用于购买股票。据统计,四家商业银行总计为华为公司员工提供股票贷款高达上百亿元,直到 2011 年被叫停。华为公司员工持股制度的设立,遵循的是深圳市政府关于"内部员工持股"的系列规定。

1997 年颁布的《深圳市国有企业内部员工持股试点暂行规定》明确提到,可以由公司非员工股东提供担保向银行或者资产经营公司贷款。华为公司是民营企业,但其员工持股制度方案经过了原深圳市体制改革委员会办公室的批准。2001 年颁布的《深圳市公司内部员工持股规定》更将适用范围扩大到了民营企业。

四大银行叫停虚拟股贷款的起因是审计署的一份报告:商业银行对华为公司员工的个人助业贷款用于内部配股,该行为属违规行为,风险巨大。而原中国银行业监督管理委员会(2018 年 3 月已被撤销)在调查后,明令四家商业银行暂停发放华为公司虚拟股贷款。

此外,华为公司以个人助业贷款"助力"公司配股,与中国人民银行发布的《贷款通则》中的第二十条第三款"不得用贷款从事股本权益性投资"和第四款"不得用贷款在有价证券、期货等方面从事投机经营"规定也不符。2012 年 3 月 31 日,华为公司董事会秘书处向华为公司员工发布通知,明确 2012 年虚拟股只能通过自筹资金购买,银行将不会再提供购买股票所需的贷款。但此时,华为公司早已经度过了资金最艰难的时候。

四、华为公司能否上市?

首先,华为公司实际上是分享制,而不是股份制。因为华为公司的虚拟股制度,所以公司的控制权全部在任正非手里,员工只是分享利润。

从早期的员工持股,再到后来的虚拟股,在全员持股的说法之下,华为公司所实行的不过是员工分红激励的手段而已。其好处是可以避免被质疑为非法集资。

其次,经过长期的发展,华为公司的虚拟股制度不完全是市场化激励制度,具有了融资的特征。而对于这套运作体系,国内对相关虚拟股制度的立法、监管也无明确内容。

多年以来，外界一直疑问华为公司是否会上市的问题。其实，在华为公司发展的早期，包括任正非在内的华为公司高层都曾经谈论过华为公司上市的问题，以及上市之后华为公司员工所持股票价值飞涨的美好前景。但在现在的局面之下，华为公司员工手中的虚拟股如何再回头，转化为实体股会是一个巨大的难题，这使华为公司整体上市的可能性微乎其微。

华为公司中高层人士认为，华为公司可以将旗下的部分资产单独剥离出去，融资甚至上市，如已经非常成熟的电信运营商业务板块。但问题是，此前该业务板块中的员工虚拟股部分如何处理，他们会延续虚拟股的激励方式，还是会采取类似于公开市场中的期权激励？

虽然证监会出台了《上市公司股权激励管理办法》，但在现行上市公司的法律监管下，公开市场的期权股权制度很难成为一种真正有效的激励。

国内现有的期权、员工持股制度在许多方面都存在高度规制，在实行法定资本制、坚持同股同权、缺乏分层次股权市场的大背景下，期权股票持有人的权益得不到保护，也起不到长期激励的效果。

相反，非上市公司的股权激励更具有灵活性。类似"虚拟股权"等另类激励反而更具备可行性。即公司管理层专门划分出一定比例的收益，以分红的形式发放给管理层或者员工。国内类似企业如许昌市胖东来商贸集团有限公司等，激励效果比较明显。

对于正处于业务扩张期的华为公司，现在无疑需要新的融资渠道以支持其增长。华为公司虚拟股困局也从另外一个角度揭示出，中国完善公开市场的期权股权制度的必要性与紧迫性。

五、华为公司可以被模仿吗？

我们认为华为公司虚拟股权的激励方式具有特殊性，是基于历史形成的，很难全盘照搬。

（一）地方政策的支持，是华为公司员工持股出现的基础

深圳作为中国改革的前沿，对推动企业制度改革作了很大的创新。当其他地方的企业还在好奇员工持股为何物的时候，深圳在1997年就出台了《国有企业内部员工持股试点暂行规定》，并且明确允许以员工持股会的方式，让员工参与企业持股。

地方政策的支持，使华为工会持股成为可能，并保持至今。而现在的工商登记注册制度，持股会或者工会等社团作为股东已经受到了限制。如果企业想建立员工持股平台，一般只能采用有限合伙或者有限公司的方式才可以，而无论哪种方式，都存在税负的问题。

（二）银行的贷款支持，是华为公司员工持股资金的来源

华为公司全员持股还有一个特殊性，就是华为公司员工的资金来源为商业银行贷款。商业银行之所以愿意给华为公司员工贷款，无疑是看中了华为公司的优良商业信用，并对其远期发展看好，也是一种寻求给华为公司长期合同的方式。而这，只有一个基本核心,就是华为公司本身对商业资本的吸引力。

而目前公司如果做股权激励,一般来自员工的自筹资金,特别是对于初创企业,本身贷款融资困难,而员工待遇也较低,自筹资金非常困难。通过贷款方式筹资来完成出资,几乎是不可能的。

(三)公司的高速发展,是全员持股计划推行的持续动力

华为公司员工之所以愿意购买公司的虚拟股权,就是因为华为公司这十几年来的高速发展,股权增值巨大。在2000年投资的华为公司股票,10年之后,所持股票价值增长超过15倍。在房地产、股市投资形势不明朗的情况下,华为公司内部股票是员工最可靠、稳定的投资渠道。因此,员工借钱都会买。

而现有企业,特别是创业企业,由于经济的不确定性,呈现出高"死亡率"。在此情况下,企业想推行持续的员工持股计划,并且还是虚拟的没有明示登记的股权,对员工来说赠送是可以接受的,而要付出成本是很难接受的。

综上,我们认为,现有企业可以通过设立员工持股平台,通过有限合伙人代持的方式来构建员工虚拟股权激励制度。但如果企业没有核心的技术和持续竞争力,可能只有创始合伙人才愿意真金白银地掏钱出来。所以,最终能否做成企业,关键是创始合伙人的意愿、能力和决心。

股权激励的最终目的是激发员工的动力,而不是通过员工融资,不可以本末倒置。

(案例来源:根据新浪财经资料整理所得)

案例思考:

结合华为公司的案例,分析总结一下华为公司的长期权益资金的筹措方式、渠道来源和优缺点。

第五章 资本成本与资本结构

学习目标

本章主要介绍企业筹资的资本成本与资本结构的决策方法。学生学习完本章后需掌握下列要点:明确资本成本率的内容和意义,掌握资本成本率的计算方法;明确经营杠杆、财务杠杆和复合杠杆产生的原因,掌握杠杆系数的计算方法及运用策略;明确最优资本结构需考虑的因素,掌握确定最优资本结构的方法等。

第一节 资本成本

微课 5-1:资本成本

一、资本成本的概念、意义和分类

(一)资本成本的概念

资本成本是站在筹资方的角度而言的,是企业筹集和使用资金所付出的代价,一般包括筹资费用和用资费用两部分。

筹资费用是指企业在资金筹集过程中为获取资金而支付的费用,如发行股票、债券支付的资信评估费、广告费、证券印刷费、代理发行手续费等。筹资费用通常在筹措资金的时候一次性支付,金额相对使用资金而付出的代价而言较小,且与使用资金的时间长短关系不大,所以往往在计算资本成本时直接作为本金的一项扣除。

用资费用则是指企业筹集到资金后,因使用资金而付出的代价,如股票的股利、债券的利息等。用资费用一般需要在资金的使用过程中定期支付,是资本成本的主要内容,金额相对较大。

(二)资本成本的意义

为实现企业价值最大化,企业除了要合理控制生产经营过程中的各项支出,还要对资本成本进行控制。资本成本是衡量企业资本结构优化程度的标准,也是对投资获得经济效益的最低要求。对企业而言,资本成本的计算和确定十分重要,其意义主要表现在以下 3 个方面。

1. 在投资领域,资本成本是评价投资项目可行性的主要经济指标

任何投资项目,如果预期的投资报酬率大于为项目筹资的资本成本,则可认为该项

目在经济上是可行的。如果预期的投资报酬率低于项目筹资的资本成本,则企业投资项目新增的利润还不够支付资本成本,就不能进行该项投资。所以,通常将资本成本率视为一个投资项目必须获得的最低报酬率或必要报酬率,或者投资项目的取舍收益率。当然,投资项目评价还涉及技术可行性、社会效益等方面,但资本成本是综合评价的一个重要方面。

2.在筹资领域,资本成本是选择资金来源、拟定筹资方案的主要依据

企业有多种筹资方式和渠道,如发行股票、发行债券、银行借款等。不同渠道和不同方式取得的资金,其成本水平往往是不同的,不同资本的数量及其成本的大小就决定了是否会对企业的总资本成本产生影响。因此,在选择资金来源、拟订筹资方案时,企业必须进行资本成本估算,以便合理进行筹资决策,找到使企业筹资成本最小的筹资方案。

3.在经营领域,资本成本也是用来衡量企业经营业绩的尺度

资本成本是企业为取得资金使用权而付出的代价,也是企业使用资本应获得收益的最低界限,是投资者要求的最低必要报酬率。资金使用者想要满足投资者的收益要求,就必须保证资本收益大于资本成本。如果企业的经营利润率大于资本成本,说明企业经营业绩良好,会吸引新投资者来投资,那么企业再筹资将会更容易。而如果企业的经营利润率低于资本成本,则说明企业经营业绩不佳,可能也会对企业再筹资产生不利影响。因此,企业资本成本是判断企业经营业绩的标尺。

(三)资本成本的分类

资本成本按用途,可分为个别资本成本、综合资本成本和边际资本成本。

个别资本成本是指企业各种筹资方式的资本成本,包括长期借款的资本成本、长期债券的资本成本、普通股资本成本、优先股资本成本、留存收益资本成本等。其中,前两种属于债务资本成本,后三种属于权益资本成本。个别资本成本一般用于对各种筹资方式的比较和评价。

综合资本成本是指企业全部长期资本的成本水平,是对各种个别资本成本进行加权平均求和的结果。站在企业的角度看,其在筹资时一般不会只有债务资本或只有权益资本,往往是多种筹资方式并存。所以,要衡量企业整体的成本水平就得看综合资本成本,而不能只看其中某一种筹资方式的成本。综合资本成本一般用于企业的长期资本结构决策中。

边际资本成本是指企业追加筹资时的资本成本。企业无法以某一固定的资本成本筹集无限的资金,当筹资的资金数量超出一定限度时,原来的资本成本就会增加,追加一个单位的资金所增加的成本就称为边际资本成本。边际资本成本一般用于追加筹资决策中。

二、资本成本计算的基本规则

(一)应采用相对数计算

资本成本是用以表示筹资代价大小的指标。当企业的筹资额不同时,筹集和使用资

金所付出的代价也不一样。比如,发行债券筹资 100 万元,每年支付 6 万元的利息;长期借款 200 万元,每年支付 10 万元的利息。哪种筹资方式的成本更高?看起来长期借款筹资比发行债券筹资每年支付的利息更多,但是其成本却并非更高,原因是两种方式的筹资额不同,不能直接比较绝对数的资本成本。因此,为了便于对各种筹资渠道、方式的代价进行比较和评价,资本成本应采用相对数进行表示,用筹资所付出的用资费用占筹资额的比率即资本成本率这一指标,表示每筹集和使用 100 元资金付出了多少元,也就是应计算相对数表示的资本成本率。

(二)筹资费用应从筹资额中扣除

从概念上讲,资本成本是指企业为取得一定时期所使用的资金付出的代价(包括筹资费用和用资费用)占筹资总额的比率。但由于筹资费用通常在取得资金时一次性支付,与资金使用期限的长短没有直接联系,并不会随着资金占用时间的延长而成正比例增加,而一般与筹资额的多少成正比例关系。同时,由于筹资费用的存在,企业实际可以动用的资金数额减少了。因此,计算资本成本时,应该将筹资费用从筹资总额中扣除,按筹资净额来计算资本成本。

(三)用资费用应按年度计算

企业所筹集的资金可使用的期限有长有短,同一数额的资金因使用时间不同,其付出的用资费用数额是不相同的。比如,同样都是借款筹资,本金 100 万元,每半年支付 4 万元的利息;本金 200 万元,每年支付 12 万元的利息。哪一种成本更高?看起来每年支付 12 万元的利息好像现金流出量更多,但其成本并非更高,原因是两种方式的筹资额和支付利息的频率不同,不能直接比较利息数额。因此,为了便于对资本成本进行比较,就要有一个统一的时间单位。由于社会经济生活中的多数指标和会计分期都是以年度为时间段落的,所以资本成本的计算也应按年度计算,用年度的用资费用除以实际筹得的资金,这样,就能够科学地对使用期限不同的筹资方案所付出的代价进行比较和决策。

(四)用资费用应按抵税后的数额计算

在会计核算中,债务资金和权益资金的用资费用的列支途径是存在差异的。使用债务资金所应该承担的利息通常计入财务费用,在缴纳所得税前直接从当期收入中扣除;而使用权益资金所应该承担的股利或股息则是在缴纳所得税后从税后利润中列支的。利息费用的存在可以使企业的利润总额减少,进而使企业应缴纳的所得税减少。也就是说,债务的利息存在节税效应,企业实际承担的利息只有税后的部分。比如,假设企业的利润总额为 100 万元,没有财务费用,适用的所得税税率为 25%,那么应该缴纳的所得税就是 25 万元,净利润 75 万元。如果在 100 万元利润的基础上,还有 20 万元的债务利息计入了财务费用,那么利润总额就是 80 万元,此时应该缴纳的所得税就是 20 万元,净利润 60 万元,相比前者不难发现,企业实际承担的利息费用是 15(75−60)万元。因此,为了准确计算债务资金的成本水平,在计算长期债务资金的成本时,用资费用应按照抵税后的数额来计算,即在所得税前列支的用资费用(利息)乘以(1−所得税税率),计算税后成本率。

按照上述规则,资本成本率计算的基本模式是:

$$资本成本率 = \frac{年度税前用资费用 \times (1 - 所得税税率)}{筹资总额 - 筹资费用} \times 100\%$$

$$= \frac{年度税后用资费用}{筹到的实际可使用的资金数额} \times 100\%$$

三、资本成本率的测算方法

(一)个别资本成本率

1. 长期借款的资本成本率

长期借款的资本成本率包括借款手续费和借款利息。其中,借款手续费是筹资费用的具体表现。企业从银行取得长期借款需要根据双方之间借款合同的约定,按照商定的利率计算并向银行支付利息。利息就是银行借款的用资费用。根据前文的阐述,用资费用应按抵税后的数额计算,所以长期借款的用资费用应按借款利息扣除抵减所得税后的余额计算。长期借款的资本成本率计算公式如下:

$$长期借款的资本成本率 = \frac{年利息 \times (1 - 所得税税率)}{借款额 - 筹资费用} \times 100\%$$

$$= \frac{年利率 \times (1 - 所得税税率)}{1 - 筹资费用率} \times 100\%$$

或

$$K_1 = \frac{I_1(1 - T)}{L(1 - F_1)} = R_1 \frac{1 - T}{1 - F_1}$$

式中:K_1 表示长期借款的资本成本率;I_1 表示长期借款的年利息;L 表示长期借款筹资额,即借款本金;F_1 表示长期借款筹资费用率,即借款手续费率;R_1 表示借款的年利率;T 表示所得税税率。

【例5-1】 某企业取得5年期长期借款400万元,年利率为5%,每年付息一次,到期一次还本,筹资费用率为0.5%,企业所得税税率为25%。计算该项长期借款的资本成本率。

【解析】 $K_1 = \frac{400 \times 5\% \times (1-25\%)}{400 \times (1-0.5\%)} = 3.77\%$

2. 企业债券的资本成本率

企业通过发行债券来筹资需要按债券面值和票面规定的利率向债券持有者支付利息。利息就是企业债券的用资费用。和借款相同,债券的利息一般也列入财务费用,计入当期损益。因此,在计算资本成本时,债券利息也应按抵税后的数额计算。发行债券时的发行费用可能包括资信评估费、证券印刷费、广告费、代理发行的手续费等,这些就是债券筹资过程中的筹资费用。需要注意的是,发行债券筹集得到了多少资金,不是看债券面值,而是看发行价格。企业债券的资本成本率的计算公式如下:

$$企业债券的资本成本率 = \frac{年利息 \times (1 - 所得税税率)}{债券筹资额 - 筹资费用} \times 100\%$$

或
$$K_{b} = \frac{I_{b}(1-T)}{B(1-F_{b})}$$

式中:K_b 表示企业债券的资本成本率;I_b 表示债券的年利息;B 表示债券筹资额,按发行价格确定;F_b 表示债券筹资费用率;T 表示所得税税率。

【例5-2】　某公司发行面额为 3 000 万元的 5 年期债券,票面利率为 8%,发行费用率为 2%,发行价格为 3 200 万元,公司所得税税率为 25%,求债券的资本成本率?

【解析】　$K_{b} = \frac{3\,000 \times 8\% \times (1-25\%)}{3\,200 \times (1-2\%)} = 5.74\%$

【例5-3】　若【例5-2】中债券的发行价格为 3 000 万元,则债券的资本成本率计算如下:

【解析】　$K_{b} = \frac{3\,000 \times 8\% \times (1-25\%)}{3\,000 \times (1-2\%)} = 6.12\%$

【例5-4】　若【例5-2】中债券的发行价格为 2 800 万元,则债券的资本成本率计算如下:

【解析】　$K_{b} = \frac{3\,000 \times 8\% \times (1-25\%)}{2\,800 \times (1-2\%)} = 6.56\%$

3. 普通股的资本成本率

对筹资企业而言,普通股的资本成本主要是向股东支付的各期股利。由于股利的多少与企业的收益水平和股利政策相关,并非一定会支付股利,各期股利也并非一定相等,因此普通股的资本成本只能按贴现模式来计算,并假定各期股利的变化呈现一定的规律性。如果是上市公司的普通股,由于筹资企业通过发行股票筹资所付出的代价就是投资者的收益,其实质就是普通股投资的必要报酬率。所以,普通股的资本成本率还可以根据该公司股票报酬率与市场报酬率的相关性,按照资本资产定价模型进行估计。

(1)股利贴现模型

其基本表达式为:

$$P_{c} = \sum_{t=1}^{\infty} \frac{D_{t}}{(1+K_{c})^{t}}$$

式中:P_c 表示普通股筹资净额,即发行价扣除发行费用后的余额;D_t 表示普通股第 t 年的股利;K_c 表示普通股投资的必要报酬率,即普通股的资本成本率。

①如果公司采用的是固定股利政策,即每年每股所派发的股利相等,则普通股的资本成本率计算公式如下:

$$K_{c} = \frac{D}{P_{c}} = \frac{D}{P(1-F)}$$

式中:K_c 表示普通股的资本成本率;D 表示普通股每股股利;P_c 表示普通股筹资净额;P 表示普通股每股的发行价格;F 表示普通股的筹资费用率。

【例5-5】　某公司拟发行一批普通股,发行价格为 15 元/股,每股发行费用为 0.5 元,公司采用固定股利政策,每股每年派发 2 元现金股利,试测算该普通股的资本成本率。

【解析】 $K_c = \dfrac{D}{P_c} = \dfrac{2}{15-0.5} \times 100\% = 13.79\%$

②如果公司采用的是固定增长的股利政策,且股利的稳定增长率为 G,则普通股的资本成本率计算公式如下:

$$K_c = \frac{D_l}{P_c} + G$$

式中:K_c 表示普通股的资本成本率;D_l 表示未来下一期的普通股每股股利;P_c 表示普通股筹资净额。

【例 5-6】 某企业 2023 年初增发人民币普通股(A 股),每股面值 1 元,最终确定的发行价格为每股 5.12 元,发行总量为 50 亿股,共筹资 256 亿元,其中包含筹资费率 0.74%,上一年的每股股利为 0.32 元(注:公司股利年增长率约为 10%),试测算该股票的资本成本率。

【解析】 $K_c = \dfrac{0.32 \times (1+10\%)}{5.12 \times (1-0.74\%)} + 10\% = 16.93\%$

(2)资本资产定价模型

普通股的资本成本率可以用投资者对发行企业的风险程度与股票投资承担的平均风险水平来评价。

根据资本资产定价模型,普通股的资本成本率等于无风险报酬率加上风险报酬率,用公式表示如下:

$$K_c = R_f + \beta_i (R_m - R_f)$$

式中:K_c 表示普通股的必要报酬率;R_f 表示无风险报酬率;R_m 表示市场报酬率;β_i 表示第 i 种股票的 β 系数。

当已知无风险报酬率、市场报酬率和某种股票的 β 系数时,即可测算该股票的必要报酬率,即资本成本率。因这种计算方法直接用股票投资者的必要报酬率作为股票成本率,忽略了筹资费用,所以计算的成本率偏低,若能够知道普通股筹资的筹资费用率,可将计算出的股票投资者的必要报酬率除以(1-筹资费用率)进行调整。

【例 5-7】 已知某股票的 β 系数为 1.8,市场报酬率为 10%,无风险报酬率为 5%,试测算该股票的资本成本率。

【解析】 $K_c = 5\% + 1.8 \times (10\% - 5\%) = 14\%$

4.优先股的资本成本率

企业发行优先股筹资所付出的代价包括优先股的股利和发行费用两部分,优先股的股利通常是固定的,先于普通股股利派发。优先股的资本成本率的计算公式如下:

$$K_p = \frac{D_p}{P_p} = \frac{D_p}{P(1-F)}$$

式中:K_p 表示优先股的资本成本率;D_p 表示优先股每股年股利;P_p 表示优先股筹资净额;P 表示优先股每股的发行价格;F 表示优先股的筹资费用率。

【例 5-8】 某公司拟发行一批优先股,每股发行价格为 103 元,发行费用为 2 元,预计每股年股利 9 元,试测算该优先股的资本成本率。

【解析】 $K_p = \dfrac{9}{103-2} \times 100\% = 8.91\%$

5. 留存收益的资本成本率

留存收益是企业实现的税后利润尚未分配、留存在企业的部分,归属于普通股股东所有。从表面上看,企业使用留存收益没有现金流出,似乎不用考虑成本的问题。但其实不然,留存收益也是所有者为企业提供的资金,自然也要考虑成本的问题。留存收益的成本是一种机会成本,体现为股东追加投资要求的报酬率,其计算方法与普通股类似,只是因为留存收益不需要从外部取得,所以没有筹资费用,因此其成本往往比普通股的成本略低。

【例5-9】 某公司普通股目前股价为25元/股,筹资费用率为5%,上一年刚刚支付的每股股利为2.2元,每年的股利按照3%的增长率稳定增长,试测算该企业留存收益的资本成本率。

【解析】 $K_e = \dfrac{2.2 \times (1+3\%)}{25} + 3\% = 12.06\%$

(二)综合资本成本率

综合资本成本率是指筹资企业全部长期资本的成本率,一般是以各种长期资本在总筹资中所占的比重为权数,对个别资本成本率进行加权平均求和来进行测算,所以也被称为加权平均资本成本率。因此,综合资本成本率的高低由个别资本成本水平和各种长期资本所占的比重二者共同决定,其计算公式为:

$$K_W = \sum_{i=1}^{n} K_i W_i$$

式中:K_W 表示综合资本成本;K_i 表示第 i 种个别资本成本率;W_i 表示第 i 种个别资本在全部资本中所占的比重。

综合资本成本率的计算存在一个权数的选择问题,即各种不同的筹资方式按什么价值计量基础来确定权重。各种资金权重确定的价值基础主要有 3 种选择:账面价值、市场价值和目标价值,其优缺点对比分析如表 5-1 所示。

表 5-1 3 种选择的优缺点对比分析

3 种选择		评 价
账面价值	优点	易于从资产负债表中取得资料,计算简便
	缺点	资本的账面价值可能与市场价值不符,如果两者差别很大,则采用账面价值作为计量基础确定权重就有失客观性,从而不利于综合资本的测算和筹资决策的作出
市场价值	优点	能反映企业目前的实际情况
	缺点	证券的市场价格经常变动而不易确定,在实务中可采用一定时期证券的平均价格

续表

3 种选择		评 价
目标价值	优点	能反映企业期望的资本结构,而不是账面价值和市场价值那样只能反映过去和现在的资本结构,因此,更适用于企业筹集新资金时综合资本成本率的测算
	缺点	目标价值权数的制订是一项主观决策,可能会受到决策者自身偏见的影响

【例 5-10】 某公司计划筹资 5 000 万元,其中:取得长期借款 500 万元,资本成本率为 3.83%;发行债券 2 000 万元,资本成本率为 4.92%;发行普通股 2 500 万元,资本成本率为 14.89%。试测算其综合资本成本率。

【解析】

(1)计算各种资本所占的比重:

长期借款所占的比重 = 500÷5 000×100% = 10%

发行债券所占的比重 = 2 000÷5 000×100% = 40%

发行普通股所占的比重 = 2 500÷5 000×100% = 50%

(2)计算综合资本成本率:

$$K_W = 3.83\% \times 10\% + 4.92\% \times 40\% + 14.89 \times 50\% = 9.80\%$$

(三)边际资本成本

边际资本成本率是指企业追加筹资的成本率,即企业新增 1 元资本所需要负担的成本。企业的个别资本成本和综合资本成本是企业过去筹资的单项资本的成本和目前使用全部资本的成本。然而,企业在追加筹资时,不能仅仅考虑目前所使用资本的成本,还要考虑新筹集资金的成本,即边际资本成本。边际资本成本是企业进行追加筹资的决策依据。当采用组合筹资方案时,边际资本成本率的权数采用目标价值权数。

【例 5-11】 某公司设定的目标资本结构为长期借款占比 10%、公司债券占比 30%、普通股占比 60%。现拟追加筹资 500 万元,按此资本结构来筹资。个别资本成本率预计为长期借款 6%、公司债券 9%、普通股 16%。要求计算追加筹资 500 万元的边际资本成本率。

【解析】 边际资本成本率计算如表 5-2 所示。

表 5-2 边际资本成本率计算表

资本种类	目标资本结构	追加筹资额	个别资本成本	边际资本成本
长期借款	10%	50 万元	6%	0.60%
公司债券	30%	150 万元	9%	2.70%
普通股	60%	300 万元	16%	9.60%
合计	100%	500 万元	——	12.90%

第二节　杠杆效应

古希腊伟大的物理学家阿基米德说过:"给我一个支点,我能撬起地球。"这句话形象地描述了物理学中的杠杆作用。杠杆作用使力得以放大,从数学的角度做一个延伸就是一个量的微小变化会引起另一个量更大幅度的变化。

财务管理中的杠杆效应就是因特定费用的存在而产生的,当某一财务变量以较小幅度变动时,另一相关财务变量就会以较大幅度变动。该特定费用可能来自企业的生产经营方面,也可能来自企业的财务方面。不同方面的特定费用会带来不同的杠杆效应。在财务管理中,人们经常关注经营杠杆、财务杠杆和联合杠杆的分析与运用。

一、经营杠杆

(一)经营杠杆的概念

经营杠杆也称为营业杠杆,是指由于企业经营成本中固定成本的存在,使息税前利润变动率大于营业收入变动率的一种杠杆效应。因为固定的经营成本不随销售量的变动而变动,或者在一定的销售量范围之内保持不变,所以,增加企业的销售量将会使每单位产品分摊的固定成本减少,从而使企业的息税前利润增加得更多,给企业带来经营杠杆利益。反之,当销售量减少时,固定的经营成本依然会发生,所以分摊在每单位产品上的固定成本就会增加,导致企业的息税前利润减少得更多,给企业带来经营风险。所以,经营杠杆是一把双刃剑,可能会给企业带来更多的收益,也可能会使企业面临更大的损失。

(二)经营杠杆利益分析

经营杠杆利益是指在扩大销售量的条件下,由于摊薄了固定成本,使单位营业收入的固定成本下降而给企业增加的息税前利润。在一定的销售量范围内,变动成本随着营业收入的增加而同比例增加,但固定成本却不随营业收入的增加而增加,而是保持不变,所以,单位营业收入所负担的固定成本会相对减少,从而使企业获得额外收益。

【例5-12】　某公司的营业收入总额为 1 000 万元~2 000 万元时,每年的固定成本总额均为 300 万元,变动成本率为 50%,销售单价保持不变,20×1—20×3 年的营业收入总额分别为 1 200 万元、1 500 万元和 1 800 万元,现测算其经营杠杆利益,如表5-3所示。

表5-3　经营杠杆利益测算表

年份	营业收入/万元	营业收入增长率/%	变动成本/万元	固定成本/万元	息税前利润/万元	息税前利润增长率/%
20×1	1 200		600	300	300	
20×2	1 500	25	750	300	450	50
20×3	1 800	20	900	300	600	33.33

由上表可知,该公司 3 年的营业收入为 1 200 万元～1 800 万元时,固定成本总额保持不变,每年都是 300 万元,随着营业收入的增长,息税前利润增长的幅度更大。具体地,20×2 年与 20×1 年相比,营业收入实现了 25%的增长,而息税前利润增长的幅度达到了 50%;20×3 年与 20×2 年相比,营业收入增长了 20%,而息税前利润则实现了 33.33%的增长。因此,该公司通过有效地利用经营杠杆,使息税前利润增长的幅度超过了营业收入增长的幅度,从而给公司带来了额外收益,获得了经营杠杆利益。

(三)经营风险分析

经营风险也称为营业风险,是指与企业经营有关的风险,尤其是指在经营过程中利用经营杠杆而导致息税前利润下降的风险。由于固定成本的存在,当企业的销售量下降时,每单位产品分摊的固定成本增加,从而使息税前利润下降的幅度大于营业收入下降的幅度,因此给企业带来经营风险。

【例 5-13】 某公司的营业收入总额为 1 000 万元～2 000 万元时,每年的固定成本总额均为 300 万元,变动成本率为 50%,销售单价保持不变,20×1—20×3 年的营业收入总额分别为 1 800 万元、1 500 万元和 1 200 万元,现测算其经营风险,如表 5-4 所示。

表 5-4　经营风险测算表

年份	营业收入/万元	营业收入降低率/%	变动成本/万元	固定成本/万元	息税前利润/万元	息税前利润降低率/%
20×1	1 800		900	300	600	
20×2	1 500	16.67	750	300	450	25
20×3	1 200	20	600	300	300	33.33

由上表可知,该公司 3 年的营业收入为 1 200 万元～1 800 万元时,固定成本总额保持不变,每年都是 300 万元,随着营业收入的下降,息税前利润下降的幅度更大。具体地,20×2 年与 20×1 年相比,营业收入下降了 16.67%,而息税前利润下降的幅度却为25%;20×3 年与 20×2 年相比,营业收入下降了 20%,而息税前利润则下降了 33.33%。所以,由于固定成本的存在,该公司没有有效利用经营杠杆,使息税前利润下降的幅度超过了营业收入下降的幅度,从而放大了企业的经营风险。

(四)经营杠杆的计量

只要企业的经营中存在固定成本,就存在经营杠杆效应。为了反映经营杠杆的作用程度,估计经营杠杆利益的大小,评价企业经营风险的水平,需要对经营杠杆进行计量,常用的指标是经营杠杆系数。

所谓经营杠杆系数,是指息税前利润变动率相当于营业收入或销售量变动率的倍数,其测算公式为:

$$DOL = \frac{\Delta EBIT/EBIT}{\Delta S/S}$$

或

$$DOL = \frac{\Delta EBIT/EBIT}{\Delta Q/Q}$$

式中:DOL 表示经营杠杆系数;$EBIT$ 表示息税前利润;$\Delta EBIT$ 表示息税前利润变动额;S 表示营业收入;ΔS 表示营业收入变动额;Q 表示销售量;ΔQ 表示销售量变动额。

上述公式是计算经营杠杆系数的理论公式,运用该公式时,必须已知息税前利润和营业收入或者销售量变动前后的数据,有时候不便使用。因此,还可以对上述公式进行如下推导,得到其应用式,以方便使用:

因为 $EBIT = Q(P-V) - F$

$\Delta EBIT = \Delta Q(P-V)$

所以,$DOL = \dfrac{\Delta EBIT/EBIT}{\Delta Q/Q} = \dfrac{\Delta Q(P-V)}{Q(P-V)-F} \times \dfrac{Q}{\Delta Q} = \dfrac{Q(P-V)}{Q(P-V)-F} = \dfrac{S-C}{S-C-F}$

也即 $DOL = = \dfrac{EBIT+F}{EBIT}$

式中:Q 表示销售量;P 表示销售单价;V 表示单位变动成本;F 表示固定经营成本;C 表示变动成本总额。

【例5-14】 某公司本年销售收入为 800 万元,变动成本率为 60%,固定的经营成本为 160 万元,要求计算:

(1)企业的经营杠杆系数;

(2)若预计下一年销售收入增长 20%,则下一年息税前利润为多少?

(3)若预计下一年销售收入降低 20%,则下一年息税前利润为多少?

【解析】

(1)$DOL = \dfrac{800-800\times60\%}{800-800\times60\%-160} = 2$

(2)经营杠杆系数等于 2,意味着息税前利润的变动率是销售量变动率的 2 倍,所以当预计下一年销售收入增长 20% 时,息税前利润预计将增长 40%。

本年的 $EBIT = 800 - 800\times60\% - 160 = 160$(万元)

那么,下一年的 $EBIT = 160 \times (1+40\%) = 224$(万元)

(3)当预计下一年销售收入降低 20% 时,息税前利润预计将降低 40%,所以,下一年的 $EBIT = 160 \times (1-40\%) = 96$(万元)

(五)经营杠杆与经营风险的关系

引发企业经营风险的主要原因是市场需求和成本等因素的不确定性,经营杠杆本身并不是企业经营不稳定的根本原因。但是通过上述计算可以看出,经营杠杆系数越大,息税前利润随着销售量的变动而变动的幅度就越大。如果相关因素向不利的方面变化,息税前利润下降的幅度就更大,企业的经营风险也就越大。由经营杠杆系数的计算公式可知,经营杠杆系数与固定成本呈同方向变化,即在其他因素一定的情况下,固定成本越高,经营杠杆系数越大,经营风险也越大。所以经营杠杆系数也在一定程度上反映了经营风险的大小。如果固定成本为 0,则 $DOL = 1$,也就不存在经营杠杆效应。

二、财务杠杆

(一)财务杠杆的概念

财务杠杆也称为筹资杠杆,是指由于企业利用债务资金所需要承担的固定筹资成本的存在,使每股收益变动率大于息税前利润变动率的一种杠杆效应。企业的全部长期资本由股权资本和债务资本构成,向股东支付股利就是股权资本的成本,但是这一成本从税后利润中支付且并不固定,而向债权人支付的利息通常是固定的,并且一般是作为利息费用在税前扣除的。不管企业的息税前利润是多少,都得先扣除债务的利息费用和所得税,之后才是归属于所有者的利润。因此,企业利用财务杠杆会对股权资本的收益产生一定的影响,有时可能会给所有者带来额外的收益即财务杠杆利益,有时也可能造成一定的损失即遭受财务风险。

(二)财务杠杆利益分析

财务杠杆利益是指企业利用债务筹资而给股权资本带来的额外收益。在企业规模和资本结构一定的条件下,企业从息税前利润中支付的利息费用也是相对固定的,那么当息税前利润增加时,每 1 元的息税前利润所负担的利息费用会相应降低,扣除所得税后归属于所有者的利润就会增加,从而使企业获得财务杠杆利益,给所有者带来额外收益。

【例 5-15】 某公司 20×1—20×3 年的息税前利润分别为 300 万元、400 万元和 500 万元,每年的债务利息均为 100 万元,现测算其财务杠杆利益,如表 5-5 所示。

表 5-5 财务杠杆利益测算表

年份	息税前利润/万元	息税前利润增长率/%	债务利息/万元	所得税($T=25\%$)	税后利润/万元	税后利润增长率/%
20×1	300		100	50	150	
20×2	400	33.33	100	75	225	50
20×3	500	25	100	100	300	33.33

由上表可知,在债务利息保持固定不变的条件下,当息税前利润增长时,税后利润增长的幅度更大。具体地,20×2 年与 20×1 年相比,息税前利润实现了 33.33% 的增长,而税后利润增长的幅度达到了 50%;20×3 年与 20×2 年相比,息税前利润增长了 25%,而税后利润则实现了 33.33% 的增长。因此,该公司通过有效地利用财务杠杆,使税后利润增长的幅度超过了息税前利润增长的幅度,从而给所有者带来了额外收益,获得了财务杠杆利益。

(三)财务风险分析

财务风险也称为筹资风险,是指举债经营给企业未来收益带来的不确定性,尤其是指在筹资活动中利用财务杠杆可能导致企业税后利润下降的风险。当企业的资本来源中包含债务资本时,不管企业的经营情况如何,所要承担的利息都是固定不变的。因此,如果息税前利润下降,每1元的息税前利润所负担的固定利息成本就会增加,会使税后利润下降得更多。当企业的资本来源中债务资本比重较高时,固定的筹资成本较多,从而使企业的财务风险加大;反之,当债务资本比重较低时,固定的筹资成本相应较小,财务风险也就较小。

【例5-16】　某公司20×1—20×3年的息税前利润分别为500万元、400万元和300万元,每年的债务利息均为100万元,现测算其财务风险,如表5-6所示。

表5-6　财务风险测算表

年份	息税前利润 /万元	息税前利润 降低率/%	债务利息 /万元	所得税 ($T=25\%$)	税后利润 /万元	税后利润降 低率/%
20×1	500		100	100	300	
20×2	400	20	100	75	225	25
20×3	300	25	100	50	150	33.33

由上表可知,该公司3年间每年的债务利息都是100万元,随着息税前利润的下降,税后利润下降的幅度更大。具体地,20×2年与20×1年相比,息税前利润下降了20%,而税后利润下降的幅度却为25%;20×3年与20×2年相比,息税前利润下降了25%,而税后利润则下降了33.33%。所以,由于固定的筹资成本即债务利息的存在,该公司没有有效利用财务杠杆,使税后利润下降的幅度超过了息税前利润下降的幅度,从而放大了企业的财务风险。

(四)财务杠杆的计量

只要企业存在固定的筹资成本,就存在财务杠杆效应。为了反映财务杠杆的作用程度,估计财务杠杆利益的大小,评价企业财务风险的水平,需要对财务杠杆进行计量,常用的指标是财务杠杆系数。

所谓财务杠杆系数,是指每股收益变动率或者税后利润变动率相对于息税前利润变动率的倍数,它反映了财务杠杆的作用程度。其测算公式为:

$$DFL = \frac{\Delta EPS / EPS}{\Delta EBIT / EBIT}$$

或

$$DFL = \frac{\Delta EAT / EAT}{\Delta EBIT / EBIT}$$

式中:DFL表示财务杠杆系数;EPS表示每股收益;ΔEPS表示每股收益变动额;EAT表示税后利润;ΔEAT表示税后利润变动额;EBIT表示息税前利润;ΔEBIT表示息税前利润变动额。

上述公式是计算财务杠杆系数的理论公式,运用该公式时,必须已知息税前利润和税后利润或者每股收益变动前后的数据,有时候不便使用。因此,还可以对上述公式进行如下推导,得到其应用式,以方便使用:

因为 EPS = (EBIT−I)(1−T)/N

ΔEPS = ΔEBIT(1−T)/N

所以,DFL = $\dfrac{\Delta EPS/EPS}{\Delta EBIT/EBIT}$ = $\dfrac{\Delta EBIT(1-T)/N}{(EBIT-I)(1-T)/N}$ × $\dfrac{EBIT}{\Delta EBIT}$ = $\dfrac{EBIT}{EBIT-I}$

式中:I 为债券利息。

【例5-17】 某公司资金总额为 1 000 万元,负债比例为 40% ,债务利息率为 8% ,20×3 年实现的息税前利润为 100 万元,所得税税率为 25% ,试测算其财务杠杆系数。

【解析】

固定的债务利息费用 I = 1 000×40% ×8% = 32(万元)

DFL = $\dfrac{100}{100-32}$ = 1.47

财务杠杆系数为 1.47 意味着若息税前利润增长 10% ,则税后利润或每股收益将增长 14.7% 。反之,若息税前利润下降 10% ,则税后利润或每股收益将下降 14.7% 。

（五）财务杠杆与财务风险

财务风险是指企业为取得财务杠杆效应而利用债务筹资时,所增加的破产概率或导致税后利润或每股收益大幅度变动所带来的风险。

通过上述例题中财务杠杆的计算可看出,财务杠杆系数越大,税后利润或每股收益随着息税前利润的变动而变动的幅度越大。如果相关因素向不利的方向变化,税后利润或每股收益下降的幅度就越大,企业还本付息和再向外部筹资的难度就越大,企业的财务风险也就越大。一般来说,借入资金所占比重越大,财务杠杆系数越大,财务风险也就越大。财务杠杆可能带来更多收益,也可能带来更大风险,要谨慎使用。企业筹资中应适当使用债务资本,依据自身未来的收益情况决定债务资本的比例,合理安排资本结构,适度负债,使财务杠杆利益抵消风险增大所带来的不利影响。

三、联合杠杆

（一）联合杠杆的概念

联合杠杆也称为复合杠杆或者总杠杆,是指由于固定的经营成本和固定的筹资成本的存在,使普通股每股收益的变动率大于销售量变动率的现象。通过前面的分析可知,经营杠杆通过销售量的变动影响息税前利润,而财务杠杆通过息税前利润的变动影响每股收益,两者最终都会影响普通股股东的收益。因此,联合杠杆是经营杠杆和财务杠杆这两种效应的叠加,如果企业同时利用经营杠杆和财务杠杆,那么销售量的变动对每股收益的影响就会更大。

（二）联合杠杆的计量

联合杠杆存在的前提是企业存在固定的经营成本和固定的筹资成本,为了反映联合杠杆的作用程度,估计联合杠杆利益的大小,评价企业总体的风险水平,需要对联合杠杆进行计量,常用的指标是联合杠杆系数。

所谓联合杠杆系数,是指每股收益变动率相对于销售量变动率的倍数。由于联合杠杆是经营杠杆和财务杠杆共同作用的结果,所以联合杠杆系数就是经营杠杆系数与财务杠杆系数的乘积,反映了联合杠杆的作用程度。其测算公式为:

$$DTL = \frac{\Delta EPS/EPS}{\Delta Q/Q}$$

或

$$DTL = DOL \times DFL = \frac{EBIT+F}{EBIT} \times \frac{EBIT}{EBIT-I} = \frac{EBIT+F}{EBIT-I}$$

式中:DTL 表示联合杠杆系数;其他符号含义与前述相同。

【例5-18】 某公司长期资本总额为1 000万元,其中负债比例为50%,负债利息率为9%,公司20×3年营业收入为300万元,变动成本率为60%,固定的经营成本为30万元,所得税税率为25%,试测算其经营杠杆系数、财务杠杆系数和联合杠杆系数。

【解析】

息税前利润 $EBIT = 300 \times (1-60\%) - 30 = 90$(万元)

$$DOL = \frac{EBIT+F}{EBIT} = \frac{90+30}{90} = 1.33$$

固定的利息费用 $I = 1 000 \times 50\% \times 9\% = 45$(万元)

$$DFL = \frac{EBIT}{EBIT-I} = \frac{90}{90-45} = 2$$

$$DTL = DOL \times DFL = \frac{EBIT+F}{EBIT-I} = \frac{90+30}{90-45} = 2.67$$

联合杠杆系数为2.67意味着若销售量增长10%,则每股收益将增长26.7%。反之,若销售量下降10%,则每股收益将下降26.7%。

（三）联合杠杆效应分析

根据前文的阐述可知,计算出联合杠杆系数,就可以估计出销售量的变动对每股收益变动的影响程度。联合杠杆系数越大,每股收益随着销售量的变动而变动的幅度越大,如果相关因素向不利的方向变化,则每股收益下降的幅度就越大,企业的风险也越大;反之,风险越小。通过联合杠杆系数的大小获悉企业总体的风险水平之后,企业就可以利用经营杠杆与财务杠杆之间的相互关系,进行经营杠杆和财务杠杆的组合,来对联合杠杆系数进行调整,控制企业的总体风险。比如,若企业的经营杠杆系数较高则意味着经营风险较大,那么就只能在较低的程度上运用财务杠杆,减少资金来源中债务资本所占的比重;反之,若企业的经营杠杆系数较低则意味着经营风险较小,那么企业可在较高的程度上运用财务杠杆,合理提高债务资本所占的比重,以提高自有资金报酬率,为股东实现更多的收益。总的来讲,因为财务风险的大小主要受企业的负债水平的影响,而经营风险的大小除了受企业内部因素的影响,还受到很多外部市场因素的影响,所以企业对财务风险的控制程度相对大于对经营风险的控制程度。

微课5-3:杠杆
效应总结

第三节 资本结构

一、资本结构的含义和意义

资本结构是企业筹资决策的核心问题,企业应综合考虑有关影响因素,运用适当的方法来确定最优资本结构,并在未来追加筹资时继续保持。若现行的资本结构不合理,则应通过筹资活动进行调整,使其趋于合理,直至达到最优化。

(一)资本结构的含义

资本结构是指企业各种资本的价值构成及其比例关系,是企业一定时期筹资组合的结果。资本结构有广义和狭义之分,广义的资本结构是指企业全部资本的各种构成及其比例关系,狭义的资本结构是指企业各种长期资本的构成及其比例关系,尤其是指长期债务资本与(长期)股权资本之间的构成及其比例关系。

资本结构是企业采用多种筹资方式筹集资金而形成的,各种筹资方式不同的组合决定了企业的资本结构及其变化。不同的筹资方式筹集到的资金,其资本成本和财务风险都不同。一般而言,能使企业价值最大化的资金组合被称为最优资本结构。由于企业的负债和优先股的资本成本是相对固定的,所以,资本结构研究的主要问题就是如何根据企业的资金需求,确定债务资本、优先股和普通股资本的最佳比例组合,使企业的价值在其他因素不变的条件下达到最大。

(二)合理安排资本结构的意义

1. 有利于降低财务风险

安排资金来源结构,不仅要从股权资本和债务资本方面组合,还要从筹资方式、渠道方面组合,以及从长期资金、短期资金方面组合。这样就可以使债务相对分散,能够在不同时间分别偿还,避免集中还本付息给企业财务造成困难,有效降低财务风险。

2. 有利于降低资本成本

采用不同方式分别从不同渠道取得资金,其资本成本是各不相同的。债务资本的利息率通常低于股权资本的股利率,并且债务利息可以在所得税前扣除,因此,债务资本成本明显低于股权资本成本,这样就可以在企业能够承担的财务风险水平下,合理安排债务资本和股权资本的比例,从而使全部资金的综合成本相对较低。

3. 有利于提高企业价值

企业价值受很多因素的影响,其中债务资本和股权资本的比例、股权资本的收益等都是影响企业价值的重要因素。在财务杠杆的作用下,负债的存在可以用较少的自有资金获取更多可用资本和更多额外收益。所以,企业合理提高债务资本的比重,可以提高股权资本的收益水平,给股东带来额外收益。债务资本和股权资本的比例适当,股权资本的收益水平适当,就会使企业的风险较小,使企业在社会上的声誉提高,从而有利于提高企业价值。

二、资本结构的影响因素

最优资本结构是相对而言的,有评价的基本依据,但没有绝对固定的标准。因此,在确定资金来源结构时,既要进行定量分析,又要进行定性分析,认真考虑资本结构的影响因素,并综合考虑这些因素来确定一个尽可能合理的资本结构。资本结构的影响因素通常有以下几种。

1. 企业经营者与所有者的态度

从经营者的角度看,一旦企业发生财务危机,其职务和利益将受到重大影响,因此经营者就可能较少地使用财务杠杆,尽量降低债务资本的比重。

从所有者的角度看,向过多的投资者筹集过多的股权资本会分散企业的控制权。如果企业原有的所有者拥有绝对控制权,不愿让企业的控制权旁落他人,则不宜过多地向新投资者增发新股,而要求经营者适当留存收益或增加举借债务。

2. 企业的信用等级与债权人的态度

企业能否以负债的方式筹资和能够筹集到多少资金,不仅取决于企业经营者和所有者的态度,还取决于企业的信用等级和债权人的态度。如果企业信用等级不高,且资产负债率已经处于较高水平,则债权人将不愿意再向企业提供信用,那么企业可能就无法达到其所希望的负债水平。

3. 企业所处发展阶段

在企业所处生命周期的不同阶段,其表现出的资本结构状况也存在差异。一般而言,企业的发展往往要经过不同阶段,如初创期、成长期、成熟期和衰退期等。在不同阶段,企业所面临的风险程度也不同。在初创期,企业的经营风险比较大,通常表现为较低的债务资本比重,以控制财务风险;在成长期,企业的经营风险降低,可以接受相对高一些的财务风险,所以债务资本的比重开始上升;在成熟期,企业的产品产销业务量稳定和持续增长,经营风险低,可适度增加债务资本的比重,发挥财务杠杆效应;在衰退期,企业的产品市场占有率下降,经营风险逐步加大,应逐步降低债务资本的比重。

4. 企业盈利能力

如果企业的产品销售价格相对较高、成本相对较低、盈利能力较强,随着销售量增加,企业的利润会增加,自然内部积累也会增加,企业可以负担相对较多的利息费用,就可以适当增加债务资本的比重,以提高股东投资的收益水平。

5. 资产流动性

如果企业的产品市场需求旺盛,销售前景看好,货款回收的速度快,产生现金流量能力强,即资产变现能力强,周转速度快,就可以适当增加债务资本的比重,并且可以利用短期负债,以降低资本成本。

6. 筹资用途

如果筹资是因为出现了临时性的资金周转不平衡,或资金主要用于补充流动资产,则可采用短期筹资方式。如果筹资是用于基本建设,或者大规模添置固定资产的需要等,因为需要的资金数量较多且使用期限较长,所以应采用长期筹资方式,宜使用股权资本。

7. 行业特征

如果属于产品市场稳定的企业,则经营风险较低,可以提高债务资本的比重,以发挥财务杠杆作用。如果属于高新技术企业,因为技术、市场尚不成熟,经营风险较高,则一般更多地使用股权资本,降低债务资本的比重,以控制财务风险。

8. 利率水平变动趋势

如果目前负债的利率水平较低,将来有可能上升,则宜采用负债方式筹资,并且可设置较长的期限。如果负债的利率水平将来有可能下降,则宜采用短期负债方式筹资。

9. 利息抵税作用

债务利息一般在所得税前列支,因此,所得税税率越高,利息抵税作用越明显,债务筹资的好处就越大,企业实际负担的筹资成本就越小,企业资本结构中债务资本的比重可能就会相对高一些。

三、资本结构决策的方法

企业资本结构决策即要确定最优资本结构。何为最优资本结构? 基本的判断标准是能否实现企业价值最大化,但是这个标准有些抽象,难以操作。因此,可以采用以下两个相对具体的判断标准来确定企业的最优资本结构:①在财务风险程度比较适宜的情况下,企业的综合资本成本率相对较低;②在财务风险程度比较适宜的情况下,企业的每股收益或企业价值较高。所以,资本结构优化的目标是降低综合资本成本率、提高每股收益或提升企业价值。

常用的确定资本结构的方法有资本成本比较法、每股收益分析法和企业价值分析法。这些方法可以帮助企业管理人员有效地确定合理的资本结构。但这些方法并不能当作绝对的判断标准,在应用这些方法时,还应综合考虑其他因素,以使企业的资本结构趋于最优化。

(一)资本成本比较法

资本成本比较法是指在适度的财务风险下,通过计算和比较各种可能的筹资组合方案的综合资本成本率,选择综合资本成本率最低的方案的方法。综合资本成本率最低方案下的资本结构即为最优资本结构。

企业筹资可以分为创立期的初始筹资和发展过程中的追加筹资两种情况。相应地,企业资本结构决策可以分为初始筹资的资本结构决策和追加筹资的资本结构决策。下面分别说明资本成本比较法在这两种情况下的运用。

1. 初始筹资的资本结构决策

企业筹资活动中所需要的资金总额可以采用多种筹资方式来筹集,每种筹资方式的筹资额也可有不同安排,由此就会形成若干预选的筹资组合方案。在资本成本比较法下,企业管理人员可以通过综合资本成本率的测算及比较来进行决策。

【例5-19】 蓝天公司在初创时确定需要筹集2 000万元资金,有如下3个筹资组合方案可供选择,有关资料如表5-7所示。

表5-7　初始筹资组合方案详情

筹资方式	方案一		方案二		方案三	
	筹资额/万元	资本成本率/%	筹资额/万元	资本成本率/%	筹资额/万元	资本成本率/%
长期借款	300	5	300	5	400	5.5
长期债券	700	8	500	7	300	6
优先股	200	12	200	12	200	12
普通股	800	15	1 000	15	1 100	15
合计	2 000		2 000		2 000	

假定上述3个筹资组合方案的财务风险都是蓝天公司可以承受的水平。

【解析】　下面分别测算3种筹资组合方案的综合资本成本率,并比较其高低,以确定最佳筹资组合,即最优资本结构。

(1)方案一

①计算各种筹资方式在总的筹资中所占的比重:

长期借款:300÷2 000×100% = 15%

长期债券:700÷2 000×100% = 35%

优先股:200÷2 000×100% = 10%

普通股:800÷2 000×100% = 40%

②计算综合资本成本率:

$$K_1 = 5\% \times 15\% + 8\% \times 35\% + 12\% \times 10\% + 15\% \times 40\% = 10.75\%$$

(2)方案二

①计算各种筹资方式在总的筹资中所占的比重:

长期借款:300÷2 000×100% = 15%

长期债券:500÷2 000×100% = 25%

优先股:200÷2 000×100% = 10%

普通股:1 000÷2 000×100% = 50%

②计算综合资本成本率:

$$K_2 = 5\% \times 15\% + 7\% \times 25\% + 12\% \times 10\% + 15\% \times 50\% = 11.20\%$$

(3)方案三

①计算各种筹资方式在总的筹资中所占的比重:

长期借款:400÷2 000×100% = 20%

长期债券:300÷2 000×100% = 15%

优先股:200÷2 000×100% = 10%

普通股:1 100÷2 000×100% = 55%

②计算综合资本成本率：

$$K_3 = 5.50\% \times 20\% + 6\% \times 15\% + 12\% \times 10\% + 15\% \times 55\% = 11.45\%$$

由以上计算可知，3个筹资组合方案的综合资本成本率分别为10.75%、11.20%和11.45%，经比较，方案一的综合资本成本率最低，所以在适度的财务风险下，应选择筹资组合方案一作为最佳筹资组合，由此形成的资本结构即为企业的最优资本结构。

2.追加筹资的资本结构决策

企业在持续的生产经营活动过程中，由于经营业务或对外投资的需要，有时候会需要追加筹资。因追加筹资及筹资环境的变化，企业原定的资本结构未必仍是最优的，需要进行调整。因此，企业应在相关情况的不断变化中寻求最优资本结构。

企业追加筹资可有多种筹资组合方案供选择。按照最优资本结构的要求，在适度财务风险的前提下，企业选择追加筹资组合方案可用两种方法：第一种是直接测算各备选追加筹资组合方案的边际资本成本率，从中比较、选择最佳筹资组合方案；第二种是分别将各备选追加筹资组合方案与原有资本结构汇总，测算各种追加筹资组合方案下汇总的资本结构的综合资本成本率，从中比较、选择最佳筹资组合方案。

微课5-4：资本结构习题拓展

【例5-20】 上例中的蓝天公司经营一段时间后，拟追加筹资1 000万元，现有如下两个追加筹资组合方案可供选择，有关资料如表5-8所示。

表5-8　追加筹资组合方案详情

筹资方式	方案一		方案二	
	筹资额/万元	资本成本率/%	筹资额/万元	资本成本率/%
长期借款	200	6	200	6
长期债券	400	9	300	8.5
普通股	400	16	500	16
合计	1 000		1 000	

【解析】 下面分别按上述两种方法测算比较追加筹资组合方案。

(1)第一种方法：追加筹资组合方案的边际资本成本率比较法

首先，测算追加筹资组合方案一的边际资本成本率，即：

$$K_1 = 6\% \times \frac{200}{1\ 000} + 9\% \times \frac{400}{1\ 000} + 16\% \times \frac{400}{1\ 000} = 11.20\%$$

然后，测算追加筹资组合方案二的边际资本成本率，即：

$$K_1 = 6\% \times \frac{200}{1\ 000} + 8.50\% \times \frac{300}{1\ 000} + 16\% \times \frac{500}{1\ 000} = 11.75\%$$

最后，比较两种追加筹资组合方案。方案一的边际资本成本率为11.20%，低于方案二的边际资本成本率11.75%。因此，在适度的财务风险下，方案一优于方案二，应选择追加筹资组合方案一，由此形成蓝天公司新的资本结构。上例中蓝天公司原有资本总额为2 000万元，资本结构是长期借款300万元、长期债券700万元、优先股200万元、普通股 800 万元。追加筹资后的资本总额为 3 000 万元,资本结构是长期借款 500 万元、长期债券 1 100 万元、优先股 200 万元、普通股 1 200 万元。

(2)第二种方法:备选追加筹资组合方案与原有资本结构汇总后的综合资本成本率比较法

首先,将追加筹资后方案与原有资本结构进行汇总,形成备选追加筹资后的资本结构,如表 5-9 所示。

表 5-9　追加筹资后方案与原有资本结构汇总表

筹资方式	原有资本结构/万元	资本成本率/%	追加筹资额/万元	追加筹资组合方案一资本成本率/%	追加筹资额/万元	追加筹资组合方案二资本成本率/%
长期借款	300	5	200	6	200	6
长期债券	700	8	400	9	300	8.50
优先股	200	12				
普通股	800	15	400	16	500	16
合计	2 000		1 000		1 000	

然后,测算汇总两种筹资组合方案与原有资本结构汇总后的综合资本成本率。

①追加筹资组合方案一与原有资本结构汇总后的综合资本成本率:

$$K_1 = \frac{5\% \times 300 + 6\% \times 200}{3\ 000} + \frac{8\% \times 700 + 9\% \times 400}{3\ 000} + \frac{12\% \times 200}{300} + \frac{16\% \times (800 + 400)}{3\ 000}$$

$$= 11.10\%$$

②追加筹资组合方案二与原有资本结构汇总后的综合资本成本率:

$$K_2 = \frac{5\% \times 300 + 6\% \times 200}{3\ 000} + \frac{8\% \times 700 + 8.5\% \times 300}{3\ 000} + \frac{12\% \times 200}{300} + \frac{16\% \times (800 + 500)}{3\ 000}$$

$$= 11.28\%$$

(注:在上面的计算中,根据股票的同股同利原则,原有普通股应按新发行股票的资本成本率计算,即全部股票按新发行股票的资本成本率计算其总的资本成本率。)

最后,比较两个追加筹资组合方案与原有资本成本汇总后的综合资本成本率,追加筹资组合方案一与原有资本结构汇总后的综合资本成本率为 11.10%,低于方案二与原有资本结构汇总后的综合资本成本率 11.28%。因此,在适度的财务风险下,追加筹资组合方案一优于追加筹资组合方案二。在选择追加筹资组合方案一之后,蓝天公司便会形成新的资本结构。由此可见,蓝天公司追加筹资后,使资本结构发生了改变,但经过分析和测算,作出了正确的筹资决策,使公司仍可保持资本结构的最优化。

(二)每股收益分析法

每股收益分析法也叫筹资无差别点法,是指利用每股收益无差别点来进行资本结构决策的方法。采用此方法进行资本结构决策的判断标准是,能使普通股每股收益提高的资本结构就是合理的资本结构。在资本结构管理中,利用债务资本筹资的目的之一就在于债务资本能够带来财务杠杆效应,利用债务筹资的财务杠杆作用来增加股东财富。

每股收益受到经营利润水平、债务资本成本水平等因素的影响,分析每股收益与资本结构的关系,可以找到每股收益无差别点。所谓每股收益无差别点,是指使不同的筹资方案下的每股收益相等的息税前利润点。根据每股收益无差别点,企业管理人员可以分析并判断在什么样的息税前利润水平下,适合采用何种筹资方案,从而确定企业的资本结构安排。

在每股收益无差别点上,无论采用债务筹资方案还是采用股权筹资方案,每股收益都是相等的。当预期息税前利润大于每股收益无差别点时,应当选择债务筹资方案;当预期息税前利润小于每股收益无差别点时,应当选择股权筹资方案。在每股收益无差别点上,不同的筹资方案下的每股收益是相等的,用公式表示为:

$$EPS_1 = \frac{(EBIT - I_1) \times (1 - T)}{N_1} = \frac{(EBIT - I_2) \times (1 - T)}{N_2} = EPS_2$$

式中:EBIT 表示每股收益无差别点,即筹资无差别点;I_1 和 I_2 表示两种筹资方式下的债务利息;N_1 和 N_2 表示两种筹资方式下的普通股股数;T 表示所得税税率。

【例5-21】 某公司目前的资本来源包括每股面值 5 元的普通股 800 万股和利率为 10% 的 3 000 万元债务。该公司拟投产一个新产品,需要投资 4 000 万元,预期投产后每年息税前利润可增加 500 万元。该项目备选的筹资方案有:

(1)按 11% 的利率发行债券;

(2)按 20 元/股的价格增发普通股。

该公司目前的息税前利润为 1 500 万元,公司适用的所得税税率为 25%。

要求:采用每股收益分析法作出筹资方案选择。

【解析】

(1)发行债券方案下公司应负担的利息费用

$$I_1 = 4\,000 \times 11\% + 3\,000 \times 10\% = 740(万元)$$

$$普通股股数 N_1 = 800(万股)$$

(2)增发普通股方案下公司应负担的利息费用

$$I_2 = 3\,000 \times 10\% = 300(万元)$$

$$普通股股数 N_2 = 800 + 4\,000 \div 20 = 1\,000(万股)$$

$$EPS_1 = \frac{(EBIT - 740) \times (1 - T)}{800} = \frac{(EBIT - 300) \times (1 - T)}{1\,000} = EPS_2$$

解得:EBIT = 2 500(万元)

该公司目前的息税前利润为 1 500 万元,预期投产后每年息税前利润可增加 500 万元,即预计的息税前利润为 2 000 万元,小于每股收益无差别点的 2 500 万元,所以应当选择按 20 元/股的价格增发普通股来筹资,此时会有更高的每股收益。

两种方案的每股收益测算如下:

$$EPS_1 = \frac{(EBIT - 740) \times (1 - 25\%)}{800} = \frac{(2\,000 - 740) \times (1 - 25\%)}{800} = 1.18$$

$$EPS_2 = \frac{(EBIT - 300) \times (1 - 25\%)}{1\,000} = \frac{(2\,000 - 300) \times (1 - 25\%)}{1\,000} = 1.28$$

由以上计算可知,增发普通股来筹资会有更高的每股收益。

(三)企业价值分析法

以上两种方法都是从账面价值的角度进行资本结构优化分析,既没有考虑市场反应和风险因素,也没有体现财务管理目标——企业价值最大化的要求。企业价值分析法,是在考虑市场风险的基础上,以企业市场价值为标准进行资本结构优化。采用此方法进行资本结构决策的判断标准是,能够提升企业价值且能使企业的综合资本成本率最低的资本结构,就是合理的资本结构。这种方法主要用于对现有资本结构进行调整,适用于资本规模较大的上市公司的资本结构优化分析。

企业价值是指企业整体在市场上的公认价值,从归属来看包括企业的债权人提供的资金和股东投入资本的公认价值。所以,企业价值应该等于资本的市场价值,也就是等于其债务资本价值与股权资本价值之和,即:

$$V = S + B$$

式中:V 表示企业价值;S 表示股权资本价值;B 表示债务资本价值。

为简化分析,假设长期债务(包含长期借款和长期债券)的现值等于其面值(或本金),股票的现值按企业未来净收益的折现值测算,其测算公式为:

$$S = \frac{(EBIT - I) \times (1 - T)}{K_S}$$

式中:S 表示企业股票的折现现值;EBIT 表示企业未来的年息税前利润;I 表示企业长期债务资本的年利息;I 表示所得税税率;K_S 表示企业股票的资本成本率。

根据资本资产定价模型可知:

$$K_S = R_F + \beta(R_M - R_F)$$

式中:K_S 表示企业普通股的资本成本率;R_F 表示无风险报酬率;R_M 表示市场平均报酬率;β 表示企业股票的 β 系数。

此时,综合资本成本率测算如下:

$$K_W = K_B \times \frac{B}{V}(1 - T) + K_S \times \frac{S}{V}$$

式中:K_W 表示企业综合资本成本率;K_B 表示企业长期债务的税前资本成本率,可按长期债务的年利率来计算;K_S 表示企业普通股资本成本率;其他符号含义与前述相同。

【例 5-22】 某公司现有全部长期资本全部由普通股资本构成,账面价值为 3 000 万元,无长期债务资本。公司认为目前的资本结构不合理,没有发挥财务杠杆的作用,准备举借长期债务回购部分普通股予以调整。公司预计息税前利润为 500 万元,假定无风险报酬率为 5%,证券市场平均报酬率为 10%,所得税税率为 25%。经测算,不同债务水平下的债务资本成本率和股权资本成本率如表 5-10 所示。

表 5-10 债务资本成本率和股权资本成本率

债务资本市场价值/万元	债务资本成本率/%	股票 β 系数	股权资本成本率/%
0	—	1.40	12
200	7	1.45	12.25
400	7.50	1.50	12.50
600	8	1.55	12.75
800	8.50	1.60	13
1 000	9	1.80	14
1 200	10	2	15
1 500	12%	2.30	16.50

要求:试采用企业价值分析法替该公司进行资本结构决策。

【解析】 根据表 5-10 中的债务资本成本率和股权资本成本率可以计算出不同的资本结构下公司总价值和综合资本成本率,如表 5-11 所示。

表 5-11 公司总价值和综合资本成本率

债务资本市场价值/万元	股票市场价值/万元	公司总价值/万元	税后债务资本成本率/%	股权资本成本率/%	综合资本成本率/%
0	3 125	3 125	—	12	12
200	2 975.51	3 175.51	5.25	12.25	11.81
400	2 820	3 220	5.63	12.50	11.65
600	2 658.82	3 258.82	6	12.75	11.51
800	2 492.31	3 292.31	6.34	13	11.39
1 000	2 196.43	3 196.43	6.75	14	11.73
1 200	1 900	3 100	7.50	15	12.10
1 500	1 454.55	2 954.55	9	16.50	12.69

从表 5-11 可以看出,在没有债务资本的情况下,公司总价值就是普通股资本的价值,此时 $V=S=3\ 125$ 万元。当公司增加一部分负债时,财务杠杆开始发挥作用,公司总价值开始上升,同时综合资本成本率开始下降。在债务资本达到 800 万元时,公司总价值达到最高(为 3 292.31 万元),同时综合资本成本率最低(为 11.39%)。而当债务资本超过 800 万元之后,随着利率的不断上升,财务杠杆的作用逐渐减弱甚至显现副作用,公司总价值下降,综合资本成本率上升。因此,债务资本为 800 万元时的资本结构是该公司的最优资本结构。此时,该公司的长期资本价值总额为 3 292.31 万元,其中普通股资本价

值为 2 492.31 万元,占公司总资本价值的比率为 75.70%(即 2 492.31/3 292.31);长期债务资本价值为 800 万元,占公司总资本价值的比率为 24.30%(即 800/3 292.31)。

复习思考题

一、单选题

1. 在不考虑筹资额限制的前提下,下列筹资方式中个别资本成本最高的通常是( )。

　　A. 发行普通股　　　　　　　　　　B. 留存收益筹资

　　C. 长期借款筹资　　　　　　　　　D. 发行公司债券

2. 某企业发行债券筹资,面值为 1 000 万元,发行价格为 1 050 万元,票面利率为 7%,期限为 10 年,每年支付一次利息,其筹资费用率为 3%,则此债券的资本成本为( )。

　　A. 3.83%　　　　　　　　　　　　 B. 4.92%

　　C. 5.15%　　　　　　　　　　　　 D. 6.08%

3. 某公司普通股目前的股价为 10 元/股,筹资费用率为 6%,预计下一期每股股利为 2 元,股利固定增长率为 2%,则该企业利用留存收益的资本成本率为( )。

　　A. 22.40%　　　　　　　　　　　　B. 22.00%

　　C. 23.70%　　　　　　　　　　　　D. 23.28%

4. 某公司的经营杠杆系数为 2,预计息税前利润将增长 10%,在其他条件不变的情况下,销售量将增长( )。

　　A. 5%　　　　　　　　　　　　　　B. 10%

　　C. 15%　　　　　　　　　　　　　　D. 20%

5. 下列筹资方式中,能给企业带来财务杠杆效应的是( )。

　　A. 发行普通股　　　　　　　　　　B. 发行优先股

　　C. 银行借款　　　　　　　　　　　D. 利用留存收益

6. 如果企业一定期间内的固定经营成本和固定财务费用均不为零,则由上述因素共同作用而产生的杠杆效应属于( )。

　　A. 经营杠杆　　　　　　　　　　　B. 财务杠杆

　　C. 风险杠杆　　　　　　　　　　　D. 联合杠杆

二、多选题

1. 资本成本包括用资费用和筹资费用两部分,其中属于筹资费用的有( )。

　　A. 向股东支付的股利　　　　　　　B. 向债权人支付的利息

　　C. 借款手续费　　　　　　　　　　D. 债券发行费

2. 普通股的资本成本高于债券的资本成本的原因有( )。

　　A. 股利不能税前列支

B. 普通股股东的投资风险大于债券持有者的风险

C. 普通股的发行、上市等方面的费用十分庞大

D. 普通股筹资有固定的股利负担

3. 下列财务决策方法中,可用于资本结构优化决策的有(　　　)。

A. 资本成本比较法   B. 杜邦分析法

C. 每股收益分析法   D. 企业价值比较法

三、判断题

1. 因为债务资本成本相对较低,所以企业应尽可能地多利用债务资本。　　　　　(　　)

2. 当经营杠杆系数等于 1 时,企业的固定性经营成本为零,此时企业没有经营风险。

(　　)

3. 由于财务杠杆的作用,当息税前利润下降时,普通股每股收益会下降得更快。

(　　)

4. 债务资本和自有资本各占 50% 的资本结构就是最优资本结构。　　　　(　　)

四、计算题

1. 某企业拟筹资 2 500 万元,其中:发行债券 1 000 万元,筹资费用率为 2%,年利率为 10%,所得税税率 25%;优先股 500 万元,年股息率 12%,筹资费用率 3%;普通股 1 000 万元,筹资费用率 4%,每股价格为 10 元,上年每股支付股利 1 元,以后每年增加 4%。

要求:计算该筹资方案的综合资本成本率。

2. 某企业全部固定成本和费用为 300 万元,企业资产总额为 5 000 万元,资产负债率为 40%,负债平均利息率为 5%,净利润为 750 万元,适用的所得税税率为 25%。

要求:计算经营杠杆系数、财务杠杆系数、联合杠杆系数。

3. 甲公司 20×2 年长期资本总额为 6 000 万元,其中普通股 3 600 万元(180 万股),长期债务 2 400 万元,利率 6%,适用的所得税税率为 25%。20×3 年公司预计将长期资本总额增至 8 000 万元,需要追加筹资 2 000 万元。现有两个追加筹资方案可供选择:①发行公司债券,票面利率 8%;②增发普通股 100 万股。预计 20×3 年息税前利润为 1 000 万元,要求:

(1)测算两个追加筹资方案下无差别点的息税前利润和无差别点的每股收益。

(2)测算两个追加筹资方案下 20×3 年的每股收益,并据以作出筹资方案的选择。

思政思辨案例:"负"可敌国! 恒大集团负债超2.4万亿元

此前,出于审计原因而使年报难产的恒大集团,在2023年7月17日晚,终于公开了自己的账本,连发包括2021年、2022年业绩公告及2022年中期业绩公告在内的三份财报。财报显示,恒大集团两年亏损超8120亿元,总负债超2.4万亿元。

截至2022年12月31日,恒大集团的负债总额为2.44万亿元,总资产为1.84万亿元,净资产为-5991亿元。2022年,净亏损1258.1亿元,2021年,净亏损6862.2亿元。也就是说,恒大集团过去两年亏损合计为8120.3亿元。

这是什么概念?2013—2020年,恒大集团最风光的8年,其累计净利润才不过2352亿元,两年就把8年的净利润全部亏完。负债远超资产,这意味着即便恒大集团破产清算,依然无法还清债务。那么恒大集团是如何将负债"滚"到2.4万亿元的?

公告日期	标题
2023-07-17	📄 截至2022年12月31日止年度業績公告
2023-07-17	📄 截至2022年6月30日止六個月未經審核之中期業績公告
2023-07-17	📄 截至2021年12月31日止年度業績公告

中國恒大集團

CHINA EVERGRANDE GROUP

CHINA EVERGRANDE GROUP

中 國 恒 大 集 團

(於開曼群島註冊成立的有限責任公司)

(股份代號:3333)

截至2022年12月31日止年度
業績公告

主要信息匯總

1、截止2022年12月31日本集團負債總額24,374.1億元,剔除合約負債7,210.2億元後為17,163.9億元,其中:借款6,123.9億元、應付貿易賬款及其他應付款項10,022.6億元(含應付工程材料款5,961.6億元)、其他負債1,017.4億元。

2、本集團截至2022年12月31日止年度(本年度)收入為人民幣2,300.7億元,毛利249.9億元。

年內經營性虧損433.9億元,土地被收回有關的虧損、金融資產減值損失及其他非經營性虧損693.7億元,所得稅開支130.5億元,淨虧損合計1,258.1億元。

3、截止2022年12月31日,集團擁有土地儲備2.1億平方米。

此外,集團還參與舊改項目79個,其中大灣區55個(深圳34個),其他城市24個。

中國恆大集團
CHINA EVERGRANDE GROUP

CHINA EVERGRANDE GROUP
中國恆大集團
（於開曼群島註冊成立的有限責任公司）
（股份代號：3333）

截至2021年12月31日止年度
業績公告

主要信息匯總

1、截至2021年12月31日本集團負債總額人民幣25,801.5億元，剔除合約負債人民幣9,743.5後為人民幣16,058億元，其中：借款人民幣6,073.8億元、應付貿易賬款及其他應付款項人民幣8,933.4億元（含應付工程材料款人民幣5,850.1億元）、其他負債人民幣1,050.9億元。

2、本集團截至2021年12月31日止年度（本年度）收入為人民幣2,500.1億元，毛虧損人民幣184.5億元。

年內經營性虧損人民幣1,137.5億元，撇減發展中物業及持作出售之已完工物業、投資物業公平值虧損人民幣4049.5億元、土地被收回有關的虧損、金融資產減值損失及其他非經營性虧損人民幣1802.0億元，所得稅抵免人民幣126.8億元，淨虧損合計人民幣6862.2億元。

3、截至2021年12月31日，集團擁有土地儲備2.6億平方米。

此外，集團還參與舊改項目93個，其中大灣區66個（深圳39個），其他城市27個。

500 倍的杠杆

恒大集团诞生以来的十几年间，许家印利用高回报的承诺，与资本共舞，增加杠杆，使恒大集团总资产迅速从不足百亿元膨胀至 2 万亿元以上。然而，无尽的扩张和对调控决心的低估，最终导致了恒大财富的挤兑，引爆了整场危机。

1996 年底，许家印创建恒大集团，并利用贷款、要求合作的施工方代发建设工资的方式，近似于空手套白狼一般，不断增加杠杆，而恒大集团开发的第一个项目金碧花园，开盘当天便销售一空，回笼资金 8 000 多万元。这让第一次触碰到金融杠杆的许家印尝到了甜头。

2006—2007 年，恒大集团向德意志银行、美林银行、淡马锡控股公司及瑞士瑞信银行融资了 8.3 亿美元，部分外资贷款的利率接近 20%。随后恒大集团开始激进地扩充土地储备和项目。截至 2007 年末，恒大集团的土地储备达到 4 580 万平方米，较 2006 年增加了近 7 倍，总资产扩张至 213.8 亿元，总负债为 205.3 亿元，资产负债率高达 96%。为了上市，恒大集团在杠杆资金的帮助下，把估值和规模做到了最大。

2013 年，为完成向一、二线核心城市转型的战略，获取资金支持，许家印开创性地为房地产行业引入了一个新玩法——永续债，即无固定到期日的债券，一般情况下投资方不具有对债券本金的求偿权，而发行方拥有赎回的自主选择权。因此，永续债在会计处理上可以被认定为权益，而非负债。

恒大集团将永续债设计为"2+N"模式，即在发行的前两年需支付 10% ~ 12% 的利率，但若第三年未赎回，利率就以 30% 的增长率跳升。2013 年，恒大集团共计发行了 246 亿元的永续债，2014 年再次发行 264 亿元。依靠永续债的资金支持，恒大集团快速完成了在京、津、沪、杭等一、二线城市的布局。

2015 年末,恒大集团的总负债和总资产还分别为 6 149 亿元和 7 570 亿元,对应的资产负债率为 81.2%,到 2016 年末总负债和总资产就达到了 1.16 万亿元和 1.35 万亿元,资产负债率上升至 85.9%。到 2016 年末,恒大集团的永续债累计余额已高达 1 129 亿元。若将这些永续债计为年报中的负债,恒大集团的实际资产负债率接近惊人的 95%。这样加杠杆的扩张自然伴随着大量质疑,发行永续债的做法也被海外机构认为风险极高。恒大集团在国际评级也屡遭下调,在港股的估值甚至只有 600 亿港元左右。此时,为解决永续债等问题,许家印再一次利用起杠杆。只不过,这一次,时代已经完全不同了。

2 万亿元的赌局

2016 年,中央经济工作会议在 12 月召开,首次明确提出了"房子是用来住的,不是用来炒的"。之后,"房住不炒"成了房地产出台新政的核心依据。

但为应对债务,许家印选择了更加大胆、更加激进的计划——回 A 股上市。为了成功借壳上市,许家印采取了三步走方案,首先是将恒大地产集团更名为"中国恒大集团",以显示其多元化业务发展战略,并与深深房 A 签署合作协议,计划将其地产板块(恒大地产)注入后最终实现在 A 股的分拆借壳上市。其次,利用捐款帮扶的方式主动向地方政府示好。另外,在"宝万之争"的关键时刻,恒大集团将其持有的万科 A 股以每股 18.8 元的价格转让给了深圳地铁集团,以自己亏损 70 亿元的代价,解决了万科股权之争。最后,在资本市场无所不用其极地提高恒大集团的估值,包括集中释放利润、大手笔回购并注销自家股票、拉刘銮雄 100 多亿元买入恒大股票等。

2017 年 6 月底,恒大集团甚至主动赎回了 1 000 多亿元的永续债。到了 2017 年 10 月,恒大集团市值达到 4 280 亿港元,许家印身价一度超过 400 亿美元,成为中国首富。当时,许家印和恒大集团对于完成借壳上市 A 股都颇有信心,多次在媒体上放话,表示跟证监会一直保持着非常畅通的沟通,在这样的预期下,恒大集团还引进带有兜底协议的 1 300 多亿元战略投资。

2020 年 11 月,恒大集团与深深房 A 宣布重组终止。借壳上市最终没有获得证监会审批。回 A 股上市梦断,恒大集团又无法在盈利上获得持续改善,之前累积的种种风险开始暴露,之前做的种种资本动作开始反噬,至此恒大集团开始陷入全面崩盘的境地,进而引发了全行业的连锁反应。这个教训不可谓不深刻!

(案例来源:根据和讯网及恒大集团财报资料整理所得)

案例思考:

1. 恒大集团的财务危机有多严重?

2. 恒大集团营运失败的原因是什么?

第六章 项目投资管理

微课 6-1 思维导图

学习目标

本章主要阐述项目投资的概念、分类、特点和程序。学生学习完本章后需掌握下列要点：了解投资的动机、方式和分类；熟悉项目的现金流入和现金流出的内容和计算；掌握净现金流量的计算；熟练运用项目投资决策方法；掌握多个互斥方案的比较和优选方法。

投资决策是企业重要的财务管理决策，对筹资决策、经营决策和分配决策影响重大，是企业为了新建项目或者更新改造旧项目作出的长期决策。新建项目是为了新增产能的对内投资，更新改造项目是为了改善现有产能的对内投资，对不宜继续使用的原有设备进行技术上的更新和改造。长期投资决策具有涉及的金额较大、影响的时间较长、对企业风险较高的特点。

第一节 项目投资概述

一、企业投资的动机

企业投资主要体现在资产上，是对现有资金的运用和增值的过程，其目的是在未来获得相应的经济利益和回报。企业投资的动机可以分为以下 3 类。

（一）实现股东财富最大化的目标

企业财务管理的最终目标是实现股东财富最大化，因此需要通过投资来为股东原始投资额进行保值增值，具体而言就是通过投资资产来增加利润，以在未来获得收益，这是企业存在的目的。

（二）实现生存和发展的基本保障

在经济技术飞速发展的当下，企业需要不断投资取得发展才能在竞争中立足。企业需要投资厂房和设备更新，才能增加产能、提高产品市场认可度，不断开拓新的市场，开发新的项目。因此，投资是企业实现生存和发展的基本保障。

（三）实现分散风险的重要方法

投资获得回报的同时，必然承担相应的风险。在增加投资的方向和范围的同时，企业的经营风险也会加大。为了控制总风险，企业可以运用不同行业、不同领域的多样化投资组合，有效分散非系统风险，从而降低企业总风险，增强企业的稳定性和盈利性。

二、项目投资的方式和特点

投资按照对象不同可以分为项目投资、证券投资和其他投资等方式。本章主要研究生产经营型资产投资和更新改造的投资，也称为项目投资。

（一）项目投资的分类

项目投资分类方法具有多样性，可以按照不同的标准进行以下分类。

①按照项目之间的关系不同，项目投资可以分为独立性项目投资和互斥性项目投资。独立性项目是指项目自身实施与否的决策是独立存在的，不受其他项目的影响。互斥性项目是指在两个或者两个以上的方案中只能选择一个方案的投资项目。

②按照投资对象的新旧程度不同，项目投资可以分为新建项目投资和更新改造项目投资两大类。

新建项目投资是为了扩大再生产而进行的投资，包括固定资产投资和完整的工业投资。固定资产投资较为单纯，投资金额只包含固定资产的垫支资金，不涉及其他投入。完整的工业投资则不仅有固定资产垫支，还有流动资产、无形资产和其他长期资产的投入。

更新改造项目投资是为了提高产品质量、增加产品竞争力，对旧设备、旧资产进行恢复和改善，进而提高扩大再生产的能力。以新设备替代旧设备涉及的现金流包括新设备的投资额和旧设备的变现额。

（二）项目投资的特点

项目投资是对企业长期资产的投资，和短期投资相比，具有以下特点。

1.投资金额较大

项目投资多反映在固定资产等长期资产的战略性扩张上，其本身购置价格较高，占总资产的比重较大，后期的维护和使用费用也相应较大，因此项目投资对现金流的影响较大。

2.影响时间较长

项目投资包含建设期、营运期和终结期，时间一般在几年以上，对企业未来的生产经营影响时间较长。战略性的长期项目投资会为企业带来长远的经济效益，同时资本性支出在未来会形成资产，如果未能创造效益，将使企业难以承受固定成本的代价，从而产生亏损。前期对项目的投资需要较高的付现成本，对企业现金流量影响深远。

3.投资风险高

项目投资所获得的经济效益只能在今后较长时期内逐步实现，未来时期内各种影响投资效益的因素诸如市场需求、原材料供应、国家政策等，都会发生各种变化，项目投资又不可逆转,这意味着企业进行项目投资必然面临较高的风险。

三、项目投资的基本程序

(一)投资项目的提出

投资项目的提出是项目投资程序的第一步,是根据企业的长远发展战略、中长期投资计划和投资环境的变化,在把握良好投资机会的情况下,由企业的管理人员在调研、搜集信息、考虑各方面因素的基础上提出的。投资规模较大且资金需求较大的长远战略性项目,应由董事会提议,由各部门专家组成专家小组提出方案;而规模较小、资金影响不大的战术性项目或者维持性项目,由主管部门提议,并由有关部门组织人员提出方案。

(二)投资项目的评价

在投资项目提出之后,管理者需要根据项目投资的要求进行多种可能的投资方案的设计,并组织财务人员估算出各投资方案的相关现金流量,为慎重起见,每个投资项目一般应该设计多个投资方案以备选择。在评价多个投资方案时,财务人员应分别测算出项目在建设(投资)期、生产经营期、终结期的相关现金收入、现金支出的数量,运用合理的投资评价指标,把各项投资方案按可行性的顺序进行排列,写出全面客观的分析评价报告。

(三)投资项目的决策

得到投资项目的评价后,企业高层管理人员或相关部门经理应按分权管理的决策权限作出相应的决策。投资额小的战术性项目或维持性项目,一般由部门经理作出决策。金额较大、影响深远的投资项目还需要报董事会或股东大会批准。如果认可该项目的效益数据,则选择接受这个投资项目,可以进行投资;如果认为项目数据不理想,则拒绝这个投资项目,不能进行投资,或者发还给提出投资项目的部门,要求项目提出部门重新调查和修改方案,之后再重新论证其可行性。

(四)投资项目的执行

投资项目和方案一经选定后,就要对如何执行投资方案作出周密细致的安排,即制订具体的执行方案或工作进程计划,并积极认真地组织执行。企业相关人员要积极筹措所需要的资金,在投资项目执行过程中,要进行控制和监督,使之按期按质完工并投入生产,为企业创造经济效益。如果在执行投资方案过程中,企业相关人员发现物资、技术及市场条件达不到预定要求,应根据不同情况作出延迟投资、放弃投资或缩减投资的决策。

(五)投资项目的再评价

在投资项目的执行过程中,企业相关人员一方面要严格按照计划办事,另一方面要考虑原来作出的投资决策是否正确,将项目投资的实际情况与预计情况相比较,对项目投资实施方案进行检验。企业相关人员检验投资项目完成后是否达到预计的生产经营能力,物资供应和产品销售市场是否良好,产生的经济效益与预计的是否有差异,从而评价投资决策的合理性。一旦发现新的问题,应及时作出新的评价和决策。如果原有决策依据发生了重大变化,原有投资项目已失去继续投资的意义,为避免更大的损失,企业的管理人员就要考虑是否终止投资。只有严格按以上程序运作,才有可能防止投资失误,取得较好的投资效益。

四、项目投资可行性研究的内容

项目投资形成的是企业生产经营的物质技术基础,投资决策的合理与否是至关重要的。因此,企业绝不可在缺乏调查研究和可行性分析的情况下盲目投资。投资项目的可行性研究是在建设项目投资之前,通过进行深入细致的调查研究和科学预测,分析并判断投资项目在技术上是否先进适用、在经济上是否合理、能否达到预期的效果目标,为投资决策者提供决策科学依据的一种论证方法。认真的、科学的、客观的可行性研究是防止投资失误的重要措施。可行性研究主要包括以下 3 个方面的内容。

(一)环境影响评价与市场可行性研究

项目的环境影响评价属于否决性指标,凡未开展或没通过环境影响评价的投资项目,不论其经济可行性和财务可行性如何,一律不得上马。市场可行性是指评价投资项目是否确实为企业所需要,对内部其他部门有什么影响,投资形成的经营能力是否符合社会的需要。对于工业企业来说,应进行产品的供应量和需求量的调查测算,看其新增产品的市场需求量和同种产品的市场供应量是否均衡。产品的供应量包括现有企业生产能力和在建项目生产能力。如果供应量小于需求量,则说明进行该产品的投资是必要的;如果供应量与需求量基本平衡,则说明不需投资该项目。

(二)技术与生产可行性研究

研究技术和生产的可行性,就是研究投资项目所采用的技术、工艺和设备是否具备先进和适用的特点。在先进性方面,主要看需要采用的技术是否已正式使用或已试制成功,并有定型产品,以及该项技术在其他地区、国家的发展水平如何,是否在短时间内有更先进的技术所取代,从而确定技术的成熟和先进程度。在适用性方面,主要看本企业现有物质条件(生产设施)是否适应,是否能达到技术和生产的要求。

(三)财务可行性研究

财务可行性是指在已完成相关环境影响评价与市场可行性分析、技术与生产可行性分析的前提下,围绕已具备技术可行性的投资项目而开展的研究,评价该项目在财务方面是否具有投资可行性。在企业财务管理中,项目的财务可行性研究是项目投资决策的前提。财务可行性需要研究投资项目的投资额与收益额之间的关系,以判断能否以较少的投资较快地取得较多的经济收益。为此,应对准备投资的项目拟定多种不同的投资方案,从投资额、建设工期、生产能力、产品质量、物资消耗、成本水平、销售收入和盈利等方面进行比较,从中选出产品质量好、消耗省、成本低、能较快实现收益和盈利能力强的方案。

如果这些可行性条件都已满足,则可进行投资;如果未满足以上条件,则不能形成项目经营能力,或形成经营能力后达不到预期的经济效益,将会浪费人力、物力、财力。

第二节　项目投资的现金流量

项目投资决策对企业产生的影响主要表现在现金流量上,包括项目投资相关的现金流入和现金流出。需要说明的有两点:第一,这里的"现金"是广义的现金,不仅包括各种货币资金,而且包括项目需要投入的非货币资金的变现价值。例如,一个项目需要使用原有的厂房、设备和材料等,则它们的变现价值也是相关的现金流量。第二,只有增量现金流量才是与项目相关的现金流量。所谓增量现金流量,是指接受某个投资方案后,企业总现金流量因此发生的变动。只有那些因采纳某个项目而引起的现金支出增加额,才是该项目的现金流出,一般情况下以负号"-"来表示;只有那些因采纳某个项目而引起的现金收入增加额,才是该项目的现金流入,一般情况下以正号"+"来表示。现金流量是项目投资决策的依据,是运用各种项目投资决策评价方法计算评价指标的前提。

确定项目投资的现金流量,就是在收付实现制基础上,预计货币资本在项目计算期内各年的收支数额。在现实经济生活中,由于不同投资项目的差异,甚至同一投资项目的不同时间和视角存在的差异及影响投资项目的相关因素的不确定性等,都必然会给现金流量的确定带来困难。

为方便现金流量的确定,我们有如下假设。第一是全投资假设,即在确定项目投资的现金流量时,只考虑全部投资的运动情况,即使是借入资金,也视为自有资金。因此,借入资金不作为现金流入,归还借款、支付利息也不作为现金流出。第二是时点指标假设,即在现实经济生活中,项目投资的现金流量会发生在项目计算期内的任何一个时点上,为了便于运用资金时间价值原理,各项财务指标,无论是时期指标还是时点指标,均按照年初或年末的时点指标处理。第三是建设期间投入全部资金假设,即无论项目的原始总投资是一次投入还是分次投入的,除个别情况外,假设投资项目的资金都是在建设期投入的,在生产经营期没有投资。第四是经营期和折旧年限一致假设,即假设投资项目的主要固定资产的折旧年限或使用年限与经营期相同。

一、项目投资现金流量的内容

(一)现金流入量的内容

1. 营业收入

营业收入是指项目投产后在生产经营期内每期实现的全部营业收入。为了简化计算,假定正常生产经营期内,每期发生的赊销额与回收的应收账款大致相等。根据时点指标假设,生产经营期的营业收入均发生在每期的期末。营业收入是生产经营期最主要的现金流入项目。

2. 回收垫支的流动资金

回收垫支的流动资金是指在投资项目在终结期的节点,收回原来垫付的营运资金。项目初始时垫支的流动资金视为当初的现金流出,回收时即为项目的现金流入。

3. 固定资产残值收入

固定资产残值收入是指投资的固定资产在项目终结期不能继续使用时,清理其残值收入视为项目的现金流入。

4. 其他现金流入

其他现金流入是指以上3项指标以外的现金流入项目,如多缴的税金退回或国家特殊项目的补贴等。

(二)现金流出量的内容

1. 建设投资

建设投资是指在项目初始建设期内所发生的固定资产和无形资产等投资。固定资产的购买、建造、安装等构成了固定资产的投资,无形资产的购买成本即为无形资产的投资,该资产都将在以后的生产经营期,通过计算折旧或摊销逐渐转移到营业期的生产费用中。另外,建设期的利息不作为投资项目的现金流出。建设投资是项目投资最主要的现金流出项目。

2. 垫支的流动资金

垫支的流动资金是指投资项目建成投产后,为开展正常生产经营活动而投放在流动资产上的周转资金,即在存货和货币资金方面的垫支金额。流动资金一般是在项目开始投产时投入的,但要到项目终结点才能全额收回,不是只收回其中一部分,而是全部收回。

3. 付现的营业成本

付现的营业成本是指在投资项目的生产经营期内,每年发生的用现金支付的成本,简称付现成本。付现的营业成本包括消耗的材料费、人工费、发生的维修费、管理费、推销费等,但不包括新增固定资产的折旧费和无形资产的摊销费,因为折旧和摊销在营业期间不引起现金流出。因此,项目投资中说的营业成本实际是付现的营业成本,可分为固定成本和变动成本两个部分。

4. 支付的各项税款

支付的各项税款是指在投资项目生产经营期内实际支付的各项税款,包括消费税、资源税、城乡维护建设税、所得税等。

5. 其他现金流出

其他现金流出是指不包含在以上内容中的现金流出项目,如营业外支出等。

(三)净现金流量

净现金流量是指项目计算期内每期现金流入量与同期现金流出量的差额,它是计算项目投资决策评价指标的重要依据。当现金流入量大于现金流出量时,净现金流量为正值;反之,净现金流量为负值。

$$净现金流量(NCF)=现金流入量-现金流出量$$

二、项目投资现金流量的计算

按照现金流动的方向,项目投资的现金流量可以分为现金流入量、现金流出量和净现金流量。按照现金流量的发生时间,项目投资的现金流量又可以分为初始投资期现金流量、营业期现金流量和终结期现金流量。因为按照发生时间的分类方法计算现金流量比较方便,所以下面将根据以上 3 个期的划分来进行项目投资现金流量计算。

(一)初始投资期现金流量

初始投资期现金流量一般包括以下 4 个部分。

1. 项目初始建设投资

项目初始建设投资主要指形成固定资产、无形资产和其他投资的费用。项目初始建设投资时直接形成的固定资产投资,包括建筑工程费、设备购置费、安装工程费及运杂费等。项目初始建设投资形成的无形资产投资,主要包括技术转让费或技术使用费、商标权和商誉等。其他投资包括职工培训费用、谈判费用、注册费用等现金流出项目。

2. 营运资本

营运资本是指流动资产与流动负债之间的差额。在项目存续期末,满足项目需要的流动资产不再需要,如无须购买新的存货,应收账款将被收回且不会产生新的应收账款,因此投放在项目上的营运资本在项目存续期末会逐渐被收回。

例如,ABC 公司投资项目预计净营运资本增加额如表 6-1 所示,其计算公式是:

$$\Delta NWC_t = NWC_t - NWC_{t-1}$$

在表 6-1 中,净营运资本投资额随着销售收入的变化而变化,在项目生产期的 3 年间,前期投入的营运资本逐渐被收回。

表 6-1   ABC 投资项目预计净营运资本增加额

单位:万元

年份	2018	2019	2020	2021	2022	2023
销售收入	8 000	8 800	9 680	7 600	3 600	2 000
现金(销售收入×2%)	160	176	194	152	72	40
应收账款(销售收入×8%)	640	704	774	608	288	160
存货(销售收入×10%)	800	880	968	760	360	200
应付账款(销售收入×7%)	560	616	678	532	252	140
净营运资本*	1 040	1 144	1 258	988	468	260
净营运资本增加额	—	104	114	−270	−520	−208

3. 固定资产变价收入

固定资产变价收入是指固定资产重置、旧设备出售时的净现金流量。

4. 所得税效应

所得税效应是指固定资产重置时变价收入的税赋损益。按规定,出售旧设备时,如

---

* 净营运资本=流动资产-流动负债=现金+应收账款+存货-应付账款

果售价高于账面净值,应缴纳所得税,多缴的所得税构成现金流出量。出售旧设备时发生的损失可以抵减所得税支出,抵减的所得税构成现金流入量。

(二)营业期现金流量

营业期现金流量是指项目建成后在生产经营过程中发生的现金流量,一般以1年为计量期间。

营业期净现金流量是指项目现金流入和现金流出的差额。现金流入是指在项目投产后增加的营业收入,现金流出是指与投资项目有关的以现金支付的各种成本费用(即不包括固定资产折旧费及无形资产摊销费等,也称付现成本)及缴纳的税金。

【例6-1】 ABC公司正在考虑一条产品生产线的投资方案,有关预测数据如下:预计初始投资额为4 050万元,营销部门预计在未来的5年内,这一生产线的年营业收入为5 000万元;预期每年的营业成本和管理费用分别为2 000万元和1 500万元;预计生产线使用年限为5年,按直线法计提折旧,残值为50万元;公司所得税税率为25%。根据上述资料,ABC公司投资新项目各期收入与成本预测如表6-2所示。

表6-2 ABC公司投资新项目各期收入与成本预测

单位:万元

项目	第1年	第2年	第3年	第4年	第5年
销售收入	5 000	5 000	5 000	5 000	5 000
销售成本(付现)	2 000	2 000	2 000	2 000	2 000
毛利	3 000	3 000	3 000	3 000	3 000
管理费	1 500	1 500	1 500	1 500	1 500
折旧	800	800	800	800	800
息税前利润(EBIT)	700	700	700	700	700
所得税($T=25\%$)	175	175	175	175	175
净利润	525	525	525	525	525

根据表6-2中的数据,净利润可用下式表示:

$$净利润=(销售收入-付现成本-折旧)×(1-所得税税率)$$
$$=息税前利润×(1-所得税税率)$$

注意:计算项目净利润时,通常不考虑融资决策形成的利息费用。但是净利润是公司会计业绩的一种评价标准,并非项目投资的相关现金流,在净利润的基础上加上非付现项目,就可以将净利润转化为营业期净现金流量,即:

$$营业期净现金流量=净利润+折旧$$
$$=息税前利润×(1-所得税税率)+折旧$$
$$=(销售收入-付现成本-折旧)×(1-所得税税率)+折旧$$

(三)终结期现金流量

终结期现金流量是指项目存续期末发生的现金流量,主要包括正常存续期项目净现

金流量和终结期净现金流量。其中,终结期净现金流量主要包括以下两个部分:

①固定资产残值变价收入及出售时的税赋损益。如果固定资产报废时残值收入大于税法规定的数额,就应上缴所得税,形成一项现金流出量;反之,则可抵减所得税,形成现金流入量。

②收回垫支的营运资本。假设在项目初始投资期,第1年年初的营运资本投入为700万元,第5年收回垫支的营运资本。ABC公司投资项目净现金流量预测如表6-3所示。

表6-3　ABC公司投资项目净现金流量预测

单位:万元

项目	0	第1年	第2年	第3年	第4年	第5年
息税前利润(EBIT)		700	700	700	700	700
所得税($T=25\%$)		175	175	175	175	175
净利润		525	525	525	525	525
加:折旧		800	800	800	800	800
资本性支出 净营运资本 残值回收	-4 000 -700					700 50
项目净现金流量	-4 700	1 325	1 325	1 325	1 325	2 075

三、估计现金流量的注意事项

项目投资实施以后,企业的现金流量并不都是项目相关的现金流量,在确定项目投资的相关现金流量时应遵循:只有因项目投资而增加的现金流量才是项目相关的现金流量。

(一)项目相关的现金流量不包括沉没成本

沉没成本是指已经发生、和投资与否的决策无关的成本。例如,某公司在决定投产新产品线前花了5万元进行市场调查,在投资决策时,该项市场调查已经实际支付,影响当期损益,不管投资决策结果是否生产该产品,5万元支出已经发生且无法改变,所以这项市场调查费不应在投资决策中作为相关现金流出。

(二)项目相关的现金流量包括机会成本

在互斥投资方案的选择中,如果选择了一个方案,就必须放弃其他投资机会。其他投资机会可能取得的收益是实施本方案的一种代价,被称为这项投资方案的机会成本。例如,某公司实施新项目需要使用公司拥有的一栋厂房。在进行投资分析时,虽然公司不必动用资金去购置或者租用厂房,但是仍然需要考虑厂房的机会成本。因为该公司若不利用这栋厂房来实施新项目,则可将这栋厂房出租或出售,并取得一定现金流入。此时失去现金流入金额就是投资新项目的机会成本,也是项目相关的一项现金流出。

（三）要考虑投资方案对公司其他项目的侵蚀作用或促进作用

当公司投资一个新项目后，该项目可能对其他现有项目造成有利或不利的影响。例如，当新项目产品对旧项目产品具有替代性时，新项目的产品上市后，原有旧产品的销售量可能减少，不应将新项目的销售收入直接作为项目现金流入来处理，而应扣除旧项目因此减少的销售收入。当然，也可能发生相反的情况，当新旧项目产品具有互补性时，新项目投资后会促进旧产品的销售收入增加，这也是需要考虑的相关现金流量。

四、项目投资决策中使用现金流量的原因

项目投资的决策依据是投资方案的现金流量而不是期间利润。这是因为现金流量在项目投资决策中有以下 3 个方面的作用。

（一）采用现金流量指标有利于考虑货币时间价值

由于项目投资时间较长，因此货币时间价值的作用和影响不容忽视。不同时间的现金流量具有不同的价值，通过确定投资项目每次收入与支出款项的具体发生时间，将现金流量信息与项目计算期的各个时点密切结合，有助于企业在计算投资决策评价指标时，应用货币时间价值的形式进行动态投资效果的综合评价。而利润的计算，是以权责发生制为基础的，并不考虑应收应付的收支时间，容易出现误判。

（二）采用现金流量指标评价投资项目的经济效益更加客观真实

利润的计算容易受到灵活的会计政策和会计处理方法的影响，如项目选择不同的存货估价方法、折旧计提方法等计算方法，就会得出不同的利润，因此利润的计算具有较大的主观性。此外，利润反映的是企业某个会计期间"应计"的现金流量，而不是实际的现金流量。如果企业将尚未收到的现金收益作为项目收入，则会有较大的风险，容易高估项目的经济效益。

（三）在投资决策中，现金充足状况比盈亏状况更重要

有利润的企业不一定有充足的现金用来进行其他项目的再投资。在现金为王的理念下，一个项目能否持续下去，并不取决于一定期间是否盈利，而取决于有没有足够的现金用于各种支付。因此，投资决策中更要重视现金流量的分析。

当然，在项目投资决策中使用现金流量指标并不是不需要利润指标。例如，项目投资决策中的现金流量，可以通过以净利润为基础进行折旧等非付现项目的调整得到。

第三节　项目投资决策评价指标

项目投资决策评价指标是指用于衡量和比较投资项目的可行性，据以进行投资方案决策的定量化标准与尺度。项目投资决策评价指标按是否考虑货币时间价值，可分为静态评价指标和动态评价指标。静态评价指标是指在计算过程中不考虑货币时间价值因素的指标，又称为非贴现评价指标，包括静态投资回收期和会计收益率；动态评价指标是

指在计算过程中充分考虑和利用货币时间价值的指标,又称为贴现评价指标,主要包括净现值、现值指数和内含报酬率。

一、非贴现评价指标

(一)静态投资回收期

1. 静态投资回收期的含义

静态投资回收期是指在不考虑货币时间价值的情况下,以投资项目在营业期所产生的净现金流量(不必贴现),抵偿初始投资期的原始总投资所需要的全部时间,当累计额为零时,累计时间即为静态投资回收期。

2. 静态投资回收期的计算

若原始投资一次支出、营业期各年净现金流量相等,可以用简便方法计算:

$$静态投资回收期=\frac{原始投资额}{各年净现金流量}$$

若各年净现金流量不等,或原始投资是分几次投入的,计算静态投资回收期时,要根据投资回收期的含义,逐年累计净现金流量,并根据每年末尚未回收的投资额加以确定。其计算公式为:

$$静态投资回收期=M+\frac{第\,M\,年的尚未回收额}{第\,M+1\,年的净现金流量}$$

式中:M为累计净现金流量为正的前一年。

只有静态投资回收期小于或者等于基准投资回收期的投资项目,才具有财务可行性。

【例6-2】 某公司准备购入一套设备以提高生产能力。现有甲、乙两个方案可供选择。甲方案需投资20 000元,使用寿命5年,采用直线法计提折旧,5年后设备无残值,5年中每年销售收入为12 000元,每年的付现成本为4 000元。乙方案需要投资24 000元,采用直线法计提折旧,使用寿命也是5年,5年后残值收入为4 000元,5年中每年收入为16 000元,付现成本第一年为6 000元,以后随着设备陈旧,逐年将增加修理费800元,需另垫支营运资金6 000元。

假设所得税税率为25%,资本成本率为10%。试计算静态投资回收期来判断方案优劣。

为了计算现金流量,必须先计算两个方案每年的折旧额。

$$甲方案年折旧额=20\ 000÷5=4\ 000(元/年)$$

$$乙方案年折旧额=(24\ 000-4\ 000)÷5=4\ 000(元/年)$$

下面先计算甲、乙方案的营业期净现金流量,如表6-4所示,然后编制甲、乙方案的全部现金流量,如表6-5所示。

表6-4　甲、乙方案营业期净现金流量

单位:万元

项目	第1年	第2年	第3年	第4年	第5年
甲方案:					
销售收入	12 000	12 000	12 000	12 000	12 000
销售成本(付现)	4 000	4 000	4 000	4 000	4 000
折旧	4 000	4 000	4 000	4 000	4 000
息税前利润(EBIT)	4 000	4 000	4 000	4 000	4 000
所得税($T=25\%$)	1 000	1 000	1 000	1 000	1 000
净利润	3 000	3 000	3 000	3 000	3 000
营业期净现金流量	7 000	7 000	7 000	7 000	7 000
乙方案:					
销售收入	16 000	16 000	16 000	16 000	16 000
销售成本(付现)	6 000	6 800	7 600	8 400	9 200
折旧	4 000	4 000	4 000	4 000	4 000
息税前利润(EBIT)	6 000	5 200	4 400	3 600	2 800
所得税($T=25\%$)	1 500	1 300	1 100	900	700
净利润	4 500	3 900	3 300	2 700	2 100
营业期净现金流量	8 500	7 900	7 300	6 700	6 100

表6-5　甲、乙方案的全部现金流量

单位:万元

项目	0	第1年	第2年	第3年	第4年	第5年
甲方案:						
固定资产投资	−20 000					
营业期净现金流量		7 000	7 000	7 000	7 000	7 000
现金流量合计	−20 000	7 000	7 000	7 000	7 000	7 000
乙方案:						
固定资产投资	−24 000					
营运资本垫支	−6 000					
营业期净现金流量		8 500	7 900	7 300	6 700	6 100
固定资产残值						4 000
营运资本回收						6 000
现金流量合计	−30 000	8 500	7 900	7 300	6 700	16 100

根据6-5表中的数据,甲、乙方案的累计净现金流量如表6-6所示。

表6-6 甲、乙方案的累计净现金流量

单位:万元

年份	净现金流量	累计净现金流量
甲方案:		
0	−20 000	−20 000
第1年	7 000	−13 000
第2年	7 000	−6 000
第3年	7 000	1 000
第4年	7 000	8 000
第5年	7 000	15 000
乙方案:		
0	−30 000	−30 000
第1年	8 500	−21 500
第2年	7 900	−13 600
第3年	7 300	−6 300
第4年	6 700	400
第5年	16 100	16 500

甲方案的静态投资回收期=20 000÷7 000=2.86(年)

乙方案的静态投资回收期=3+6 300÷6 700=3.94(年)

甲方案的静态投资回收期要优于乙方案。

3.静态投资回收期的评价

运用静态投资回收期指标对项目进行评价的原则是回收期越短越好。在单一方案决策时,静态投资回收期小于或等于公司期望的回收期时,则该方案可行;在多个方案决策时,选择回收期最短的方案。静态投资回收期指标计算简便,易于理解,但它存在严重的缺陷,这种方法不仅忽略了货币时间价值,而且忽略了回收期以后的现金流量。事实上,有战略意义的长期投资往往早期收益低,而中后期收益较高,静态投资回收期指标使我们优先考虑急功近利的方案,可能导致放弃长期成功的方案。它在决策中通常作为辅助方法,主要用来测定方案的流动性而非盈利性。

(二)会计收益率

1.会计收益率的含义

会计收益率是指项目达到设计生产能力后正常年份内的年平均利润率与原始投资额的比率,记作ROI指标。

2.会计收益率的计算

$$会计收益率=\frac{年平均利润}{原始投资额}\times100\%$$

只有会计收益率指标大于或等于基准投资收益率指标(通常由企业自行确定或根据行业标准确定)的投资项目,才具有财务可行性。在多个互斥项目的投资决策中,项目的会计收益率越高,说明该项目的投资效果越好,因此应该选择会计收益率最高的投资项目。

【例6-3】 接【例6-2】,甲、乙方案的净利润如表6-4所示,计算各自的会计收益率,并作出投资决策。

$$甲方案的会计收益率 = \frac{(3\ 000 + 3\ 000 + 3\ 000 + 3\ 000 + 3\ 000) \div 5}{20\ 000} \times 100\% = 15\%$$

$$乙方案的会计收益率 = \frac{(4\ 500 + 3\ 900 + 3\ 300 + 2\ 700 + 2\ 100) \div 5}{30\ 000} \times 100\% = 11\%$$

相比之下,甲方案优于乙方案。

3. 会计收益率的评价

会计收益率指标的优点是简单、明了、易于掌握,且该指标不受建设期的长短、投资方式、回收额的有无及净现金流量的大小等的影响,能够说明各投资方案的收益水平。但该指标没有考虑货币时间价值因素,不能正确反映建设期长短及投资方式不同对项目的影响;该指标的分子、分母的时间特征不一致,因而在计算口径上可比性较差;该指标的计算无法直接利用净现金流量信息。该指标是对投资项目进行粗略筛选的工具,在投资决策时应与其他指标结合使用。

二、贴现的评价指标

(一)净现值

1. 净现值的含义

对于一个投资项目,投资者总希望未来流入的资金多于初始投资时流出的资金,但由于未来各年的现金流入与原始投资不发生在同一时点,对其直接进行比较是不科学的,必须运用货币时间价值观念将这些不同时点上的现金流量统一在同一个时点上,才能进行比较。净现值(NPV)是按一定贴现率计算的投资项目各年净现金流量现值的代数和。

2. 净现值的计算

$$NPV = \sum_{i=0}^{n} \frac{NCF_t}{(1+i)^t}$$

式中:n 为项目计算期(包括建设期和营业期);NCF_t 为项目在第 t 年的现金净流量;i 为预先设定的贴现率。

对于单个项目的投资决策,若净现值大于等于0,则项目可行;若净现值小于0,则项目不可行。对于多个互斥项目的投资决策,在净现值大于0的投资项目中,应选择净现值最大的投资项目。

运用净现值指标评价项目时,贴现率的选取至关重要。在实务中,一般采用投资项目的资本成本率、投资的机会成本率或行业的平均收益率作为贴现率。如果选择的贴现率过低,则会导致一些经济效益较差的项目得以通过,从而浪费了有限的社会资源;如果选择的贴现率过高,则会导致一些经济效益较好的项目不能通过,从而使有限的社会资源得不到充分利用,也使企业失去了一次发展的机会。

【例6-4】 接【例6-2】,甲、乙方案的全部现金流量如表6-5所示,甲、乙方案贴现的净现金流量如表6-7所示,资本成本率为10%。试计算净现值并作出投资决策。

表6-7 甲、乙方案贴现的净现金流量

单位:万元

年份	净现金流量 NCF	贴现的净现金流量
甲方案:		
0	−20 000	−20 000
第1年	7 000	6 363
第2年	7 000	5 782
第3年	7 000	5 257
第4年	7 000	4 781
第5年	7 000	4 347
乙方案:		
0	−30 000	−30 000
第1年	8 500	7 727
第2年	7 900	6 525
第3年	7 300	5 482
第4年	6 700	4 576
第5年	16 100	9 998

$$\text{NPV}_甲 = -20\ 000 + 7\ 000 \times (P/A, 10\%, 5) = 6\ 530(万元)$$

$$\text{NPV}_乙 = -30\ 000 + 8\ 500 \times (P/F, 10\%, 1) + 7\ 900 \times (P/F, 10\%, 2) + 7\ 300 \times (P/F, 10\%, 3) +$$
$$6\ 700 \times (P/F, 10\%, 4) + 16\ 100 \times (P/F, 10\%, 5) = 4\ 308(万元)$$

从净现值指标来看,甲方案要优于乙方案。

3.净现值的评价

净现值指标考虑了货币时间价值因素,增强了投资经济性的评价;考虑了项目计算期内全部的净现金流量,体现了流动性与收益性的统一;考虑了投资风险,因为贴现率的大小与风险大小有关,风险越大,贴现率就越高。

但是净现值是一个绝对数,无法从动态的角度直接反映投资项目的实际收益率。在进行互斥项目的投资决策时,如果各项目的投资额不等,仅用净现值指标往往无法确定投资项目的优劣。另外,净现值的计算过程比较烦琐,需要有较准确的净现金流量的预测,并且要正确选择贴现率,而实际工作中净现金流量的预测和贴现率的选择都比较困难。

4.净现值的应用

净现值指标被广泛运用于项目投资决策中,最主要的决策是固定资产投资。固定资产投资包括新购建、更新、改造、大修理固定资产等,指投资企业将通过前述方式获得的固定资产投入生产经营活动。随着社会发展,市场需求会不断变化,新技术会不断出现,

企业就需要进行固定资产方面的投资,新建成一个企业或者一个分部,新建造一个生产车间或专用设施,从而形成新的生产经营能力或扩大企业生产经营能力(规模)。这种投资方式对于投资企业来说,将会使企业的销售量和收益增加。对于大型项目来说,往往需要较多的投资,并且工期较长。更新固定资产,一般是设备更新,是指购买或新建设备来替换在技术上或经济上不宜使用的旧设备,将旧设备报废或淘汰变卖,安装新设备。由于设备的不断使用,其物理性能会逐渐降低,物体也会损坏,到了一定时间就不宜继续使用,就要将其报废更新。科学技术的发展会促使市场不断出现生产效率更高、性能更好的设备,使用新设备会降低材料能源消耗,提高产品质量,提高劳动生产率,因此就必须适时更新设备。改造固定资产,是在原有固定资产中增添某主要组成部分,或用性能更好的零部件更换原来性能差的主要部件,被更换的零部件拆除报废。设备改造一般会采用新技术,从而会提高设备的性能、效率,或者会降低耗费,或者会延长设备的使用期。大修理固定资产,是将固定资产进行大面积的修理,它往往要更换较多的或主要的零部件。一般来说,大修理只是恢复固定资产的原样(功能),延长其使用年限,采用新技术的成分低。固定资产的投资方式不同,其投资额也不相同,投资后的使用效益也可能有所不同。为了更好地使用资金,提高投资的经济效益,避免投资失误造成损失浪费,应慎重地选择投资方式。

【例6-5】 某公司现有1台5年前购入的旧机床,购置成本为8万元,计划使用10年,直线法计提折旧,期末无残值。目前市场上出现一种新机床,公司面临固定资产更新决策。

甲方案:仍然使用旧机床,旧设备出售可获得收入2万元,营业年收入10万元,年付现成本6万元。

乙方案:购买新机床,购置成本12万元,预计使用5年,直线法计提折旧,期末有残值收入2万元。使用新机床可获得年收入16万元,年付现成本8万元。

假定该公司资本成本率为6%,所得税税率为25%。试着作出该企业应采用旧设备还是新设备的决策。

【解析】

甲方案:

$$每年计提折旧额=8÷10=0.80(万元)$$

1—5年每年净利润:$[10-(6+0.80)]×(1-25\%)=2.40(万元)$

每年净现金流量:

$$NCF_0=-[2+(4-2)×25\%]=-2.50(万元)$$

$$NCF_{1-5}=2.40+0.80=3.20(万元)$$

使用旧设备的净现值 $NPV=3.20×(P/A,6\%,5)-2.50=10.98(万元)$

乙方案:

$$每年计提折旧额=(12-2)÷5=2(万元)$$

1—5年每年净利润:$[16-(8+2)]×(1-25\%)=4.5(万元)$

每年净现金流量:

$$NCF_0=-12(万元)$$

$$NCF_{1-4}=4.50+2=6.50(万元)$$

$$NCF_5=6.50+2=8.50(万元)$$

使用新设备的净现值：

$$NPV = 6.5 \times (P/A, 6\%, 4) + 8.50 \times (P/F, 6\%, 5) - 12 = 16.87(万元)$$

比较新旧设备的净现值得出结论，应该采用乙方案。

（二）现值指数

1. 现值指数的含义

现值指数也称为获利指数，是指投产后按行业基准收益率或设定贴现率折算的各年净现金流量的现值之和与原始投资的现值之比。

2. 现值指数的计算

$$PI = \left[\sum_{t=1}^{n} \frac{NCF_t}{(1+i)^t} \right] / C$$

式中：i 贴现率；NCF_t 现金净流量；C 原始投资额；t 期数。

现值指数也是一个贴现的评价指标，利用这一指标进行投资项目决策的标准是：如果投资方案的现值指数大于或等于1，该方案可行；如果投资方案的现值指数小于1，则该方案不可行；如果几个方案的现值指数均大于1，那么现值指数越大，投资方案越好。但在采用现值指数法进行互斥方案的选择时，其正确的选择原则不是选择现值指数最大的方案，而是在保证现值指数大于1的条件下，使追加投资所得的追加收入最大化。

【例6-6】 接【例6-2】，甲、乙方案的贴现净现金流量如表6-7所示，资本成本率为10%。试计算现值指数并作出投资决策。

$$甲方案 PI = \frac{(P/A, 10\%, 5) \times 7\,000}{20\,000} = 1.33$$

乙方案 $PI = [8\,500(P/F, 10\%, 1) + 7\,900(P/F, 10\%, 2) + 7\,300(P/F, 10\%, 3) + 6\,700(P/F, 10\%, 4) + 16\,100(P/F, 10\%, 5)] / 30\,000 = 1.14$

从现值指数指标来看，甲方案要优于乙方案。

现值指数与净现值的本质相同，特别是在进行投资项目的可行性分析时，采用这两种方法将得到相同的结果，因为如果一个投资项目的净现值大于等于0，则一定有现值指数大于等于1。两者都着眼于净现金流量及其货币时间价值，都需要准确预测投资项目计算期内的净现金流量。但是在原始投资额不同的两个方案之间进行决策分析时，采用现值指数与净现值进行评价，所得结果可能不一致。

3. 现值指数的评价

现值指数指标考虑了货币时间价值因素，考虑了项目计算期的全部现金流量，考虑了投资风险，能够从动态的角度反映项目投资的资金投入与总产出之间的关系，有利于在原始投资额不同的投资方案之间进行优先排序。但是现值指数不能直接反映投资项目本身可能达到的实际收益率，并且计算过程相对复杂。

（三）内含报酬率

1. 内含报酬率的含义

内含报酬率（IRR）反映投资项目本身实际达到的报酬率，是使投资项目的净现值等于0的贴现率。

2. 内含报酬率的计算

$$NPV = \sum_{t=0}^{n} NCF_t (1 + IRR)^{-t} = 0$$

式中：NCF_t 现金净流量；n 项目计算期。

内含报酬率反映了投资项目本身的收益能力，是其内在的实际收益率。在只有一个备选方案的投资决策中，如果计算出的内含报酬率大于或等于预期收益率或资本成本率，则该投资项目具有财务可行性；否则该投资项目不可行。在有多个互斥方案的投资决策中，应选择内含报酬率超过预期收益率或资本成本率最大的投资项目。内含报酬率和现值指数有相似之处，都是根据相对比率来评价投资方案，不像净现值那样使用绝对数来评价投资方案。在评价投资方案时应注意，相对比率高的方案绝对数不一定大，反之也一样。

【例6-7】 接【例6-2】，甲、乙方案贴现的净现金流量如表6-7所示。试计算内含报酬率并作出投资决策。

内含报酬率的计算过程及具体办法根据各年净现金流量的不同可分为以下两种情况。

①当初始投资期为零，全部投资 C 于建设起点一次投入，营业期各年的净现金流量相等，甲方案属于这种情况，其计算步骤为：

第一步：计算年金现值系数。

$$(P/A, IRR, n) = \frac{C}{NCF}$$

$$甲方案(P/A, IRR, 5) = \frac{20\ 000}{7\ 000} = 2.857$$

第二步：查年金现值系数表，在相同的期数内，找出与上述年金现值系数邻近的较大和较小的两个贴现率。

$$(P/A, 20\%, 5) = 2.991, (P/A, 25\%, 5) = 2.689$$
$$20\% < IRR < 25\%$$

第三步：根据上述两个邻近的贴现率和已求的年金现值系数，采用内插法计算出该投资方案的内含报酬率。

$$\frac{2.991 - 2.689}{2.991 - 2.857} = \frac{20\% - 25\%}{20\% - IRR}$$

$$甲方案内含报酬率 = 22.22\%$$

②如果各年的净现金流量不相等，就需要采用逐步测试法与内插法相结合的方法，乙方案就是这种情况（表6-8）。其计算步骤为：

第一步：先估计一个贴现率，并按此贴现率计算净现值。如果计算出的净现值为正数，则表示预计的贴现率小于该方案的实际内含报酬率，应提高贴现率，再进行测算；如果计算出的净现值为负数，则表示预计的贴现率大于该方案的实际内含报酬率，应降低贴现率，再进行测算。经过反复测算，就可以找出净现值由正到负并且比较接近零的两个贴现率。

乙方案净现值 $= -30\ 000 + 8\ 500(P/F, IRR, 1) + 7\ 900(P/F, IRR, 2) + 7\ 300(P/F, IRR, 3) + 6\ 700(P/F, IRR, 4) + 16\ 100(P/F, IRR, 5) = 0$

表6-8　乙方案的内插法

单位:万元

年份	净现金流量	16% 贴现率		15% 贴现率	
		贴现系数	现值	贴现系数	现值
0	−30 000	16%	−30 000	15%	−30 000
第1年	8 500	0.862	7 327.000	0.870	7 395.000
第2年	7 900	0.743	5 869.700	0.756	5 972.400
第3年	7 300	0.641	4 679.300	0.659	4 809.970
第4年	6 700	0.552	3 698.400	0.572	3 832.400
第5年	16 100	0.476	7 663.600	0.497	8 001.700
净现值			−762		11

第二步:根据上述两个相邻的贴现率,借助内插法,计算出方案的实际内含报酬率。

$$乙方案内插法: \frac{0-11}{-762-11} = \frac{IRR-15\%}{16\%-15\%}$$

$$乙方案内含报酬率 = 15.01\%$$

按照内含报酬率评价方法,甲方案优于乙方案。

3.内含报酬率的评价

内含报酬率法考虑了货币时间价值因素,可以从动态的角度直接反映投资项目的实际收益水平,计算过程不受基准收益率高低的影响,比较客观,有利于对投资额不同的项目进行决策。但是其计算过程复杂,特别是对每年净现金流量不相等的投资项目,一般要经过多次测算才能求得,并且营业期存在大量追加投资时,有可能出现多个内含报酬率,或偏高或偏低,从而缺乏实际意义。

(四)贴现指标之间的关系

对于同一投资项目,其净现值NPV、现值指数PI、内含报酬率IRR及所采用的贴现率 i 之间存在这样的数量关系,即

当 NPV>0 时,PI>1,IRR>i;

当 NPV=0 时,PI=1,IRR=i;

当 NPV<0 时,PI<1,IRR<i。

这些指标都会受到初始投资期的长短、投资方式,以及各年净现金流量的数量特征的影响,所不同的是净现值为绝对数指标,其余为相对数指标。计算净现值和现值指数所依据的贴现率都是事先已知的,而内含报酬率的计算与设定的贴现率的高低无关。

(五)投资的必要报酬率

投资的必要报酬率是计算投资项目净现值的贴现率,是投资者评价投资经济效益的参照依据,是决定投资项目或方案是否取舍的重要标准。这个报酬率(贴现率)如果估计过高,会使效益较好的项目变为效益较差;如果估计过低,会使效益较差的项目变为效益较好,从而得出错误的判断。所以,必须估计好投资的必要报酬率。企业的资金来源可

归为两类:一是债权人借入;二是所有者(股东)投入。债权人把钱借给企业使用,是以还本付息为条件的。债权人不仅要按期收回本金,而且要按事先约定的利率获得利息收入。所以,债权人的投资报酬就是利息,债权人的投资报酬率就是利息率。企业是属于所有者的,所有者向企业投入资金,是想通过企业经营活动获得收益,即利润。这就是说,所有者的投资报酬就是企业净利润。净利润除以资本金就是所有者的投资报酬率。企业的投资报酬应当同时满足债权人和所有者的期望报酬。所以将债权人和所有者的期望投资报酬率进行加权平均计算,就是企业投资的必要报酬率。需要注意的是,债权人的利息是在缴纳所得税前支付的,所有者的净利润是所得税缴纳后的利润,两者计算口径不同,所以要将利息折成税后利息才能相加。

投资的必要报酬率为:

必要报酬率=资产负债率×利息率×(1−所得税率)+资产权益率×权益净利率

三、投资决策评价指标的比较

(一)贴现指标被广泛应用

投资回收期法在20世纪50年代被作为评价企业投资指标的主要方法,当时很少有公司使用贴现现金流量指标。到20世纪中后期,在货币时间价值原理不断发展后,贴现现金流量指标在投资决策指标体系中的地位才开始发生显著变化。从20世纪70年代开始,使用贴现现金流量指标的公司不断增多,贴现现金流量指标已经占据主导地位,并形成了以贴现现金流量指标为主、投资回收期指标为辅的多种指标并存的评价体系。

非贴现现金流量指标把不同时点上的现金收入和支出当作毫无差别的资金进行对比,忽略了货币时间价值因素,这是不科学的。贴现现金流量指标则把不同时点的现金收入或支出按照统一的贴现率折算到同一时点上,使不同时期的现金具有可比性,这样才能作出正确的投资决策。投资回收期、会计收益率等非贴现现金流量指标对使用寿命不同、资金投入时间和提供收益时间不同的投资方案缺乏鉴别能力。贴现现金流量指标法则可以通过净现值、内含报酬率等指标进行综合分析,从而作出正确合理的决策。近年来,由于数智化财务水平的不断提升,管理人员对人工智能软件的广泛应用,加快了贴现现金流量指标的推广使用。

(二)贴现指标的比较

1.净现值指标与内含报酬率指标的比较

在大多数情况下,投资项目的净现值指标和内含报酬率指标会得出一致的结论,但是与净现值指标相比,内含报酬率指标存在某些缺陷。

在非常规现金流量的情况下,项目可能存在多个内含报酬率。采用内含报酬率进行项目评价时,如果一个投资项目的现金流量是交错型的,如现金流量为−−++−−+……,则该投资项目可能会有多个内含报酬率,其个数要视现金流量中正负号变动的次数而定,在这种情况下,很难选择哪一个内含报酬率用于评价最合适。假设某投资项目在第0年至第4年的现金流量(万元)分别为−1 000、800、1 000、1 300、−2 200,其内含报酬率分别为6.60%和36.60%,如图6-1所示。

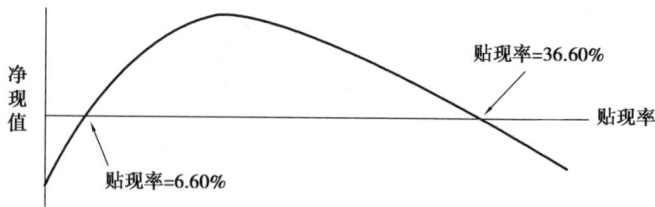

图6-1 非常规现金流量的内含报酬率

如果采用内含报酬率确定项目投资指标,使用哪一个内含报酬率进行比较是不确定的。假设项目投资要求的最低收益率为12%,以6.60%作为内含报酬率,项目是不可行的;以36.60%作为内含报酬率,项目是可行的。如果采用净现值准则,在贴现率为12%的条件下,只要项目的净现值大于0,就可以简单地判断这个项目是可行的。如某项目的现金流量为-1、3、-2.50万元,与出现多个内含报酬率不同,也会出现没有内含报酬率能满足净现值等于0的情况,无法找到评价投资项目的标准。

在互斥项目中内含报酬率与净现值可能出现矛盾的决策。在互斥项目的比较分析中,如果两个项目的投资规模不同,或两个项目的现金流量时间分布不同,采用净现值指标或内含报酬率指标进行项目排序,有时会得出相反的结论。表6-9将两个规模不同的项目的净现金流量、净现值、内含报酬率和现值指数进行了比较。

表6-9 投资项目 A 和 B 的净现金流量、净现值、内含报酬率和现值指数比较

单位:万元

项目	NCF_0	NCF_1	NCF_2	NCF_3	NCF_4	NPV(12%)	IRR	PI
A	-2 690	1 000	1 000	1 000	1 000	347	18%	1.13
B	-5 596	2 000	2 000	2 000	2 000	478	16%	1.09

根据表6-9中数据,A、B两个投资项目的内含报酬率均大于必要报酬率12%,净现值均大于0。如果互为独立方案,两者都应接受。如果两个项目互斥,只能选取一个,按内含报酬率应选择项目A,按净现值应选择项目B,这两种标准的结论是矛盾的。

采用净现值指标和内含报酬率指标出现排序矛盾时,究竟以哪种指标作为项目评价标准,取决于公司是否存在资本约束,如果公司有能力获得足够的资本进行项目投资,净现值指标提供了正确的答案。如果公司存在资本约束,内含报酬率指标是一种较好的标准,获利程度相对更高。

2. 净现值与现值指数的比较

由于净现值和现值指数使用的是相同的信息,在评价投资项目的优劣时,它们常常是一致的,但有时也会产生分歧。如果两个项目的原始投资不一致,如表6-9所示的A、B两个投资项目,在资本成本率为12%时,项目A的净现值为347万元,现值指数为1.13;项目B的净现值为478万元,现值指数为1.09。如果用净现值法,则应选用项目B,如果利用现值指数法,则应选用项目A。只有当原始投资额不同时,净现值和现值指数才会产生差异。由于净现值是用各期现金流量现值减原始投资额得到的,是一个绝对数,表示投资的效益或者说给公司带来的财富,而现值指数是用现金流量现值除以原始投资额,是一个相对数,表示投资的效率,因而评价的结果可能会不一致。

最高的净现值符合企业的最大利益,也就是说,净现值越高,企业的收益越大,而现值指数只反映投资回收的程度,不反映投资回收的多少,在没有资本约束情况下的互斥选择决策中,应选用净现值较大的投资项目。

总之,净现值法在原始投资额不相等的互斥项目决策或非常规现金流量的项目中有时会得到具有矛盾的结论。企业应根据具体情况具体分析,作出正确的判断。

复习思考题

一、单选题

1. 对项目计算期相同而原始投资额不同的两个互斥投资项目进行决策时,适宜单独采用的方法是(　　)。

A. 回收期法　　　　B. 现值指数法　　　　C. 内含报酬率法　　　D. 净现值法

2. 某项投资完成后,每年可获得营业现金收入 200 万元,每年付现成本费用 140 万元,每年计提折旧 20 万元,企业所得税税率为 25%,则该投资项目每年经营净现金流量为(　　)。

A. 30 万元　　　　　B. 40 万元　　　　　C. 50 万元　　　　　D. 60 万元

3. 静态回收期是(　　)。

A. 净现值为零的年限　　　　　　　　B. 净现金流量为零的年限

C. 累计净现值为零的年限　　　　　　D. 累计净现金流量为零的年限

4. 某投资项目各年的预计净现金流量分别为:$NCF_0 = -200$ 万元,$NCF_1 = -50$ 万元,$NCF_{2-3} = 100$ 万元,$NCF_{4-11} = 250$ 万元,$NCF_{12} = 150$ 万元,则该项目的静态投资回收期为(　　)。

A. 2.0 年　　　　　B. 2.5 年　　　　　C. 3.2 年　　　　　D. 4.0 年

5. 已知某投资项目按 14% 的贴现率计算的净现值大于 0,按 16% 的贴现率计算的净现值小于 0,则该项目的内含报酬率肯定(　　)。

A. 大于 14%,小于 16%　　　　　B. 小于 14%

C. 等于 15%　　　　　　　　　　D. 大于 16%

6. 当贴现率为 10% 时,项目的净现值为 200 万元,则说明项目的内含报酬率(　　)。

A. 高于 10%　　　B. 低于 10%　　　C. 等于 10%　　　D. 无法确定

7. 在企业所得税税率为 25%、其他因素不变的情况下,如果固定资产折旧额增加 2 万元,企业的净现金流量可以增加(　　)元。

A. 0　　　　　B. 5 000　　　　　C. 20 000　　　　　D. 25 000

8. 对投资规模不同的两个独立投资项目的评价,应优先选择(　　)。

A. 净现值大的方案　　　　　　　　B. 项目周期短的方案

C. 投资额小的方案　　　　　　　　D. 内含报酬率大的方案

二、多选题

1. 下列属于净现值指标缺点的有(　　)。

A. 不能直接反映投资项目的实际收益率水平

B. 当各项目投资额不等时,仅用净现值无法确定独立投资方案的优劣

C.所采用的贴现率不易确定

D.没有考虑投资的风险性

2.下列关于投资项目营业现金流量预计的各种做法中,正确的有(　　　)。

A.营业现金流量等于税后营业利润加上非付现成本

B.营业现金流量等于营业收入减去付现成本再减去所得税

C.营业现金流量等于税后收入减去税后付现成本再加上非付现成本引起的税负减少额

D.营业现金流量等于营业收入减去营业成本再减去所得税

3.如果其他因素不变,贴现率提高,下列指标中其数值可能变小的有(　　　)。

A.净现值　　　　　　　　　　　　B.现值指数

C.内含报酬率　　　　　　　　　　D.动态投资回收期

4.现值指数法与内含报酬率法的共同之处在于(　　　)。

A.都是相对数指标,反映投资的效率

B.都可以用于相互独立方案的比较

C.都不能反映投资方案的实际投资收益率

D.都考虑了货币时间价值因素

5.甲投资方案的净现值为 10 500 元,现值指数为 1.9;乙投资方案的净现值为 8 700 元,现值指数为 2.1,则下列说法正确的有(　　　)。

A.甲方案优于乙方案

B.乙方案优于甲方案

C.若甲乙方案互斥,则甲方案优于乙方案

D.若甲乙方案独立,则乙方案优于甲方案

三、判断题

1.企业的投资活动先于经营活动,对企业经营活动的方向产生重大影响。　　　(　　　)

2.对内投资都是直接投资,对外投资一定都是间接投资。　　　(　　　)

3.项目的现值指数为 1.2,则项目的现金流出的现值是现金流入现值的 1.2 倍。

(　　　)

4.项目投资决策中所使用的现金仅指货币资金。　　　(　　　)

5.内含报酬率可以从动态的角度直接反映投资项目的收益率水平。　　　(　　　)

四、计算题

1.某企业有一个拟投资的项目,预计建设期为 1 年,所需原始投资为 200 万元,于建设起点一次性投入。该项目预计寿命期为 5 年,使用期满报废清理时无残值,采用直线法计提折旧。该项目投产后每年增加净利润 60 万元,适用的贴现率为 10%。

要求:

(1)计算项目计算期内各年的净现金流量。

(2)计算项目的净现值,并评价其财务可行性。

2.某企业为开发新产品拟投资 1 000 万元建设一条生产线,现有甲、乙、丙 3 个方案可供选择。甲方案各年的净现金流量如下表所示(单位:万元)。

时间	0	第1年	第2年	第3年	第4年	第5年	第6年
现金	-1 000	0	250	250	250	250	250

乙方案的相关资料为:在建设起点用 800 万元购置一台不需要安装的固定资产,乙方案投产后预计会需要垫支营运资金 200 万元。预计投产后第 1 年到第 10 年每年新增 500 万元营业收入,每年新增的付现成本和所得税分别为 200 万元和 50 万元,第 10 年回收的固定资产残值为 80 万元,营运资本在项目终结时收回。

丙方案的现金流量资料如下表所示(单位:万元)。

时间	0	第 1 年	第 2 年	第 3 年	第 4 年	第 5 年	第 6—10 年	第 11 年	合计
原始投资	500	500	0	0	0	0	0	0	1 000
税后营业利润	0	0	172	172	172	182	182	182	1 790
年折旧额	0	0	72	72	72	72	72	72	720
年摊销额	0	0	6	6	6	0	0	0	18
回收额	0	0	0	0	0	0	0	280	280
税后净现金流量						A			B
累计税后净现金流量					C				

若企业要求的必要报酬率为 8%,部分货币时间价值系数如下表所示。

时间	1	6	10	11
$(F/P, 8\%, n)$		1.586 9	2.158 9	
$(P/F, 8\%, n)$	0.925 9			0.428 9
$(A/P, 8\%, n)$				0.140 1
$(P/A, 8\%, n)$	0.925 9	4.622 9	6.710 1	

要求:

(1)计算乙方案项目计算期各年的净现金流量。

(2)写出表中用字母表示的丙方案相关净现金流量和累计净现金流量(不用列出计算过程)。

(3)计算甲、丙两方案包含的投资静态回收期。

(4)计算甲、乙两方案的净现值指标,并据此评价甲、乙两方案的财务可行性。

思政思辨案例:"并购专家"安踏

并购活动是公司提升业绩的重要手段。通过并购行为的实施,公司可以高度集中优势资源和资本,为新的发展目标积聚力量。随着我国市场经济发展的不断加快和世界经济一体化进程的持续推进,国内众多公司开始考虑并积极采取并购行为,体育用品行业也不例外。近些年,国内体育用品领域的龙头作用体现明显,行业集中度大幅提高。耐克、安踏、阿迪达斯、斯凯奇、李宁和特步是近年来国内运动服装行业销售额前六的公司,许多小规模企业被市场淘汰,行业洗牌初步完成。如下图所示,2015—2021 年,中国体育用

微课 6-2:案例拓展:并购专家安踏

品业增加值占国内生产总值的比重均不低于 0.30%,2015 年占比曾一度高达 0.40%。2021 年这一比值上升至 0.47%,但仍远低于世界发达国家体育用品业增加值占 GDP 的比重(国外发达国家占比为 2%~3%),国内体育用品市场还有非常大的增长空间。

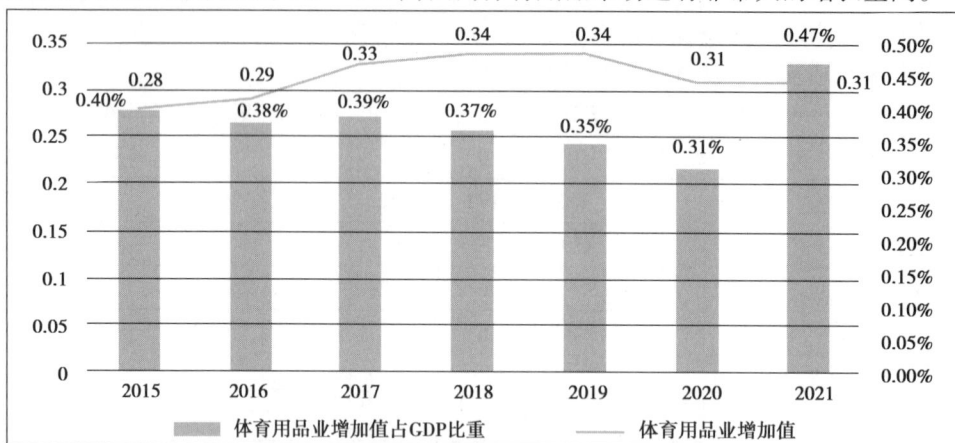

2015—2021 年中国体育用品业增加值及其所占 GDP 比重

数据来源:国家统计局、国家体育总局

安踏是一家非常活跃的企业。随着中国体育行业的迅速发展,以及政府对体育的大力支持,安踏于 2008 年北京奥运会结束后,以雄厚的资金优势,收购了意大利运动品牌 FILA,开始了其多元化经营的道路。2015 年,安踏确立了多品牌发展的策略,在过去的 7 年里,并购、合资了多个国际品牌。安踏一直是国内运动品牌中的领导者,2018 年营业收入达到 241.2 亿元,一跃成为国内龙头企业,营业收入是第二名(李宁)的 2.8 倍。安踏在国内几乎没有对手。但安踏作为全球市值第三大的公司,与市值最大的两家公司耐克和阿迪达斯相比仍差距很大。同时,由于公司产品定位于中低端市场,在高端市场与二者相差甚远。为了促进公司更好更快和健康发展,获得更全面、更知名企业的股权,安踏并购在国内不太知名的 Amer Sport,不仅可以拓展海外和高端市场,还可以利用其生产技术来提升自己的整体技术水平,符合安踏提出的"五新"战略,可以使各品牌更专注自身擅长的领域,从而达到消费者和渠道方面的全覆盖。

随着国内市场体育用品企业间的竞争日趋白热化,安踏在国内市场迅速崛起,超越李宁,一跃成为国内行业龙头公司;但国际市场中,安踏远远落后于耐克中国和阿迪达斯。二者主要关注中高端消费市场,而安踏较低的定价主要面向大众消费,公司在中高端市场根本无法同耐克中国和阿迪达斯相提并论,市场占比较低。从上述分析可以看出,安踏在短时间内迅速发展,主要源于其多品牌战略的成功实施。多品牌战略对于提升公司的世界市场份额和市场占比有极大的助力。公司多品牌战略主要通过多次跨境跨国并购来不断丰富其品牌矩阵。同时多次并购事件大都取得了不菲成绩,其中最成功的就是对 FILA 的并购,目前 FILA 为安踏创造的收入占安踏总收入的一半左右。为了进一步提高国际市场份额,安踏仍然选择跨境并购的方式。安踏成功并购 FILA 后的短时间内,又连续发起多起并购。但并购的品牌仍然缺乏世界范围内的中高端市场品牌。而本案例的被并购方 Amer Sports 在国际中高端市场均占比较高。安踏高价收购 Amer Sports 是为了补充公司在国际中高端市场的缺位,助力全球化多品牌战略实施。安踏布局已久的发展战略除了多品牌战略,还有全球化战略。目前,安踏在国际市场的占比仍然较低,在全球化战略推动下,安踏势必会继续并购海外品牌,其市场已从中国拓宽至欧美等众多国家。而 Amer Sports 多个产品在欧美市场占有的较高份额,极大地满足了安踏全球化战略布局的需要。

2018 年 12 月 5 日,安踏正式发布公告,宣布由安踏、Fountain Vest Partners、Chip Wilson 旗下的投资公司和腾讯组成的投资者财团,以现金收购 Amer Sports 所有股份(包括所有已发行和未发行股份),要约总价值为 46 亿欧元,按照当天的交易价格估算约为 370 亿元人民币。此次公布的收购价格与此前 9 月 12 日发布的公告价格一致。要约价较披露日的纳斯达克赫尔辛基交易所 Amer Sports 股份的收盘价溢价约为 40%,较 3 个月未受干扰的成交量加权平均值溢价 43%。并购完成后,安踏将持有 Amer Sports 约 57% 的股份,方源资本将持有 Amer Sports 约 21% 的股份,其中腾讯因为投资方源资本将从中获得 Amer Sports 5.63% 的股份,Chip Wilson 将通过 Anamered Investments 持有 Amer Sports 约 21% 的股份。2018 年 9 月,安踏披露了一则内幕消息,称:董事会承认本公司连同投资者财团向 Amer Sports 发出无约束力的初步意向,或将使用现金支付的方式收购 Amer Sports 的全部股份,每股价格 40 欧元,但此次收购仍受到诸多不确定因素的影响,因此安踏并没有签订任何最终协议,知情人士透露仍有谈崩的可能,无法保证此次交易会最终完成。2018 年 12 月安踏又发布了一则公告,欣然宣布了其对 Amer Sports 的收购事项,与此前披露的内幕消息一致。2019 年 3 月 26 日,安踏将其全资附属子公司 Mascot Jvco 的持股比例从 100% 减至 57.95%,Mascot Jvco 变成了安踏的一家合营公司,而剩余 42.05% 的股份由投资者财团进行出资,投资者财团已于 2019 年 3 月前对 Mascot Jvco 注资完毕。2019 年 3 月 29 日(收购日),Mascot BidCo 收购了 Amer Sports 98% 的股份及投票权,本次收购至此告一段落。此次收购由 4 股势力共同完成,分别是安踏全资附属子公司安踏体育 SPV、方源资本和腾讯联合组成的 FV 基金,以及露露柠檬创始人 Chip wilson 的投资工具 Anamered Investments,其中安踏通过其投资工具安踏体育 SPV 对合营公司 Mascot Jvco 注资 15.43 亿欧元,Chip Wilson 先生通过他的投资工具 Anamered Investments 对合营公司 Mascot Jvco 注资 5.5 亿欧元,方源资本和腾讯联合组成的 FV 基金合计对合营公司注资 5.7 亿欧元,投资者财团累计为合营公司 Mascot Jvco 注资 26.63 亿欧元。值得注意的是,Mascot Jvco 所持有的 39.63 亿欧元中有 13 亿欧元是来自债务融资,安踏为这笔债务融资提供了担保。最后的收购行动是由要约人 Mascot BidCo 来完成的,Mascot BidCo 是为了此次收购而成立的一家芬兰公司,是由 Mascot Jvco 间接全资持有的子公司。根据收购事项安排,安踏已经将收购事件发生前所持有的 Amer Sports 的股份以对价 5.05 亿元人民币卖给了 Mascot BidCo,由 Mascot BidCo 进行最后的收购交易,交易完成后,安踏共持有 Amer Sports 57.95% 的股份,露露柠檬创始人 Chip Wilson 先生将持有 20.6% 的股份,方源资本和腾讯分别占有 15.8% 和 5.6% 的股份。并购后合营公司 Mascot Jvco 的董事会成员里将有 4 名来自安踏,而方源资本、腾讯以及 Anamered Investments 各拥有 1 名董事,共 7 名董事。并购后安踏将 Amer Sports 处理为合营公司,并没有进行并表处理。

(案例来源:王勇,李子颐,刘梦楚.安踏并购亚玛芬,勇敢迈出全球化步伐?[J].清华管理评论,2019(11):108-114.有修改)

案例思考:
1. 安踏并购动因是什么呢?
2. 安踏并购后应注意哪些风险?

第七章　证券投资管理

学习目标

本章介绍企业参与证券市场投资的相关知识。学生学习完本章后需掌握下列要点：了解证券投资种类、目的和基本特征；掌握债券投资价值的计算；明确债券投资的优缺点；掌握股票投资价值的计算；明确股票投资的优缺点。

第一节　证券投资概述

一、证券的分类

证券通常是指可作为融通资金工具的有价证券，它是筹资者承诺代表一定的财产权利、投资者认购并期望获得收益的书面凭证。证券的分类主要有以下 4 种。

（一）按发行主体不同划分

证券按发行主体不同，可以分为公司证券、金融证券和政府证券。

公司证券又称企业证券，是指从事商品生产流通的经济法人为筹集资金而发行的有价证券，主要包括公司股票、公司债券等。

金融证券是指银行、保险公司、投资公司等金融机构为筹集资金而发行的有价证券，主要包括金融机构股票、金融债券、定期存款单、可转让大额存款单等。

政府证券是指政府财政部门或其他代理机构为筹集资金，以政府名义发行的有价证券，主要有国库券和公债。国库券一般由财政部发行，用以弥补财政收支不平衡。公债是指为筹集建设资金而发行的一种债券。政府债券按发行主体分为中央政府债券和地方政府债券，按用途分为一般债券和专项债券。

一般来说，政府证券的风险较小，金融证券的风险次之，公司证券的风险相对要大些，但要根据各公司的具体情况而定。

（二）按交易地点不同划分

证券按交易地点不同，可以分为上市证券和非上市证券。

上市证券又称挂牌证券，是指经证券主管机关批准，并向证券交易所注册登记，获得在交易所内公开买卖资格的证券。只有符合规定的上市条件并遵守交易所的规章制度的公司，其发行的证券才允许上市。证券上市可以扩大发行公司的社会影响和知名度，使其能更顺利地筹集到资金。对投资者来说，证券上市提供了一个连续的市场，有利于保持证券的流动性；同时，由于上市公司必须定期公布其经营业绩及财务状况，有利于投资者更了解公司的情况，从而有助于他们作出正确的决策。

非上市证券也称未挂牌证券或场外证券，指未申请上市或不符合在证券交易所挂牌交易条件的证券。非上市证券不允许在证券交易所内交易，但可以在场外市场交易。有些公司的经营规模较大、社会信誉较好，为了节约交易费用和免去向交易所呈送财务报表的麻烦，即使符合交易所规定的条件，也有可能不愿在交易所注册上市。

（三）按其收益是否固定划分

证券按其收益是否固定，可以分为固定收益证券和变动收益证券。

固定收益证券是指在证券票面上规定有固定利息率和固定付息时间的证券。如债券票面上一般要规定利息率和付息时间，优先股票面上规定有股息率，二者都属于固定收益证券。

变动收益证券是指证券的票面不标明固定的收益率，其收益情况随企业经营状况而变动的证券。普通股是最典型的变动收益证券，其股利是否发放及数额多少由企业所采取的股利政策和税后利润多少共同决定，因此收益并非固定，浮动利率债券也属于变动收益证券。

一般来说，变动收益证券比固定收益证券的风险大些、收益可能高些，但在通货膨胀条件下，变动收益证券的风险比固定收益证券的风险要小些。

（四）按其所体现的权益关系不同划分

证券按其所体现的权益关系不同，可以分为所有权证券和债权证券。

所有权证券是指证券的持有人（投资者）被公认为是证券发行企业的所有者的证券，这种证券的持有人一般对发行企业具有一定的管理权和控制权。如股票是最典型的所有权证券，股东便是发行股票企业的所有者。

债权证券是指证券的持有人（投资者）被公认为是证券发行企业的债权人的证券，证券持有人与证券发行企业是债权债务关系，持有人一般无权对发行企业进行管理和控制。当一个发行债权证券的企业破产清算时，债权证券有在所有权证券之前优先清偿的权力。

一般来说，债权证券的收益比较固定且不高，风险较小；所有权证券的收益不固定且可能较高，但风险较大。

二、证券投资的分类

证券投资是指以有价证券为购买对象并凭以获取收益的投资行为。企业的投资行为有多种，证券投资属于间接投资。证券投资主要有以下两种分类方法。

（一）按权益关系不同划分

证券投资按权益关系不同，可以分为股权投资和债权投资。

股权投资的典型形式是股票,是指投资者以购买股票的方式向股票发行者进行的投资。投资者拥有股票发行企业的股权,股票投资形成股票发行企业的自有资本,会使其股本和资本公积增加。对投资者而言,风险较大,但有可能获得较高的收益。

债权投资的典型形式是债券,是指投资者以购买债券的方式向债券发行企业进行的投资。投资者是债券发行企业的债权人,债券投资形成债券发行企业的负债。对投资者而言,收益可能相对较小,投资风险也较小。

(二)按持有时间长短不同划分

证券投资按持有时间长短不同,可以分为短期投资和长期投资。

短期投资是指能够随时变现,并且持有时间不准备超过一年的投资。短期投资的目的:主要是利用暂时多余的资金,在资金市场上购买有价证券,以求获得一定收益;不准备长期持有,准备随时变现,以供经营业务周转之用。所以,短期投资是企业暂时闲置资金较灵活的投资方式,其投资对象必须具有较好的流动性。

长期投资是指投资者购入的不准备在一年内变现的股票和债券。长期投资的目的:一是获得较长时间、较稳定的收益;二是控制其他企业,开拓市场,加强与其他企业的联系,配合本企业经营,借以提高本企业的效益和社会声誉。

相对而言,长期投资比短期投资的风险要大,但有可能获得较高的收益。

三、证券投资的目的

企业进行证券投资的目的主要有以下4个方面。

(一)充分利用闲置资金,增加企业收益

企业在经营活动中,有时会有一定数量的闲置资金,如季节性经营的企业在一年的某些月份有剩余的现金,而企业本身又没有其他更好的投资机会,就可以将暂时闲置的资金投资于证券领域,以获取高于银行存款利率的收益,提高企业资产的收益性。

(二)提高资产的流动性,增强支付能力

提高企业资产的流动性是增强支付能力的重要手段。在企业的全部资产中,证券投资的流动性仅次于货币资金。企业可以将证券投资作为现金的替代物,当需要大量支付货币资金,而货币资金不足时,可以卖出有价证券来补充现金;当有多余的货币资金时,可以投资有价证券,以获取投资收益。所以,进行证券投资,既可以保持资产的流动性,满足现金支付需求,又可以获得一些证券投资带来的收益。

(三)分散资金投向,降低经营风险

如果某一企业只经营一个种类的产品或一个项目,有时可能会受宏观、中观或者微观因素的影响,如激烈的市场竞争等,使企业面临较大的经营风险。而企业通过证券投资,实现多元化经营,可以优劣互补,就可以降低经营风险。证券投资是一种流动性强的金融投资,在承担风险的同时又创造了分散风险的机制,通过购买不同的证券,进行证券投资组合,可以起到分散风险的作用。

（四）获得对相关企业的控制权，稳定供销渠道

在企业所需原材料或商品短缺的情况下，企业可以通过购买上游供应商一定比例的证券，对其经营活动施加控制或者重大影响，从而能够稳定原材料或商品的供应。为了疏通销售渠道、扩大销售量，企业也可以投入一定数量的资金，购买下游销售商发行的证券，以维持良好的合作关系，或进行股权投资达到影响其经营决策的程度，以稳固销售网点。

四、证券估值与决策要点

证券投资最直接的动机就是获取投资收益。要想实现这一目标，在投资之前，对拟投资的证券价值进行评估就成了一个非常关键的问题，如果不加分析或者盲目投资已经被市场高估的证券，那么结果可能无法实现投资的初衷。

证券估值是指证券价值的评估，它是证券交易的前提和基础。在投资领域，按照现值规律，任何资产的价值（估价一般都是估算其投资价值或称内在价值）均等于其预期现金流量的现值，这是金融领域对所有资产进行估价的基础。而价值的多少是 3 个因素共同作用的结果，并统一于一个基本的估值模型中。这 3 个因素分别为：预期未来现金流量的大小和时间；未来现金流量的风险；投资者所期望获得的收益率。

其中，前两个是证券的内在特征，第 3 个是投资者所希望达到的最低收益标准。第 2 项未来现金流量的风险可以体现在对各期现金流量的谨慎预期上，并且这一风险的大小经常通过对第 3 项的调节来体现。

证券估值的基本模型如下：

$$V = \sum_{t=1}^{n} \frac{\mathrm{NCF}_t}{(1 + i)^t}$$

式中：V 为证券的内在价值；NCF_t 为第 t 期收到的净现金流量；i 为投资者所期望获得的收益率；n 为净现金流量发生的期限。

根据以上估值模型，证券估值与决策的程序化要点如下：

①估计该证券未来相关的现金流量有多少，以及在什么时间发生。

②根据投资者对该证券投资未来现金流量和风险的预期及对风险的态度，确定证券投资所要求的最低收益率。

③用投资者所要求的最低收益率把该证券相关的未来现金流量折合成现值之和，即为该证券的内在价值。

④将证券的内在价值与市场价格对比，作出是否值得投资的决策。

第二节 债券投资管理

一、债券的概念和特征

(一)债券的相关概念

公司债券是以发行公司为筹资者,向投资者(债券购买者)出具的、承诺在一定时期支付利息和到期还本的有价证券。

债券作为证明债权债务关系的凭证,一般用一定格式的书面形式来表现。通常,债券票面上要载明债券面值、偿还期限、利率水平、发行者名称等基本要素。

1. 债券面值

债券面值是指债券票面标明的金额。它代表债券发行者在未来某一特定日期偿付给债券持有者的金额,一般称为本金。

2. 偿还期限

偿还期限也称为到期日,是指债券票面标明的偿还本金的时间。债券都是有明确的期限规定的,发行者要在规定的日期向持有者归还本金。

3. 票面利率

票面利率是指债券票面标明的发行者将向投资者支付的利息占票面金额的比率,一般标明年利率是多少及付息时间。

4. 债券价值

债券价值也称为债券的内在价值,是指购买债券后预期现金流入的现值。债券预期现金流入是指在未来按票面规定可收到的本金和利息。这个预期还本付息额,按市场利率或投资者要求的报酬率,折算到投资时的现值就是债券价值。

(二)债券的基本特征

债券与其他有价证券相比,具有以下基本特征。

1. 债券是一种债权证书

债券是一种证明债权债务关系的凭证,是债券发行者为筹集资金向投资者出具的债务凭证,是投资者持有的凭以获取本息的债权凭证。债券发行者是债务人,债券投资者是债权人。

2. 债券有明确的期限规定

债券的券面必须标明偿还本金的期限,有到期日,债券发行者必须按照券面规定的时间偿还本金(面额),但一般不能提前兑付。

3. 债券有明确的利率规定

债券的券面一般要标明利率是多少、何时支付。债券发行者必须按照券面规定的时间、利率计算支付利息。对债券投资者来说,其投资收益比较固定。

4. 债券投资具有一定安全性

在正常情况下,债券发行者会按规定还本付息,否则将被追究法律责任。对债券投资者来说,能按规定收回本金和利息,其投资风险较小,安全性较大。

5. 债券投资者无权参与发行公司管理

由于债券投资者与发行公司是债权债务关系,只要发行者能按规定还本付息,债券投资者无权干预债券发行公司的事务。

二、债券投资价值的估算与决策

债券投资价值是指拟购买的债券的内在价值,它应与债券持有期间预期未来现金流量按市场利率计算的现值相当。债券投资相关的预期未来现金流量包括两个部分:一是债券到期时能够收到的本金;二是债券持有期间能够收到的利息。一般债券到期按照面值还本,利息的数量由面值和票面利率共同决定,本金和利息计算现值时又受债券期限的影响,此外还涉及贴现率的问题,一般按市场利率或投资者期望的报酬率来进行贴现。因此,债券投资价值由债券面值、票面利率、贴现率、债券期限共同决定。

由于债券有不同的还本付息方式,所以债券投资价值或内在价值的计算也因还本付息方式的不同而有所差别。

在债券投资价值计算时,设定以下符号:

V——债券价值(购买价格、投资额);

M——债券面值(一般为本金,债券到期时的还本额);

r——债券票面利率;

i——市场利率(投资者期望得到的报酬率);

N——债券发行者还本付息期(r的计息期数);

n——投资者持有期(i的计息期数)。

(一)到期一次还本付息的债券投资价值与决策

持有此种债券的投资者在持有期间并不会有现金流入,而只有当债券到期时才会一次性收到本金和相应的利息。

在单利计息体系下,持有至到期会收到的本利和为$M+M\times r\times n$,因此,债券投资价值计算如下:

$$V=\frac{M+M\times r\times N}{(1+i)^{n}}$$

在复利计息体系下,持有至到期会收到的本利和为$M\times(1+r)^{n}$,因此,债券投资价值计算如下:

$$V=\frac{M\times(1+r)^{n}}{(1+i)^{n}}$$

计算出债券投资价值后,再将其与价格进行对比,然后作出决策。若债券的价格高于投资价值,则债券卖贵了,不适合投资;只有当价格小于或等于投资价值时,才适合投资。

【例 7-1】 某债券面值为 1 000 元,票面利率为 8%,期限为 3 年,到期一次还本付息,按单利方式计息,当前的市场利率为 10%,则当债券价格为多少时,才能进行投资?

$$V=\frac{M+M\times r\times N}{(1+i)^n}=\frac{1\ 000+1\ 000\times 8\%\times 3}{(1+10)^3}=\frac{1\ 240}{1.331}=931.63(元)$$

由上述计算结果可知,该债券的内在价值为 931.63 元,因此,当债券价格小于等于 931.63 元时才能投资。

【例 7-2】 甲公司准备在 20×4 年 1 月 1 日购买乙公司于 20×3 年 1 月 1 日发行的 5 年期债券,该债券面值为 1 000 元,票面利率为 8%,按单利方式计息,到期一次还本付息。甲公司期望获得的投资报酬率为 10%,求该债券 20×4 年 1 月 1 日的公平价格。

【解析】 甲公司拟购买乙公司的 5 年期债券时,债券已发行 1 年,所以甲公司未来对此债券的持有期为 4 年,到期后一次性收到本金和利息。其公平价格即其投资价值,计算如下:

$$V=\frac{M+M\times r\times N}{(1+i)^n}=\frac{1\ 000+1\ 000\times 8\%\times 5}{(1+10)^4}=\frac{1\ 400}{1.464}=956.28(元)$$

由上述计算结果可知,该债券的公平价格为 956.28 元,原持有者愿意按照这样一个价格卖出,新的投资者也愿意按照此价格买入,交易才能达成。

【例 7-3】 某债券面值为 1 000 元,票面利率为 8%,期限为 3 年,到期一次还本付息,按复利方式计息,当前的市场利率为 10%,则当债券价格为多少时,才能进行投资?

$$V=\frac{M\times(1+r)^n}{(1+i)^n}=\frac{1\ 000\times(1+8)^3}{(1+10)^3}=\frac{1\ 000\times 1.260}{1.331}=946.66(元)$$

由上述计算结果可知,该债券的内在价值为 946.66 元,因此,当债券价格小于等于 946.66 元时才能投资。

(二)分期付息、到期还本的债券投资价值与决策

持有此种债券的投资者在持有期间会分期收到利息,债券到期时会收到本金。此时,与该债券相关的未来现金流量的现值就是利息的现值与本金的现值之和。若是常见的按年付息,那么每年所支付的利息数额 I 均等于 $M\times r$,每年所支付的利息数额相等,一年支付一次,因此,利息的现值就是一个年金现值的计算问题。而本金只有在将来债券到期时才收到一次,所以,本金的现值就是一个复利现值的计算问题。具体计算公式如下:

$$V=I\times(P/A,i,n)+M(P/F,i,n)$$

若是每半年支付一次利息或者按季度支付利息等,则将每期能收到的利息、计息期数和所用的贴现率相应进行调整即可。

【例 7-4】 某债券面值为 1 000 元,票面利率为 8%,期限为 3 年,按年支付利息、到期还本,当前的市场利率为 10%,则当债券价格为多少时,才能进行投资?

$$V=I\times(P/A,i,n)+M\times(P/F,i,n)$$
$$=1\ 000\times 8\%\times(P/A,10\%,3)+1\ 000\times(P/F,10\%,3)$$
$$=80\times 2.487+1\ 000\times 0.751$$
$$=949.96(元)$$

由上述计算结果可知,该债券的内在价值为 949.96 元,因此,当债券价格小于等于 949.96 元时才能投资。

【例 7-5】　某债券面值为 1 000 元,票面利率为 8%,期限为 3 年,每半年支付一次利息、到期还本,当前的市场利率为 10%,则当债券价格为多少时,才能进行投资?

【解析】　每年的利息为 80 元,所以每半年的利息为 40 元,计息次数则为 $3×2=6$ 次,相应的每半年的贴现率为 $10\%÷2=5\%$,债券价值计算如下:

$$V = I × (P/A, i, n) + M × (P/F, i, n)$$
$$= 1\ 000 × 4\% × (P/A, 5\%, 6) + 1\ 000 × (P/F, 5\%, 6)$$
$$= 40 × 5.076 + 1\ 000 × 0.746$$
$$= 949.06(元)$$

由上述计算结果可知,该债券的内在价值为 949.06 元,因此,当债券价格小于等于 949.06 元时才能投资。

(三)零息债券的投资价值与决策

零息债券也叫贴现债券,持有此种债券的投资者在持有期间不会收到利息,在债券到期时收到本金。此时,与该债券相关的未来现金流量的现值就是到期收到的本金的现值。此种债券投资价值的计算公式如下:

$$V = M × (P/F, i, n)$$

【例 7-6】　某零息债券面值为 1 000 元,期限为 3 年,到期还本,当前的市场利率为 10%,则当债券价格为多少时,才能进行投资?

$$V = M × (P/F, i, n) = 1\ 000 × (P/F, 10\%, 3) = 1\ 000 × 0.751 = 751(元)$$

由上述计算结果可知,该债券的内在价值为 751 元,因此,当债券价格小于等于 751 元时才能投资。

思考:零息债券没有利息,那投资者还有收益吗?

三、债券投资的优缺点

(一)债券投资的优点

1. 本金安全性高

与股票投资相比,债券投资本金的安全性高。政府债券因为有国家财力作为偿还后盾,其本金的安全性非常高,通常被视为无风险证券。公司债券的持有者享有优先求偿权,当公司破产时,债券持有者可以优先于股东分得公司财产。因此,债券投资本金损失的风险较小。

2. 收益稳定性强

债券是一种固定收益证券,票面一般都标有固定利息率,发行者有按时支付利息的法定义务,因此,债券持有者在正常情况下都能获得稳定的利息收入,收益的稳定性较强。

3. 市场流动性好

许多债券都有较好的流动性,尤其是政府及大公司发行的债券,一般都可以在金融市场上迅速变现,市场流动性好。

(二)债券投资的缺点

1.有购买力风险

债券的面值和利息率在发行时就已确定,因此投资债券未来能收到多少本金、能获得多少利息,在发行之初就已确定。如果投资期间的通货膨胀率较高,虽然收到的本金和利息数额并未发生变化,但从购买力的角度来看,价值已经受到侵蚀。

2.无经营管理权

债券投资者所拥有的只是按期收取利息、到期获得本金的权力,该项投资只是获得收益的一种手段,并无对债券发行单位的经营管理权,也无权对被投资企业施加影响或控制。

3.承受利率风险

市场利率并非一成不变,若在债券到期前市场利率发生变化,则会对债券价值和价格产生影响,若市场利率上升,则会导致流通在外的债券价格下降。以价格100元购买一张面值为100元的3年期债券为例,若债券发行时票面利率为5%,第2年市场利率上升至8%,则债券价格会下跌到94.615元,每张债券将损失5.385元,且该损失由债券持有者来承担。因此,投资于债券可能承受利率风险。

第三节　股票投资管理

微课7-3:股票
投资管理

一、股票的概念和特征

(一)股票的有关概念

股票是股份有限公司为筹集自有资金而发行的,以证明股东所持股份的凭证。股票的发行主体必须是股份有限公司,股票投资者(购买者)即为股份有限公司的股东。

1.股票面值

股票面值是指股票票面标明的金额,是投资者享有权利和承担责任的界限。

2.股票价格

股票价格是指股票在市场上交易(买卖)的价格,它应以股票所代表的财产价值为基础,考虑将来盈利能力和社会经济因素来确定。股市上的价格有开盘价、收盘价、最高价、最低价等,投资者在进行股票评价分析时主要使用收盘价。

3.股票价值

股票价值即股票的内在价值,是指股票预期现金流入的现值。股票预期现金流入包括预期可收股利和转让出售时所得的价款。这个预期现金流入额,按市场利率或投资者要求的报酬率,折算到投资时的现值就是股票的价值。

4.股票投资账面价值

股票投资账面价值一般为股票投资账户余额,计提有减值准备的,应扣除相应的减值准备。

5.股利

股利是股息和红利的总称,是股份公司从其税后利润中分配给股东的一种投资报酬。

（二）股票的基本特征

股票与其他有价证券相比,具有以下基本特征。

1.股票是一种财产所有权证书

股票是一定量价值的代表,发行股票所筹集的资金即为公司的财产。谁持有某股份公司的股票,就意味着对该公司的财产有一定的所有权。

2.股票是以盈利为目的的证券

股东有领取股息、分享红利的权利。股票投资者一方面是为了发展壮大公司的生产经营规模,另一方面是为了分享公司盈利。公司盈利多,股东有可能分得较多的股利。

3.股票是具有一定风险性的证券

股利的多少主要受到公司盈利多少的影响。公司经营不佳无盈利时,就不能发放股利。公司破产时,负有以购股额为限的责任,有可能蚀本。

4.股票是一种不还本的永久性证券

股票无期限规定,投资者购买股票后不允许退股,只能转让。

5.股票是代表一定权利的证书

股东对公司的重大经营事项有表决权和质询权,对公司领导有选举、罢免的权力,有优先认购新股权,有盈利分配权和剩余财产分配权。

二、股票投资价值的估算

股票的投资价值体现在将来可以获得一定数额的现金流入,如持有期分得的股息、转让出售股票所得的价款,公司破产清算时分得剩余财产等。根据现值规律,对股票的投资价值进行估算就是将未来股票相关的现金流量按市场利率或者投资者要求得到的报酬率进行贴现,计算其现值之和的过程,包括各期分得的股利、转让可得价款的现值等。

由于投资者的持有意图、股票发行公司的股利支付水平等方面的不同,所以股票投资价值的估算也存在差别。

在股票投资价值计算时,设定以下符号:

V——股票价值（内在现值）;

P_n——预计未来出售时股票的价格;

R——投资者要求的必要报酬率;

D_t——预计在第 t 期可收股利;

n——预计持有股票的期数。

（一）长期持有、股利固定不变的股票投资价值与决策

投资者购买股票后拟长期持有，则为以获取股利为主要目的的长期股票投资。在股利固定不变的情况下，投资者每年可以获得固定的股利收入，这就是跟股票相关的未来现金流量，对未来能收到的股利进行贴现，计算其现值之和，就是此类股票的投资价值。计算公式如下：

$$V = \sum_{t=1}^{n} \frac{D_t}{(1 + R)^t}$$

由于股利固定不变，即 $D_1 = D_2 = D_3 = \cdots = D_n$，且长期持有，而企业是持续经营的，也就意味着 $n \to \infty$，那么以上各期股利的现值之和计算就变成了一个永续年金问题，所以：

$$V = \frac{D}{R}$$

【例7-7】 市场上某一股票的售价为16元/股，每一股每年发放2元的固定股利，某公司拟购买该股票，公司的期望收益率为12%，请问该股票是否值得投资购买？

$$V = \frac{D}{R} = \frac{2}{12\%} = 16.67（元）$$

因为该股票的投资价值16.67元高于市场价格16元，所以该股票值得购买。

（二）长期持有、股利不稳定的股票投资价值与决策

投资者购买股票后拟长期持有，且股利不稳定的情况下，每年所获得的股利都不相等，各期股利的现值之和，就是该股票的投资价值。此类股票投资价值的计算公式如下：

$$V = \sum_{t=1}^{n} \frac{D_t}{(1 + R)^t} = \frac{D_1}{1 + R} + \frac{D_2}{(1 + R)^2} + \cdots + \frac{D_n}{(1 + R)^n}$$

因各期股利数额不稳定，所以股利现值的计算只能按照复利现值分别来算，在 $n \to \infty$ 的情况下，难以确切估计此类股票的投资价值，往往也只能以一种平均意义上的粗略估计为依据，强行化为固定股利形式近似地对其投资价值进行大体上的估计。

（三）长期持有、股利稳定增长的股票投资价值与决策

投资者购买股票后拟长期持有且股利稳定增长的情况下，每年可以获得的逐年上涨的股利的现值之和，就是该股票的投资价值。假设股利的增长率为 g，且一般股利的稳定增长率 g 会小于投资者要求的必要报酬率。此类股票投资价值的计算公式如下：

$$V = \sum_{t=1}^{n} \frac{D_t}{(1 + R)^t} = \frac{D_1}{1 + R} + \frac{D_2}{(1 + R)^2} + \cdots + \frac{D_n}{(1 + R)^n}$$

由于股利固定稳定增长，所以 $D_1 = D_0 \times (1+g)$，$D_2 = D_0 \times (1+g)^2$，以此类推，$D_n = D_0 \times (1+g)^n$，所以，上式即：

$$V = \frac{D_0 \times (1+g)}{1+R} + \frac{D_0 \times (1+g)^2}{(1+R)^2} + \cdots + \frac{D_0 \times (1+g)^n}{(1+R)^n} \quad (7\text{-}1)$$

将式（7-1）的左右两边同时乘以 $\frac{1+R}{1+g}$，可得：

$$V \times \frac{1+R}{1+g} = D_0 + \frac{D_0 \times (1+g)}{1+R} + \cdots + \frac{D_0 \times (1+g)^{n-1}}{(1+R)^{n-1}} \tag{7-2}$$

由式(7-2)-式(7-1)得:

$$V \times \frac{1+R}{1+g} - V = D_0 - \frac{D_0 \times (1+g)^n}{(1+R)^n} \tag{7-3}$$

由于 $g<R$,所以当 $n \to \infty$ 时 $\frac{D_0 \times (1+g)^n}{(1+R)^n} \to 0$,因此,式(7-3)可写为:

$$V \times \frac{1+R}{1+g} - V = D_0$$

即

$$V \times \frac{1+R-1-g}{1+g} = D_0$$

可得:

$$V = \frac{D_0 \times (1+g)}{R-g} = \frac{D_1}{R-g}$$

【例7-8】　某公司的普通股基年每股股利为1.20元,估计年股利增长率为4%,打算进行该股投资的企业期望收益率达到15%才愿投资,该股票的价格为多少时才值得购买?

$$V = \frac{D_0 \times (1+g)}{R-g} = \frac{1.20 \times (1+4\%)}{15\%-4\%} = 11.35(元)$$

由以上计算可知,该股票的投资价值为11.35元/股。因此,若想获得15%以上的收益率,则该股票的购买价格应该小于或等于11.35元/股。

(四)短期持有、未来准备出售的股票投资价值与决策

投资者购买股票后拟短期持有,待合适的时机出现时将会出售的情况下,与该股票相关的未来现金流量包括所获得的股利和将来的转让价款这两个方面,二者的现值之和就是该股票的投资价值。计算公式如下:

$$V = \sum_{t=1}^{n} \frac{D_t}{(1+R)^t} + \frac{P_n}{(1+R)^n}$$

【例7-9】　A公司20×4年1月初意向购入B公司的股票,该股票预计在20×5年、20×6年、20×7年的12月末每股分别可获得现金股利0.70元、0.80元和1元,并预计在20×8年3月可以每股10元的价格卖出。A公司要求的投资收益率为15%,则B公司股票的投资价值为多少?

$$\begin{aligned}
V &= \sum_{t=1}^{n} \frac{D_t}{(1+R)^t} + \frac{P_n}{(1+R)^n} \\
&= \frac{0.70}{1+15\%} + \frac{0.80}{(1+15\%)^2} + \frac{1}{(1+15\%)^3} + \frac{10}{(1+15\%)^3} \\
&= \frac{0.70}{1.15} + \frac{0.80}{1.323} + \frac{1}{1.521} + \frac{10}{1.521} \\
&= 8.45(元/股)
\end{aligned}$$

由以上计算可知,B 公司股票的投资价值为 8.45 元/股。因此,若想获得 15% 以上的收益率,则该股票的购买价格应该小于或等于 8.45 元/股。

三、股票投资的优缺点

(一)股票投资的优点

1. 能够博取较高收益

虽然普通股的价格频繁波动,但从长期的角度看,优质股的价格一般上涨的居多,因此只要投资得当,股票投资者通常能够享受到公司发展的红利,获得较为优厚的报酬,是能够博取高收益的投资。

2. 能适当降低购买力风险

普通股的股利并不固定,在通货膨胀率较高时,由于整体物价普遍上涨,股份公司实现的盈利增加,赚钱多了,相应地给股东支付的股利也会增加。所以,与固定收益的债券相比,股票投资能适当降低购买力风险。

3. 能够享有相应的股东权利

股东作为股份公司的所有者,通过持有公司的股票而享有相应的股东权利,当拥有的股份数量达到一定比例时,也就拥有了对公司的一定经营控制权,可以决定和控制公司的生产经营情况。

(二)股票投资的缺点

股票投资的突出缺点是风险大,原因主要在于以下 3 个方面。

1. 股东求偿权居后

普通股对公司资产和盈利的求偿权居于最后,公司破产时,剩余财产优先清偿其他利益相关者,最后才是普通股股东,所以股东原来的投资可能得不到全数补偿,甚至可能血本无归。

2. 股票价格不稳定

普通股的价格会受众多因素的影响,极不稳定,如宏观经济因素、公司基本面、市场情绪、投资者行为等都会对股票价格产生影响,这也使股票投资具有较高的风险。

3. 股利发放不确定

普通股股东能拿到多少股利,取决于公司的经营状况、财务状况和所采用的股利政策类型。股利是否发放及发放数量并没有法律上的保证,所以,股东获得股利收益的风险远远大于固定利息收益的债券。

复习思考题

一、单选题

1. 一般情况下,下列属于变动收益证券的是(　　　)。

A. 国库券　　　　　B. 贴现债券　　　　　C. 普通股股票　　　　　D. 贴现债券

2. 某种 3 年期的债券面值为 1 000 元, 到期时一次偿付本息总额为 1 000 元, 若投资者要求的年报酬率为 8%, 则该债券价值应为(　　)元。

A. 1 000　　　　　B. 925.93　　　　　C. 806.45　　　　　D. 793.84

3. 某种 3 年期到期一次还本的债券面值为 1 000 元, 发行时购买价也是 1 000 元, 票面利率为 10%, 每年付息一次, 则该债券的到期收益率为(　　)。

A. 高于 10%　　　B. 等于 10%　　　C. 低于 10%　　　D. 等于 6%

4. 无法在短期内以合理价格卖出债券的风险是债券投资的(　　)。

A. 违约风险　　　B. 购买力风险　　　C. 流动性风险　　　D. 再投资风险

5. 某股票去年每股分利 1 元, 预计以后每年股利会增长 4%, 投资者期望报酬率为 10%, 该种股票价格应为(　　)元。

A. 4　　　　　　　B. 10　　　　　　　C. 14　　　　　　　D. 17.33

6. 目前股票市场平均报酬率为 10%, 国库券报酬率为 6%, 某股票的 β 系数为 1.50, 则该股票预期报酬率应为(　　)元。

A. 6%　　　　　　B. 8%　　　　　　　C. 10%　　　　　　D. 12%

7. 某公司上年每股发放股利 0.50 元, 今年增发新股的每股市价为 8 元, 已知同类股票的收益率为 12%, 则维持此股价需要的股利每年增长率为(　　)。

A. 5%　　　　　　B. 5.4%　　　　　　C. 8%　　　　　　　D. 12%

8. 某公司每股普通股的年股利额为 4.20 元, 企业要求的收益率为 8%, 在股利保持不变且长期持有的情况下, 该普通股的内在价值为(　　)元/股。

A. 52.50　　　　　B. 33.60　　　　　C. 45.80　　　　　D. 48.60

二、多选题

1. 下列属于债券投资的特征有(　　)。

A. 是一种所有权证书　　　　　　　　B. 有明确的期限规定

C. 收益比较稳定　　　　　　　　　　D. 有一定安全性

2. 下列因素中, 会对债券内在价值产生影响的有(　　)。

A. 债券面值　　　　　　　　　　　　B. 票面利率

C. 债券到期日　　　　　　　　　　　D. 市场利率

3. 下列属于贴现债券的特征有(　　)。

A. 票面不标明利率　　　　　　　　　B. 到期一次还本付息

C. 到期还本付息额为债券面值　　　　D. 投资者收益直观

4. 下列关于债券投资的说法正确的有(　　)。

A. 债券投资价值是指购买的债券的内在价值, 应是预期收回面值本金和收到利息按市场利率计算的现值

B. 债券投资收益率就是购买债券在未来获得收益的现值等于购买成本的贴现率

C. 若债券付息方式不同, 则债券投资者的收益水平会有差异

D. 如果不考虑风险因素, 债券价值大于市场价格时, 买进该债券是合算的

5. 与股票投资相比,债券投资的优点有( )。

A. 本金安全性好 B. 投资收益率高

C. 购买力风险低 D. 收益稳定性强

6. 下列属于普通股票投资的特征有( )。

A. 是一种所有权证书 B. 是一种不还本的永久性证券

C. 具有一定安全性 D. 投资者有权参与发行公司的管理

三、判断题

1. 其他条件一定时,市场利率的上升会导致债券价值的下降。 ( )

2. 一般来说,进行证券投资,既可保持资产的流动性,又可获得一些证券投资带来的收益。 ( )

3. 当债券的票面利率高于市场利率时,债券的价值比面值大;当债券的票面利率低于市场利率时,债券的价值比面值小。 ( )

4. 如果两种按面值发行的债券,其面值、票面利率、期限相同,利息支付频率越高,债券投资收益率越高。 ( )

5. 某公司每股每年所发放的股利是固定不变的,则其股票价值与市场利率成正比,与预期股利成反比。 ( )

四、计算题

1. 甲公司拟购买乙公司发行的债券,该债券面值为 1 000 元,期限 5 年,票面利率为 6%,按年付息。甲公司希望能获得 8% 的投资报酬率,试根据下列条件分别计算甲公司可接受的购买价格:

(1)如果乙公司债券是按单利计息、到期一次还本付息。

(2)如果乙公司债券是按复利计息、到期一次还本付息。

(3)如果乙公司债券是每年付息一次、到期还本。

(4)如果乙公司债券是每半年付息一次、到期还本。

2. 某人拟购买 A 公司发行的股票,该公司股票上年每股发放 1 元现金股利,若其想获得 10% 的投资报酬率,试根据下列条件分别计算该股票的投资价值:

(1)如果每年股利固定不变,持有 3 年后将其卖出,估计出售价款为 20 元/股。

(2)如果股利每年增长 3%,持有 3 年后将其卖出,估计出售价款为 20 元/股。

(3)如果准备长期持有,每年股利固定不变。

(4)如果准备长期持有,每年股利稳定增长 3%。

3. 甲企业计划用一笔长期资金投资购买股票。现有 M 公司股票和 N 公司股票可供选择,甲企业只准备投资一家公司的股票。已知 M 公司股票现行市价为每股 9 元,上年每股股利为 0.15 元,预计以后每年以 6% 的增长率增长;N 公司股票现行市价为每股 7 元,上年每股股利为 0.60 元,股利分配一贯坚持固定股利政策。

甲企业要求的投资必要报酬率为 10%,要求:

(1)分别计算 M、N 公司股票投资价值。

(2)代甲企业作出股票投资决策。

思政思辨案例：股票"神话"中石油让你亏了多少钱？

提到证券投资，不免让人想起一个非常经典的案例，即中石油的案例。想当年，中石油刚刚在上海证券交易所挂牌上市的时候，正好是中国大牛市最疯狂的时候，中石油在股市千呼万唤始出来、沸腾一片中上市，开盘便大涨近200%，被大幅爆炒，从16.7元的发行价，炒高至48.62元。但是，中石油上市以后的表现却并不尽如人意，甚至可以说从最开始的"赚钱机器"变成了投资者的噩梦，变成了"谈油色变"。

从2007年上市至2024年9月5日，中石油在上市交易首日即成为它股价的历史顶峰，上市就套牢，这是中石油留给投资者最惨痛的记忆。2007年12月27日的收盘价是31.39元，上市不到两个月，跌幅就超过了30%。2008年爆发了全球性的金融危机，中石油的股价也受到了极大影响，2008年10月27日的股价跌到了9.91元，首次跌破10元大关；到2012年9月26日时跌到了8.47元，是迄今为止的最低价；到2012年11月5日，也就是上市5周年的时候，收盘价是8.79元，差不多只有刚上市时候的一个零头了。经过了漫长的下跌之后，中石油终于迎来了一波行情，但是高位建仓的股民们赚了指数不赚钱，小幅的股价上行显然无法弥补曾经的"跌跌不休"。此后的十几年中，除牛市期间跟随性上涨外，中石油其余时间总体均为横盘整理或震荡下行状态，屡屡创下新低，截至2024年2月5日，收盘价为8.31元，总市值1.52万亿元。在中石油刚上市的时候，市值还是茅台的几十倍，而如今，中石油1.52万亿元的市值已经被2.05万亿元的茅台"碾压"。对于长线投资者而言，人世间最远的距离，可能就是"你在2007年100元买了茅台，而我却转身48元满仓中石油"。

中石油的案例，结合其他证券投资案例，不难看出，在股市中投资失败者是不计其数的，而成功者则是屈指可数的。在屈指可数的成功者中，到底谁最成功呢？莫过于华尔街的股神巴菲特先生了。在经历了全球股市的风云变幻和风风雨雨之后，他积累到了千亿美元的巨额财富，一度被看作一个神话。

而巴菲特所购买的第一只中国股票就是中石油H股，早在2003年4月，正值中国股市低迷时期，巴菲特以每股1.6港元至1.7港元的价格分批次大举介入中石油H股，最终持有中石油23.4亿股，成为中石油第二大股东。2007年7月，巴菲特开始以12港元左右的价格分批减持中石油H股，在中石油A股上市前的10月19日，全部清仓完成，这5亿美元的投资让他赚了40亿美元，4年8倍。正是巴菲特的赚钱效应，大大刺激了投资者高价买入中石油当初新上市A股的热情。

对于长期投资者而言，中石油A股的这笔投资无疑是一次深刻的教训。只有保持冷静、拒绝跟风，寻找真正有长线价值的标的和品种，才能获得长期盈利。否则，很多买股票的经历就会和投资中石油一样，"一入市即被套牢"，难以获得优质公司长期的股权回报。

（案例来源：根据新浪财经网站资料整理而得）

案例思考：

1. 是什么导致了股民中石油 A 股的投资悲剧？
2. 证券投资成功的秘诀是什么？

第八章　短期资产管理

学习目标

本章主要阐述短期资产的概念、分类、特点和管理方法。学生学习完本章后需掌握下列要点：熟悉短期资产的含义、特点及管理原则；了解现金、应收账款、存货管理的主要内容；掌握现金持有的成本和最佳现金持有量的确定方法；掌握应收账款的成本计算、信用政策的构成与决策方法；掌握存货的成本和存货经济进货批量的确定方法。

短期资产管理主要解决流动资产管理的问题。流动资产是指可以在一年或者超过一年的一个营业周期内变现或耗用的资产，主要包括现金、有价证券、应收账款和存货等。流动资产的投资回收期短，投资于流动资产的资金一般在一年或一个营业周期内收回，对企业影响的时间比较短，因此其流动性较强。此外，流动资产具有波动性强的特点。流动资产易受到企业内外环境的影响，其资金占用量的波动往往很大。财务人员应有效地预测和控制这种波动，以防止其影响企业正常的生产经营活动。流动资产日常管理的原则是以最低成本满足正常生产经营周转的需要，管理的重点是流动资产的最佳水平的确定。

第一节　现金管理

一、现金管理的目的和内容

现金的概念有狭义和广义两种。狭义的现金是指在生产过程中暂时停留在货币形态的资金，包括库存现金、银行存款、银行本票和银行汇票等。广义的现金还包括交易性金融资产，是一种准货币，其目的是在保持流动性的前提下，获取一定闲置资金的收益，因而在流动资产管理中，将其视为现金的一部分。

在企业的流动资产中，现金是流动性最强的一种资产，是企业流动的生命线。因此，拥有足够的现金对企业而言具有十分重要的意义。企业应合理安排现金的持有量，避免现金闲置，提高资金的使用效率。

（一）现金管理的目的

1.现金交易目的

企业持有现金的交易目的，即企业在正常生产经营秩序下应当保持一定的现金支付能力。企业经常得到收入，也经常发生支出，两者不可能同步同量。企业必须持有一定的现金以满足日常业务的现金支出需要，如购买原材料、支付工资、缴纳税款、偿付到期债务、派发现金股利等。一般来说，为满足日常交易所持有的现金余额主要取决于企业收入和支出规模与水平。企业规模扩大，会使收入和成本增加，所需现金余额也随之增加。

2.现金预防目的

企业持有现金的预防目的，即企业为应对紧急情况而需要保持的现金支付能力。由于市场行情的瞬息万变与其他各种不可预测风险和收益的存在，企业通常难以对未来现金流入量与流出量作出准确的估计和预期。因此，在正常业务活动现金交易需要量的基础上，追加一定数量的现金以应付未来现金流出的突发需求，是企业在确定必要现金持有量时应当考虑的因素。企业预防性现金余额的多少主要取决于以下方面的原因：一是企业愿意承担风险的程度，现金持有量越少，未来支付风险越大；二是企业临时举债能力的强弱，举债能力越强，目前现金持有量越少；三是企业对现金流量预测的准确程度，预测越准确，现金持有量越少。

3.现金投机目的

企业持有现金的投机目的，即企业为了抓住各种不确定的市场机会，获取较大的利益而需要保持的现金购买能力。如遇到廉价原材料或其他资产供应的机会，在适当时机购入价格有利的股票和其他有价证券。投机只是企业确定现金余额时所需考虑的次要因素之一，其持有量大小往往与企业在金融市场上的投资机会及企业对待风险的态度有关。若企业是资本市场中的风险偏好者，则愿意持有投机的现金，随时准备投入风险高的项目，获取高额回报。

4.现金补偿性目的

企业持有现金的补偿性目的，是指有银行贷款的企业，在该银行的存款账户中需按银行贷款的一定比例经常保持的余额，通常称为补偿性余额。这是银行出于贷款的安全性考虑，要求企业在其存款账户中保留的存款数额。这往往是银行贷款的条件，使企业可实际使用的资金要少于贷款合同的数额，从而提高了贷款成本。

企业持有的现金总额并不是各种目的所需现金余额的简单相加，前者通常小于后者。各种目的所需持有的现金，并不要求必须是货币形态的，也可以是能够随时变现的有价证券及能够随时转换成现金的其他各种存在形态的资产。现金管理的目标就是在现金的流动性与收益性之间进行权衡选择，通过现金管理，使现金收支不但在数量上，而且在时间上相互衔接，保证企业经营活动的现金需要，降低企业闲置现金的数量，提高资金收益率。

（二）现金管理的内容

企业日常现金管理的主要内容包括编制现金收支预算计划，以便合理估计未来的现金需求,完善现金收支的内部管理制度,力争大额现金流入流出同步,力求加速收款,延缓付款,用专业的方法确定最佳现金持有量,当企业实际的现金余额与最佳的现金持有量不一致时,调整短期筹资或短期投资策略来达到理想状态。因此,现金管理的主要内容是对现金持有量的计算和实时监督,具体日常管理的内容包括以下几个方面。

1. 逐期编制现金预算

现金预算,可使企业了解各期现金收入和支出的情况,从而确定现金结余或短缺的数额和时间,为进一步投资和筹资提供依据。

2. 完善现金收支的内部管理制度

完善现金收支的内部管理制度的目的,一方面是保证企业现金的安全,另一方面是能严格执行现金收支计划,避免出现现金管理中的无序和混乱,造成不必要的损失。企业要制订符合本身管理要求的现金核算和管理制度,完善现金支出的审批制度和现金收支的管理制度。

3. 力争实现大额现金流入流出同步

如果企业能尽量使它的大额现金流入与流出发生的时间趋于一致,就可以使其所持有的交易性现金余额降到最低水平,从而提高企业现金的使用效率。

4. 力求加速收款

加速收款主要指缩短应收账款的占用时间。在不影响企业未来销售的情况下,企业应尽可能地加快现金的收回,一方面要合理选择结算方式,另一方面应积极主动与债务人联系,按预计的收款日期向债务人催促,尽一切可能缩短货款结算时间。

5. 延缓付款

延缓付款的支付是指企业在不影响信誉的前提下,尽可能地推迟应付款项的支付期,充分运用供货方等债权人所提供的信用优惠。如遇企业急需现金,甚至可以放弃供货方的折扣优惠,在信用期的最后一天支付款项。当然,这要权衡折扣优惠与急需现金之间的利弊得失。

二、企业持有现金的成本

企业持有现金的成本有以下 4 种。

(一)机会成本

机会成本是指企业因持有现金而放弃的再投资收益。现金的机会成本属于变动成本,它与现金的持有量成正比,即现金持有量越大,机会成本越高。假定某企业的资本成本率为 10%,年均持有 80 万元的现金,那么该企业每年的成本为 8 万元。

(二)管理成本

管理成本是指企业因持有一定数量的现金而发生的管理费用,主要包括管理人员的工资和必要的其他支出,它与所持有的现金数量没有明显的比例关系,是相对固定的成本,属于决策的无关成本。

(三)转换成本

转换成本是指企业用现金购入有价证券及用有价证券换取现金时付出的交易费用,

即现金和有价证券之间相互转换的成本,如买卖佣金、印花税、手续费、证券过户费等。严格地讲,转换成本并不都是固定费用,有的具有变动成本的性质,如委托买卖佣金和印花税,这些费用通常是按照成交金额计算的。这时,现金转换成本与证券转换次数呈线性关系,即

$$现金转换成本=证券转换次数×每次的转换费用$$

现金转换成本与现金持有量呈现反向变化的关系,在一定时期内现金需要量既定的前提下,现金持有量越少,转换次数越多,转换成本就越大;现金持有量越多,转换次数越少,它所负担的转换成本就越少。

(四)短缺成本

短缺成本是指企业因缺乏必要的现金,并且无法及时通过有价证券变现加以补充,给企业造成的损失,包括直接损失和间接损失。短缺成本与转换成本不会同时存在。短缺的直接损失是由于现金的短缺使企业的生产经营或投资受到影响而造成的损失。例如,由于现金短缺而无法购进急需的原材料,使企业的生产经营中断而给企业造成的收入和销量的损失。短缺的间接损失是指由于现金的短缺而给企业带来的无形损失。例如,由于现金短缺而不能按期支付货款或不能按期归还贷款,从而给企业的信用和形象造成的损害。现金的短缺成本随现金持有量的增加而下降,随现金持有量的减少而上升,二者呈现反向变化关系。

三、最佳现金持有量决策

微课 8-1:现金管理之成本分析模式

(一)成本分析模式

成本分析模式是指在不考虑现金转换成本的情况下,通过对持有现金的成本进行分析,找出最佳现金持有量的一种方法。也就是说,成本分析模式就是找出各种现金持有方案中机会成本、短缺成本和管理成本所组成的总成本之和最低的方案所对应的现金持有量,即为最佳现金持有量。这里持有现金的机会成本与现金持有量成正比,短缺成本与现金持有量成反比,管理成本具有固定成本的属性,不随现金持有量的变化而变化,如图 8-1 所示。

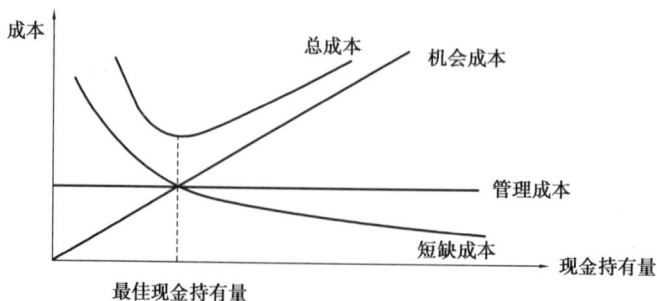

图 8-1 各项成本同现金持有量的变动关系

从图 8-1 中可以看出,各项成本同现金持有量的变动关系不同,使总成本呈现抛物线形式,抛物线的最低点所对应的现金持有量便是最佳现金持有量,此时总成本最低。在

实际工作中,运用成本分析模式确定最佳现金持有量的步骤是:①根据不同持有量方案测算并确定有关成本金额;②按照不同现金持有量及其有关成本资料计算最佳现金持有量;③通过比较选定总成本最低时的现金持有量,即最佳现金持有量。

【例8-1】 企业目前有4种现金持有量的方案可供选择,4种方案的管理成本都是10万元,属于固定的决策无关成本。相关资料如表8-1所示,请选择最佳现金持有量方案。

表8-1 现金持有方案

单位:万元

项目	A	B	C	D
现金持有量	1 000	2 000	3 000	4 000
机会成本率	8%	8%	8%	8%
短缺成本	300	150	50	0

根据表8-1,采用成本分析模式编制最佳现金持有量计算表,如表8-2所示。

表8-2 最佳现金持有量计算表

单位:万元

方案	现金持有量	机会成本	短缺成本	相关总成本
A	1 000	1 000×8% = 80	300	80+300 = 380
B	2 000	2 000×8% = 160	150	160+150 = 310
C	3 000	3 000×8% = 240	50	240+50 = 290
D	4 000	4 000×8% = 320	0	320+0 = 320

通过比较总成本,C方案相关成本最低,因此最佳现金持有量是3 000万元。

(二)存货模型

现金的存货模型又称鲍曼模型,是威廉·鲍曼(William Baumol)于1952年提出的,他认为企业现金持有量在许多方面与存货相似,以此为出发点,建立了鲍曼模型。存货模型成立的假设前提有:①企业的现金流入量与流出量是稳定并且可以预测的;②在预测期内,企业的现金需求量是一定的;③在预测期内,企业不能发生现金短缺,因为企业可以出售有价证券来补充现金。

微课8-2:现金管理之存货模式

假设企业0时持有现金 N 元,现金均匀变化的情况下,到 t_1 时企业现金余额为零,此时企业通过转换立刻获得 N 元,随后在 t_2 再次降为零余额,如图8-2所示,这一过程不断重复。利用存货模型计算最佳现金持有量时,对短缺成本不予考虑,只对机会成本和转换成本予以考虑。机会成本和转换成本随着现金持有量的变动而呈现出相反的变动方向,因而能够使现金管理呈现最低的现金持有总成本,即为最佳现金持有量。

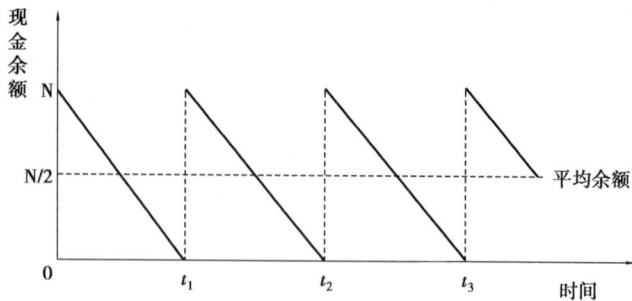

图 8-2 现金平均余额图

设 TC 为总成本, b 为现金和有价证券的转换成本, T 为一个周期内现金总需求量, N 为理想的现金转换金额(最佳现金持有量), i 为短期有价证券利息率,则有:

$$现金总成本 = 机会成本 + 转换成本$$

即
$$TC = \frac{N}{2}i + \frac{T}{N}b$$

对上式求一阶导数,可以求出 TC 的最小值 N,即

$$TC' = \left(\frac{N}{2}i + \frac{T}{N}b\right)' = \frac{i}{2} - \frac{Tb}{N^2}$$

令 $TC' = 0$,则有 $N = \sqrt{\dfrac{2Tb}{i}}$

现金管理总成本与机会成本、转换成本的关系如图 8-3 所示。

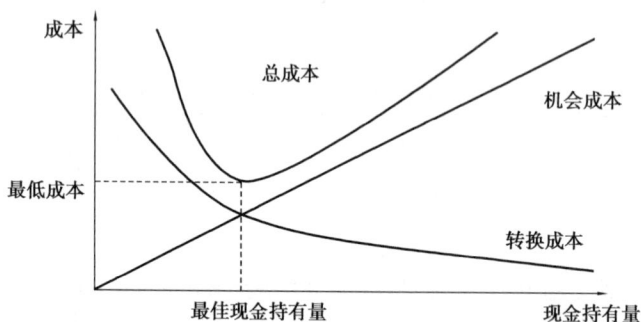

图 8-3 现金管理总成本与机会成本、转换成本的关系

【例 8-2】 假设 A 公司预计每月需要现金 720 000 元,现金与有价证券转换的交易成本为每次 100 元,有价证券的月利率为 1% 。要求计算:该公司最佳现金持有量。

$$N = \sqrt{\frac{2 \times 720\,000 \times 100}{1\%}} = 120\,000(元)$$

最佳现金持有量为 120 000 元,意味着转换次数为每月 6 次(720 000÷120 000),总成本为 1 200 元。

存货模型描述了现金管理中基本的成本结构,可以精确地测算出最佳现金余额和变现次数,对于加强企业的现金管理具有积极意义。但这一模型也具有一定的局限性:该模型假设现金收入只在期初或期末发生,而事实上多数企业在每一个工作日都会发生现金收入;该模型假设现金支出均匀发生,但实际业务中的现金支出并不满足这一条件;该模型没有考虑现金安全库存,由于现实经济中的企业无法确保在较短时间内实现有价证券的变现,因此适当的安全库存往往是有必要的。

(三)现金周转模式

现金周转模式是从现金周转的角度出发,根据现金的周转速度来确定最佳现金持有量的一种方法。现金的周转速度一般以现金周转期或现金周转率来衡量。所谓现金周转期是指从用现金购买原材料开始,到销售产品并最终收回现金整个过程所经历的时间,具体包括存货周转期、应收账款周转期和应付账款周转期3个时期。存货周转期是指将原材料转化为产成品并最终出售形成应收账款所需要的时间。应收账款周转期是指将应收账款转化为现金所需要的时间。应付账款周转期是指从收到尚未付款的原材料到以现金支付货款所需的时间。

以上4个周转期的关系为:

现金周转期=存货周转期+应收账款周转期-应付账款周转期

现金周转模式计算最佳现金持有量的步骤如下:

①计算现金周转期=存货周转期+应收账款周转期-应付账款周转期;
②计算现金周转率(次数)=计算期天数÷现金周转期;
③计算最佳现金持有量=全年现金需要量÷现金周转率。

【例8-3】　某企业预计全年需用现金600万元,其预计的存货周转期为90天,应收账款周转期为60天,应付账款周转期为30天,试计算该企业的最佳现金持有量。

现金周转期=90+60-30=120(天)

现金周转率=360÷120=3(次)

最佳现金持有量=600÷3=200(万元)

现金周转的前提是公司能预知现金的总体需求量,并且能预测现金的周转率,测算才具有准确性。

(四)随机模式

随机模式也叫米勒-欧尔模型,由默顿·米勒(Merton Miller)和丹尼尔·欧尔(Daniel Orr)创建,是一种基于不确定性的现金管理模式。该模式假定企业无法确切预知每日的现金实际收支状况,现金流量服从正态分布,且现金与有价证券之间能够自由兑换。用随机模式确定最佳现金持有量的基本思想是,根据历史经验和现实需求,测算出现金持有量的控制范围,即制订出现金持有量的上限(H)和下限(L),将现金持有量控制在上下限之内。现金持有量变动如图8-4所示。

微课8-3:现金管理之随机模式

随机模式是在企业未来现金需求量难以(不可)预测的情况下采用的现金持有量控制方法。一般来说,企业未来现金需求量相当大的程度上是由外界决定的,所以,企业未来现金需求量往往是难以预测的,并且现金持有量波动幅度是不规则的。但是,企业可以根据历史经验和现实需要,测算出一个现金持有量的控制范围,即制订出现金持有量

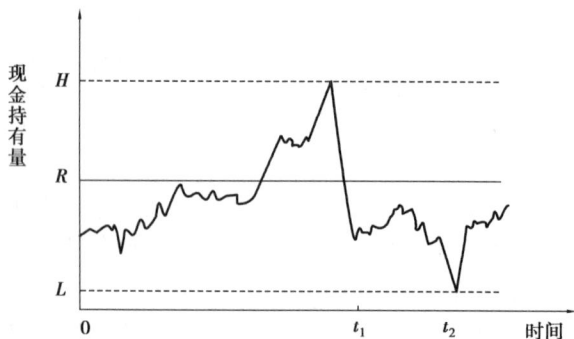

图 8-4　随机模式现金持有量变动图

的上限和下限,将现金持有量控制在上下限之内。按随机模式确定最佳现金持有量的做法是,当现金持有量升到控制上限(H)时,用现金购入有价证券,使现金持有量下降到最佳现金返回值(R);当现金持有量降到控制下限(L)时,则出售有价证券换回现金,使现金持有量上升到最佳现金返回值(R);若现金持有量在控制的上下限之内时,则认为是合理的,不必进行现金与有价证券的转换。由于需要进行现金与有价证券之间的转换,就需要有一个高效率的证券市场。按随机模式确定最佳现金持有量,需考虑持有现金的机会成本和现金与有价证券之间的转换成本。机会成本与持有现金数量成正比,按有价证券的日利息率计算。转换成本与持有现金数量成反比,平时持有现金量越少,一年中转换次数就越多,所支付的转换成本也就越多。

假定每日现金流量呈正态分布状态,现金返回值(R)的计算公式是:

$$R = \sqrt[3]{\frac{3b \times \delta^2}{4i}} + L$$

则　　　　　　　　　　　　$H = 3R - 2L$　　　　$H - R = 2(R - L)$

式中:b 为现金与有价证券每次转换成本;i 为有价证券的日利率(机会成本);δ 为每日现金余额变化的标准离差。

下限(L)一般按每日现金最低需要量确定。管理人员风险承受倾向对其有一定影响,管理人员对风险的偏好程度提高,对风险的惧怕程度降低,现金持有量的下限就定得较低。随机模式有控制的下限,任何时候的现金持有量不能低于下限,因此计算出来的现金持有量比较保守,对现金余额控制有一定的参考作用。

【例 8-4】　某企业每日最低需求量为 0,并且测算出以前现金余额波动的标准离差为 5 000 元,若现金有余缺可通过买卖有价证券来调节,有价证券年利率为 21.60%,现金与有价证券每次转换成本为 500 元。请计算此时最佳现金持有量。

有价证券日利率 $= 21.60\% \div 360 = 0.06\%$

最佳现金持有量 $R = 0 + \sqrt[3]{\dfrac{3 \times 500 \times 5\ 000^2}{4 \times 0.06\%}} = 25\ 000(元)$

第二节　应收账款管理

应收账款是企业流动资产的一个重要项目,是企业因对外赊销产品、材料、提供劳务及其他原因,而向购货单位或接受劳务单位及其他单位收取的款项。近年来,随着市场经济的发展、商业信用的推行,企业应收账款数额明显增多,已成为流动资产管理中一个日益重要的问题。

一、应收账款的功能和管理目标

（一）应收账款的功能

1.应收账款能促进销售

微课8-4:应收账款管理

销售产品的方式有现销和赊销两种。在市场竞争日趋激烈的情况下,赊销是促进销售的一种重要方式。商业竞争是产生应收账款的主要原因。竞争机制的作用迫使企业用各种手段扩大销售。除了依靠产品质量、价格、售后服务、广告等,赊销也是扩大销售的手段之一,在其他条件相似的情况下,实行赊销的产品或商品的销售额将大于只采用现销方式的产品或商品的销售额,这是因为赊销可以给顾客带来好处。通过赊销向客户提供商业信用,可以招揽更多的客户,增加市场份额,增强企业产品的竞争力,从而给企业带来更多的收益。特别是在企业产品销售不畅、市场疲软、竞争力不强,或者推广新产品、开拓新市场的情况下,赊销更具有重要的意义。

2.应收账款能减少存货

企业持有存货,会增加管理费、仓储费和保险费等的支出。赊销方式能促进销售,也使产成品存货得以减少,使存货转化为应收账款,从而减少了存货管理的有关支出。企业在存货压力较大时,可以采用较为优惠的信用条件进行赊销,以减少存货带来的现金流压力。

（二）应收账款的管理目标

既然企业发生应收账款的主要功能是扩大销售和减少存货,增强竞争力,那么其管理目标就是获取利润。应收账款是企业的一项资金投放,是为了扩大销售和盈利而进行的投资。投资肯定要发生成本,这就需要在应收账款信用政策所增加的盈利和成本之间作出权衡。企业提供商业信用,采取赊销、分期付款等销售方式,可以扩大销售,增加利润,但是应收账款的增加,也会造成资本成本、坏账损失等费用的增加,收益与风险并存的客观现实,要求公司在强化应收账款竞争、扩大销售的功能的同时,尽可能降低应收账款的成本,最大化应收账款带来的投资收益。只有当应收账款所增加的盈利超过所增加的成本时,才应当实施应收账款信用政策进行赊销。如果应收账款赊销有着良好的盈利前景,就应当放宽信用条件,增加赊销量。应收账款的管理目标,就是正确衡量信用成本和信用风险,合理确定信用政策,及时回收账款,保证流动资产的质量。

二、应收账款的成本

赊销在促进销售的同时,也会因持有应收账款而付出一定的代价,这种代价即为应收账款的成本。应收账款的成本具体包括以下 3 个方面。

(一)机会成本

应收账款的机会成本是指企业的资金因被应收账款占用而不能用于其他投资所丧失的投资收益。其大小不仅与企业维持赊销业务所需的资金量有关,还与企业的平均收现期、变动成本率、资金成本率等因素有关。相关计算公式如下:

应收账款的机会成本=维持赊销业务所需的资金×机会成本率(资本成本率)

其中,资本成本率一般为有价证券的利率,维持赊销业务所需的资金计算如下:

$$维持赊销业务所需的资金=应收账款平均余额×\frac{变动成本}{销售收入}$$

$$应收账款平均余额=\frac{年赊销额}{360}×平均收账天数=平均日赊销额×平均收账天数$$

平均收账天数即为应收账款的平均周转期。

【例 8-5】 若某企业预测的年度赊销收入净额为 2 000 000 元,应收账款周转期为 45 天,变动成本率为 60%,资本成本率为 10%。试计算其应收账款的机会成本。

应收账款周转率=360÷45=8(次)

应收账款平均余额=2 000 000÷8=250 000(元)

维持赊销业务所需要的资金=250 000×60%=150 000(元)

应收账款机会成本=150 000×10%=15 000(元)

(二)管理成本

应收账款的管理成本是指企业因对应收账款进行管理而耗费的开支,它是应收账款成本的重要组成部分。其主要包括调查客户资信的费用、收集各种信息的费用、账簿的记录费用、收账费用及其他费用。

(三)坏账成本

应收账款的坏账成本是指应收账款这种商业信用,因故无法收回而给企业造成的损失。它一般与应收账款的数额大小呈现比率关系,应收账款金额越大,坏账成本越大。

三、应收账款政策

应收账款政策也称信用政策,是企业对应收账款进行控制而确立的基本原则。企业要想管好应收账款,应先制订合理的应收账款政策,包括信用标准、信用期限、收账政策。

(一)信用标准

信用标准是指客户获得企业商业信用所应具备的最低条件,通常以预期的坏账比率来表示。企业同意授予客户商业信用(延期付款)时,通常要求客户提供企业的资产负债率、流动比率、净资产收益率等数据,这些指标应在多少以上才能提供商业信用。客户达不到信用标准,便不能享受企业的信用或只能享受最低的信用优惠。如果企业把信用标准定得过高,将使许多客户因信用达不到所设的标准,而被拒之门外。其结果尽管有利于降低违约风险及收账费用,但这不利于企业市场占有率的提高和销售收入的增加。相反,如果企业设定较低的信用标准,虽然有利于企业提高收入,提高市场竞争力和占有率,但同时也会导致坏账损失加大和收账费用增加。为此,企业应在成本与收益比较原则的基础上,确定适宜的信用标准。

客户信用评估可以采用定性分析和定量分析。

1.定性分析主要采用"5C"系统评估法

企业在设定某一客户的信用标准时,往往先要评估其信用状况,这可以通过"5C"来进行。所谓"5C"是指评估客户信用品质的5个方面,即品质(character)、能力(capacity)、资本(capital)、抵押(collateral)和条件(condition)。品质是指客户的信誉,即履行偿债义务的可能性。企业必须设法了解客户过去的付款记录,看其是否有按期如数付款的一贯做法,以及与其他供货企业的关系是否良好。这一点经常被视为评价客户信用的首要因素。能力是指客户的偿债能力,即其流动资产的数量和质量及与流动负债的比例。客户的流动资产越多,其转换为现金支付的能力越强,同时,还应注意客户流动资产的质量,看是否有存货过多、过期或质量下降,影响其变现能力和支付能力的情况。资本是指客户的财务实力和财务状况,表明客户可能偿还债务的背景。抵押是指客户拒付款项或无力支付款项时能被用作抵押的资产。这对于不知底细或信用状况有争议的客户尤为重要。一旦收不回这些客户的款项,便以抵押品抵补。如果这些客户有足够的抵押,就可以考虑向他们提供相应的信用。条件是指可能影响客户付款能力的经济环境。比如,万一出现经济不景气,会对客户付款产生什么影响,客户会如何做……这需要了解客户在过去困难时期的付款历史。

2.定量分析通常采用对客户信用等级评分的方法

同行使用比率进行客户的等级评分,据此评价客户的财务状况。常用的指标有流动性和营运资本比率(如流动比率、速动比率及现金对负债总额比率)、债务管理和支付比率(如利息保障倍数、长期债务对资本比率、带息债务对资产总额比率,以及负债总额对资产总额比率)和盈利能力指标(如销售回报率、总资产回报率和净资产收益率)。企业应对客户相应数据进行风险排队,并确定相关客户的信用等级,结合企业承受违约风险的能力及市场竞争的需要,具体将客户划分为A、B、C级别。对信用标准进行定量分析,有利于企业提高应收账款投资决策的效果。由于实际工作中的具体情况十分复杂,不同企业的同一指标往往存在着很大的差异,难以按照统一的标准进行衡量。因此,企业的财务管理者必须在深刻地考察各项指标内在质量的基础上,结合以往的经验,对各项指标进行具体的分析、判断,不能机械照搬。

(二)信用期限

信用期限是企业允许客户购货后延期付款的时间。延长信用期限,意味着给客户的信用条件优越,自然会吸引更多现金支付能力不强的客户,可以增强企业销货的竞争能力,增加销售收入;但使应收账款占用的资金增加,会引起筹资成本和收账费用增加,以及发生坏账的可能性增大。如果信用期限较短,或坚持现款销售,这有利于减少或避免收账费用和坏账损失的发生,但会将现金支付能力不强的客户拒之门外,会使销售收入减少。因此,企业应恰当地规定信用期限,使延长信用期限所获得的收益必须大于由此发生的费用和损失。现金折扣是企业为了防止应收账款被长期占用而采取的策略措施。采用现金折扣或给予较多的现金折扣,客户可能会在现金折扣期内付款,有可能尽早地收回货款,加速资金周转,减少或避免收账费用和坏账损失的发生,但会减少企业的收益。如果不给现金折扣或折扣较少,虽然会使销售价格不变或减少收益,但客户不会尽早付款,使应收账款占用的资金增加,会引起筹资成本和收账费用增加,以及发生坏账的可能性增大。所以,企业在确定给客户多少现金折扣时,应考虑采用现金折扣所减少的费用支出和损失是否大于因此所减少的收益。

(三)收账政策

收账政策是企业对不同账龄的应收账款所采取的收款策略与措施,包括准备为此付出的代价。当账款被客户拖欠或拒付时,首先,企业应该调查并分析原因,是企业本身的信用标准存在问题,还是客户方面出现了问题。如果是企业的信用标准存在问题,应立即加以改进,防止此类情况再次发生;如果是客户信息收集有误而导致对客户的信用等级评定有问题,则应重新收集最新的相关信息并重新评定其信用等级;如果是客户方面的问题,则应调查是客户一时资金周转不灵不能还款,还是客户有钱故意不还,抑或是客户遇到了意外;等等。其次,企业应针对客户拖欠的具体情况采取对应的收账措施。当欠款刚过期时,可以寄信或发电子邮件提醒对方。当信件或电子邮件不起作用时,可以给客户打电话进行催收。在打电话也不起作用的情况下,可以派人员亲自到对方单位催款。在派人催款无效果的情况下,如果款项足够大,企业可以采取法律行动起诉债务人。无论采取何种方式进行催收账款,都需要付出一定的代价,即收账费用。一般而言,收账费用支出越多,坏账损失越少,但它们之间并不一定存在线性关系。采用较严格的收账政策会提高应收账款的收回比率,从而减少坏账损失,但是同时可能会减少未来的销售额。因此,企业应权衡利弊,慎重选择收账政策。

四、信用政策选择

应收账款信用政策选择,主要是考虑信用政策的严格与宽松对企业收益的影响。一般来说,能够增加企业收益的信用政策,则可采用;不能增加企业收益的信用政策,则不能采用。在选择时应尽量选用能够较多地增加企业收益的信用政策。应收账款信用政策选择的核心在于信用条件的确定,信用条件是指企业要求客户支付赊购货款的条件,包括信用期限、现金折扣期限及现金折扣率等。信用条件可在历史惯例的基础上,结合企业自身确定的信用标准设定。例如,信用条件为"$1/10,n/30$",表示企业给出的信用期限是30天,如果在现金折扣期10天内付款,则可享受1%的现金折扣率。

(一)是否采用赊销方式的选择

企业是否采用赊销方式,要看赊销可获得的净收益是否大于现款销售获得的净收

益。如果赊销可获得的净收益大于现款销售的净收益,则可采用赊销方式;反之,则不能采用赊销方式。其计算公式是:

现销净收益=销售额×(1-变动成本率)=销售额-变动成本-固定成本

赊销净收益=销售额-变动成本-固定成本-应收账款信用成本

应收账款信用成本包括机会成本、坏账损失和收账费用。应收账款机会成本即为应收账款占用资金应付出的代价,是随着赊销期的延长而增加的。

应收账款信用成本=应收账款机会成本+坏账损失+收账费用

【例8-6】 某公司商品销售有3种方式,如果一律采用A方案现款销售方式,每年可销售80 000件,如果采用B方案30天付款期赊销商品,预计销量将达到100 000件,如果将信用期采用C方案放宽至60天,预计销量将达到120 000件,该公司投资的最低报酬率为15%。该公司3种信用期限的决策如表8-3所示。

表8-3　信用期限决策表

项 目	A(现销)	B($n/30$)	C($n/60$)
销售量/件	80 000	100 000	120 000
销售额/元(单价5元)	400 000	500 000	600 000
变动成本/元(每件4元)	320 000	400 000	480 000
固定成本/元	50 000	50 000	50 000
毛利/元	30 000	50 000	70 000
信用政策成本:			
收账费用/元	0	3 000	4 000
坏账损失/元	0	5 000	9 000
应收账款机会成本/元	0	5 000	12 000
净收益/元	30 000	37 000	45 000

从以上计算结果可看出,如果采用赊销期为60天的销售策略,比现款销售和30天赊销期方案获得的净收益多,因此应该采用付款期为60天的赊销方式。

(二)是否采用现金折扣的选择

增加赊销的信用期限决策会增加应收账款的占用额、延长收账期,从而增加机会成本、收账费用和坏账成本。许多企业为了加速资金周转、及时收回货款、减少坏账成本,往往在使用赊销增加信用期限决策的同时,采用一定的优惠措施,即在规定的时间内提前偿付货款的客户可按销售收入的一定比率享受折扣,这便是现金折扣。现金折扣政策由现金折扣期限和现金折扣率两个部分组成。例如,"5/10,3/30,$n/60$"表示信用期限为60天,如果客户能在10天的现金折扣期限内付款,可享受5%的现金折扣;如果客户能在超过10天但小于30天的现金折扣期限内付款,则可享受3%的现金折扣;如果客户的付款时间超过30天,则应在60天内足额付款。与赊销的信用期限决策一样,采用现金折扣方式在刺激销售、加速现金回收的同时,也需要付出一定的代价,即现金折扣成本。现金折扣成本也是信用期限决策中的相关成本,因此,是否实行现金折扣政策及选择何种程度的现金折扣政策的基本原则是,增加的销售利润能否超过应收账款的信用成本。

【例8-7】 承接【例8-6】,为了更好地回款,该公司商品销售还有 D 方案"0.8/30, n/60",一旦实行将降低应收账款的机会成本,预计将有50%的顾客会选择享受现金折扣,试分析公司是否应增加现金折扣政策。该公司的现金折扣决策如表8-4所示。

表8-4 现金折扣决策表

单位:元

项目	B(n/30)	C(n/60)	D(0.8/30,n/60)
销售额	500 000	600 000	600 000
变动成本	400 000	480 000	480 000
毛利	50 000	70 000	70 000
信用政策成本			
现金折扣成本	0	0	2 400
机会成本	5 000	12 000	9 000
收账费用	3 000	4 000	4 000
坏账损失	5 000	9 000	9 000
净收益	37 000	45 000	45 600

$$现金折扣成本 = 600\ 000 \times 50\% \times 0.8\% = 2\ 400(元)$$

由于现金折扣政策后的净收益最大,因此新的信用条件虽然增加了现金折扣成本,但它使应收账款的机会成本下降,使该公司的净收益增加。在其他条件不变的情况下,公司应选择有现金折扣的信用条件。

五、应收账款的日常管理

应收账款是企业对外提供商业信用的结果,对大多数企业来说,应收账款的存在很正常,有些企业应收账款的余额还比较大。因此,企业必须加强对应收账款的日常管理,采用有力的措施进行分析、控制,及时发现问题、解决问题。这些措施主要包括完善应收账款内部控制制度、加强应收账款追踪分析、强化应收账款账龄分析,以及根据有关会计法规建立应收账款坏账准备金制度。

(一)完善应收账款内部控制制度

完善应收账款的内部控制制度是应收账款日常管理的重要手段,其内容包括:建立销售合同责任制,即对每项销售都应签订销售合同,并在合同中对有关付款条件作出说明;认真签订经济合同,使应收账款具有法律保障,通过签订经济合同,以法律形式来约束拖欠货款的行为,使应收账款从发生开始就受到法律保护,在经济合同中,必须明确信用交易发生的原因、还款期限、还款方式、交货方式、货物质量、交货时间、双方不能履行合同的责任等内容，以便日后作为纠纷仲裁的依据；建立赊销审批制度，严格控制应收账款的发生，设立赊销审批的职能权限，并规定业务员、业务主管能够批准的赊销额度；建立应收账款清收责任制度，细化相关的清收责任，可采取谁销售谁负责收款，并据以考核其工作绩效，降低收款风险；建立定期考核制度，定期对内部控制制度的执行情况进行检查与考核，以了解制度的执行程度和执行效果，从中发现问题，并不断采取措施进行修正。总之，企业应针对应收账款在赊销业务中的每个环节，健全应收账款内部控制制度，努力形成一整套规范化的应收账款的事前、事中、事后的控制程序。

（二）加强应收账款追踪分析

赊销业务一旦发生，企业就必须考虑如何按时足额收回欠款而不是消极地等待对方付款，应该经常对所持有的应收账款进行动态追踪分析。一般而言，企业的客户赊购产品后，能否按期支付货款，主要取决于 5 个方面，即客户的信用品质、偿债能力、资本实力、抵押品及经济条件。在赊销之后，企业应进行追踪分析，因为这 5 个因素随时可能发生变化。当发现客户的这 5 个因素有发生变化的可能性时，企业应采取果断的措施，尽快收回应收账款，哪怕是只能暂时收回部分应收账款，同时对客户的信用记录进行相应的调整。当然，企业不可能也没有必要对全部的应收账款都进行动态追踪分析。企业应该将主要精力集中在那些交易金额大、交易次数频繁或信用品质有问题的客户身上。

（三）强化应收账款账龄分析

应收账款的账龄是指未收回的应收账款从产生到目前的时间长短，有的尚未超过信用期，有的则逾期很久，对应收账款账龄分析就显得格外重要。账龄分析可以清晰地看到客户的拖欠情况，重新整理企业的信用名单，提高收账的效率。当出现长期拖欠的应收账款时，企业首先应分析产生这种情况的原因，判断属于企业问题还是客户问题。如果属于企业信用政策问题，应立即进行信用政策的调整；如果属于客户问题，则应具体分析每个客户拖欠的具体情况，搞清这些客户发生拖欠的具体原因。其次，企业应针对不同的情况采取不同的收账方法，制订经济可行的收账政策。一般来说，应收账款逾期的时间越长，催收的难度就越大，成为坏账的可能性也就越大；应收账款逾期的时间越短，收回的可能性越大。所以，将应收账款按照账龄来分类，密切关注应收账款的回收情况，是加强应收账款日常管理的重要环节。

（四）建立应收账款坏账准备金制度

不管企业采用怎样严格的信用政策，只要存在着商业信用行为，坏账损失的发生总是不可避免的。因此，企业要按照权责发生制和谨慎性原则的要求，对应收账款发生坏账的可能性预先进行估计，并建立弥补坏账损失的准备金制度，以便减少企业的风险成本。

第三节 存货管理

存货是指企业在生产经营过程中为生产或销售而储备的物资,在企业的流动资产中金额较大,管理难度较高。存货管理水平的高低直接影响着企业的生产经营能否顺利进行,并最终影响企业的收益、风险状况等。因此,存货管理是流动资产管理的一项重要内容。

一、存货的概念和功能

存货主要包括企业的库存原材料、燃料、包装物、低值易耗品、库存商品、产成品等。存货的功能是指存货在企业生产经营过程中所具有的作用,主要包括以下 4 个方面。

(一)保证生产经营活动的正常耗费

对于生产企业来说,如果原材料存货不足,就必然会造成生产中断,停工待料;对于商业企业来说,如果畅销商品库存不足,就必然会失去销售良机;而对于生产或销售具有季节性变化的企业来说,一定数量的存货就具有更加重要的意义。为了防止各生产阶段、各环节的不均衡、不协调,也需要经常储存一定数量的半成品。所以,在市场物资供求不稳定、生产不均衡时,存货可以起到"蓄水池"的作用。

(二)降低存货取得成本

一般情况下,当企业进行采购时,进货的总成本与其采购物资的单位售价及采购的次数有密切的关系。许多供应商为了鼓励客户多购买其产品,往往在客户采购量达到一定数量时,另外给予价格折扣,所以企业通过大批量集中进货,既可以享受价格折扣,降低购置成本,也可因减少进货次数,降低了订货成本,使进货的成本降低。所以,虽然存货能增加储存成本,但仍有企业采用大批量的购货方式,原因在于这种方式可使企业降低进货成本,只要进货成本的下降大于因存货增加的各种储存费用便是可行的。

(三)保障企业产品的正常销售

企业的产品一般是成批生产、成批销售的。对于客户来说,也有一个经济采购批量的问题,所以,企业保持一定的产成品库存是有利于销售的。否则,当碰到客户的大订单或者是旺季来临时,就有可能失去成交机会。

(四)适应市场的瞬息万变

存货储备能够增加企业在市场变化中的机动性和适应能力。一般来说,企业面对的市场是千变万化的,市场对本企业产品的需求量是不稳定的。企业有了足够的产成品或商品,在满足顾客需要的同时,当市场有临时的需求量,能及时占领市场份额,获得收益。当市场中原材料价格较低时,企业大量购入进行储备,以节约成本。

二、存货的成本

为了实现存货的作用,必须购买和持有存货,就会产生存货的成本,即与持有存货有关的成本,主要包括以下 3 种。

(一)取得成本

取得成本,通常用 TC_a 表示,分为购置成本和订货成本。

1. 购置成本

购置成本是指为购买存货本身所支出的成本,即存货本身的价值,它在数量上等于采购量与单位存货采购单价的乘积。如果存货的年需要量用 D 表示,单价用 U 表示,存货的购置成本便为 DU。在一定时期的进货总量既定、单价不变的条件下,无论企业采购次数如何变动,存货总购置成本 DU 通常保持相对稳定的,在采购批量决策中一般关成本,供应商采用"数量折扣"时,购置成本才为决策的相关成本。

2. 订货成本

订货成本是指企业从发出订单开始订货到收货、登记、检验、运输过程中所发生部费用。如订货人员的办公费、差旅费、邮资费、电讯费、运输费、检验费、入库搬运支出。订货成本中有一部分与订货次数无关,如专设采购机构的基本开支等,称为固定的订货成本,用 F_1 表示,另一部分与订货次数有关,如订货人员的差旅费、邮资等称为订货的变动成本。订货的变动成本属于决策的相关成本。如每次订货的变动成本用 K 表示,每次订货量用 Q 表示,订货次数则等于 $\dfrac{D}{Q}$,变动订货成本为 $\dfrac{D}{Q} \times K$,变动订货成本加上固定成本则为总订货成本。购置成本加上订货成本等于存货的取得成本。其公式可表述为:

$$取得成本 = 购置成本 + 订货成本$$

$$TC_a = DU + \frac{D}{Q} \times K + F_1$$

(二)储存成本

存货的储存成本是指存货所占用的各种资金,包括用于仓储、保险、财产税、折旧、防护方面的费用及变质损耗费用等,常用 TC_c 表示。储存成本也分为固定储存成本和变动储存成本。固定储存成本与存货数量的多少无关,如仓库的折旧费用、仓库职工的固定工资等,属于决策的无关成本,常用 F_2 表示。变动储存成本与储存数量密切相关,如存货占用资金的机会成本、存货保险费等,属于决策的相关成本,其单位变动成本用 C 表示,变动储存成本为 $\dfrac{Q}{2} \times C$。用公式表达的储存成本为:

$$储存成本 = 固定储存成本 + 变动储存成本$$

$$TC_c = F_2 + \frac{Q}{2} \times C$$

（三）缺货成本

缺货成本是指因存货不足，不能及时满足生产和销售的需要而给企业造成的损失，主要包括由于原材料供应中断造成的停工待料损失、产品供应中断导致延误发货的信誉损失及丧失市场机会的有形与无形损失等。缺货成本能否作为决策的相关成本，应视企业是否允许出现缺货的不同情形而定。若企业允许缺货，则缺货成本便与存货数量反向相关，即属于决策相关成本；反之，若企业不允许发生缺货，此时缺货成本为零，也就无须加以考虑。缺货成本用 TC_s 表示。由于缺货成本计量十分困难，常常假设不存在缺货。

如果以 TC 来表示存货的总成本，它的计算公式为：

$$TC = TC_a + TC_c + TC_s$$

$$= DU + \frac{D}{Q} \times K + F_1 + F_2 + \frac{Q}{2} \times C + TC_s$$

企业存货的最优决策，就是使企业存货总成本 TC 值最小的决策。

三、存货经济批量的确定

存货经济批量是指能够使一定时期存货的相关总成本最低的进货数量。不同的成本项目与订货批量存在不同的关系，订购的批量大，存货就多，储存成本就会升高，同时，采购次数减少，变动订货成本相应减少。订购的批量小，存货就少，储存成本就会降低，同时，采购次数增加，变动订货成本和缺货成本相应增加。经济批量决策就是要使总成本最低的决策。

微课 8-5：存货经济批量模型之基本模型

（一）存货经济批量基本模型

存货经济批量基本模型是建立在一系列严格的假设条件基础上的。这些假设包括：
①企业一定时期的进货总量可以较为准确地预测；
②存货的价格稳定，且不存在数量折扣；
③存货的耗用比较均衡；
④存货仓储条件及所需现金不受限制；
⑤存货集中到货，而不是陆续到货；
⑥企业能及时补充存货，订货与到货没有时间间隔；
⑦不允许出现缺货，即缺货成本为零。

在以上假设条件下，不难看出，在存货需求量确定和单价已知的情况下，存货的购置成本不会因为订货批量的改变而改变，是订货批量决策的无关成本。在不考虑缺货成本情况下，影响订货批量的存货决策成本只有变动订货成本和储存成本。变动订货成本、变动储存成本和存货总成本三者之间的关系如图 8-5 所示。

此时与存货经济批量直接相关的就只有变动订货成本和变动储存成本两项，即

存货总成本=变动订货成本+变动储存成本

$$TC = \frac{D}{Q} \times K + \frac{Q}{2} \times C$$

从图 8-5 可知，当变动订货成本等于变动储存成本时，存货的决策相关总成本最低，

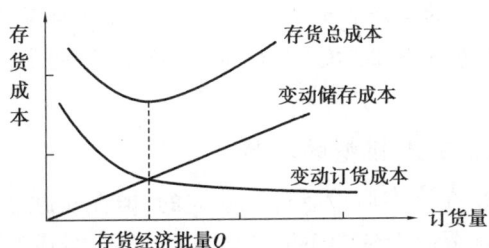

图 8-5   存货相关成本关系图

此时就是经济批量。

$$\frac{D}{Q} \times K = \frac{Q}{2} \times C \text{ 时,经济批量 } Q = \sqrt{\frac{2KD}{C}}$$

$$\text{最小相关成本 TC} = \sqrt{2KDC}$$

在经济批量下,订货次数是 N,订货周期为 T,平均占用资金额为 W,则:

$$\text{订货次数 } N = \frac{D}{Q}$$

$$\text{订货周期 } T = \frac{360}{N}$$

$$\text{存货平均占用资金 } W = \frac{QU}{2}$$

【例 8-8】   某公司只生产一种产品——甲产品,该产品所耗用的主要原材料为 P 材料,制造一个甲产品需要 2.40 千克 P 材料,每千克单价 4 元。假定该公司每年生产 12 000 个甲产品,且在整个一年中甲产品的需求量非常稳定,公司采购 P 材料每次的变动订货成本为 200 元,单位材料的年储存成本为 8 元。

要求:

(1)P 材料的经济批量是多少?

(2)经济批量下的存货总成本为多少?

(3)每年最佳订货多少次?

(4)最佳订货周期是多久?

(5)存货平均占用资金是多少?

【解析】   依据题目信息可以计算如下:

(1)经济批量 $Q = \sqrt{\dfrac{2KD}{C}} = \sqrt{\dfrac{2 \times 200 \times 12\,000 \times 2.40}{8}} = 1\,200(\text{千克})$

(2)存货总成本 $\text{TC} = \sqrt{2KDC} = \sqrt{2 \times 200 \times 12\,000 \times 2.40 \times 8} = 9\,600(\text{元})$

(3)最佳订货次数 $N = \dfrac{D}{Q} = \dfrac{12\,000 \times 2.40}{1\,200} = 24(\text{次})$

(4)最佳订货周期 $T = \dfrac{360}{N} = \dfrac{360}{24} = 15(\text{天})$

(5)存货平均占用资金 $W = \dfrac{QU}{2} = \dfrac{1\,200 \times 4}{2} = 2\,400(\text{元})$

上述计算表明,P 材料的经济批量为 1 200 千克,经济批量情况下的相关总成本为 9 600 元,最佳订货次数为每年 24 次,平均每 15 天订一次货,存货平均占用资金为 2 400 元。

(二)存货经济批量基本模型的扩展

经济批量基本模型是在许多假设条件下建立的,但在实践中,许多条件会发生变化。下面是部分假设条件变化情况下的经济批量模型。

微课 8-6:存货经济批量模型之扩展模型

1. 实行数量折扣的存货经济批量模型

在上述经济批量分析中,假设价格不随批量的变动而变动。但在市场经济条件下,为了鼓励客户多购买自己的产品,销售企业常常以提供商业折扣的方式吸引客户。此时,客户在进行存货采购的经济批量决策时,除了考虑变动订货成本和变动储存成本,还必须考虑采购数量对采购价格的影响。即在经济批量基本模型其他各种假设条件均具备的前提下,存在数量折扣时的存货相关总成本可按下式计算:

$$存货相关总成本 = 购置成本 + 变动订货成本 + 变动储存成本$$

$$TC = DU \times (1 - 折扣率) + \frac{D}{Q} \times K + \frac{Q}{2} \times C$$

实行数量折扣(商业折扣)的经济批量模型具体计算步骤如下:

第一步,确定没有商业折扣情况下的基本经济批量及其相关总成本;

第二步,计算享受商业折扣情况下的经济批量及其相关总成本;

第三步,比较这两种情况下的相关总成本并选择其较低的方案。

【例 8-9】 承接【例 8-8】,假设供货单位规定,P 材料每次购买量达到 1 500 千克时,单价折扣率为 25%,降为 3 元每千克。则:

没有商业折扣时,每次购买 1 200 千克的总成本为:

$$TC = DU + \sqrt{2KDC} = 1\ 200 \times 4 + \sqrt{2 \times 200 \times 12\ 000 \times 2.40 \times 8} = 14\ 400(元)$$

有商业折扣时,每次购买 1 500 千克的总成本为:

$$TC = DU \times (1 - 折扣率) + \frac{D}{Q} \times K + \frac{Q}{2} \times C$$

$$= 1\ 500 \times 4 \times (1 - 25\%) + \frac{12\ 000 \times 2.40}{1\ 500} \times 200 + \frac{1\ 500}{2} \times 8$$

$$= 14\ 340(元)$$

由此看出,每次订货量为 1 500 千克的总成本比每次订货量为 1 200 千克的总成本要少,应以 1 500 千克为经济批量

2. 考虑再订货点的经济批量模型

一般情况下,企业不能等到存货用完再去订货,因为即使在市场存货非常充足的情况下,存货从开始订货到到货也通常需要一段时间。在开始订货与到货时间不一致的情况下,企业再次开始订货时,尚有存货的库存量,称为再订货点,考虑再订货点的经济批量图如图 8-6 所示。

再订货点通常用 R 表示,其计算公式为:

$$R = 每天消耗的存货量 \times 存货到货时间$$

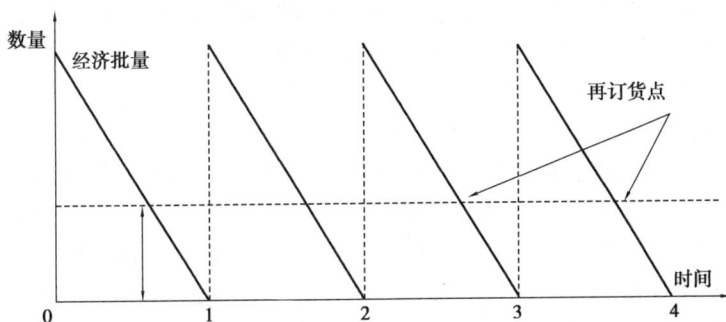

图 8-6　考虑再订货点的经济批量图

如果 P 材料从开始订货到实际到货时间为 10 天,P 材料每日耗用量为 3.60 千克,则 P 材料的再订货点为:

$$R = 10 \times 3.60 = 36(千克)$$

即企业在尚存 3.60 千克 P 材料时,就应当开始再次订货,等到所订 P 材料到货时,原有 P 材料刚好用完。此时,有关存货的每次订货批量、订货次数、订货间隔期间等并无变化,与存货基本模型相同。

3. 考虑存货保险储备

前面讨论的经济批量是假定存货的供需稳定且每日需求量不变,交货时间也固定不变。在企业的实际存货管理中,每日需求量和交货时间可能发生变化。因此,在按照一定的经济批量和再订货点发出订单后,如果需求量突然增大或者交货时间由于某种情况延迟,就会发生缺货或供货中断。为防止由此造成的损失,企业必须进行存货保险储备以应急,称为保险储备。这些存货在正常情况下不动用,只有当存货过量使用或送货延迟时才动用。企业应保持多少保险储备才合适?这取决于存货中断的概率和存货中断的损失。较高的保险储备可降低缺货损失,但也增加了存货的储存成本。因此,最佳的保险储备应该是使缺货损失和保险储备的储存成本之和达到最低,企业应根据风险承受情况,选择合适的保险储备。

四、存货的日常管理

存货作为重要的流动资产,其日常管理主要包括以下 3 个方面。

(一)存货的分级归口管理

存货的分级归口管理,是加强存货日常管理的一种重要方法,主要包括如下 3 项内容。

1. 在厂长经理的领导下,财务部门对存货资金实行统一管理

第一,制订企业存货资金管理的各种制度;第二,认真测算各种存货资金占用数额,汇总编制存货资金计划;第三,把有关计划指标进行分解,落实到有关单位和个人;第四,对各单位的资金运用情况进行检查和分析,统一考核存货资金的使用情况。

2. 实行存货资金的归口管理

根据使用资金和管理资金相结合的原则,存货资金谁使用谁管理。具体而言,各项资金归口管理的分工如下:原材料、燃料、包装物等资金属于供应部门管理;在产品和自制半成品占用的资金属于生产部门管理;产成品资金属于销售部门管理;工具、用具占用的资金属于工具部门管理;修理用备件占用的资金属于设备动力部门管理。

3. 实行存货资金的分级管理

存货资金的分级管理是在存货资金归口管理的前提下,各归口管理部门根据具体情况进一步对各存货资金计划指标进行分解,分配给所属单位或个人,层层落实,实行分级管理。具体而言,可按下列方式进行分解:第一,原材料资金计划指标可分配给计划供应、材料采购、仓库保管等各业务组管理;第二,在产品资金计划指标可分配给各车间、半成品库管理;第三,产成品资金计划指标可分配给销售、仓库保管、产成品发运等各业务组管理。

(二) 存货的 ABC 分类管理

企业存货品种繁多,不同的存货项目在企业生产经营中的地位和自身特点方面都有较大差别,存货管理符合二八原则。有的存货尽管品种数量很少,但金额巨大,如果管理不善,将给企业造成极大的损失。相反,有的存货虽然品种数量繁多,但金额微小,即使管理当中出现一些问题,也不至于对企业产生较大的影响。因此,无论是出于管理能力的原因,还是从经济角度来考虑,企业实行全面细致的存货控制都有一定的困难。ABC分类管理的目的就是突出重点存货来加强管理,提高存货管理效率。所谓 ABC 分类管理法就是按照一定的标准,将企业的存货划分为 A、B、C 三类,分别实行按品种重点管理、分类进行控制和按总额灵活控制的存货管理方法。A 类存货虽然品种较少,但价值较大,生产经营使用频繁,周转速度快,是企业最重要的存货,对该类存货要按存货品种来组织日常管理。B 类存货价值一般,生产过程中也经常使用,存货重要性仅次于 A 类,但由于品种较多,企业无法按存货品种逐项控制,可以考虑总额控制和个别例外原则相结合的管理方式。C 类存货品种繁多,且价值相对很小,使用频率较低,资金周转缓慢,该类存货一般可凭经验,实行总额控制、定期检查的控制方法。

(三) 存货日常控制措施

首先是材料用品日常控制措施,应考虑市场供应状况和生产经营特点,尽早与供货商签订符合经济批量的购买合同,使购买及储存具有计划性。应合理安排各种各批材料用品进货时间及次序,使支付采购货款的时间分开,以降低货款支付压力,使到货时间与领用时间尽可能紧密衔接,适当降低库存量。应关注市场供求动态,尽可能选购符合本企业要求的、价格较低的材料用品,尽量就近组织货源,以降低采购成本。做好收、发、存的相关记录和验收、清查工作,及时发现余缺和处理积压物资。

其次是在产品日常控制措施,应考虑市场需求状况和经济投产批量要求,合理安排投产时间和数量,使生产各环节紧密衔接,以便有计划地均衡组织生产,尽量降低半成品存量。实行车间、班组经济核算制,以便控制和降低生产耗费。做好生产各环节的各种耗费和半成品转移记录工作,以便作为分析考核的依据。

最后是产成品日常控制措施,应考虑市场需求状况和生产经营特点,尽早与购货商签订销售合同,使生产与销售环节紧密衔接,以便有计划地均衡组织生产和销售活动,尽量降低产成品存量。选择合适的货款结算方式,适时与购货商办理结算手续,尽可能在最有利的条件下收回货款。

复习思考题

一、单选题

1. 企业留存现金主要是为了满足(   )。

A. 交易性、预防性、收益性需求   B. 交易性、投机性、收益性需求

C. 交易性、预防性、投机性需求   D. 预防性、收益性、投机性需求

2. 下列项目中属于持有现金的机会成本的是(   )。

A. 现金管理人员工资   B. 现金安全措施费用

C. 现金被盗损失   D. 现金的再投资收益

3. 与现金持有量成正比例关系的成本是(   )。

A. 管理成本   B. 短缺成本   C. 转换成本   D. 机会成本

4. 某公司规定任何情况下的现金余额不能低于 5 万元,最佳现金返回值为 10 万元,则现金持有量的控制上限为(   )。

A. 5 万元   B. 10 万元   C. 20 万元   D. 30 万元

5. 某公司根据存货模型确定的最佳现金持有量为 100 000 元,有价证券的年利率为 10%。在最佳现金持有量模型下,该公司与现金持有量相关的现金使用总成本为(   )元。

A. 5 000   B. 10 000   C. 15 000   D. 20 000

6. 某企业预测的年度赊销收入净额为 3 600 万元,应收账款收账期为 30 天,变动成本率为 60%,资本成本率为 10%,则应收账款的机会成本为(   )万元。(一年按 360 天计算)

A. 10   B. 6   C. 18   D. 20

7. 下列各项中,不属于存货储存成本的是(   )。

A. 存货仓储费用   B. 存货破损和变质损失

C. 存货储备不足而造成的损失   D. 存货占用资金的应计利息

8. 下列不是确定经济批量需考虑的成本是(   )。

A. 购买成本   B. 订货成本   C. 储存成本   D. 坏账成本

9. 根据存货经济批量的基本模型,下列各项中,可能导致经济批量提高的是(   )。

A. 每期对存货的总需求降低   B. 每次订货费用降低

C. 每期单位存货存储费降低   D. 存货的采购单价降低

10. 全年需用某材料 2 400 吨,每次采购费用 600 元,每吨材料年均保管费用 32 元,则年最佳采购次数是(   )。

A. 12 次   B. 8 次   C. 6 次   D. 4 次

二、多选题

1. 企业留存较少的预防性现金数量的前提条件包括(　　)。

A. 企业经营活动很稳定

B. 企业现金流量的不确定性较大

C. 企业未来现金流量很容易准确测算

D. 企业很容易随时从外部借到现金

2. 赊销在企业生产经营中所发挥的作用有(　　)。

A. 增加现金　　　　B. 减少存货　　　　C. 促进销售　　　　D. 减少借款

3. 下列选项,属于存货管理目标的是(　　)。

A. 保证生产正常进行　　　　　　　B. 维持均衡生产

C. 降低存货取得成本　　　　　　　D. 防止意外事件发生

4. 为了确保公司能一致性地运用信用和保证公平性,公司必须保持恰当的信用政策,信用政策必须明确地规定(　　)。

A. 信用标准　　　B. 信用条件　　　C. 收账政策　　　D. 商业折扣

5. 企业如果延长信用期限,可能导致的后果有(　　)。

A. 扩大当期销售　　　　　　　　　B. 延长平均收账期

C. 增加坏账损失　　　　　　　　　D. 增加收账费用

三、判断题

1. 在利用成本分析模式和存货模型确定最佳现金持有量时可以不考虑管理成本的影响。　　　　　　　　　　　　　　　　　　　　　　　　　　　　　　(　　)

2. 企业营运资金余额越大,说明企业风险越小,收益率越高。　　　　　(　　)

3. 现金折扣是企业为了鼓励客户多买商品而给予的价格优惠,每次购买的数量越多,价格也就越便宜。　　　　　　　　　　　　　　　　　　　　　　　　　(　　)

4. 企业采用严格的信用标准,虽然会增加应收账款的机会成本,但能增加商品销售额,从而给企业带来更多的收益。　　　　　　　　　　　　　　　　　　　(　　)

四、计算题

1. 风华公司每年需耗用特种钢材 2 880 千克,该材料的每千克采购成本为 20 元,年单位存货持有费用为 40 元,平均每次订货费用为 400 元。

要求:

(1)计算经济批量。

(2)计算在经济批量条件下的最小存货相关总成本、变动订货费用、变动储存成本。

2. 某公司现金收支平衡,预计全年(按 360 天计算)现金需要量为 250 000 元,现金与有价证券的转换成本为每次 500 元,有价证券年利率为 10%。

要求:

(1)利用存货模型计算最佳现金持有量。

(2)计算最佳现金持有量下的全年现金管理相关总成本、全年现金转换成本和全年现金持有机会成本。

（3）计算最佳现金持有量下的全年有价证券交易次数。

3. C 公司是一家冰箱生产企业，全年需要压缩机 36 万台，均衡耗用。全年生产时间为 360 天，每次订货费用为 160 元，每台压缩机持有费用为 80 元，每台压缩机的进价为 900 元。根据经验，压缩机从发出订单到进入可使用状态一般需要 5 天，保险储备量为 2 000 台。

要求：

（1）计算经济批量。

（2）计算全年最佳订货次数。

（3）计算最低存货成本。

（4）计算再订货点。

思政思辨案例："男人的衣柜"海澜之家

全球化发展趋势下的服装行业，机遇和挑战并存，我国处于由服装制造业大国转为服装制造业强国的阶段。中国是世界第二大棉花生产国，棉花是重要的经济作物，也是服装行业的主要原料。受此前"新疆棉花事件"的影响，不少外国企业借机抹黑新疆棉花，加大力度打压中国的棉纺织业和服装业，加之近几年服装业转型困难，我国服装业发展速度减缓。海澜之家的主要业务为高档精纺呢绒、高档西服、衬衫、职业装的生产和销售，以及染整加工业务。2021 年海澜之家系列，直营门店净增数 33 家，其他直营门店净增数 6 家，加盟店及联营店 10 家。毛利比上年同期增加 7.86%，其市场占有率在男装市场中稳居首位，2019 年市场占有率 4.7%，2020 年市场占有率为 5%。

海澜之家采用一种名为"海澜之家"的轻资产管理模式，此模式下没有中间商参与，将生产环节进行外包，由服装供应商按要求进行生产制造。在电商时代下，海澜之家的销售渠道分为线上销售和线下销售，且以线下销售为主。2021 年一季度线上销售主营业务收入占比为 10.76%，同比增长 2.6%；2021 年一季度线下销售主营业务收入占比为 89.24%，同比降低 2.6%。海澜之家主要为线下销售，线上销售相比同期有所上升。线下通过直营店、加盟店及联营店进行销售，以加盟模式为主。海澜之家对商品实施赊账订货，商品卖出、资金回笼后才补足款项，没有售出的商品继续退货，但是绝非全部滞销商品可退。门店中的存货属于海澜之家公司，加盟店并不承担存货风险。随着海澜之家的飞速发展，出现了高存货、资金回流能力差、公司低估值、股票走势低迷等问题，对其未来发展造成了严重的不利影响，阻碍了企业的健康发展。由下表数据可知，海澜之家近年来存货数量一直居高不下，但是金额在逐步减少。2020 年的新冠疫情对企业造成了巨大的经济损失，海澜之家积极另寻他路，合理运用电商平台开展业务。如 2020 年 4 月 3 日，海澜之家在抖音、淘宝、小红书等多个电商平台进行直播带货，全天销售额超 4 000 万元。

海澜之家存货变动表

单位:亿元

报告期	存货	与上期相比	报告期	存货	与上期相比
2021 年一季度	72.78	↓1.38	2019 年四季度	90.44	↓4.05
2020 年四季度	74.16	↓12.22	2019 年三季度	94.49	↑6.07
2020 年三季度	86.38	↑4.21	2019 年二季度	88.42	↓7.11
2020 年二季度	82.17	↓6.21	2019 年一季度	95.54	↑0.80
2020 年一季度	88.39	↓2.05			

当前问题主要有两点:①存货数量的高库存现象(库存=累计供应量−累计需求量)。海澜之家为了快速发展,在疫情时期依然开设门店,门店数量的增加也导致了存货数量增加。但是对于加盟店是否纳入存货范围,行业没有统一标准。对于存货,企业要计提存货跌价准备,会直接导致企业利润下降,使财务状况恶化,影响企业长期运营发展。②存货周转天数过长。存货周转天数越短,说明存货变现能力越强,资金回流速度越快,存货管理效率越高。工商企业一般存货周转天数为 28.5 天较为正常。由下表可以看出,海澜之家确实有存货周转天数过长现象,约为同业企业存货周转天数的 2 倍,且存货周转天数呈逐渐上升趋势,于 2020 年 12 月开始有所好转,在此期间,海澜之家和电商合作创造营收。海澜之家应收账款从 2019 年四季度的 77 337 万元升为 2021 年一季度的 108 715 万元,存货周转率由 2019 年四季度的 1.44 次降为 2021 一季度的 0.43 次,应收账款逐年上升但存货周转率逐年下降。

存货周转天数对比表

单位:天

报告期	2021 年一季度	2020 年四季度	2020 年三季度	2020 年二季度	2020 年一季度	2019 年四季度
海澜之家	210.77	263.64	338.13	319.89	319.15	250.61
森马服饰	119.89	131.16	180.78	223.10	226.81	138.11

(案例来源:杨璧竹.海澜之家存货审计研究[J].合作经济与科技:2021(10):152-153.有修改)

案例思考:

1. 海澜之家面临存货困境的原因是什么?

2. 你对海澜之家的处境有什么建议呢?

第九章　短期筹资管理

学习目标

本章主要阐述短期筹资政策,重点学习自然性筹资管理和短期借款筹资管理。学生学习完本章后需掌握下列要点:了解短期筹资的特征、分类及短期筹资政策的类型;了解自然性筹资的内容,掌握商业信用筹资的特征、分类与资本成本率的计算和应付费用的概念;了解短期借款筹资的种类、考虑因素、基本程序和优缺点;掌握短期借款筹资的资本成本计算。

筹资是企业财务活动的重要环节,筹资的数量与结构、筹资活动的效率与质量,直接影响着企业的经营成果。企业除采用发行股票、发行债券及举借长期银行借款等方式筹措长期资金外,还可以采取如银行短期借款、商业信用等方式筹集短期资金。短期筹资不仅影响企业的资金规模,而且影响企业全部资金结构的稳定性和合理性,其偿还也制约和影响着企业的现金流。因此,短期筹资管理是筹资管理的重要组成部分。

第一节　短期筹资政策

一、短期筹资的特征与分类

(一)短期筹资的概念与特征

短期筹资是指为满足企业临时性流动资金需要而进行的筹资活动。筹集的资金一般需要在一年内或者超过一年的一个营业周期内偿还。因此,短期筹资也称为流动债务筹资或短期债务筹资。它通常具有如下特征:

①筹资速度快。短期筹资的债务人需要在较短时间内归还债务,其债权人承担的风险相对较小,一般只对债务人的近期财务状况作调查,费时较短,所以速度较快。

②筹资弹性好。长期负债所筹资金往往不能提前偿还,债务人通常要受借款合同的限制性契约条款的限制,而短期筹资限制性契约条款相对较少,筹资方在资金的使用和配置上相对灵活得多。

③筹资成本较低。短期借款的利率通常比长期借款或债券的利率要低,且筹资费用也比长期负债要少得多,所以短期筹资的资金成本比长期筹资的资金成本要低。

④筹资风险较大。由于短期筹资需要在短期内偿还,如果债务人在短期内拿不出足够的资金偿还债务,就可能产生不能按时清偿的风险,这对筹资方的资金运营和配置提出了较高的要求。

（二）短期筹资的分类

按不同的标准可将短期筹资分为不同类型,最常见的分类有以下两种:

①按应付金额是否确定,短期筹资可以分为应付金额确定的短期负债和应付金额不确定的短期负债。应付金额确定的短期负债是指根据合同或者法律规定,在偿付日期必须偿付且金额确定的各种流动负债,如短期借款、应付账款、应付票据、预收账款、其他应付款等。应付金额不确定的短期负债是指根据企业生产经营状况、经营成果,到期经计算才能确定金额的流动负债或者金额需要估计的流动负债,如应交税费、应付股利等。

②按短期负债的形成情况,短期筹资可以分为自然性短期负债和临时性短期负债。自然性短期负债是指不需要正式安排,企业在持续经营过程中,由于结算程序或有关法律法规的规定等原因自然形成的流动负债,如商业信用、应付职工薪酬、应交税费等。临时性短期负债是指因为临时的资金需求而发生的负债,由财务人员根据企业对短期资金的需求情况,通过人为安排形成,如短期借款等。

二、短期筹资政策的类型

按照资产流动性划分,资产分为流动资产和非流动资产（固定资产等长期资产）。按照流动资产的用途划分,流动资产分为临时性流动资产和永久性流动资产。短期筹资政策就是对临时性流动资产、永久性流动资产和固定资产等长期资产的来源进行管理。通常,有以下3种可供企业选择的短期筹资政策。

（一）保守型筹资政策

在保守型筹资政策下,企业的负债结构与企业资产的寿命周期相对应,其特点是:企业的全部长期资产（包括永久性流动资产、固定资产等长期资产）和部分（甚至全部）临时性流动资产的资金需要全部通过权益资本和长期负债来满足。短期负债筹资（甚至无短期负债筹资）的目标仅限于满足一部分临时性流动资产资金占用的需要（图9-1）。

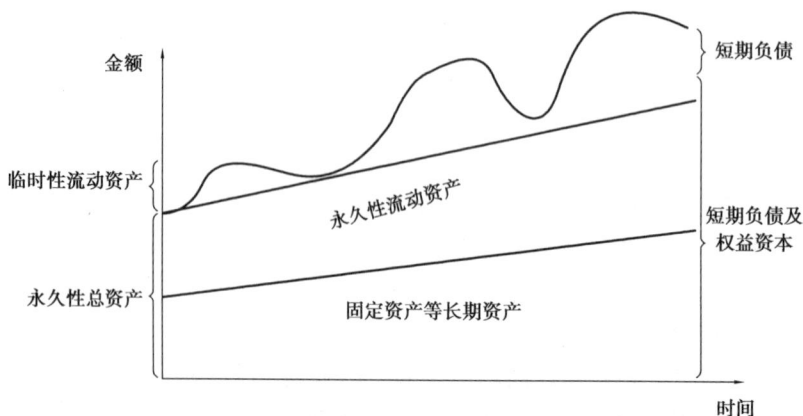

图9-1 保守型筹资政策

在保守型筹资政策下,企业通过采取短期债务筹资获得的少量资金来应付高峰时期的资金需求,在资金需求的低谷时期则通过有价证券将这些多余的资金"贮存"起来,待需要时再进行变现,因为有价证券的买卖要比短期筹资方便和省事得多。由于这种政策下只存在少量的短期负债筹资(甚至没有短期负债),所以其短期偿债风险极低。但相对而言,由于存在较多的长期负债和权益资本,尤其是权益资本红利本身不具有抵税效应,故这种政策易导致较高的资金成本。

(二)激进型筹资政策

在激进型筹资政策下,企业通过权益资本和长期负债来获取固定资产等长期资产和永久性流动资产所需要的资金,而另一部分永久性流动资产和全部临时性流动资产所需资金则通过短期负债来筹集。在该政策下,短期负债筹资除了满足临时性流动资产资金占用的需要,还要满足部分永久性流动资产资金占用的需要(图9-2)。

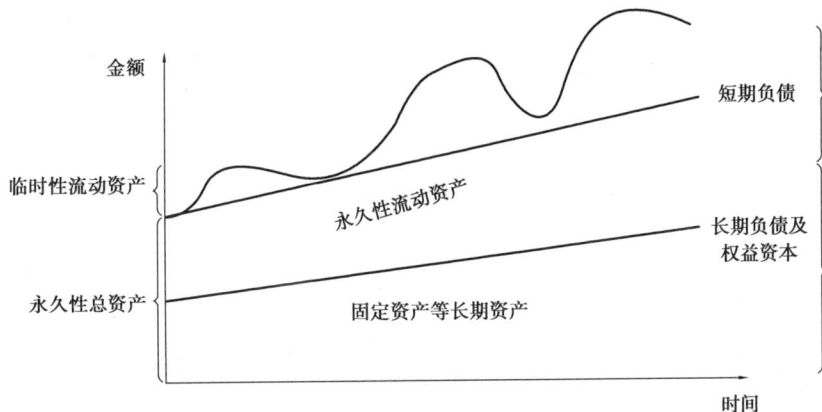

图9-2　激进型筹资政策

该政策的优点是由于短期负债利息成本较低,同时具有抵税效应,因此企业的资金成本相对较低;缺点是流动负债和长期资产在流动性上不能形成对称,可能需要通过变现长期资产来偿还短时间内到期的债务,会给企业带来沉重的偿债压力,一旦市场发生变动或出现意外事件发生,会致使企业资金周转不灵而陷入财务困境,从而使企业的财务风险增大。

(三)稳健型筹资政策

在稳健型筹资政策下,企业的全部长期资产(包括永久性流动资产、固定资产等长期资产)所需的资金原则上由权益资本和长期负债来提供,而临时性流动资产的资金占用需要通过短期债务筹资来满足(图9-3)。

该政策介于保守型与激进型之间,短期债务筹资的任务是满足临时性流动资产的资金占用需要,在风险与流动性上正好形成对称关系。选择这一政策的企业短期偿债压力比选择激进型政策的企业要小,比选择保守型政策的企业要大。

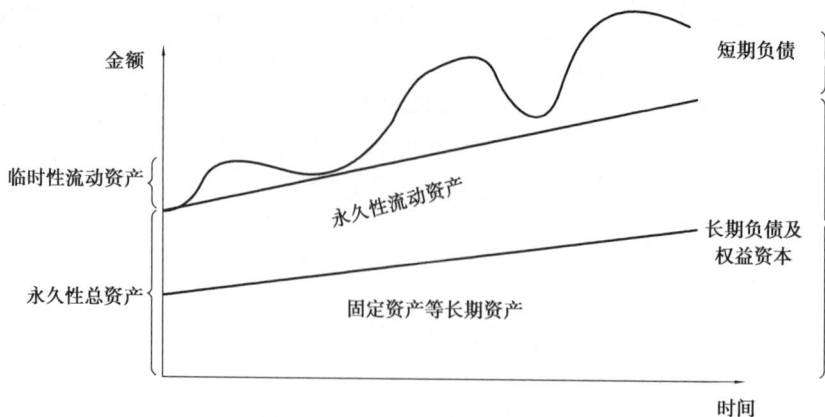

图 9-3　稳健型筹资政策

第二节　自然性筹资

自然性筹资是指随着企业生产经营活动而自然产生的一种筹资方式,主要包括商业信用和应付费用两大类。

一、商业信用

商业信用是指在商品交易中由于延期付款或预收货款所形成的企业间的借贷关系,是企业之间的一种直接信用关系。商业信用主要表现为两种形式:一是对产业链上游的信用,指的是企业向供应商赊购商品,反映为应付账款、应付票据等会计科目;二是对产业链下游的信用,指的是企业对客户的预收款项,反映为预收账款等会计科目。

(一)应付账款

应付账款是指企业因购买材料、物资和接受劳务等没有立即付款,延期到一定时间后再付给销货方的款项。销货方为了促使购买方尽快付款,可能规定一定的信用条件,如免费信用、有代价信用和展期信用等。

免费信用,即没有任何经济代价的应付账款。如 ABC 公司购买一批材料,价款 100 万元,销货单位规定"2/10,n/30",该规定表示购货单位如果在 10 天之内付款,只需要支付货款的 98% 即 98 万元,可以少支付货款的 2%,得到销货单位现金折扣 2 万元;如果购货单位要延展到 30 天之后付款,需要支付 100% 的货款,即 100 万元,就得不到任何折扣优惠。这个销货方规定的现金折扣期就是免费信用期,购货单位在免费信用期内得到的信用金额(全部货款扣除现金折扣的余额)就是免费信用额。

有代价信用,即需要付出经济代价才能获得的应付账款。在价款 100 万元和"2/10,n/30"条件下,如果放弃现金折扣,如选择在第 30 天付款,就要比在 10 天内付款多支付 2 万元,这 2 万元就是 98 万元资金使用 10 天的经济代价。

展期信用,即推迟在原定的付(还)款期以后付(还)款的应付账款。在价款 100 万元和"2/10, *n*/30"条件下,如果推迟到第 35 天付款,展期信用期为 5 天,展期信用额仍是全部货款扣除现金折扣的余额。

赊购延期付款放弃的现金折扣就是应付账款的经济代价,放弃现金折扣的资本成本率计算公式如下:

$$放弃现金折扣的资本成本率=\frac{现金折扣的百分比}{1-现金折扣的百分比}\times\frac{360}{失去现金折扣后延期付款天数}$$

【例 9-1】　ABC 公司购买一批材料,价款为 100 万元,销货单位规定的条件是"2/10, *n*/30"。如果 ABC 公司在 10 天后、20 天内付款,则将承受因放弃现金折扣而造成的机会成本,具体资本成本率计算如下:

$$放弃现金折扣的资本成本率=\frac{2\%}{1-2\%}\times\frac{360}{30-10}=36.73\%$$

可见,ABC 公司放弃现金折扣的机会成本还是比较高的。如果公司资金充裕,不能在放弃现金折扣的信用期内获得更高的报酬率,那么放弃现金折扣是不合理的选择。

(二)应付票据

应付票据是指由出票人出票,并由承兑人允诺在一定时期内支付一定款项的书面证明。在我国,应付票据是在商品购销活动中因采用商业汇票结算方式而发生的。

按照出票人的不同,应付票据分为银行承兑汇票和商业承兑汇票。银行承兑汇票是指由在承兑银行开立存款账户的存款人签发,向开户银行申请并经银行审查同意,保证在指定日期无条件支付确定的金额给收款人或持票人的票据。对出票人签发的银行承兑汇票进行承兑是银行基于对出票人资信的认可而给予的信用支持。

商业承兑汇票是指收款人开出经付款人承兑,或由付款人开出并承兑的汇票。使用商业承兑汇票的单位必须是在商业银行开立账户的法人,要以合法的商品交易为基础,而且汇票经承兑后,承兑人(即付款人)便负有到期无条件支付票款的责任。商业承兑汇票承付期限由交易双方商定,最长不超过 6 个月,可以带息,也可以不带息,也由交易双方约定。

(三)预收账款

预收账款是以买卖双方协议或合同为依据,由购货方预先支付一部分(或全部)货款给供应方而发生的一项负债。预收账款的期限一般不超过 1 年,通常应作为一项流动负债反映在期末的资产负债表上。这项负债要用以后的商品或劳务来偿付,一般包括预收货款、预收购货定金等。对于生产周期长、售价高的商品,如飞机、轮船等,生产企业也经常向订货方分次预收货款,以缓解资金占用过多的矛盾。

二、应付费用

应付费用是指本期已发生(耗用)但尚未支付款项的各种费用,如应付职工薪酬、应交税费等。应付费用一般是费用已发生或已增长,但尚未支付,且有一个必须支付的确定日期。应付费用筹资没有利息,但是并非真正可自由支配的融资方式,如工资的延迟支付可能会影响职工的工作效率和热情,税款的推迟缴纳可能会面临一定的惩罚。

第三节　短期借款筹资

短期借款筹资是指企业为了满足正常生产经营的需要,通过向银行或其他金融机构等借入期限在 1 年以下(含 1 年)的资金的筹资行为。

一、短期借款筹资的种类

短期借款筹资通常包括信用借款、担保借款和票据贴现 3 类。

(一)信用借款

信用借款是指企业凭借自己的信誉从银行取得的借款。这种借款无须以财产作抵押。银行在对企业的财务报表、现金预算等资料进行分析的基础之上,决定是否向企业提供贷款。一般只有信誉好、规模大的企业才可能得到信用借款。信用借款一般都带有一些信用条件,如信用额度、周转信用协议和补偿性余额等。

(二)担保借款

担保借款是指有一定的担保人作保证或利用一定的财产作抵押或质押而取得的借款。担保借款可分为以下 3 类。

①保证借款。保证借款是指按《中华人民共和国民法典》规定的保证方式,以第三人承诺在借款人不能偿还借款时,按约定承担一般保证责任或连带责任而取得的借款。

②抵押借款。抵押借款是指按《中华人民共和国民法典》规定的抵押方式,以借款人或第三人的财产作为抵押物而取得的借款。

③质押借款。质押借款是指按《中华人民共和国民法典》规定的质押方式,以第三人或借款人的动产或权利作为质押物而取得的借款。

(三)票据贴现

票据贴现是票据持有人将未到期的商业票据向银行转让,贴付一定利息以取得银行资金的一种借贷行为。银行按票面金额扣除贴现日至到期日的利息后付给贴票人现款,到票据到期时再向出票人收款。

二、短期借款筹资的考虑因素

短期借款筹资的考虑因素主要有借款数量、借款成本、借款风险和借款时效 4 个方面。

1. 借款数量

借款数量是指企业筹集资金的多少,它与企业的资金需求量成正比,因此必须根据企业的资金需求量合理确定借款数量。

2. 借款成本

借款成本是指企业为取得和使用资金而支付的各种费用。短期借款成本主要是借款后的利息支出,银行借款的利率因公司类型、借款金额及时间而异,有单利、复利、贴现利率和附加利率等。

（1）单利

在单利方法计算情况下,借款无论期限多长,只将本金乘以贷款期限与利率计取利息,而以前各期利息在下一个利息周期内不计算利息。

（2）复利

在复利方法计算情况下,借贷期限被分割为若干段,前一段按本金计算出的利息要加入本金中,形成增大了的本金,作为下一段计算利息的本金基数,直到每一段的利息都计算出来,加总就得出整个借贷期内的利息。在这种算法下,借款人负担的有效利率高于名义利率。

（3）贴现利率

在贴现利率计算情况下,商业银行在发放贷款时,预先从本金中扣除利息,到期由借款人一次还本付息。因此,借款人拿到的金额低于借款面值,有效利率也会高于名义利率。商业银行为客户的商业承兑汇票办理贴现业务时,通常采用这种方法。

【例9-2】　ABC 公司以贴现方式借入 1 年期的贷款 20 万元,名义利率为 12%。ABC 公司实际筹资额为 17.60 万元,利息为 2.40 万元。那么,贷款的有效利率是多少?

$$贴现贷款的有效利率=利息÷（贷款面额-利息）×100\%$$
$$=2.40÷（20-2.40）×100\%$$
$$=13.64\%$$

由此可见,ABC 公司贷款的有效利率比名义利率高出 1.64 个百分点。

（4）附加利率

在附加利率计算情况下,即使是分期偿还贷款,银行通常也按贷款总额和名义利率来计算收取利息。借款公司可利用的借款逐渐减少,但是利息并不减少,实际负担的利息费用较高。

【例9-3】　ABC 公司以分期付款方式借入 20 万元,名义利率为 12%,付款方式为 12 个月等额还款。在此情况下,全年平均拥有的借款额为 10 万元（20÷2）,利息是 2.40 万元,ABC 公司的实际利率是多少?

$$实际利率=利息÷（借款人实际收到的贷款金额÷2）×100\%$$
$$=2.40÷（20÷2）×100\%$$
$$=24\%$$

由此可见,ABC 公司所承担的实际借款成本是相当高的。

3. 借款风险

借款风险是指企业在借款过程中,由于使用借入资金引起自有资金收益发生变动的可能性,或引起到期不能偿还债务的可能性。

4. 借款时效

借款时效是指企业各种借款方式的时间性及灵活性。即需要资金时,能否立即筹措;不需要时,能否及时还款。通常,期限越长、手续越复杂的借款方式,其借款时效越差。

三、短期借款筹资的基本程序

企业根据实际需要和银行信贷制度向银行借入各种流动资金。其短期借款筹资的基本程序如下。

1. 企业提出申请

企业向银行借入流动资金借款时,必须在批准的资金计划占用额范围内,按生产经营的需要,逐笔向银行提出申请。企业在申请书上应写明借款种类、借款数额、借款用途、借款原因、还款日期,另外,还要详细写明流动资金的占用额、借款限额、预计销售额、销售收入资金率等相关指标。

2. 银行对企业申请的审查

银行接到企业提出的借款申请书后,应对申请书进行认真的审查。这主要包括以下3个方面的内容:

①审查借款的用途和原因,作出是否贷款的决策。

②审查企业的产品销售和物资保证情况,决定贷款的数额。

③审查企业的资金周转和物资耗用情况,确定借款的期限。

3. 签订借款合同

为了维护借贷双方的合法权益,保证资金的合理使用,企业向银行借入短期贷款时,双方应签订借款合同。借款合同要包括如下4个方面内容:

①基本条款。基本条款是借款合同的基本内容,主要强调双方的权利和义务,具体包括借款数额、借款方式、款项发放的时间、还款期限、还款方式、利息支付方式、利息率的高低等。

②保证条款。保证条款是保证款项能顺利归还的一系列条款,包括借款按规定的用途使用、有关的物资保证、抵押财产、保证人及其责任等内容。

③违约条款。违约条款是规定对双方若有违约现象时应如何处理的条款,主要载明对企业逾期不还或挪用贷款等如何处理和银行不按期发放贷款的处理等内容。

④其他附属条款。其他附属条款是与借贷双方有关的其他一系列条款,如双方经办人、合同生效日期等条款。

4. 企业取得借款

借款合同签订后,若无特殊原因,银行应按合同规定的时间向企业提供贷款,企业便可取得借款。如银行不按照约定发放贷款或者企业不按照约定使用借款,都应偿付违约金。

5. 企业归还借款

企业在借款时就应充分做好还款准备,积极筹措资金,按时归还流动资金借款,如因故不能如期还款,可向银行申请延期。

四、短期借款筹资的优缺点

1. 短期借款筹资的优点

(1) 筹资灵活快捷

由于数额相对较少、期限短,负债可以在短时间内收回,银行对短期借款审查程序相对简化。借款企业可以依据自身情况随时获得短期借款,并且在借款期内也能随时偿还借款。

(2) 资本成本较低

短期借款筹资的资本成本相对低于长期借款。因为长远看来,无法预知企业的经营情况,长期债权人承担的风险较大,而短期借款风险较小,债权人要求的报酬较小,且银行对规模大、信誉好的大企业,可采取优惠利率等方式进行放贷。

2. 短期借款筹资的缺点

(1) 财务风险高

由于短期借款需要短时间偿还,因此企业需要安排好流动资金,如果不能按照原计划偿还债务,就可能引发财务危机。

(2) 限制较多

银行要求短期借款企业的经营状况和财务状况必须达到一定的标准,且流动比率和负债比率要维持在一定的水平,有的银行还要求对企业有一定的控制权,这些都会构成对企业的限制。

复习思考题

一、单选题

1. 商业信用筹资的优点不包括( )。

A. 使用方便   B. 成本低   C. 限制少   D. 时间长

2. 销货单位的现金折扣条件是 $2/20, n/60$,购货单位如果放弃现金折扣的代价是( )。

A. 2%   B. 12.2%   C. 18.37%   D. 24.2%

3. 下列关于银行短期借款的说法中,错误的是( )。

A. 银行一般资金充足、实力雄厚、能随时为企业提供比较多的短期贷款

B. 银行短期借款的限制条件比较多,会对企业构成一定的限制

C. 银行短期借款的借款期限太短、弹性较差

D. 银行短期借款的财务风险较高

4. 短期借款的贷款期限一般不超过( )。

A. 1 年   B. 3 个月   C. 6 个月   D. 2 年

5. 抵押借款的抵押物一般是指借款人或第三人的( )。

A. 动产   B. 不动产   C. 权利   D. 财产

6.下列关于商业信用的说法中,错误的是(　　　)。

A.商业信用产生于银行信用之后

B.企业利用商业信用筹资,主要有赊购商品和预收货款等两种形式

C.企业利用商业信用筹资的限制条件较少

D.商业信用属于一种自然性筹资,不用做非常正式的安排

7.如果某企业的信用条件是"2/10,n/30",则放弃该现金折扣的资本成本率为(　　　)。

A.36%　　　　　　B.18%　　　　　　　C.35.29%　　　　　　D.36.73%

8.下列关于应付费用的说法中,错误的是(　　　)。

A.应付费用是指企业生产经营过程中发生的应付而未付的费用

B.应付费用的筹资额通常取决于企业经营规模、涉足行业等

C.应付费用的资本成本通常为零

D.应付费用可以被企业自由利用

9.下列等式中,符合稳健型短期筹资政策的是(　　　)。

A.临时性流动资产=临时性流动负债

B.临时性流动资产+部分永久性流动资产=临时性流动负债

C.部分临时性流动资产=临时性流动负债

D.临时性流动资产+固定资产=临时性流动负债

10.当公司采用宽松的短期资产持有政策时,采用(　　　)短期筹资政策,可以在一定程度上平衡公司持有过多短期资产带来的低风险、低报酬。

A.保守型　　　　　B.激进型　　　　　C.稳健型　　　　　D.任意一种

二、多选题

1.下列各项中属于商业信用筹资形式的有(　　　)。

A.赊销商品　　　　B.赊购商品　　　　C.预收货款　　　　D.预付货款

2.下列筹资方式中,属于债务筹资方式的有(　　　)。

A.发行债券　　　　B.留存收益　　　　C.商业信用　　　　D.银行借款

3.以下属于担保借款的是(　　　)。

A.保证借款　　　　B.抵押借款　　　　C.质押借款　　　　D.信用借款

4.短期借款通常是(　　　)3类。

A.信用借款　　　　B.担保借款　　　　C.票据贴现　　　　D.抵押借款

5.按应付金额是否确定可将短期筹资分为(　　　)。

A.应付金额确定的短期负债　　　　　　B.应付金额不确定的短期负债

C.自然性短期负债　　　　　　　　　　D.临时性短期负债

6.短期借款筹资须考虑的因素主要是(　　　)。

A.借款数量　　　　B.借款成本　　　　C.借款风险　　　　D.借款时效

7.下列关于商业信用的叙述中,正确的有(　　　)。

A.商业信用有赊购商品和预收货款两种形式

B.商业信用与商品买卖同时进行,属自然性筹资

C. 无论企业是否放弃现金折扣,商业信用的资本成本都较低

D. 商业信用是企业之间的一种间接信用关系

8. 关于短期借款的归还,下列说法中正确的有(　　)。

A. 借款企业应按借款合同的规定按时、足额支付借款本息

B. 只要借款人申请贷款展期,银行一般都会同意

C. 贷款银行在短期贷款到期之前,应当向借款企业发送还本付息通知单

D. 申请保证借款、抵押借款、质押借款展期的,应当由保证人、抵押人、出质人出具同意的书面证明

9. 风险与报酬都得到中和的短期筹资政策与短期资产政策的配合方式有(　　)。

A. 紧缩的持有政策与稳健型筹资政策

B. 宽松的持有政策与稳健型筹资政策

C. 宽松的持有政策与激进型筹资政策

D. 紧缩的持有政策与激进型筹资政策

10. 银行接到企业提出的借款申请书后,应对申请书进行认真的审查,这主要包括(　　)。

A. 审查借款的用途和原因,作出是否贷款的决策

B. 审查借款单位的信誉和还款情况

C. 审查企业的产品销售和物资保证情况,决定贷款的数额

D. 审查企业的资金周转和物资耗用情况,确定借款的期限

三、判断题

1. 现金折扣是企业为了鼓励客户多买商品而给予的价格优惠,每次购买的数量越多,价格也就越便宜。　　　　　　　　　　　　　　　　　　　　　(　　)

2. 由于商业信用筹资无须支付利息,所以不属于债务筹资。　　　　　　(　　)

3. 应付账款是供应商给企业的一种商业信用,采用这种融资方式是没有成本的。
　　　　　　　　　　　　　　　　　　　　　　　　　　　　　　(　　)

4. 短期筹资政策的类型包括保守型、激进型和稳健型筹资政策。　　　(　　)

5. 通常,期限越长、手续越复杂的筹款方式,其筹资时效越差。　　　(　　)

6. 应付费用是指本期已发生(耗用)但尚未支付款项的各种费用,如应付职工薪酬、应交税费等。　　　　　　　　　　　　　　　　　　　　　　　　　　(　　)

7. 在价款 100 万元和"2/10,n/30"条件下,如果推迟到第 45 天付款,展期信用期为 15 天。　　　　　　　　　　　　　　　　　　　　　　　　　　　　(　　)

8. 在保守型筹资政策下,企业短期偿债风险极低,但易导致较高的资本成本。
　　　　　　　　　　　　　　　　　　　　　　　　　　　　　　(　　)

9. 在稳健型筹资政策下,企业临时性流动资产的资金常常需要通过短期债务筹资来满足。　　　　　　　　　　　　　　　　　　　　　　　　　　　　　(　　)

10. 短期筹资是指为满足企业临时性流动资金需要而进行的筹资活动,一般需要在一年内或者超过一年的一个营业周期内偿还。　　　　　　　　　　　　　(　　)

四、计算题

1. ABC 公司近期的销售量迅速增加。为满足生产和销售的需求,公司需要筹集资金用于增加存货,占用期限为 30 天。现有 3 个可满足资金需求的筹资方案:

方案 1:利用供应商提供的商业信用,选择放弃现金折扣,信用条件为"2/10,n/40"。

方案 2:向银行贷款,借款期限为 30 天,年利率为 8%。银行要求的补偿性金额(即贷款发放银行要求借款企业以低息或者无息的形式,在银行中按贷款限额或实际使用额保持一定百分比的最低存款余额)为借款额的 20%。

方案 3:以贴现法向银行借款,借款期限为 30 天,月利率为 1%。

要求:

(1)如果该公司选择方案 1,计算其放弃现金折扣的资本成本率。

(2)如果该公司选择方案 2,计算该公司借款的实际年利率。

(3)如果该公司选择方案 3,计算该公司借款的实际年利率。

(4)根据以上各方案的计算结果,为 ABC 公司选择最优筹资方案。

2. ABC 公司向银行借入 10 万元,名义利率为 12%,如果公司以分期付款方式 12 个月等额还款,那么 ABC 公司的实际利率是多少?

3. ABC 公司以贴现方式借入 1 年期的贷款 200 万元,名义利率为 12%,贷款的有效利率是多少?

思政思辨案例:乐视网的财务危机

2004 年 11 月,贾跃亭创建乐视网信息技术(北京)股份有限公司,即乐视网。它是中国第一影视剧视频网站,是中国领先的 3G 手机电视服务商,也是中国领先的互联网电视服务提供商。2010 年 8 月 12 日,乐视网在 A 股上市,成为首家上市的视频网站。

2012 年至 2014 年期间,乐视网提出了自己的新理念,形成了自己独特的"平台+内容+终端+应用"的生态产业链系统。简单来说,就是以内容为主线,串联所有和内容有关系的可能的周边场景。

乐视网的主要经营业务是网络视频基础服务和视频平台增值服务。2004 年至 2008 年,乐视网在互联网视频行业中主要靠视频资源,以"白菜价"购买了非常多的版权资源。2007 年采购电影、电视剧的均价为 1.74 万元/部,2008 年为 2.68 万元/部,2009 年采购量为前两年总和的 7 倍,均价只有 1.4 万元/部。乐视网通过网站播放视频内容,向观看者收取费用和向插播广告的广告商收取费用。2008 年至 2012 年,国家政策开始注重版权保护,对于相关行业的监督管理更为严格,严厉打击盗版行为,2009 年起,视频网站之间爆发"版权大战",所有玩家几乎同时成为原告和被告,如搜狐联合优朋起诉优酷、优酷起诉酷 6、酷 6 起诉土豆、优朋起诉迅雷、土豆要求政府吊销优酷资质。与此同时,版权内容价格开始蹿升,如 2011 年《攻心》《还珠格格》网络版权分别卖到 2 000 万元和 3 000 万元,《浮沉》单集价格突破百万元。

　　早年积累的版权成为乐视的宝藏,版权分销收入对乐视网的价值在 2011 年达到极致。这一年 3.56 亿元的版权分销收入占营业收入的 59%、广告收入的 311%,相当于净利润的 272%。乐视网利用最初购买的版权资源进行版权分销,带来了极其可观的收益,于是开始涉足视频内容上下游产业。

　　乐视网的生态更多是针对内容,如体育、影视,在硬件方面包括手机、电视、汽车等,最后将其整合在一起,使体验无缝化,构成其所谓的生态。乐视网垂直产业链整合业务涵盖互联网视频、影视制作与发行、智能终端、大屏应用市场、电子商务、互联网智能电动汽车等。在这一过程中,乐视网不断地增设新的子公司,如乐视致新、乐视电子商务、乐视体育、乐视移动,以及乐视花儿影视等。到 2016 年时,乐视网拥有控制权的子公司已有 15 家,成了一个体系庞大、业务众多的互联网高新技术企业。

　　2016 年至 2018 年,乐视网的负面新闻越来越多,自身资金链断裂,各项指标都表明乐视网出现了严重的财务危机。在融创中国入股乐视网后,原来的大股东贾跃亭从乐视网中抽身而退,其财务危机事件如下表所示。

乐视网财务危机事件表

时间	事件
2016 年 11 月 2 日	网传乐视网资金链紧张,拖欠供应商欠款。
2016 年 11 月 6 日	贾跃亭发布公开信,反思公司节奏过快。
2016 年 11 月 8 日	乐视网发布公告称:乐视影业无法在 2016 年完成注入。
2016 年 11 月 15 日	贾跃亭同学提供 6 亿美元投资,主要用于乐视汽车。
2017 年 1 月 13 日	融创中国对乐视网进行投资。
2017 年 2 月	乐视体育被亚足联终止了为期 4 年的赛事转播合同。
2017 年 3 月 3 日	贾跃亭质押股票陷入平仓危机。
2017 年 4 月 16 日	网络上出现"乐视挪用易到资金 13 亿"的声明。
2017 年 5 月 21 日	贾跃亭辞职,仅任董事长,梁军担任乐视网总经理。
2017 年 5 月 24 日	乐视网大规模裁员,乐视手机和乐视体育首当其冲。
2017 年 6 月 26 日	招行上海川北支行请求冻结乐视移动、贾跃亭等名下存款。
2017 年 7 月 6 日	贾跃亭辞去乐视网董事长职务。
2017 年 7 月 7 日	贾跃亭远渡美国洛杉矶,就任乐视汽车生态全球董事长。
2017 年 9 月 1 日	融创中国半年业绩发布会上,孙宏斌热泪盈眶谈贾跃亭。
2017 年 12 月	贾跃亭被法院列入失信被执行人。
2018 年 3 月 15 日	孙宏斌辞去乐视网董事长。
2018 年 12 月 11 日	公告再度提示存在被暂停上市风险。

资料来源:巨潮资讯网等信息整理所得

　　从 2016 年起,乐视网发生了很多重大事件。从舆论风波、子公司发展不良、平仓危机、大规模裁员、大股东辞职等事情中也可以看出乐视网的经营存在问题,侧面反映出乐视网有一定的财务风险。

一般企业在筹资时会选择债权融资或股权融资,乐视网在 2012 年至 2015 年采用了 5 次债权融资,金额约 26 亿元,但是 2017 年时资产负债率高达 53.93%,风险较高。2014 年时采用了定向增发股票筹资,但是被中国银行业监督管理委员会驳回。乐视网的筹资金额减少,融资活动难以进行。2017 年乐视网吸收投资和取得借款收到的资金一共为 690 385.04 万元,比 2016 年减少了 21 406.64 万元,筹资活动产生的现金流量净额同比增减了-59.34%,后续负值也逐渐加大,筹资活动现金流量如下表所示。

筹资活动现金流量表

筹资活动产生的现金净流量净额表	年份	2012 年	2013 年	2014 年	2015 年	2016 年	2017 年	2018 年
	数额/元	717 823 061.05	1 114 659 986.03	1 153 267 014.87	4 365 349 107.00	9 477 499 774.00	3 853 603 248.45	863 779 190.48
	同比增减	133.58%	55.28%	3.46%	278.52%	117.11%	-59.34%	-77.59%

从外部的信誉方面来看,乐视网在被传财务造假和拖欠贷款不还的事情后,外界的一些投资者对乐视也产生了怀疑,各种说法纷纷而至,乐视网陷入一场舆论风波,而其大股东贾跃亭自身也被纳入了失信人名单之中。2016 年,乐视网因为合同债务的相关事件,被起诉了 30 余起,2017 年时接近 200 起,金额也非常大,还不断地被深圳证券交易所发放问询函,要求乐视网给予清晰明了的回应。这些事件都将乐视网推向失信边缘,舆论越来越多。再看具有直观表现的股价情况,乐视网股价在 2016 年下半年开始下跌,后续的市值严重缩水,导致很多机构对乐视网的估价极低,呈直线下降。

微课 9 案例拓展:
乐视财务危机思考

(案例来源:根据新浪财经网站资料整理所得)

案例思考:

深挖乐视网进行多元化扩张之后的财务状况,从筹资的角度思考乐视网产生财务风险的原因是什么?

第十章　利润分配管理

学习目标

本章主要阐述利润分配的内容、股利理论、股利政策、股票分割与股票回购。学生学习完本章后需掌握下列要点：了解利润分配程序，掌握股利种类及股利的发放程序；理解股利理论的主要内容；掌握常见的股利政策，理解股利政策的影响因素；了解股票分割与股票回购的概念，以及股票回购的动机与方式。

利润是企业一定时期内的经营成果，也是企业经营的主要目的。经营成果如何分配是财务管理的一个重要问题。利润分配不仅影响企业的筹资和投资决策，还涉及国家、企业、投资者、员工等多方面利益相关者，更涉及企业的长远利益与短期利益、整体利益与局部利益等关系的协调与均衡。

第一节　利润分配

微课 10-1：利润
分配顺序

一、利润分配程序

利润分配是指对企业所实现的经营成果进行分割与派发的活动。企业利润分配的基础是净利润，即企业缴纳所得税后的税后利润。利润分配的过程，就是依据法定程序，按照《公司法》《企业财务通则》等法律法规的规定，将企业实现的净利润，向投资者和用于企业再投资两个方面进行分配。股份有限公司的利润分配应当遵循以下基本程序。

（一）计算可供分配的利润

将本年净利润（或亏损）与年初未分配利润（或亏损）合并，计算出可供分配的利润。根据规定，公司发生年度亏损，可以用下一年度的税前利润弥补，若下一年度的税前利润不足以弥补时，可以在 5 年内延续弥补，5 年内仍然未弥补完的亏损，则可以用税后利润弥补。

（二）提取法定公积金

在不存在年初累计亏损的前提下，按照税后净利润的 10% 提取法定公积金。当法定公积金已达注册资本的50%时,公司可不再提取。提取的法定公积金用于弥补以前年度亏损或转增的资本金。

(三)提取任意公积金

公司在从税后利润中提取法定公积金后,可以经股东大会同意,提取任意公积金。任意公积金的计提标准由股东大会确定。法定公积金与任意公积金都是公司从税后利润中提取的积累资本,它们与未分配利润一样,都属于公司的留存收益,是公司内部融资的重要来源。

(四)向股东支付股利

公司在按照程序弥补亏损、提取法定公积金和任意公积金后,剩余的当年利润与以前年度的未分配利润构成可供股东分配的利润,经股东大会批准后可以向股东分配股利。

公司股东会或董事会违反上述利润分配顺序,在抵补亏损和提取法定公积金之前向股东分配利润的,必须将违反规定发放的股利退还公司。

【例10-1】 东方股份有限公司2022年年末有关资料如下:2022年度实现利润总额5 000万元,所得税税率为25%(假设无应纳税所得额计算调整项目),公司前两年累计亏损1 000万元,法定公积金提取比例为10%,任意公积金提取比例为10%;支付2 000万股普通股股利,每股0.80元。2022年该公司的利润分配应如何进行?

【解析】 根据上述资料,东方股份有限公司利润分配程序如下:

(1)弥补亏损、计算缴纳所得税后的净利润=(5 000−1 000)×(1−25%)=3 000(万元)

(2)提取法定公积金=3 000×10%=300(万元)

(3)提取任意公积金=3 000×10%=300(万元)

(4)可供股东分配的利润=3 000−300−300=2 400(万元)

(5)实际支付普通股股利=2 000×0.80=1 600(万元)

(6)2022年年末未分配利润=2 400−1 600=800(万元)

二、股利的种类

股份有限公司分派股利的形式一般有现金股利、股票股利、财产股利和负债股利等。我国有关法律规定,股份有限公司只能采用现金股利和股票股利两种形式。

微课10-2:股利
支付方式

1.现金股利

现金股利也称红利或股息,是股份有限公司以现金形式分派给股东的股利。现金股利是股份有限公司最常用的股利分派方式。股票按种类分为优先股和普通股。优先股的股息率通常是固定的,因此,在经营正常且有足够利润的情况下,优先股股东的年股利额是固定的。例如,某公司发行的优先股面值为1元,固定股息率为10%,那么在正常情况下,每股优先股可分得0.1元的现金股利。普通股没有固定的股息率,现金股利的发放次数和金额主要取决于公司的股利政策和经营业绩等因素。例如,西方国家的许多公司按季度发放现金股利,一年发放 4 次。我国公司一般半年或一年发放一次现金股利。

由于现金股利是从公司净利润中支付给股东的,发放现金股利会减少公司的留用利润,因此发放现金股利不会增加股东的财富总额。但是,股东对现金股利的偏好不同,如有的股东可能希望公司发放较多的现金股利,而有的股东则可能更希望公司将留用利润投资能给公司带来更多利润的项目,而不愿意公司发放过多的现金股利。现金股利的发放会对股票价格产生直接的影响,一般而言,股票价格在除息日后会下跌。例如,某公司宣布发放每股 1.25 元的现金股利,如果除息日的前一交易日的股票收盘价格为 18.75元/股,则除息日股票除权后的价格应为 17.50 元/股。

2. 股票股利

股票股利也称股份股利,是股份有限公司以股票的形式从公司净利润中分配给股东的股利。股份有限公司发放股票股利,须经股东大会表决通过,根据股权登记日的股东持股比例将可供分配利润转为股本,并按持股比例无偿向股东分派股票,增加股东的持股数量。发放股票股利不会改变公司的股东权益总额,也不影响股东的持股比例,只会使公司的股东权益结构发生变化,即由未分配利润转为股本,会增加公司的股本总额。

股票股利的分派通常用百分数表示,如 10%、20% 等,表示每一股份可分到的股票股利的比率。例如,某公司发放股票股利之前股份总数为 20 000 万股,发放 40% 股票股利,即公司按每 10 股送 4 股的比例发放股票股利,那么发放股票股利后公司的股份总数增加到 28 000 万股。在公司发放股票股利时,除权后股票价格会相应下降。假设公司发放股票股利前的股价为每股 21 元,公司按照每 10 股送 4 股的比例发放股票股利,在除息日之后公司的股票价格应降至每股 15 元(21÷1.4)。由此可见,公司分派股票股利,一方面扩张了股本,另一方面起到了股票分割的作用。高速成长期的公司可以利用股票股利来扩张股本,同时避免股价过高影响股票流动性。

【例 10-2】某公司发放 10% 股票股利前后的资产负债表如表 10-1 所示。(假设发放股票股利前公司股票股价为 10 元/股)

表 10-1 某公司发放股票股利前后股东权益对比

单位:万元

发放股票股利前股东权益	金额	发放股票股利后股东权益	金额
股本(1 000 000 股,每股 1 元)	100	股本(1 100 000 股,每股 1 元)	110
资本公积	100	资本公积	190
留存收益	500	留存收益	400
股东权益合计	700	股东权益合计	700

对于股份有限公司而言,股票股利不会减少公司的现金流量,适用于现金紧张或者需要大量的资本进行投资的公司。但应当注意,若股票股利派发过多,股份总额扩张过快,盈余增长速度低于股本扩张速度时,公司的每股利润也会受影响,这可能导致公司股价下跌。对于股东而言,虽然分得股票股利没有得到现金,但如果发放股票股利之后,公

司依然维持原有的现金股利水平,则股东在以后可以得到更多的股利收入,或者股票数量增加之后,股价走出了填权行情,股东的财富也会随之增长。

三、股利的发放程序

股份有限公司分配股利必须遵循法定程序,一般先由董事会提出股利分配预案,接着提交股东大会决议通过才能进行分配。股东大会决议通过股利分配预案之后,要向股东公开宣布股利发放方案,并确定股利宣告日、股权登记日、除息日和股利发放日。

微课 10-3:股利的发放程序

1. 股利宣告日

股利宣告日是指公司股东大会决议通过后由董事会宣告股利发放方案的日期。股东大会决议公告中应明确股利分配的年度、范围、形式、分配的现金股利金额或股票股利的数量,并公布股权登记日、除息日和股利发放日。

2. 股权登记日

股权登记日是指有权领取本期股利的股东资格登记的截止日期。例如,某公司的股权登记日为 20×3 年 6 月 10 日。只有在股权登记日这一天在公司股东名册上登记的股东,才有权分得股利。而这一天没有登记在册,即使是在股利宣告日之前买入股票,但在股利登记日前已卖出的股东,也无权领取本次分配的股利。在信息技术环境下,股权登记非常方便快捷,一般在股权登记日交易结束的当天即可打印出股东名册。

3. 除息日

除息日也称除权日,是指从股票市价中扣除股利的日期,即领取股利的权利与股票分开的日期。在除息日之前,股票价格包含本期股价,但降息日之后的股票价格将不再含有本期股利。因此,投资者只有在除息日之前购买股票,才能领取本期股利。在除息日后,股票价格会因除权而下降,除息日股票的开盘参考价为前一交易日的收盘价减去每股股利。在信息技术环境下,股票交易当天即可以完成交割过户手续,因此降息日可以确定为股权登记日的下一个交易日。例如,上述提到的某公司,其除息日为 20×3 年 6 月 11 日。

4. 股利发放日

股利发放日也称股利支付日,是指公司将股利正式发放给股东的日期。在这一天,公司应通过邮寄等方式将股利支付给股东。目前,公司可以通过证券登记结算系统,将股利直接划入股东在证券公司开立的资金账户。

【例 10-3】 东方股份有限公司 2022 年度利润分配方案经公司 2023 年 6 月 16 日的 2022 年度股东大会审议通过。股东大会决议公告刊登在 2023 年 6 月 17 日的《中国证券报》《上海证券报》《证券时报》和上海证券交易所网站。利润分配方案如下。

①发放年度:2022 年度。

②发放范围:截至 2023 年 7 月 19 日(即股权登记日)下午上海证券交易所收市后,在中国证券登记结算有限责任公司上海分公司登记在册的本公司全体 A 股股东。

③分配具体方案:本次利润分配以分红派息股权登记日的总股本 10 738 916 500 股为

基数,每股派发现金红利人民币 0.10 元(含税),共计派发现金红利人民币 1 073 891 650 元。

④股利分配具体日期:股利宣告日是 2023 年 6 月 17 日,股权登记日是 2023 年 7 月 19 日,除息日和股利发放日是 2023 年 7 月 20 日。

图 10-1 显示了东方股份有限公司 2022 年度股利分配的关键日期。

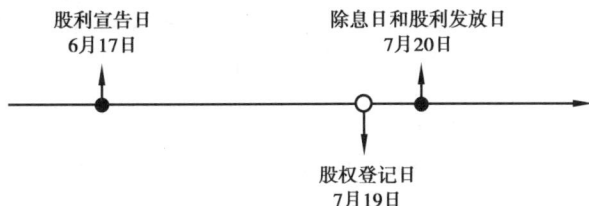

图 10-1 东方股份有限公司股利分配的关键日期

第二节 股利理论

股份有限公司在进行利润分配时需要思考这样几个重要问题:①公司应该支付多少股利,也就是如何确定现金股利与留用利润之间的比例? ②公司发放股利是否会影响公司价值? 长期以来,大量学者对这些问题进行了思考和研究,从不同角度提出了很多观点,从而形成了不同的股利理论。从本书第一章我们知道,公司的财务管理目标之一是实现股东财富最大化,公司股利分配也应当服从这一目标,即股利分配的数量和形式等都应当以实现股东财富最大化为基本目标。股利理论就是研究股利分配与公司价值、股票价格之间的关系,探讨公司应当如何制订股利政策的基本理论。现有的股利理论可分为股利无关理论和股利相关理论两大派别。

一、股利无关理论

(一)股利无关理论的提出

股利无关理论由美国经济学家佛朗哥·莫迪利亚尼(Franco Modigliani)和财务学家默顿·米勒于 1961 年首次提出,也称 MM 理论。莫迪利亚尼和米勒采用数学推导的方法证明,在完善的资本市场上,如果公司的投资决策和资本结构不变,那么公司价值取决于公司投资项目的盈利能力和风险水平,而与股利政策无关。换言之,无论公司是否分配股利,或者如何分配股利都不会影响公司价值,也不会影响股东财富总额。

(二)股利无关理论的内容

在完善的资本市场条件下,股利政策不会影响公司价值,这是因为公司价值是由公司投资决策所确定的资本盈利能力和风险所决定的,而不是由公司盈余分配方式(即股利分配政策)所决定的。股利无关理论的具体内容包括以下 4 点:

①公司股票市价是公司价值的反映,公司价值取决于公司所拥有的资产及其盈利能

力,或者说是投资政策。

②公司在政策取向上,以投资政策为主导。

③股东财富由分得的股利和因股价升值而形成的资本利得两个部分组成。分派股利会引起股价的下跌,这使股东因分派股利得到的好处恰好被股价下降导致的损失所抵销。因此,股利的分派不影响股东财富,股东在股利与资本利得的选择上不存在净偏好。

④股东能够自制股利,即股东可以通过股利再投资或出售部分股票而抵销股利政策变化带来的影响。因此,股利政策与公司价值不相关。

（三）股利无关理论的假设条件

股利无关理论建立在以下严格的假设条件之上。

1. 存在完全资本市场

完全资本市场假设是股利无关理论的基本前提,只有在这样的市场环境中,公司的股利分配政策才不会影响公司价值。

完全资本市场须满足以下7个条件:①没有妨碍潜在资本供应者和使用者进入市场的障碍;②市场是完全竞争的,有足够多的参与者,并且每个参与者都没有能力影响证券价格;③金融资产无限可分;④没有交易成本和破产成本,证券发行与转让都不存在交易成本,公司也无财务危机成本和破产成本;⑤没有信息成本,信息是对称的,并且每个市场参与者都可以自由、充分、免费地获取所有信息;⑥没有不对称税负,股票的现金股利和资本利得没有所得税上的差异;⑦交易中没有政府或其他限制,证券可以自由地交易。

2. 公司的投资决策不受股利政策影响

根据这一假设,在既定的投资决策下,对于新投资项目所需的资金,无论采取内部筹资还是外部筹资,都不会改变公司的经营风险。由于理性投资者对公司的风险和报酬都有合理的预期,在公司经营风险不变的情况下,投资者的必要报酬率(即股权资本的资本成本率)也不会改变,而公司价值是以投资者的必要报酬率为贴现率对公司未来收益的贴现值,因而公司价值不会受股利政策变化的影响。

由此可见,股利无关理论是以严格的假设条件为基础的。但在现实中,这样的完全资本市场是不存在的。导致资本市场不完全的因素主要有3个:不对称税率、不对称信息和交易成本。在放松了上述前提假设后,许多学者发现股利政策会影响股票价格和公司价值,于是提出了各种股利相关理论。

二、股利相关理论

股利相关理论认为,在不完全的市场环境下,公司的股利政策会影响股票价格和公司价值,因而股利政策与公司价值密切相关。股利相关理论的代表性观点主要包括"一鸟在手"理论、税收差别理论、信号传递理论、代理理论等。

（一）"一鸟在手"理论

"一鸟在手"理论又称"在手之鸟"理论,名称源于"双鸟在林,不如一鸟在手"的谚语,是迄今应用最广泛的股利理论之一。该理论的代表人物是麦伦·戈登(Myron

Gordon）、约翰·林特纳（John Lintner）等。"一鸟在手"理论认为，由于公司将留存收益用于再投资给股东带来的收益具有很大的不确定性，而且投资风险会随着时间的推移而增大，因此股东更喜欢确定的现金股利，而不大喜欢把利润留在公司，这时公司如何分配股利就会影响股票价格和公司价值，公司分配的股利越多，公司价值就越大。

"一鸟在手"理论是在传统股利理论基础上发展而来的。传统股利理论主张公司应支付较高的现金股利，认为在合理范围内投资者更愿意获得大额的现金股利。麦伦·戈登在传统的股利理论的基础上提出著名的戈登模型，也就是前面学习过的股利贴现模型。该模型认为，公司价值等于以股东要求的必要报酬率为贴现率对未来股利的贴现值。由于股东是厌恶风险的，当前派发的现金股利是有把握的报酬，风险较小，就犹如在手之鸟，而未来的股利和出售股票获得的资本利得是不确定的报酬，风险较大，就犹如双鸟在林。"双鸟在林，不如一鸟在手"，较高的股利支付率可以降低股东对未来报酬的风险感知，也就会降低股东要求的必要报酬率，因而股票价格和公司价值都会上升。

但也有学者对"一鸟在手"理论提出批评，他们指出，"一鸟在手"理论认为资本利得的风险大于股利的风险，这是不合理的，使用留用利润再投资形成的资本利得风险取决于公司的投资决策，这与股利支付高低无关，公司如何分配股利不会改变公司的投资风险；股东在收到现金股利后，也会根据自己的风险偏好选择再投资。因此，股东承担的风险最终由公司的投资决策决定，股利政策不影响公司价值。

（二）税收差别理论

股利无关理论的一个重要假设是投资者获得的现金股利收入和资本利得不存在税率差异。但实际上，股利收入的所得税税率通常要高于资本利得的所得税税率，由于不对称税率的存在，股利政策会影响股票价格和公司价值。

税收差别理论研究税率差异对股利政策及公司价值的影响，其代表人物是利森伯格（Lizenberger）和拉马斯瓦米（Ramaswamy）。税收差别理论认为，由于股利收入的所得税税率通常高于资本利得的所得税税率，出于避税考虑，投资者更偏爱较低的股利支付率政策；而且股利收入和资本利得的纳税时间也不同，股利收入在收到股利时纳税，而资本利得只有在出售股票获取收益时才纳税，因此，理性的投资者会更倾向于推迟获得资本利得而延迟缴纳所得税。因此，投资者会对低股利支付率的公司股票要求较低的必要报酬率，公司实行较低的股利支付率政策可以为股东带来税收利益，有利于股票价格上涨，增加股东财富。

（三）信号传递理论

股利无关理论的一个重要假设是信息是对称的，每个市场参与者都可以自由、充分、免费地获取所有信息。但在现实环境中，公司管理者与投资者之间存在着信息不对称：管理者是信息优势方，拥有更多的公司内部信息；而投资者是信息劣势方，对公司未来前景、经营状况以及风险情形等方面信息所知较少。信号传递理论认为，在信息不对称的情况下，公司可以通过股利政策向市场传递有关公司未来前景和经营状况的信息，帮助股东预测和判断公司未来盈利能力，以决定是否购买股票。相关研究发现，当公司提高股利支付水平时,这就向市场传递了管理者对公司的未来前景有信心、未来盈利水平将提高的利好信息,股票价格会上涨。稳定的股利政策向外界传递了公司经营状况稳定的信息,有利于公司股票价格的稳定。当一个股利支付水平较稳定的公司突然降低股利支付率时,这就向市场传递了利空消息,股票价格会下跌。可见,股利政策所产生的信息效应会影响股票价格。

(四)代理理论

股利分配作为公司一项重要的财务活动,受到各种委托代理关系的影响。在现代公司治理中,与股利政策相关的代理冲突有以下3种:一是管理者与股东之间的代理冲突;二是股东与债权人之间的代理冲突;三是控股股东与中小股东之间的代理冲突。这些代理冲突都会产生代理成本。代理理论认为,公司派发现金股利可以有效地降低代理成本。

1.管理者与股东之间的代理冲突

在经营权与所有权分离的现代公司中,股东不直接参与公司经营,而是聘用管理者管理公司,从而形成股东和管理者之间的委托代理关系。管理者作为代理人在决策时并非总以股东利益最大化为目标,可能出于最大化自身利益的动机而损害股东利益,如将大量的现金用于追求奢侈的在职消费、盲目地扩张企业规模及实施低效率并购等,这就提高了公司的代理成本。代理理论认为,公司管理者一般不愿意将自由现金流量以股利的形式分配给股东,而是倾向于将现金留在公司,或者用来投资一些净现值为负的项目并从中获得个人收益,因此,发放现金股利有利于降低代理成本。提高现金股利可以带来以下好处:①减少公司的自由现金流量,股东可以使用现金股利寻找新的投资机会,有利于增加股东财富;②减少管理者利用公司自由现金谋取个人私利的机会;③由于留用利润减少,当公司未来有好的投资机会时,需要从外部资本市场筹集资金,这加强了资本市场对管理者的约束。

2.股东与债权人之间的代理冲突

由于债权人一般不参与公司的经营决策,股东就有可能利用控制权来最大化其利益,但损害了债权人的利益。例如,股东可能要求公司支付较高比率的现金股利,减少公司的现金持有量,这会增加债权人的风险。股东与债权人之间的代理冲突也会带来代理成本。债权人通常在债务合同中规定一些限制性条款,其中包括公司的股利支付水平不能超过一定的限额等。

3.控股股东与中小股东之间的代理冲突

当公司股权比较集中时,控股股东就有可能利用股权优势控制公司董事会和管理层,侵占公司利益,谋取个人私利,从而损害中小股东的权益。针对这一代理冲突,安德鲁·施莱弗(Andrei Shleifer)等学者提出掏空假说,认为公司控股股东会为了自身利益而将公司资产或利润转移出去,即存在掏空动机。代理理论则认为,提高现金股利可以减少控股股东可支配的资本,降低掏空的损害,从而保护中小股东的利益。

综合而言,代理理论主张高股利支付率政策,认为较高的股利支付水平可以降低公司的代理成本,有利于提高公司价值。但是,高股利支付率政策也会带来外部筹资成本增加和股东税负增加的问题,因此,在实践中,公司需要在降低代理成本与增加筹资成本和税负之间进行权衡,以制订出最适合的股利政策。

第三节　股利政策及其选择

股利政策是指确定公司的净利润如何分配的方针与策略。不同的企业可依据不同的股利理论制订合适的股利政策。

一、股利政策的内容

公司的净利润是公司从事生产经营活动取得的剩余收益,是归属于全体股东的,无论是以现金股利派发给股东,还是作为留用利润用来进行再投资,都属于股东的财富。因此,公司无论如何分配股利都没有改变净利润是股东的财富的实质。但根据股利相关理论,股利政策会影响公司价值,因此,如何制订股利政策是公司财务管理的一项重要工作。

公司的股利政策主要包括 4 项内容:①股利分配的形式,即应采用现金股利还是股票股利;②股利支付率的确定;③每股股利的确定;④股利分配的时间,即何时分配和多长时间分配一次。其中,股利支付率和每股股利的确定是股利政策的核心内容,它决定了在公司赚取的净利润中有多少以现金股利的形式发放给股东,有多少作为留用利润对公司进行再投资。

二、股利政策的评价指标

对公司的股利政策作出评价,使用的评价指标主要有两个:股利支付率和股利报酬率。

(一)股利支付率

股利支付率是公司年度现金股利总额与净利润总额的比率,或者公司年度每股股利与每股利润的比率。计算公式为:

$$P_d = \frac{D}{E} \times 100\%$$

或

$$P_d = \frac{DPS}{EPS} \times 100\%$$

式中:P_d 为股利支付率;D 为年度现金股利总额;E 为年度净利润总额;DPS 为年度每股股利;EPS 为年度每股利润。

股利支付率用来评价公司实现的净利润中有多少用于给股东分配股利,它反映了公司所采取的股利政策是高股利政策还是低股利政策。由前面的股利理论可知,股利支付率的高低并不是区分股利政策优劣的标准。处在不同发展阶段的公司,一般会选择不同的股利政策。例如,处在快速成长阶段的公司,由于资本性支出较大,需要大量的现金,通常不支付现金股利或者采用较低的股利支付率政策;处在成熟阶段的公司,由于现金流量充足,通常会选择采用较高的股利支付率政策。

（二）股利报酬率

股利报酬率也称股息收益率,是指公司年度每股股利与每股价格的比率。计算公式为:

$$K_{\mathrm{d}} = \frac{\mathrm{DPS}}{P_0} \times 100\%$$

式中: K_{d} 为股利报酬率; DPS 为年度每股股利; P_0 为每股价格。

股利报酬率是投资者评价公司股利政策的一个重要指标,它反映了投资者投资股票所取得的红利收益,是投资者判断投资风险、衡量投资收益的重要标准之一。股利报酬率较高说明公司股票具有较好的投资回报。

三、股利政策的影响因素

股利政策会受到很多因素的影响,公司需要认真审查这些影响因素,以便制订适合本公司的股利政策。一般而言,股利政策的主要影响因素包括法律因素、债务因素、公司因素、股东因素及行业因素等。

（一）法律因素

为了保护投资者的利益,各国法律都对公司的利润分配顺序、资本充足性等方面制定了系列法律规范,公司的股利政策必须符合这些法律规范。

1. 资本保全约束

资本保全约束是为了保护投资者的利益而作出的法律限制。股份公司只能用当期利润或留用利润来分配股利,不能用公司的资本发放股利。这样的限制规定在保全公司的股权资本的同时,也维护了债权人的利益。

2. 企业积累约束

企业积累约束规定要求股份公司在分配股利之前,应当按法定的程序先提取各项公积金。我国相关法律法规明确规定,股份公司应按税后利润的 10% 提取法定公积金,且鼓励企业在分配普通股股利之前提取任意公积金,只有当公积金累计数额达到注册资本的 50% 时,才可不再提取。这样的限制规定有利于提高企业的生产经营能力和抵御风险的能力,同时也维护了债权人的利益。

3. 偿债能力约束

偿债能力约束是指规定公司在分配股利前,需要保持充分的偿债能力。公司的股利分配不能只管利润表中的净利润数额,还需要考虑公司是否有充足的现金偿还债务。如果股利分配影响公司的偿债能力或正常的经营活动,那么现金股利分配就要受到限制。

（二）债务因素

债权人为了防止公司过多发放现金股利,影响其偿债能力,增加债务风险,会在债务合同中规定限制公司发放现金股利的条款。公司的股利政策必须满足这类限制性条款的要求。这类条款通常包括：①规定派发每股股利的最高限额；②规定未来股利只能用贷款协议签订以后的新增收益来支付，不能动用协议签订之前的留用利润；③规定企业的流动比率、利息保障倍数等在低于一定标准时，不得分配现金股利；④规定只有当公司的盈利达到某一约定的水平时，才能发放现金股利；⑤规定公司的股利支付率不得超过限定的标准；等等。债务合同的限制性条款对公司支付现金股利进行了约束，促使公司增加留用利润，以便扩大再投资的规模，增强公司的经营能力，从而确保公司能够如期偿还债务。

（三）公司因素

公司因素是指公司的各种内部因素，以及公司面临的各种环境、机会对其股利政策的影响，主要包括现金流量、筹资能力、投资机会、资本成本、盈利能力及生命周期等。

1. 现金流量

公司在经营活动中需要保持充足的现金流量，避免陷入财务困境，因此，公司在分配现金股利时，需要考虑现金流量及资产的流动性。若公司的现金流量充足，就应适当提高股利水平；反之，若公司的现金流量不足，即使当期利润较高，也应该限制现金股利。过高的现金股利将减少公司的现金持有量，影响未来的支付能力，甚至可能导致公司陷入财务困境。

2. 筹资能力

筹资能力是影响公司股利政策的一个重要因素。公司在制订股利政策时，需要考虑自身的筹资能力。如果公司的筹资能力较强，筹集资金比较容易，就可以采取较为宽松的股利政策，适当提高现金股利的支付水平；如果公司的筹资能力较弱，就应该采取比较紧缩的股利政策，减少现金股利的发放，增加留用利润。

3. 投资机会

公司在制订股利政策时需要考虑投资机会。公司在有良好的投资机会时，应当考虑减少发放现金股利，增加留用利润，将更多的资本用于再投资，这样有助于促进企业发展，增加未来收益。公司在没有良好的投资机会时，往往倾向于发放较多的现金股利。

4. 资本成本

资本成本是企业选择筹资方式的基本依据。留用利润是企业内部筹资的一种重要方式，同发行新股或举借债务相比，其具有资本成本低的优点。如果公司一方面大量发放现金股利，另一方面又通过资本市场发行新股筹集资本，由于发行新股存在交易费用和所得税，这样会增加公司的综合资本成本，也会减少股东的财富。因此，公司在制订股利政策时，应当充分考虑公司对资本的需求及资本成本等问题。

5. 盈利能力

公司的盈利能力在很大程度上也会影响股利政策。如果未来盈利能力较强，且盈利稳定性较好，公司一般采用高股利支付率政策；反之，如果未来盈利能力较弱，盈利稳定性较差，公司会考虑未来经营和财务风险的需要而采用低股利支付率政策。

6. 生命周期

公司的生命周期主要包括初创阶段、成长阶段、成熟阶段和衰退阶段 4 个时期。在不同阶段，公司经营状况和经营风险不同，对资本的需求情况有很大差异，这将影响股利政策的选择。公司在制订股利政策时应考虑是否符合公司所处的发展阶段。

（四）股东因素

由于公司的股利分配方案需要经股东大会决议通过后才能实施，股东对股利政策的制订具有重要影响。影响股利政策的股东因素主要有以下 3 点。

1. 追求稳定收入和规避风险的需要

一些股东依赖公司发放的现金股利，如一些退休股东需要稳定的股利收入，他们往往要求公司能够定期支付稳定的现金股利；还有一些股东是"一鸟在手"理论的支持者，他们认为，公司留用过多利润进行再投资的风险较大，倾向于获得现金股利以规避风险，这些股东也更倾向于高股利支付率的股利政策。

2. 避免公司控制权被稀释

一些控股股东通过较高的持股比例拥有公司的控制权，他们担心控制权可能被稀释，往往倾向于多留用利润，少分配现金股利。这是因为，如果公司发放大量现金股利，可能造成未来经营的现金紧缺，公司不得不增发新股来筹集资本，这时原有股东尽管有优先认股权，但需要支付一笔数额可观的现金，否则持股比例会降低，会产生控制权被稀释的危险。因此，控股股东宁愿少分现金股利，也不愿看到控制权被稀释，特别当他们没有足够的现金来认购新股时，会对现金股利分配方案投反对票。

3. 规避所得税

大多数国家的股利收入的所得税税率都高于资本利得的所得税税率，有一些国家的股利收入所得税采用累进税率，边际税率很高。这种税率差异会促使股东更愿意采取一些可以避税的股利政策。边际税率高的股东为了避税往往反对公司发放过多的现金股利，而边际税率低的股东由于个人税负较轻甚至免税，可能会支持公司多发放现金股利。

（五）行业因素

不同行业的企业采用的股利政策存在差异。调研显示，一般来说，成熟行业的企业的股利支付率通常高于新兴行业，公用事业行业一般采取高股利政策。因此，股利政策的选择存在着行业特征。

四、股利政策的类型

对于股份公司来说，制订一个合理的股利政策十分重要，选择股利政策既要考虑公司的经营状况和财务状况，又要考虑股东的长远利益。在实践中，股份公司常用的股利政策主要有 5 种类型：剩余股利政策、固定股利政策、稳定增长股利政策、固定股利支付率政策和低正常股利加额外股利政策。

（一）剩余股利政策

剩余股利政策是指在确定的目标资本结构下，税后利润先满足项目投资的需要，若有剩余才用于分配现金股利的股利政策。剩余股利政策有利于公司保持目标资本结构。剩余股利政策是一种投资优先的股利政策,其先决条件是公司必须要有良好的投资机会,并且该投资机会的预期报酬率要高于股东所要求的必要报酬率。如果公司投资项目的预期报酬率不能达到股东要求的必要报酬率,则股东更愿意公司发放现金股利,以便寻找其他的投资机会。

实施剩余股利政策一般按以下步骤来确定股利分配额:①根据选定的最佳投资方案,测算投资所需资本数额;②按照公司的目标资本结构,测算投资所需要增加的股权资本数额;③税后利润先用于满足投资所需的股权资本数额;④满足投资需要后的剩余部分用于向股东分配股利。

剩余股利政策的优点:目标资本结构一般是公司的最优资本结构。在剩余股利政策下,留存收益优先保证再投资的需要,这有助于降低再投资的资金成本,保持最优资本结构,实现公司价值最大化。

剩余股利政策的缺点:在剩余股利政策下,股利分配额会每年随投资机会和盈利水平的波动而波动,即使公司的盈利水平不变,股利也会与投资机会的多少呈反方向变动;投资机会越多,股利越少;反之,投资机会越少,股利发放越多。同时,在投资机会不变的情况下,股利分配额也会因公司每年盈利的波动而同方向波动。因此,剩余股利政策会表现出波动性,缺乏连续性和稳定性。

【例10-4】　某公司2×22年的税后净利润为150万元,可用于发放股利,也可留存,用于再投资。该公司确定的目标资本结构为:负债资本为30%,股权资本为70%。根据公司加权平均资本成本和投资计划决定的最佳资本支出为120万元。如果公司采用剩余股利政策,计算公司的股利发放额。

【解析】　首先,按目标资本结构确定需要筹集的股权资本:

$$120×70\% =84(万元)$$

其次,确定应发放的股利总额:

$$150-84=66(万元)$$

因此,股利发放额为66万元。

【例10-5】　承【例10-4】,假设资本支出预算分别为200万元和300万元,仍采取剩余股利政策,计算该公司股利发放额(表10-2)。

表10-2　剩余股利政策下公司股利发放额计算

单位:万元

资本支出预算	200	300
现有留存收益	150	150
资本支出预算所需要的股东权益资本	140(200×70%)	210(300×70%)
股利发放额	10	—

因此,如果资本支出预算为200万元,则股利发放额为10万元;如果资本支出预算为300万元,则不能发放股利。

（二）固定股利政策

固定股利政策是指公司在较长时间内每股股利额固定不变的股利政策。这一政策的特点是，不论经济状况如何，也不论经营业绩好坏，公司一般不改变每股股利额，而是使其保持稳定的水平。只有在对未来利润增长确实有把握，且这种增长被认为是不会发生逆转时，公司才会增加每股股利额。实行这种股利政策的公司通常支持股利相关理论，他们认为公司的股利政策会对公司股票价格产生影响，股利发放能够向投资者传递公司的经营状况信息。

1. 固定股利政策的优点

固定股利政策具有以下 3 个优点。

（1）固定股利政策可以向投资者传递公司经营状况稳定的信息

如果公司支付的股利稳定，就说明公司的经营状况比较稳定，经营风险较小，投资者要求的股票必要报酬率会降低，这有利于股票价格上升。如果公司支付的股利不稳定，股利波动性大，这会向投资者传递企业经营不稳定的信息，导致投资者担心风险而要求较高的股票必要报酬率，进而使股票价格下降。

（2）固定股利政策有利于投资者有规律地安排股利收入和支出

希望每期能有固定收入的投资者更欢迎这种股利政策，他们可以有计划地根据股利收入安排日常开支，而忽高忽低的股利政策可能会降低他们对这种股票的需求，这样也会使股票价格下降。

（3）固定股利政策有利于股票价格的稳定

公司采取固定股利政策，是为了维持稳定的股利水平，有时可能会使某些投资方案延期，或者使公司资本结构暂时偏离目标资本结构。但是，持固定股利政策观点的公司认为，即便这样也比减少股利更有利于股票价格的稳定。这是因为，如果公司突然减少股利，会使投资者认为公司经营出现困难，业绩下滑导致股利下降，从而可能导致股票价格快速下跌，这对公司和股东更不利。

2. 固定股利政策的缺点

固定股利政策可能会给公司造成较大的财务压力，尤其是在公司的净利润下降或是现金紧张的情况下，公司照常支付股利容易导致现金短缺，财务状况恶化。公司在非常时期可能不得不降低股利额。固定股利政策比较适合经营相对稳定的企业。

（三）稳定增长股利政策

稳定增长股利政策是指公司在一定期间内保持每股股利额稳定增长的股利政策。随着公司盈利的增加，公司确定一个稳定的股利增长率，保持每股股利稳定提高，这样可以向投资者传递公司经营状况稳定的信息，降低投资者对公司经营风险的担心，有利于公司股票价格的提升。采用这种股利政策的公司，需要使股利增长率不高于利润增长率，这样才能保证股利增长具有可持续性。因此，稳定增长股利政策适合成长期或成熟期的公司，不适合初创期或衰退期的公司。

行业特征和经营风险也是影响公司是否采用稳定增长股利政策的因素。例如，公用事业公司的经营活动稳定,受经济周期影响比较小,因而比较适用稳定增长股利政策。但一些竞争非常激烈的行业,公司经营风险大,业绩波动频繁,就不适合采用这种股利政策。此外,稳定增长股利政策也可能对公司的经营产生不利影响,如使公司股利支付与公司盈利相脱离,也可能给公司造成较大的财务压力,甚至侵蚀公司的留用利润和资本,因此,公司很难长期采用该政策。

(四)固定股利支付率政策

固定股利支付率政策是一种变动的股利政策,是指公司先确定一个股利占净利润的百分比,然后每年都按此比率从净利润中向股东发放现金股利。由于公司每年发放的股利额都等于净利润乘以固定股利支付率,在净利润较多的年份,股东领取的股利就多;在净利润较少的年份,股东领取的股利就少。换言之,采用此政策发放股利时,股东每年领取的股利额是变动的,其多少主要取决于公司每年实现的净利润的多少及股利支付率的高低。

固定股利支付率政策有以下优点:①采用固定股利支付率政策,股利与公司盈余紧密地配合,体现了多盈多分、少盈少分、无盈不分的股利分配原则;②公司每年按固定的比例从税后利润中支付现金股利,从企业支付能力的角度来看,这是一种稳定的股利政策;③若公司每年的股利支付率都固定在较低比例上,公司能降低再融资的风险。

固定股利支付率政策有以下缺点:①不同期间的股利支付额波动较大,容易向投资者传递经营状况不稳定、投资风险较大的信息。②可能使公司面临较大的财务压力,这是因为公司实现的盈利多,并不代表公司有充足的现金派发股利。③确定合适的固定股利支付率的难度较大。如果固定股利支付率较低,不能满足投资者对投资收益的要求;如果固定股利支付率较高,派发现金股利会给公司带来巨大的财务压力。

【例10-6】 某公司2021年税后利润为1 200万元,分配的现金股利为420万元。2022年的税后利润为900万元,如果采取固定股利支付率政策,请计算公司2022年应分配的现金股利额。

固定股利支付率 = 420 ÷ 1 200 × 100% = 35%

2022年的现金股利额 = 900 × 35% = 315(万元)

(五)低正常股利加额外股利政策

低正常股利加额外股利政策是公司事先设定一个较低的经常性股利额,一般情况下,公司每期都按此金额支付正常股利,当公司盈利较多时,再根据实际情况发放额外股利。低正常股利加额外股利政策主要适用于经营状况和利润不稳定的公司,以及盈利水平受经济周期影响波动较大的行业。低正常股利加额外股利政策赋予公司一定的灵活性,使公司在股利发放上留有余地和具有较大的财务弹性。同时,公司每年可以根据具体情况选择不同的股利发放水平,实现公司的财务目标。此外,低正常股利加额外股利政策有助于稳定股价,增强投资者的信心。由于公司每年派发的股利维持在一个较低的水平上,在公司盈利较少或需用较多的留存收益进行投资时,公司仍然能够按照既定承诺的股利水平派发股利,使投资者保持一个固有的股利收入,这有助于维持公司的股票价格。当盈利状况较好且有剩余现金时,公司可以在正常股利的基础上再派发额外股利,而额外股利信息的传递则有助于股票价格的提升。

但低正常股利加额外股利政策具有以下缺点:①由于不同年份的公司盈利波动使额外股利不断变化,或时有时无,造成公司派发的股利不同,这容易给投资者以公司收益不稳定的感觉。②公司在较长时期持续发放额外股利后,可能会使股东误认为是"正常股利",一旦取消了这部分额外股利,就可能使股东认为这是公司财务状况恶化的表现,进而可能引起公司股票价格下跌。

【例 10-7】 北海公司预计未来 5 年的净利润和资本性支出如表 10-3 所示。

表 10-3 北海公司未来 5 年净利润和资本性支出

单位:万元

项目	第 1 年	第 2 年	第 3 年	第 4 年	第 5 年
净利润	3 600	3 800	3 800	4 000	4 200
资本性支出	2 500	4 000	3 200	3 000	4 000

公司目前的总股本为 5 000 万股,实行固定股利政策,每股股利为 0.7 元。公司根据未来发展战略,计划调整股利分配政策,以下是 3 种备选的股利政策。

要求:

(1)如果继续实行目前的固定股利政策,未来 5 年各年的现金股利分别是多少? 现金股利总额是多少?

(2)如果采用剩余股利政策,公司的目标资本结构为负债资本占 60%、股权资本占 40%,未来 5 年的现金股利分别是多少? 现金股利总额是多少?

(3)如果采用固定股利支付率政策,股利支付率为 60%,未来 5 年的现金股利分别是多少? 现金股利总额是多少?

比较以上股利政策,哪种政策的现金股利总额最大?

【解析】 首先,计算固定股利政策下各年的现金股利,计算结果如表 10-4 所示。

表 10-4 北海公司固定股利政策下的现金股利

单位:万元

项目	第 1 年	第 2 年	第 3 年	第 4 年	第 5 年
资本性支出	2 500	4 000	3 200	3 000	4 000
净利润	3 600	3 800	3 800	4 000	4 200
现金股利	3 500	3 500	3 500	3 500	3 500

未来 5 年的现金股利总额 = 3 500×5 = 17 500(万元)

其次,计算剩余股利政策下各年的现金股利,计算结果如表 10-5 所示。

表 10-5 北海公司剩余股利政策下的现金股利

单位:万元

项目	第 1 年	第 2 年	第 3 年	第 4 年	第 5 年
资本性支出	2 500	4 000	3 200	3 000	4 000
净利润	3 600	3 800	3 800	4 000	4 200
资本预算所需要的股东权益资本	1 000 (2 500×40%)	1 600 (4 000×40%)	1 280 (3 200×40%)	1 200 (3 000×40%)	1 600 (4 000×40%)
现金股利	2 600	2 200	2 520	2 800	2 600

未来 5 年的现金股利总额=2 600+2 200+2 520+2 800+2 600=12 720(万元)

再次,计算固定股利支付率政策下各年的现金股利,计算结果如表 10-6 所示。

表 10-6 北海公司固定股利支付率政策下的现金股利

单位:万元

项目	第 1 年	第 2 年	第 3 年	第 4 年	第 5 年
资本性支出	2 500	4 000	3 200	3 000	4 000
净利润	3 600	3 800	3 800	4 000	4 200
现金股利	2 160 (3 600×60%)	2 280 (3 800×60%)	2 280 (3 800×60%)	2 400 (4 000×60%)	2 520 (4 200×60%)

未来 5 年的现金股利总额=2 160+2 280+2 280+2 400+2 520=11 640(万元)

最后,比较 3 种方案,第一种方案(固定股利政策)的现金股利总额最大,第三种方案(固定股利支付率政策)的现金股利总额最小。

第四节 股票分割与股票回购

一、股票分割

1. 股票分割的含义

股票分割又称拆股,是指将面值较高的股票拆分为一定数额的面值较低的股票的行为。在股票分割后,公司股票的数量按一定比例增加,同时股票面值按相同比例减少,这将导致每股价格下降。但股票分割对公司的资本结构和股东权益不会产生任何影响,也就是说,股票分割既不会影响公司价值,也不会影响股东财富。

【例 10-8】 东方公司目前已发行的普通股为 3 000 万股,面值为 2 元/股,若按照 1 股分割为 2 股的比例进行股票分割,分割前股东权益如表 10-7 所示。

261

表10-7 东方公司股票分割前股东权益

单位:万元

项目	金额
普通股股本	6 000(3 000×2)
资本公积	2 000
未分配利润	2 000
股东权益合计	10 000

按照1股分割为2股的比例实施股票分割,股票数量=3 000×2=6 000(万股),股票面值=2÷2=1(元)。分割后股东权益如表10-8所示。

表10-8 东方公司股票分割后股东权益

单位:万元

项目	金额
普通股股本	6 000(6 000×1)
资本公积	2 000
未分配利润	2 000
股东权益合计	10 000

比较表10-7和表10-8,东方公司的资本结构和股东权益没有发生变化。假定当年公司净利润为2 400万元,那么分割前每股收益=2 400÷3 000=0.80(元/股);分割后每股收益=2 400÷6 000=0.40(元/股)。

2. 股票分割与股票股利的比较

股票分割不同于股票股利,但产生的效果与发放股票股利相似,都属于股本扩张政策。它们都会使公司股票数量增加,股票价格降低,并且都不会增加公司价值和股东财富。它们的差异体现在以下两个方面:

①股票分割会使股票面值降低,而发行股票股利不会改变股票面值。

②股票分割不会影响股东权益各项目金额的变化,只是会降低股票面值,增加股票股数,不影响股东权益中各项目之间的比例关系;发放股票股利是公司以股票形式向股东分派已实现的净利润,股票面值不会改变,但股东权益中各项目之间的比例关系会发生变化。

二、股票回购

1. 股票回购的含义

股票回购是指公司出资将其发行流通在外的股票以一定价格购回予以注销或作为库存股的一种资本运作方式。一般而言,公司不得随意回购本公司的股份,只有满足相关法律规定的情形才允许股票回购。在我国,只有当公司为了减少其注册资本,或与持有本公司股票的公司合并才可以回购本公司的股票,并且要在 10 日内注销。

2.股票回购的方式

股票回购的方式主要包括公开市场回购、要约回购和协议回购 3 种。

(1)公开市场回购

公开市场回购是指公司在二级市场上以股票当前的市场价格回购股票。公司在减少注册资本时通常采用这种方式,其结果可能导致公司的股价上涨。

(2)要约回购

要约回购是指公司向持股股东发出要约,明确在特定时间以某一特定的价格回购特定数量的股票。由于这种方式的回购价格通常高于股票当前的市场价格,股票回购会被市场认为是一个积极的信号。

(3)协议回购

协议回购是指公司与某些特定股东达成回购协议,以协议价格回购股票。协议回购一般有两种情形。一是协议价格低于当前的股票市场价格。部分股东对股东大会作出的企业合并、分立决议持异议,主动要求企业收购其股份,这时公司往往采用这种协议回购方式。二是以超常溢价作为协议价格。公司会向有潜在威胁的非控股股东回购股票,这时确定的协议价格通常会出现超常溢价。

3.股票回购的动机

①作为现金股利的替代方式。现金股利政策和股票回购都会减少公司所持的现金量。公司有富余的现金时,可以通过回购股东所持股票将现金分配给股东。股票回购可以让股东选择继续持有股票或者出售以换取现金,在避税情形下,股票回购是一项股利替代政策。

②改变公司的资本结构,发挥财务杠杆作用。股份回购会减少股东权益,进而提高负债比率。在实际经营中,公司可以采用这种方式来调整资本结构,进而提高公司的财务杠杆水平,在市场状况好转时获得杠杆收益。

③向市场传递股价被低估的信息,稳定或提高公司股价。一般情况下,投资者认为股票回购意味着公司认为股票价值被低估而采取的应对措施,因此,股票回购能提升每股收益,促使公司股价上升,从而恢复投资者对公司的信心。

④巩固控制权的考虑。控股股东为了保证其控制权,往往通过回购股票来巩固既有的控制权。此外,股票回购使流通在外的股份数量变少,可以有效地防止恶意收购。

复习思考题

一、单选题

1.按照剩余股利政策,假定某公司资本结构是 30% 的负债资本、70% 的股权资本,明年计划投资 800 万元,今年年末股利分配时,应从税后净利润中保留( )万元用于满足投资需要。

A. 180   B. 240   C. 800   D. 560

2. 在下列公司中,通常适合采用固定或稳定增长的股利政策的是( )。

A. 经营风险较高的公司   B. 经营相对稳定的公司

C. 财务风险较高的公司   D. 投资机会较多的公司

3. 在股利政策中,灵活性较大的方式是( )。

A. 剩余股利政策   B. 固定或稳定增长的股利政策

C. 固定股利支付率政策   D. 低正常股利加额外股利政策

4. 下列有关股票分割表述正确的是( )。

A. 股票分割的结果会使股数增加

B. 股票分割的结果有可能会使负债比重降低

C. 股票分割会使股东权益增加

D. 股票分割不影响股票面值

5. 在下列各项中,不影响股东权益总额变动的股利支付形式是( )。

A. 现金股利   B. 股票股利   C. 负债股利   D. 财产股利

6. 股利的支付可减少管理层可支配的自由现金流量,在一定程度上可以抑制管理层的过度投资或在职消费行为,这种观点体现的股利理论是( )。

A. 股利无关理论   B. 信号传递理论

C. "一鸟在手"理论   D. 代理理论

7. 下列关于股利分配政策的表述中,正确的是( )。

A. 公司盈余的稳定程度与股利支付水平负相关

B. 偿债能力弱的公司一般不应采用高现金股利政策

C. 基于控制权的考虑,股东会倾向于较高的股利支付水平

D. 债权人不会影响公司的股利分配政策

8. 在下列各项中,能够增加普通股股票发行在外股数,但不改变公司资本结构的行为是( )。

A. 支付现金股利   B. 增发普通股   C. 股票分割   D. 股票回购

9. 在下列股利分配政策中,能保持股利与收益之间一定的比例关系,并体现多盈多分、少盈少分、无盈不分原则的是( )。

A. 剩余股利政策   B. 固定或稳定增长股利政策

C. 固定股利支付率政策   D. 低正常股利加额外股利政策

10. 主要依靠股利维持生活或对股利有较高依赖性的股东最不赞成的公司股利政策是( )。

A. 剩余股利政策   B. 固定或稳定增长股利政策

C. 低正常股利加额外股利政策   D. 固定股利支付率政策

11. 以下股利政策中,有利于稳定股票价格,从而树立公司良好形象,但股利的支付与公司盈余相脱节的股利政策是( )。

A. 剩余股利政策   B. 固定或稳定增长股利政策

C. 固定股利支付率政策　　　　　　　　D. 低正常股利加额外股利政策

12. 下列关于股票分割和股票股利的共同点的说法中,不正确的是(　　　)。

A. 均可以促进股票的流通和交易

B. 均有助于提高投资者对公司的信心

C. 均会改变股东权益内部结构

D. 均对防止公司被恶意收购有重要的意义

二、多选题

1. 某上市公司于 2023 年 4 月 10 日公布 2022 年度的分红方案,其公告如下:"2023 年 4 月 9 日在北京召开的股东大会,通过了董事会关于每股分派 0.15 元的 2022 年股息分配方案。股权登记日为 4 月 25 日,除息日为 4 月 26 日,股东可在 5 月 10 日至 25 日通过深圳证券交易所按交易方式领取股息。特此公告。"下列说法正确的有(　　　)。

A. 4 月 26 日之前购买的股票才能领取本次股利

B. 5 月 10 日之前购买的股票都可以领取本次股利

C. 5 月 25 日之前购买的股票都可以领取本次股利

D. 能够领取本次股利的股东必须在 4 月 25 日之前(包含 4 月 25 日)登记

2. 下列属于公司在制订利润分配政策时应考虑的因素有(　　　)。

A. 债务因素　　　　B. 股东因素　　　　C. 法律因素　　　　D. 公司因素

3. 处于初创阶段的公司,一般不宜采用的股利分配政策有(　　　)。

A. 固定股利政策　　　　　　　　B. 剩余股利政策

C. 固定股利支付率政策　　　　　　D. 稳定增长股利政策

4. 在下列各项中,属于上市公司股票回购动机的有(　　　)。

A. 替代现金股利　　　　　　　　B. 改变资本结构

C. 规避经营风险　　　　　　　　D. 传递公司信息

5. 采用低正常股利加额外股利政策的优点有(　　　)。

A. 可以吸引部分依靠股利度日的股东　　B. 使公司具有较大的灵活性

C. 使股利负担最低　　　　　　　　　　D. 有助于稳定和提高股价

6. 在下列哪些情况下,公司会限制股利的发放?(　　　)

A. 盈利不够稳定　　　　　　　　B. 筹资能力强

C. 投资机会不多　　　　　　　　D. 收益可观但是资产流动性差

三、判断题

1. 固定股利支付率政策的主要缺点在于公司股利支付与其盈利能力相脱节,当盈利较低时仍要支付较高的股利,容易引起公司资金短缺、财务状况恶化。　　　　　(　　　)

2. 在其他条件不变的情况下,股票分割会使发行在外的股票总数增加,进而降低公司资产负债率。　　　　　(　　　)

3. 股东为防止控制权被稀释,往往希望公司提高股利支付率。　　　　　(　　　)

4. 处于成长中的公司多采取低股利政策;陷于经营收缩的公司多采取高股利政策。

　　　　　(　　　)

5.股票股利增加了股东在公司中的股票数量,因此,同时增加了股东在公司中享有的权益总额。 （　　）

四、计算题

某公司已发行普通股 2 000 万股,去年实现净利润 600 万元,分派现金股利 300 万元;今年增发股票 500 万股,实现净利润 780 万元。公司预计在下年需固定资产投资支出 800 万元,认为所有者权益与负债的比例为 55∶45 较合适。

要求:

（1）若公司采用剩余股利政策,计算今年的现金股利金额。

（2）若公司按上年股利固定发放今年的现金股利,计算今年的现金股利金额。

（3）若公司按上年股利支付率发放今年的现金股利,计算今年的现金股利金额。

思政思辨案例:金股之佛山照明公司——"现金奶牛"

近年来,上市公司股利政策已成为我国资本市场的焦点问题之一,受到证券投资者的极大关注。上市公司高溢价发行,而在上市后少分红甚至长期(诸如十几年)不分红的现象已成为资本市场的痼疾,影响并打击了 A 股投资者对市场的预期与机构投资者长期持有股票的信心。当前,分红与否被认为是上市公司是否尊重投资者的重要市场诚信标志。而在股利政策的分红方式中,相对于股票股利(送股),能够真金白银对投资者进行现金分红是检验上市公司勤勉尽职、真心回报股东的"试金石"。在普遍不分红、少分红的市场背景下,佛山照明公司长期坚持以真金白银的现金分红方式大比例分红,成为我国资本市场的一大亮点。

佛山照明公司上市以来年年连续分红,创造了我国股票市场长期、持续分红一个新的历史纪录,是沪深两市唯一一家现金分红超过股票融资的公司,有"现金奶牛"的美誉。佛山照明公司长期高额派现所形成的"佛山照明现象"引起金融界人士的极大关注。多数投资者认为,该公司年均红利支付率高达 60% ~80%,使一些稳健的投资者获利颇多,投资者通过现金分红可以稳定地获取长期远高于银行定期储蓄的收益率,这是中国资本市场价值投资的典型体现。不少投资者评选该公司为中国最诚信的上市公司,为 A 股的典范。

（案例来源:根据新浪财经网站资料管理而得）

案例思考:

1.现金分红低的公司就一定不是好公司吗?

2.不同股利分配政策各有什么特点?站在企业角度应如何制订股利政策?

3.股利分配政策的选择对你有什么启示吗?

参考文献

［1］中国注册会计师协会.财务成本管理［M］.北京:中国财政经济出版社,2023.

［2］财政部会计财务评价中心.财务管理［M］.北京:经济科学出版社,2023.

［3］王化成,刘俊彦,荆新.财务管理学［M］.9 版.北京:中国人民大学出版社,2021.

［4］张功富.财务管理学［M］.2 版.北京:清华大学出版社,2023.

［5］杜俊娟.财务管理理论与实务:微课版［M］.2 版.北京:人民邮电出版社,2021.

［6］胥朝阳.财务管理学［M］.北京:经济科学出版社,2012.

［7］刘淑莲.财务管理［M］.6 版.大连:东北财经大学出版社,2022.

［8］胡伟,余四林.财务管理［M］.北京:人民邮电出版社,2023.

［9］胡淑姣,卢智健,邵向霞.财务管理学［M］.北京:清华大学出版社,2021.

［10］孔令一.财务管理学［M］.上海:立信会计出版社,2020.

［11］杨春甫,李光富.财务管理［M］.3 版.武汉:华中科技大学出版社,2013.

［12］赵旺贤.财务管理学［M］.2 版.北京:中国财政经济出版社,2020.

［13］唐淑文,李丹丹.财务管理［M］.4 版.长沙:湖南大学出版社,2016.

［14］张玉英,毛爱武.财务管理［M］.7 版.北京:高等教育出版社,2023.

［15］陈玉菁.财务管理:实务与案例［M］.4 版.北京:中国人民大学出版社,2019.

附录——货币时间价值相关系数表

附表一　年金终值系数表

期数	1%	2%	3%	4%	5%	6%	7%	8%	9%	10%	11%	12%	13%	14%	15%	16%	17%	18%	19%	20%	21%	22%	23%	24%	25%	26%	27%	28%	29%	30%
1	1	1	1	1	1	1	1	1	1	1	1	1	1	1	1	1	1	1	1	1	1	1	1	1	1	1	1	1	1	1
2	2.010	2.020	2.030	2.040	2.050	2.060	2.070	2.080	2.090	2.100	2.110	2.120	2.130	2.140	2.150	2.160	2.170	2.180	2.190	2.200	2.210	2.220	2.230	2.240	2.250	2.260	2.270	2.280	2.290	2.300
3	3.030	3.060	3.091	3.122	3.153	3.184	3.215	3.246	3.278	3.310	3.342	3.374	3.407	3.440	3.473	3.506	3.539	3.572	3.606	3.640	3.674	3.708	3.743	3.778	3.813	3.848	3.883	3.918	3.954	3.990
4	4.060	4.122	4.184	4.247	4.310	4.375	4.440	4.506	4.573	4.641	4.710	4.779	4.850	4.921	4.993	5.067	5.141	5.215	5.291	5.368	5.446	5.524	5.604	5.684	5.766	5.848	5.931	6.016	6.101	6.187
5	5.101	5.204	5.309	5.416	5.526	5.637	5.751	5.867	5.985	6.105	6.228	6.353	6.480	6.610	6.742	6.877	7.014	7.154	7.297	7.442	7.589	7.740	7.893	8.048	8.207	8.368	8.533	8.700	8.870	9.043
6	6.152	6.308	6.468	6.633	6.802	6.975	7.153	7.336	7.523	7.716	7.913	8.115	8.323	8.536	8.754	8.978	9.207	9.442	9.683	9.930	10.183	10.442	10.708	10.980	11.259	11.544	11.837	12.136	12.442	12.756
7	7.214	7.434	7.663	7.898	8.142	8.394	8.654	8.923	9.200	9.487	9.783	10.089	10.405	10.731	11.067	11.414	11.772	12.142	12.523	12.916	13.321	13.740	14.171	14.615	15.074	15.546	16.032	16.534	17.051	17.583
8	8.286	8.583	8.892	9.214	9.549	9.898	10.260	10.637	11.029	11.436	11.859	12.300	12.757	13.233	13.727	14.240	14.773	15.327	15.902	16.499	17.119	17.762	18.430	19.123	19.842	20.588	21.361	22.163	22.995	23.858
9	9.369	9.755	10.159	10.583	11.027	11.491	11.978	12.488	13.021	13.580	14.164	14.776	15.416	16.085	16.786	17.519	18.285	19.086	19.923	20.799	21.714	22.670	23.669	24.713	25.802	26.940	28.129	29.369	30.664	32.015
10	10.462	10.950	11.464	12.006	12.578	13.181	13.816	14.487	15.193	15.937	16.722	17.549	18.420	19.337	20.304	21.322	22.393	23.521	24.709	25.959	27.274	28.657	30.113	31.643	33.253	34.945	36.724	38.593	40.556	42.620
11	11.567	12.169	12.808	13.486	14.207	14.972	15.784	16.646	17.560	18.531	19.561	20.655	21.814	23.045	24.349	25.733	27.200	28.755	30.404	32.150	34.001	35.962	38.039	40.238	42.566	45.031	47.639	50.399	53.318	56.405
12	12.683	13.412	14.192	15.026	15.917	16.870	17.889	18.977	20.141	21.384	22.713	24.133	25.650	27.271	29.002	30.850	32.824	34.931	37.180	39.581	42.142	44.874	47.788	50.895	54.208	57.739	61.501	65.510	69.780	74.327
13	13.809	14.680	15.618	16.627	17.713	18.882	20.141	21.495	22.953	24.523	26.212	28.029	29.985	32.089	34.352	36.786	39.404	42.219	45.244	48.497	51.991	55.746	59.779	64.110	68.760	73.751	79.107	84.853	91.016	97.625
14	14.947	15.974	17.086	18.292	19.599	21.015	22.551	24.215	26.019	27.975	30.095	32.393	34.883	37.581	40.505	43.672	47.103	50.818	54.841	59.196	63.910	69.010	74.528	80.496	86.950	93.926	101.465	109.612	118.411	127.913
15	16.097	17.293	18.599	20.024	21.579	23.276	25.129	27.152	29.361	31.773	34.405	37.280	40.418	43.842	47.580	51.660	56.110	60.965	66.261	72.035	78.331	85.192	92.669	100.815	109.687	119.347	129.861	141.303	153.750	167.286
16	17.258	18.639	20.157	21.825	23.658	25.673	27.888	30.324	33.003	35.950	39.190	42.753	46.672	50.980	55.718	60.925	66.649	72.939	79.850	87.442	95.780	104.935	114.983	126.011	138.109	151.377	165.924	181.868	199.337	218.472
17	18.430	20.012	21.762	23.698	25.840	28.213	30.840	33.750	36.974	40.545	44.501	48.884	53.739	59.118	65.075	71.673	78.979	87.068	96.022	105.931	116.894	129.020	142.430	157.253	173.636	191.735	211.723	233.791	258.145	285.014
18	19.615	21.412	23.414	25.645	28.132	30.906	33.999	37.450	41.301	45.599	50.396	55.750	61.725	68.394	75.836	84.141	93.406	103.740	115.266	128.117	142.441	158.405	176.188	195.994	218.045	242.586	269.888	300.252	334.007	371.518
19	20.811	22.841	25.117	27.671	30.539	33.760	37.379	41.446	46.019	51.159	56.940	63.440	70.749	78.969	88.212	98.603	110.285	123.414	138.166	154.740	173.354	194.254	217.712	244.033	273.556	306.658	343.758	385.323	431.870	483.973
20	22.019	24.297	26.870	29.778	33.066	36.786	40.996	45.762	51.160	57.275	64.203	72.052	80.947	91.025	102.444	115.380	130.033	146.628	165.418	186.688	210.758	237.989	268.785	303.601	342.945	387.389	437.573	494.213	558.112	630.166
21	23.239	25.783	28.677	31.969	35.719	39.993	44.865	50.423	56.765	64.003	72.265	81.699	92.470	104.768	118.810	134.841	153.139	174.021	197.847	225.026	256.018	291.347	331.606	377.465	429.681	489.110	556.717	633.593	720.964	820.215
22	24.472	27.299	30.537	34.248	38.505	43.392	49.006	55.457	62.873	71.403	81.214	92.503	105.491	120.436	137.632	157.415	180.172	206.345	236.439	271.031	310.781	356.443	408.875	469.056	538.101	617.278	708.031	811.999	931.044	1067.280
23	25.716	28.845	32.453	36.618	41.431	46.996	53.436	60.893	69.532	79.543	91.148	104.603	120.205	138.297	159.276	183.601	211.801	244.487	282.362	326.237	377.045	435.861	503.917	582.630	673.626	778.771	900.199	1040.358	1202.047	1388.464
24	26.974	30.422	34.427	39.083	44.502	50.816	58.177	66.765	76.790	88.497	102.174	118.155	136.832	158.659	184.168	213.978	248.808	289.494	337.011	392.484	457.225	532.750	620.817	723.461	843.033	982.251	1144.253	1332.659	1551.640	1806.003
25	28.243	32.030	36.459	41.646	47.727	54.865	63.249	73.106	84.701	98.347	114.413	133.334	155.620	181.871	212.793	249.214	292.105	342.604	402.043	471.981	554.242	650.955	764.605	898.092	1054.791	1238.636	1454.201	1706.803	2002.616	2348.803
26	29.526	33.671	38.553	44.312	51.114	59.156	68.677	79.954	93.324	109.182	127.999	150.334	176.850	208.333	245.712	290.088	342.763	405.272	479.431	567.377	671.633	795.165	941.465	1114.634	1319.489	1561.682	1847.836	2185.708	2584.374	3054.444
27	30.821	35.344	40.710	47.084	54.669	63.706	74.484	87.351	102.723	121.100	143.079	169.374	200.841	238.499	283.569	337.502	402.032	479.221	571.522	681.853	813.676	971.102	1159.002	1383.146	1650.361	1968.719	2347.752	2798.706	3334.843	3971.778
28	32.129	37.051	42.931	49.968	58.403	68.528	80.698	95.339	112.968	134.210	159.817	190.699	227.950	272.889	327.104	392.503	471.378	566.481	681.112	819.223	985.548	1185.744	1426.572	1716.101	2063.952	2481.586	2982.644	3583.344	4302.947	5164.311
29	33.450	38.792	45.219	52.966	62.323	73.640	87.347	103.966	124.135	148.631	178.397	214.583	258.583	312.094	377.170	456.303	552.512	669.448	811.523	984.068	1193.513	1447.608	1755.684	2128.965	2580.939	3127.798	3788.958	4587.680	5551.802	6714.604
30	34.785	40.568	47.575	56.085	66.439	79.058	94.461	113.283	136.308	164.494	199.021	241.333	293.199	356.787	434.745	530.312	647.439	790.948	966.712	1181.882	1445.151	1767.081	2160.491	2640.916	3227.174	3942.026	4812.977	5873.231	7162.824	8729.986

附表二　年金现值系数表

期数	1%	2%	3%	4%	5%	6%	7%	8%	9%	10%	11%	12%	13%	14%	15%	16%	17%	18%	19%	20%	21%	22%	23%	24%	25%	26%	27%	28%	29%	30%
1	0.990	0.980	0.971	0.962	0.952	0.943	0.935	0.926	0.917	0.909	0.901	0.893	0.885	0.877	0.870	0.862	0.855	0.848	0.840	0.833	0.826	0.820	0.813	0.807	0.800	0.794	0.787	0.781	0.775	0.769
2	1.970	1.942	1.914	1.886	1.859	1.833	1.808	1.783	1.759	1.736	1.713	1.690	1.668	1.647	1.626	1.605	1.585	1.566	1.547	1.528	1.510	1.492	1.474	1.457	1.440	1.424	1.407	1.392	1.376	1.361
3	2.941	2.884	2.829	2.775	2.723	2.673	2.624	2.577	2.531	2.487	2.444	2.402	2.361	2.322	2.283	2.246	2.210	2.174	2.140	2.107	2.074	2.042	2.011	1.981	1.952	1.923	1.896	1.868	1.842	1.816
4	3.902	3.808	3.717	3.630	3.546	3.465	3.387	3.312	3.240	3.170	3.102	3.037	2.975	2.914	2.855	2.798	2.743	2.690	2.639	2.589	2.540	2.494	2.448	2.404	2.362	2.320	2.280	2.241	2.203	2.166
5	4.853	4.714	4.580	4.452	4.330	4.212	4.100	3.993	3.890	3.791	3.696	3.605	3.517	3.433	3.352	3.274	3.199	3.127	3.058	2.991	2.926	2.864	2.804	2.745	2.689	2.635	2.583	2.532	2.483	2.436
6	5.796	5.601	5.417	5.242	5.076	4.917	4.767	4.623	4.486	4.355	4.231	4.111	3.998	3.889	3.785	3.685	3.589	3.498	3.410	3.326	3.245	3.167	3.092	3.021	2.951	2.885	2.821	2.759	2.700	2.643
7	6.728	6.472	6.230	6.002	5.786	5.582	5.389	5.206	5.033	4.868	4.712	4.564	4.423	4.288	4.160	4.039	3.922	3.812	3.706	3.605	3.508	3.416	3.327	3.242	3.161	3.083	3.009	2.937	2.868	2.802
8	7.652	7.326	7.020	6.733	6.463	6.210	5.971	5.747	5.535	5.335	5.146	4.968	4.799	4.639	4.487	4.344	4.207	4.078	3.954	3.837	3.726	3.619	3.518	3.421	3.329	3.241	3.156	3.076	2.999	2.925
9	8.566	8.162	7.786	7.435	7.108	6.802	6.515	6.247	5.995	5.759	5.537	5.328	5.132	4.946	4.772	4.607	4.451	4.303	4.163	4.031	3.905	3.786	3.673	3.566	3.463	3.366	3.273	3.184	3.100	3.019
10	9.471	8.983	8.530	8.111	7.722	7.360	7.024	6.710	6.418	6.145	5.889	5.650	5.426	5.216	5.019	4.833	4.659	4.494	4.339	4.193	4.054	3.923	3.799	3.682	3.571	3.465	3.364	3.269	3.178	3.092
11	10.368	9.787	9.253	8.761	8.306	7.887	7.499	7.139	6.805	6.495	6.207	5.938	5.687	5.453	5.234	5.029	4.836	4.656	4.487	4.327	4.177	4.035	3.902	3.776	3.656	3.544	3.437	3.335	3.239	3.147
12	11.255	10.575	9.954	9.385	8.863	8.384	7.943	7.536	7.161	6.814	6.492	6.194	5.918	5.660	5.421	5.197	4.988	4.793	4.611	4.439	4.278	4.127	3.985	3.851	3.725	3.606	3.493	3.387	3.286	3.190
13	12.134	11.348	10.635	9.986	9.394	8.853	8.358	7.904	7.487	7.103	6.750	6.424	6.122	5.842	5.583	5.342	5.118	4.910	4.715	4.533	4.362	4.203	4.053	3.912	3.780	3.656	3.538	3.427	3.322	3.223
14	13.004	12.106	11.296	10.563	9.899	9.295	8.746	8.244	7.786	7.367	6.982	6.628	6.303	6.002	5.725	5.468	5.229	5.008	4.802	4.611	4.432	4.265	4.108	3.962	3.824	3.695	3.573	3.459	3.351	3.249
15	13.865	12.849	11.938	11.118	10.380	9.712	9.108	8.560	8.061	7.606	7.191	6.811	6.462	6.142	5.847	5.575	5.324	5.092	4.876	4.676	4.489	4.315	4.153	4.001	3.859	3.726	3.601	3.483	3.373	3.268
16	14.718	13.578	12.561	11.652	10.838	10.106	9.447	8.851	8.313	7.824	7.379	6.974	6.604	6.265	5.954	5.669	5.405	5.162	4.938	4.730	4.536	4.357	4.189	4.033	3.887	3.751	3.623	3.503	3.390	3.283
17	15.562	14.292	13.166	12.166	11.274	10.477	9.763	9.122	8.544	8.022	7.549	7.120	6.729	6.373	6.047	5.749	5.475	5.222	4.990	4.775	4.576	4.391	4.219	4.059	3.910	3.771	3.640	3.518	3.403	3.295
18	16.398	14.992	13.754	12.659	11.690	10.828	10.059	9.372	8.756	8.201	7.702	7.250	6.840	6.467	6.128	5.818	5.534	5.273	5.033	4.812	4.608	4.419	4.243	4.080	3.928	3.786	3.654	3.529	3.413	3.304
19	17.226	15.679	14.324	13.134	12.085	11.158	10.336	9.604	8.950	8.365	7.839	7.366	6.938	6.550	6.198	5.878	5.585	5.316	5.070	4.844	4.635	4.442	4.263	4.097	3.942	3.799	3.664	3.539	3.421	3.311
20	18.046	16.351	14.878	13.590	12.462	11.470	10.594	9.818	9.129	8.514	7.963	7.469	7.025	6.623	6.259	5.929	5.628	5.353	5.101	4.870	4.657	4.460	4.279	4.110	3.954	3.808	3.673	3.546	3.427	3.316
21	18.857	17.011	15.415	14.029	12.821	11.764	10.836	10.017	9.292	8.649	8.075	7.562	7.102	6.687	6.313	5.973	5.665	5.384	5.127	4.891	4.675	4.476	4.292	4.121	3.963	3.816	3.679	3.551	3.432	3.320
22	19.660	17.658	15.937	14.451	13.163	12.042	11.061	10.201	9.442	8.772	8.176	7.645	7.170	6.743	6.359	6.011	5.696	5.410	5.149	4.909	4.690	4.488	4.302	4.130	3.971	3.822	3.684	3.556	3.436	3.323
23	20.456	18.292	16.444	14.857	13.489	12.303	11.272	10.371	9.580	8.883	8.266	7.718	7.230	6.792	6.399	6.044	5.723	5.432	5.167	4.925	4.703	4.499	4.311	4.137	3.976	3.827	3.689	3.559	3.438	3.325
24	21.243	18.914	16.936	15.247	13.799	12.550	11.469	10.529	9.707	8.985	8.348	7.784	7.283	6.835	6.434	6.073	5.747	5.451	5.182	4.937	4.713	4.507	4.318	4.143	3.981	3.831	3.692	3.562	3.441	3.327
25	22.023	19.524	17.413	15.622	14.094	12.783	11.654	10.675	9.823	9.077	8.422	7.843	7.330	6.873	6.464	6.097	5.766	5.467	5.195	4.948	4.721	4.514	4.323	4.147	3.985	3.834	3.694	3.564	3.442	3.329
26	22.795	20.121	17.877	15.983	14.375	13.003	11.826	10.810	9.929	9.161	8.488	7.896	7.372	6.906	6.491	6.118	5.783	5.480	5.206	4.956	4.728	4.520	4.328	4.151	3.988	3.837	3.696	3.566	3.444	3.330
27	23.560	20.707	18.327	16.330	14.643	13.211	11.987	10.935	10.027	9.237	8.548	7.943	7.409	6.935	6.514	6.136	5.798	5.492	5.215	4.964	4.734	4.524	4.332	4.154	3.990	3.839	3.698	3.567	3.445	3.331
28	24.316	21.281	18.764	16.663	14.898	13.406	12.137	11.051	10.116	9.307	8.602	7.984	7.441	6.961	6.534	6.152	5.810	5.502	5.223	4.970	4.739	4.528	4.335	4.157	3.992	3.840	3.699	3.568	3.446	3.331
29	25.066	21.844	19.189	16.984	15.141	13.591	12.278	11.158	10.198	9.370	8.650	8.022	7.470	6.983	6.551	6.166	5.820	5.510	5.229	4.975	4.743	4.531	4.337	4.159	3.994	3.841	3.700	3.569	3.446	3.332
30	25.808	22.397	19.600	17.292	15.373	13.765	12.409	11.258	10.274	9.427	8.694	8.055	7.496	7.003	6.566	6.177	5.829	5.517	5.235	4.979	4.746	4.534	4.339	4.160	3.995	3.842	3.701	3.569	3.447	3.332

附表三　复利现值系数

期数	1%	2%	3%	4%	5%	6%	7%	8%	9%	10%	11%	12%	13%	14%	15%	16%	17%	18%	19%	20%	21%	22%	23%	24%	25%	26%	27%	28%	29%	30%
1	0.990	0.980	0.971	0.962	0.952	0.943	0.935	0.926	0.917	0.909	0.901	0.893	0.885	0.877	0.870	0.862	0.855	0.848	0.840	0.833	0.826	0.820	0.813	0.807	0.800	0.794	0.787	0.781	0.775	0.769
2	0.980	0.961	0.943	0.925	0.907	0.890	0.873	0.857	0.842	0.826	0.812	0.797	0.783	0.770	0.756	0.743	0.731	0.718	0.706	0.694	0.683	0.672	0.661	0.650	0.640	0.630	0.620	0.610	0.601	0.592
3	0.971	0.942	0.915	0.889	0.864	0.840	0.816	0.794	0.772	0.751	0.731	0.712	0.693	0.675	0.658	0.641	0.624	0.609	0.593	0.579	0.565	0.551	0.537	0.525	0.512	0.500	0.488	0.477	0.466	0.455
4	0.961	0.924	0.889	0.855	0.823	0.792	0.763	0.735	0.708	0.683	0.659	0.636	0.613	0.592	0.572	0.552	0.534	0.516	0.499	0.482	0.467	0.451	0.437	0.423	0.410	0.397	0.384	0.373	0.361	0.350
5	0.952	0.906	0.863	0.822	0.784	0.747	0.713	0.681	0.650	0.621	0.594	0.567	0.543	0.519	0.497	0.476	0.456	0.437	0.419	0.402	0.386	0.370	0.355	0.341	0.328	0.315	0.303	0.291	0.280	0.269
6	0.942	0.888	0.838	0.790	0.746	0.705	0.666	0.630	0.596	0.565	0.535	0.507	0.480	0.456	0.432	0.410	0.390	0.370	0.352	0.335	0.319	0.303	0.289	0.275	0.262	0.250	0.238	0.227	0.217	0.207
7	0.933	0.871	0.813	0.760	0.711	0.665	0.623	0.584	0.547	0.513	0.482	0.452	0.425	0.400	0.376	0.354	0.333	0.314	0.296	0.279	0.263	0.249	0.235	0.222	0.210	0.198	0.188	0.178	0.168	0.159
8	0.924	0.854	0.789	0.731	0.677	0.627	0.582	0.540	0.502	0.467	0.434	0.404	0.376	0.351	0.327	0.305	0.285	0.266	0.249	0.233	0.218	0.204	0.191	0.179	0.168	0.157	0.148	0.139	0.130	0.123
9	0.914	0.837	0.766	0.703	0.645	0.592	0.544	0.500	0.460	0.424	0.391	0.361	0.333	0.308	0.284	0.263	0.243	0.226	0.209	0.194	0.180	0.167	0.155	0.144	0.134	0.125	0.116	0.108	0.101	0.094
10	0.905	0.820	0.744	0.676	0.614	0.558	0.508	0.463	0.422	0.386	0.352	0.322	0.295	0.270	0.247	0.227	0.208	0.191	0.176	0.162	0.149	0.137	0.126	0.116	0.107	0.099	0.092	0.085	0.078	0.073
11	0.896	0.804	0.722	0.650	0.585	0.527	0.475	0.429	0.388	0.351	0.317	0.288	0.261	0.237	0.215	0.195	0.178	0.162	0.148	0.135	0.123	0.112	0.103	0.094	0.086	0.079	0.072	0.066	0.061	0.056
12	0.887	0.789	0.701	0.625	0.557	0.497	0.444	0.397	0.356	0.319	0.286	0.257	0.231	0.208	0.187	0.169	0.152	0.137	0.124	0.112	0.102	0.092	0.083	0.076	0.069	0.063	0.057	0.052	0.047	0.043
13	0.879	0.773	0.681	0.601	0.530	0.469	0.415	0.368	0.326	0.290	0.258	0.229	0.204	0.182	0.163	0.145	0.130	0.116	0.104	0.094	0.084	0.075	0.068	0.061	0.055	0.050	0.045	0.040	0.037	0.033
14	0.870	0.758	0.661	0.578	0.505	0.442	0.388	0.341	0.299	0.263	0.232	0.205	0.181	0.160	0.141	0.125	0.111	0.099	0.088	0.078	0.069	0.062	0.055	0.049	0.044	0.039	0.035	0.032	0.028	0.025
15	0.861	0.743	0.642	0.555	0.481	0.417	0.362	0.315	0.275	0.239	0.209	0.183	0.160	0.140	0.123	0.108	0.095	0.084	0.074	0.065	0.057	0.051	0.045	0.040	0.035	0.031	0.028	0.025	0.022	0.020
16	0.853	0.728	0.623	0.534	0.458	0.394	0.339	0.292	0.252	0.218	0.188	0.163	0.142	0.123	0.107	0.093	0.081	0.071	0.062	0.054	0.047	0.042	0.036	0.032	0.028	0.025	0.022	0.019	0.017	0.015
17	0.844	0.714	0.605	0.513	0.436	0.371	0.317	0.270	0.231	0.198	0.170	0.146	0.125	0.108	0.093	0.080	0.069	0.060	0.052	0.045	0.039	0.034	0.030	0.026	0.023	0.020	0.017	0.015	0.013	0.012
18	0.836	0.700	0.587	0.494	0.416	0.350	0.296	0.250	0.212	0.180	0.153	0.130	0.111	0.095	0.081	0.069	0.059	0.051	0.044	0.038	0.032	0.028	0.024	0.021	0.018	0.016	0.014	0.012	0.010	0.009
19	0.828	0.686	0.570	0.475	0.396	0.331	0.277	0.232	0.195	0.164	0.138	0.116	0.098	0.083	0.070	0.060	0.051	0.043	0.037	0.031	0.027	0.023	0.020	0.017	0.014	0.012	0.011	0.009	0.008	0.007
20	0.820	0.673	0.554	0.456	0.377	0.312	0.258	0.215	0.178	0.149	0.124	0.104	0.087	0.073	0.061	0.051	0.043	0.037	0.031	0.026	0.022	0.019	0.016	0.014	0.012	0.010	0.008	0.007	0.006	0.005
21	0.811	0.660	0.538	0.439	0.359	0.294	0.242	0.199	0.164	0.135	0.112	0.093	0.077	0.064	0.053	0.044	0.037	0.031	0.026	0.022	0.018	0.015	0.013	0.011	0.009	0.008	0.007	0.006	0.005	0.004
22	0.803	0.647	0.522	0.422	0.342	0.278	0.226	0.184	0.150	0.123	0.101	0.083	0.068	0.056	0.046	0.038	0.032	0.026	0.022	0.018	0.015	0.013	0.011	0.009	0.007	0.006	0.005	0.004	0.004	0.003
23	0.795	0.634	0.507	0.406	0.326	0.262	0.211	0.170	0.138	0.112	0.091	0.074	0.060	0.049	0.040	0.033	0.027	0.022	0.018	0.015	0.013	0.010	0.009	0.007	0.006	0.005	0.004	0.003	0.003	0.002
24	0.788	0.622	0.492	0.390	0.310	0.247	0.197	0.158	0.126	0.102	0.082	0.066	0.053	0.043	0.035	0.028	0.023	0.019	0.015	0.013	0.010	0.009	0.007	0.006	0.005	0.004	0.003	0.003	0.002	0.002
25	0.780	0.610	0.478	0.375	0.295	0.233	0.184	0.146	0.116	0.092	0.074	0.059	0.047	0.038	0.030	0.025	0.020	0.016	0.013	0.011	0.009	0.007	0.006	0.005	0.004	0.003	0.003	0.002	0.002	0.001
26	0.772	0.598	0.464	0.361	0.281	0.220	0.172	0.135	0.106	0.084	0.066	0.053	0.042	0.033	0.026	0.021	0.017	0.014	0.011	0.009	0.007	0.006	0.005	0.004	0.003	0.003	0.002	0.002	0.001	0.001
27	0.764	0.586	0.450	0.347	0.268	0.207	0.161	0.125	0.098	0.076	0.060	0.047	0.037	0.029	0.023	0.018	0.014	0.012	0.009	0.007	0.006	0.005	0.004	0.003	0.002	0.002	0.002	0.001	0.001	0.001
28	0.757	0.574	0.437	0.334	0.255	0.196	0.150	0.116	0.090	0.069	0.054	0.042	0.033	0.026	0.020	0.016	0.012	0.010	0.008	0.006	0.005	0.004	0.003	0.002	0.002	0.002	0.001	0.001	0.001	0.001
29	0.749	0.563	0.424	0.321	0.243	0.185	0.141	0.107	0.082	0.063	0.049	0.037	0.029	0.022	0.017	0.014	0.011	0.008	0.006	0.005	0.004	0.003	0.003	0.002	0.002	0.001	0.001	0.001	0.001	0.001
30	0.742	0.552	0.412	0.308	0.231	0.174	0.131	0.099	0.075	0.057	0.044	0.033	0.026	0.020	0.015	0.012	0.009	0.007	0.005	0.004	0.003	0.003	0.002	0.002	0.001	0.001	0.001	0.001	0.001	0.000

附表四　复利终值系数表

期数	1%	2%	3%	4%	5%	6%	7%	8%	9%	10%	11%	12%	13%	14%	15%	16%	17%	18%	19%	20%	21%	22%	23%	24%	25%	26%	27%	28%	29%	30%
1	1.010	1.020	1.030	1.040	1.050	1.060	1.070	1.080	1.090	1.100	1.110	1.120	1.130	1.140	1.150	1.160	1.170	1.180	1.190	1.200	1.210	1.220	1.230	1.240	1.250	1.260	1.270	1.280	1.290	1.300
2	1.020	1.040	1.061	1.082	1.103	1.124	1.145	1.166	1.188	1.210	1.232	1.254	1.277	1.300	1.323	1.346	1.369	1.392	1.416	1.440	1.464	1.488	1.513	1.538	1.563	1.588	1.613	1.638	1.664	1.690
3	1.030	1.061	1.093	1.125	1.158	1.191	1.225	1.260	1.295	1.331	1.368	1.405	1.443	1.482	1.521	1.561	1.602	1.643	1.685	1.728	1.772	1.816	1.861	1.907	1.953	2.000	2.048	2.097	2.147	2.197
4	1.041	1.082	1.126	1.170	1.216	1.263	1.311	1.361	1.412	1.464	1.518	1.574	1.631	1.689	1.749	1.811	1.874	1.939	2.005	2.074	2.144	2.215	2.289	2.364	2.441	2.521	2.601	2.684	2.769	2.856
5	1.051	1.104	1.159	1.217	1.276	1.338	1.403	1.469	1.539	1.611	1.685	1.762	1.842	1.925	2.011	2.100	2.192	2.288	2.386	2.488	2.594	2.703	2.815	2.932	3.052	3.176	3.304	3.436	3.572	3.713
6	1.062	1.126	1.194	1.265	1.340	1.419	1.501	1.587	1.677	1.772	1.870	1.974	2.082	2.195	2.313	2.436	2.565	2.700	2.840	2.986	3.138	3.297	3.463	3.635	3.815	4.002	4.196	4.398	4.608	4.827
7	1.072	1.149	1.230	1.316	1.407	1.504	1.606	1.714	1.828	1.949	2.076	2.211	2.353	2.502	2.660	2.826	3.001	3.186	3.379	3.583	3.798	4.023	4.259	4.508	4.768	5.042	5.329	5.630	5.945	6.275
8	1.083	1.172	1.267	1.369	1.478	1.594	1.718	1.851	1.993	2.144	2.305	2.476	2.658	2.853	3.059	3.278	3.512	3.759	4.021	4.300	4.595	4.908	5.239	5.590	5.961	6.353	6.768	7.206	7.669	8.157
9	1.094	1.195	1.305	1.423	1.551	1.690	1.839	1.999	2.172	2.358	2.558	2.773	3.004	3.252	3.518	3.803	4.108	4.436	4.785	5.160	5.560	5.987	6.444	6.931	7.451	8.005	8.595	9.223	9.893	10.605
10	1.105	1.219	1.344	1.480	1.629	1.791	1.967	2.159	2.367	2.594	2.839	3.106	3.395	3.707	4.046	4.411	4.807	5.234	5.695	6.192	6.728	7.305	7.926	8.594	9.313	10.086	10.915	11.806	12.761	13.786
11	1.116	1.243	1.384	1.540	1.710	1.898	2.105	2.332	2.580	2.853	3.152	3.479	3.836	4.226	4.652	5.117	5.624	6.176	6.777	7.430	8.140	8.912	9.749	10.657	11.642	12.708	13.863	15.112	16.462	17.922
12	1.127	1.268	1.426	1.601	1.796	2.012	2.252	2.518	2.813	3.138	3.499	3.896	4.335	4.818	5.350	5.936	6.580	7.288	8.064	8.916	9.850	10.872	11.991	13.215	14.552	16.012	17.605	19.343	21.236	23.298
13	1.138	1.294	1.469	1.665	1.886	2.133	2.410	2.720	3.066	3.452	3.883	4.364	4.898	5.492	6.153	6.886	7.699	8.599	9.596	10.699	11.918	13.264	14.749	16.386	18.190	20.175	22.359	24.759	27.395	30.288
14	1.150	1.320	1.513	1.732	1.980	2.261	2.579	2.937	3.342	3.798	4.310	4.887	5.535	6.261	7.076	7.988	9.008	10.147	11.420	12.839	14.421	16.182	18.141	20.319	22.737	25.421	28.396	31.691	35.339	39.374
15	1.161	1.346	1.558	1.801	2.079	2.397	2.759	3.172	3.643	4.177	4.785	5.474	6.254	7.138	8.137	9.266	10.539	11.974	13.590	15.407	17.449	19.742	22.314	25.196	28.422	32.030	36.063	40.565	45.588	51.186
16	1.173	1.373	1.605	1.873	2.183	2.540	2.952	3.426	3.970	4.595	5.311	6.130	7.067	8.137	9.358	10.748	12.330	14.129	16.172	18.488	21.114	24.086	27.446	31.243	35.527	40.358	45.799	51.923	58.808	66.542
17	1.184	1.400	1.653	1.948	2.292	2.693	3.159	3.700	4.328	5.055	5.895	6.866	7.986	9.277	10.761	12.468	14.427	16.672	19.244	22.186	25.548	29.384	33.759	38.741	44.409	50.851	58.165	66.461	75.862	86.504
18	1.196	1.428	1.702	2.026	2.407	2.854	3.380	3.996	4.717	5.560	6.544	7.690	9.024	10.575	12.376	14.463	16.879	19.673	22.901	26.623	30.913	35.849	41.523	48.039	55.511	64.072	73.870	85.071	97.862	112.455
19	1.208	1.457	1.754	2.107	2.527	3.026	3.617	4.316	5.142	6.116	7.263	8.613	10.197	12.056	14.232	16.777	19.748	23.214	27.252	31.948	37.404	43.736	51.074	59.568	69.389	80.731	93.815	108.890	126.242	146.192
20	1.220	1.486	1.806	2.191	2.653	3.207	3.870	4.661	5.604	6.728	8.062	9.646	11.523	13.744	16.367	19.461	23.106	27.393	32.429	38.338	45.259	53.358	62.821	73.864	86.736	101.721	119.145	139.380	162.852	190.050
21	1.232	1.516	1.860	2.279	2.786	3.400	4.141	5.034	6.109	7.400	8.949	10.804	13.021	15.668	18.822	22.575	27.034	32.324	38.591	46.005	54.764	65.096	77.269	91.592	108.420	128.169	151.314	178.406	210.080	247.065
22	1.245	1.546	1.916	2.370	2.925	3.604	4.430	5.437	6.659	8.140	9.934	12.100	14.714	17.861	21.645	26.186	31.629	38.142	45.923	55.206	66.264	79.418	95.041	113.574	135.525	161.492	192.168	228.360	271.003	321.184
23	1.257	1.577	1.974	2.465	3.072	3.820	4.741	5.872	7.258	8.954	11.026	13.552	16.627	20.362	24.892	30.376	37.006	45.008	54.649	66.247	80.180	96.889	116.901	140.831	169.407	203.480	244.054	292.300	349.594	417.539
24	1.270	1.608	2.033	2.563	3.225	4.049	5.072	6.341	7.911	9.850	12.239	15.179	18.788	23.212	28.625	35.236	43.297	53.109	65.032	79.497	97.017	118.205	143.788	174.631	211.758	256.385	309.948	374.144	450.976	542.801
25	1.282	1.641	2.094	2.666	3.386	4.292	5.427	6.849	8.623	10.835	13.586	17.000	21.231	26.462	32.919	40.874	50.658	62.669	77.388	95.396	117.391	144.210	176.859	216.542	264.698	323.045	393.634	478.905	581.759	705.641
26	1.295	1.673	2.157	2.773	3.556	4.549	5.807	7.396	9.399	11.918	15.080	19.040	23.991	30.167	37.857	47.414	59.270	73.949	92.092	114.476	142.043	175.936	217.537	268.512	330.872	407.037	499.916	612.998	750.469	917.333
27	1.308	1.707	2.221	2.883	3.734	4.822	6.214	7.988	10.245	13.110	16.739	21.325	27.109	34.390	43.535	55.000	69.346	87.260	109.589	137.371	171.872	214.642	267.570	332.955	413.590	512.867	634.893	784.638	968.104	1192.533
28	1.321	1.741	2.288	2.999	3.920	5.112	6.649	8.627	11.167	14.421	18.580	23.884	30.634	39.205	50.066	63.800	81.134	102.967	130.411	164.845	207.965	261.864	329.112	412.864	516.988	646.212	806.314	1004.336	1248.855	1550.293
29	1.335	1.776	2.357	3.119	4.116	5.418	7.114	9.317	12.172	15.863	20.624	26.750	34.616	44.693	57.576	74.009	94.927	121.501	155.189	197.814	251.638	319.474	404.807	511.952	646.235	814.228	1024.019	1285.550	1611.023	2015.381
30	1.348	1.811	2.427	3.243	4.322	5.744	7.612	10.063	13.268	17.449	22.892	29.960	39.116	50.950	66.212	85.850	111.065	143.371	184.675	237.376	304.482	389.758	497.913	634.820	807.794	1025.927	1300.504	1645.505	2078.219	2619.996